Rudolf Georg Hermann Westphal

Die Fragmente und die Lehrsätze der griechischen Rythmiker

Rudolf Georg Hermann Westphal

Die Fragmente und die Lehrsätze der griechischen Rythmiker

ISBN/EAN: 9783744604611

Hergestellt in Europa, USA, Kanada, Australien, Japan

Cover: Foto ©ninafisch / pixelio.de

Weitere Bücher finden Sie auf **www.hansebooks.com**

DIE FRAGMENTE

UND

DIE LEHRSÄTZE

DER

GRIECHISCHEN RHYTHMIKER.

VON

RUDOLF WESTPHAL.

SUPPLEMENT

ZUR GRIECHISCHEN RHYTHMIK VON A. ROSSBACH.

LEIPZIG,

DRUCK UND VERLAG VON B. G. TEUBNER.

1861.

An Stelle der Vorrede.

Lieber Rossbach, es sind jetzt gerade sieben Jahre, als Du die alten Musiker von der Tübinger Bibliothek in unsre gemeinsame Wohnung brachtest und versichertest, dass wir ohne diese Bücher nicht weit in der Metrik kommen würden. Ich kannte sie nur aus secundären Quellen, wie aus Boeckh's Erörterungen zu den metra Pindari und hatte mir immer gedacht, dass ausser den griechischen Dichtern selber die alten Metriker und unser eigner Scharfsinn ausreichen würde, um mit dem Verständnisse der Strophengattungen der Dramatiker, worauf damals unser Hauptaugenmerk gerichtet war, zu Ende zu kommen. Ich glaube, wir hatten den Tag sogar einen ziemlich heftigen Streit, als Du verlangtest, wir müssten jetzt Alles Andere bei Seite lassen und die alten Rhythmiker und Musiker studiren. Aber wir haben uns auch hier bald geeinigt: Du nahmst die Rhythmiker und ich die Musiker; aber auch den ersteren habe ich damals eine rege Theilnahme zugewandt, während die schwere Last der Musiker allein auf mir liegen blieb. So trocken diese Sachen auch waren, so reizte doch gerade die grosse Schwierigkeit des Verständnisses immer tiefer hineinzudringen und die Arbeit ging so eifrig von Statten, dass nach kaum mehr als Jahresfrist die griechische Rhythmik vollendet war. Wir hatten beide eingesehen, dass für eine wissenschaftliche Darstellung der antiken Metrik jedenfalls die Sätze der alten Rhytmiker die Voraussetzung bilden mussten und je mehr wir hier von unsern Vorgängern

verlassen und fast ganz und gar auf den ersten Anbau
eines noch völlig brach liegenden Feldes angewiesen waren,
um so mehr fühlten wir die Nothwendigkeit einer umfassenden Zusammenstellung alles dessen, was von rhythmischer
Tradition der Alten erhalten war. Erst dann nahmen wir
unsre Arbeit über die Strophengattungen der lyrischen und
dramatischen Dichter, die über ein Jahr lang geruht hatte,
wieder auf, und wir beide wissen recht gut, welchen Nutzen
wir auch für diesen speciellsten Theil der Metrik aus der
antiken Rhythmik gewonnen haben.

Auch Du hast die erste Bearbeitung der griechischen
Rhythmik schon gleich mit ihrem Erscheinen nicht für
vollendet und abgeschlossen gehalten; aber durch andere
Arbeiten in Anspruch genommen bist Du selber nicht wieder auf die griechische Rhythmik zurückgekommen. Gerade
auf diesem Felde hat die frühere Gemeinsamkeit unserer
Studien am wenigsten fortgedauert. Ich aber glaubte es
unserer Metrik schuldig zu sein, die rhythmischen Untersuchungen, wie wir sie in Tübingen begonnen hatten, weiter fortzusetzen und so ist denn endlich dieses Buch ent-
standen, das Dir die schönen Tage alter gemeinsamer Arbeit
wieder ins Gedächtniss zurückrufen möge. Ich hatte zuerst die Absicht, es mit Deiner Bewilligung geradezu an die
Stelle jener ersten Bearbeitung der Rhythmik als zweite
Auflage treten zu lassen. Aber wenn auch die Verlags-
buchhandlung sich zu einer solchen zweiten Auflage bereit
erklärt hatte, so that es doch schliesslich meinem Herzen
weh, Dein Buch durch das meine zu vernichten. Alle diejenigen Puncte Deiner Bearbeitung der Rhythmik daher,
mit deren Ausführung ich jetzt noch übereinstimme, sind
hier nur kurz angedeutet worden und nur dasjenige, was
dort noch nicht gefunden oder noch nicht zu Ende geführt
ist, ist hier ausführlich behandelt. Dieses letztere ist nun
nicht wenig und mein ganzes Buch ist zum nicht geringen
Theile eine Polemik gegen das Deinige geworden. Ich

weiss, Du lässest Dir eine solche Polemik gern gefallen;
Du weisst auch, dass ich mit den Urtheilen der übrigen,
die Dein Buch mit grosser Auszeichnung hervorgehoben
haben, auch jetzt noch völlig übereinstimme. Die Polemik
kommt hier ganz von selber, denn alle weitere Untersuchung
über griechische Rhythmik wird sich für alle Zeit an jene
erste umfassende Darstellung derselben anzuschliessen haben.
Ich will auch gern gestehen, dass ein weiteres Forschen
auf diesem Gebiete gar nicht möglich sein würde, wenn
nicht jene ersten Ergebnisse gedruckt vorgelegen hätten.

In den fünf Jahren aber, die zwischen dem Erscheinen
Deiner Rhythmik und der Vollendung dieser zweiten Bearbeitung desselben Gegenstands in der Mitte liegen, glaube
ich manches Neue auf diesem Gebiete gelernt zu haben,
was der Veröffentlichung ·werth ist. In keinem Punkte der
Metrik finden solche Differenzen statt, als gerade in den
Fundamentalsätzen, für die bisher fast ein Jeder lediglich
auf sein rhythmisches Gefühl angewiesen war.

·Von keinem anderen Standpunkte nämlich als diesem
ist Bentley und späterhin Hermann ausgegangen und in
gleicher Weise sowohl die Anhänger wie die Widersacher
des Hermannschen Systems. Dies rhythmische Gefühl ist bei
uns Allen dasselbe und bis auf einige freilich sehr wichtige
Puncte auch dasselbe wie bei den Alten; ich kann daher die
meisten Sätze aus dem Anfange von Hermann's Metrik mit
bestem Gewissen unterschreiben. Aber wie sollen wir zu
diesem rhythmischen Gefühle die Metra der Alten in Beziehung setzen? Darüber gehen die Ansichten weit auseinander, indem dies jeder auf seine eigne individuelle Weise
gethan hat. Forschen wir aber mit Ernst und Eifer nach
Regulativen, so bieten sie sich uns in der rhythmischen Tradition der Alten dar. Was diese uns über Tactarten, Reihen,
Ictusverhältnisse u. s. w. überliefern, das muss für uns in
der That das Massgebende sein; ·denn es sind Angaben
über die Art und Weise, wie die Alten selber ihre Poesien

vorgetragen haben. Ich habe in der Einleitung nachgewiesen, dass die Lehrsätze des Aristoxenus keineswegs ideelle
Kategorien sind, die er etwa vom eigenen subjectiven Standpuncte aus für den Künstler aufstellt, und dass seine Rhythmik keineswegs ein abstractes System ist, in welches er
selber die Verse der alten Dichter und die Compositionen
der alten Musiker einspannen will, sondern dass sie die
lebendigen Thatsachen der klassischen Kunst enthält. Was
uns daher Aristoxenus oder der spätere Compilator, der
aus ihm geschöpft hat, über die Normen, nach welchen der
antike Dichter seine Werke in Rhythmen gesetzt und nach
welchen man dieselben vorgetragen hat, mittheilt, muss uns
als wahrhafte Thatsache gelten, als eine Thatsache, der
gegenüber unsere individuellen Speculationen und die vielfachen Möglichkeiten, nach denen wir die rhythmischen
Grundsätze gestalten können, ein für allemal nicht bloss
als unzureichend erscheinen müssen, sondern auch als un-
wahr, sobald mit diesen unsern subjectiven Theorien die
Berichte der Alten in Widerspruch treten.

Diese Berichte der Alten nun sind uns in einer höchst
fragmentarischen und eben deshalb schwer verständlichen
Fassung überliefert. Soviel davon erhalten ist, habe ich
in dieser Schrift zusammengestellt und glaube damit allerdings für die Fundamentaltheorien unsrer metrischen Wissenschaft einen festen Kanon gegeben zu haben. Was demselben in unsern bisherigen metrischen Theorien widerspricht,
ist unrichtig und wir dürfen es uns nicht verdriessen lassen,
umzulernen. Man wird sich überzeugen, dass die rhythmischen Sätze der Alten sich weithin über alle metrische
Verhältnisse erstrecken und dass die in diesem Buche aus
den Alten zum ersten Male mitgetheilten Angaben weit mehr
in die praktische Metrik eingreifen, als dies bei den in
der ersten Bearbeitung der griechischen Rhythmik gegebenen
Resultaten der Fall war.

Indess bin ich mir wohl bewusst, dass ich die Sache

keineswegs zum Abschlusse gebracht habe; noch mancher
Satz in den Fragmenten der alten Rhythmiker ist übrig, aus
dem der Scharfsinn der Nachfolgenden neue rhythmische
Lehrsätze finden und damit die Fundamentaltheorie der
Metrik bereichern kann. Ich wünsche nichts mehr, als recht
viele glückliche Mitarbeiter bei dieser Arbeit zu gewinnen. Zu
dem Zwecke habe ich, nachdem ich in einer Einleitung
meine Ansichten über die Bedeutung der rhythmischen Tradition der Alten ausgesprochen habe, zunächst Alles, was
mir von Fragmenten der griechischen Rhythmiker aufge-
stossen ist, im Textesoriginale mitgetheilt. Bisher waren
diese Urkunden in vielen Büchern zerstreut und wenn ich
auch nicht alle, welche vorhanden sind, aufgefunden habe,
so findet der Mitforschende doch in dieser Sammlung
weit mehr, als ihm früher bekannt war. So z. B. die Fragmente aus Aristoxenus περὶ τοῦ πρώτου χρόνου, aus dem
jüngern Dionys von Halicarnass und anderen werthvollen
Schriften. Meine Arbeit war hierbei eine ungleiche. Das
Fragment aus dem zweiten Buche der aristoxeneischen Rhythmik ist in Bezug auf Wortkritik so trefflich von Boeckh,
Hermann und Feuszner behandelt worden, dass hier abgesehen von der Realerklärung Alles zum Besten bestellt war
und dass nur wenig Gelegenheit gegeben wurde, von dem
bisherigen Texte abzuweichen. Der Text, wie ich ihn gegeben habe, unterscheidet sich hauptsächlich nur dadurch
von dem bisherigen, dass ich den Fragmenten der beiden
Bücher, die uns aus den Rhetoren, aus den Metrikern und
aus den Paralambanomena des Psellus zu den Trümmern
des vaticanischen und venetianischen Codex hinzukommen,
ihre Stelle angewiesen habe. Die Parallelstellen aus Psellus
und den Parisiner Fragmenten begleiten unten am Rande den
aristoxenischen Text. Anders die rhythmischen Abschnitte
aus Aristides; sie sind in der bisherigen einzigen Ausgabe
von Meibom zum grossen Theile unlesbar. Hier war der
Handschriften- und Conjecturalkritik ein weites Feld ge-

öffnet und sollte ich auch hin und wieder in meinen Conjecturen zu weit gegangen sein, so wird man das bei einer Ausgabe, welche nach den zweihundert Jahren, die zwischen jetzt und der Zeit Meibom's in der Mitte liegen, erscheint, wohl entschuldigen können. Neuen handschriftlichen Apparat habe ich weder für Aristoxenus noch für Aristides herbeigezogen. Der beste Codex ist für beide der vaticanische, welcher in zwei Nummern, 192 und 193, die gesammten Musiker enthält. Franz hat ihn collationirt, ich habe von seinen Collationen durch die Güte des Herrn Professor Mullach in Berlin eine flüchtige Einsicht zu nehmen Gelegenheit gehabt, doch erschien mir die Ausbeute daraus keineswegs so ergiebig, dass ich den mir zum Kauf angebotenen Nachlass der von Franz für die Musiker unternommenen Arbeiten an mich bringen mochte. Für Aristides gibt es ausserdem noch einige vorzügliche deutsche Handschriften, darunter die prächtig geschriebene zu Wolfenbüttel. Auf eine dort von mir gehaltene Nachfrage erfuhr ich, dass sie in den Händen des Professor Caesar in Marburg sei; soviel ich bei einer darauf in Marburg vorgenommenen Einsicht ermitteln konnte, stimmt dieser Codex in allen Puncten mit den beiden Oxforder Handschriften überein, deren Lesarten bereits Meibom in seinen Annotationes zum Aristides mitgetheilt hat. Die Uebersetzung, welche Martianus Capella von Aristides, meist unverständig genug, angefertigt hat, ist, wie man ersehen wird, für den Text des Aristides eine höchst willkommene Hilfsquelle. Der bequemen Uebersicht halber habe ich sie unten am Rande des Aristides hinzugefügt. Emendationen in ihr zu machen, wäre leicht genug gewesen; aber der Wissenschaft wäre damit keineswegs ein Dienst geleistet worden; denn es ist eben nur eine Uebersetzung, die uns grade in der historisch überlieferten Fassung, aber nicht, wenn die Unebenheiten weg emendirt sind, von Nutzen ist. Ich habe den Text des Martianus nach Meibom gegeben mit Berücksichtigung der Ausgabe von

Koppen; nur hin und wieder wo augenfällige Corruptelen
durch Abschreiber vorhanden sind, habe ich meine Ansicht
in Klammern hinzugefügt; es schien sich nicht der Mühe
zu verlohnen, die Abweichungen der einzelnen Handschriften unter einander anzumerken. Was ich für die aus Porphyrius herbeigezogenen Stellen und die Parisiner Fragmente Neues gegeben, wird man auf den betreffenden Seiten
leicht selber ersehen können.

Einen ausführlichen kritischen Commentar unter dem
Texte habe ich aus dem einfachen Grunde nicht gegeben,
weil es nach meiner Ansicht die Lesbarkeit allzusehr er-
schwert, wenn der griechische Text auf jeder Seite durch
die Anmerkungen nur auf wenige Zeilen beschränkt wird.
Ich habe nur die Abweichung der Handschriften angegeben;
wer hier zuerst in der von mir im Texte bezeichneten Weise
von den Handschriften abgewichen ist, ob Meibom oder
Boeckh oder Feuszner oder Hermann oder ich selber, habe
ich nicht angegeben; der sachliche Commentar aber gibt
über meine eignen Neuerungen, wenn sie einer Begründung
bedürftig erscheinen, Aufschluss.

Was nun diesen Commentar selbst anbetrifft, so macht
er allerdings den Anspruch, die Lehren der alten Rhythmiker in vollständiger Darlegung nach den Capiteln und
Abschnitten des antiken Systems zu enthalten, freilich so,
dass er Alles, was in der ersten Bearbeitung der griechischen
Rhythmik ausführlich und richtig entwickelt zu sein schien,
nur dem Resultate nach ohne die dort gegebene Beweisfüh-
rung vorführt. Ohnehin musste der Raum gespart werden
für die neuen Lehrsätze, die erst jetzt aus den alten Rhythmikern gezogen sind, und die, wie man sich leicht überzeugen wird, für die praktische Metrik eine grössere Bedeutung haben, als die in der ersten Bearbeitung der Rhythmik gefundenen Resultate.

Von Arbeiten Anderer, die nach Deinem Buche erschienen sind, ist mir neben der eingehenden Recension desselben

von **Pfaff** in den Jahrbüchern der Münchener Akademie,
die mir zu vielfachen Erwägungen Veranlassung gegeben
hat, keine so förderlich gewesen, als der Aufsatz über
Arsis und Thesis von **Weil** in den Neuen Jahrbüchern für
Philologie und Pädagogik. Es betrifft derselbe hauptsächlich die dunkle Stelle des Aristoxenus über die Zahl der
χρόνοι in den verschiedenen πόδες. Du hattest Dich in der
Auffassung derselben hauptsächlich an Feuszner angeschlos-
sen, dessen Erklärungen Du sonst nie angehangen hast,
und so sehr ich die trefflichen Emendationen schätze, welche
Feuszner zu Aristoxenus geliefert hat, so muss auch ich
bekennen, dass seine Erläuterungen zu Aristoxenus niemals
das Richtige getroffen haben, und dass Du Unrecht gethan
hast, in jener Erklärung der χρόνοι ihm nachzufolgen und
diesen Punct nicht wie das Uebrige ganz von Neuem zu
untersuchen. Freilich war gerade für diese Stelle die Er-
kenntniss des Richtigen am schwierigsten und dankbar er-
kenne ich den wesentlichen Fortschritt an, welchen die
Rhythmik durch jenen Aufsatz von **Weil** erhalten hat. Ich
hoffe, dass **Weil** mit der Art und Weise, wie jener Punct
im vorliegenden Buche ausgeführt ist, zufrieden sein wird.
— Eine Arbeit von Dr. **Hirsch**: Aristoxenus und seine
Grundzüge der Rhythmik (im Herbstprogramm des Königl.
Gymnasiums zu Thorn vom Jahre 1859) ist leider erst vor
einem Vierteljahre mir bekannt geworden und ich habe sie
nicht mehr benutzen können. Sie geht weniger auf Auf-
findung der bisher noch nicht erörterten Puncte, als auf
eine zusammenfassende Darstellung der aristoxenischen
Rhythmik nach dem bisher darüber Geleisteten aus und
liefert in der That eine klare und empfehlenswerthe Darstellung der aristoxenischen Sätze. — Diesen Vorzug kann
ich einer Schrift von **Kasimir Richter**: Aliquot de musica
Graecorum arte quaestiones, Monasterii 1856, welche im
zweiten Capitel den Rhythmus der Alten behandelt, nicht
zu erkennen. Während der über alte Musik handelnde Theil

der Schrift die wunderlichsten Hypothesen über die antiken
Tonarten aufstellt, denen die alte von dem Verfasser allerdings nur zum geringsten Theile gekannte Tradition ganz
und gar widerspricht, enthält der Abschnitt über die Rhythmik eine nicht weniger seltsame Vereinigung der Feussner-
schen und der Böckschen Ansichten, die sich nun ein für
allemal nicht miteinander vertragen. Etwas Eignes ist hier
nicht vorgebracht. — Die Forsetzungen, welche Meissner
im Philologus von seinen Arbeiten über den Rhythmus der
griechischen Metra geliefert hat, gehen die antike Rhythmik nichts an, da hier weder Aristoxenus noch sonst ein
alter Rhythmiker berücksichtigt, sondern lediglich vom
modernen Tactgefühle aus nach der Weise Joh. Heinr.
Voss's und Apel's den Choriamben u. s. w. irgend ein be-
liebiger Tact aufgezwängt wird. In dieser Weise kann
etwa ein Mendelssohn die griechischen Verse in Musik setzen,
aber mit den Alten selber haben solche Theorien nichts zu
thun. — Das ist es, lieber Rossbach, was ich Dir und
dem Publikum in dieser Vorrede zu sagen gedachte, ohne
den Inhalt der Schrift zu wiederholen. Ich will nur noch
das Eine hinzufügen, dass ich es an andauerndem Nach-
denken über die abrupten aber werthvollen Reste dieser
wichtigen Disciplin nicht habe fehlen lassen. Die Fragmente der Rhythmiker haben mich während der fünf Jahre
fast täglich mittelbar und unmittelbar beschäftigt, so dass
ich jetzt froh bin, in dieser Sache zu einem Abschlusse zu
gelangen, um den zweiten Theil der Metrik, der länger
als ich wünschte auf den Druck gewartet hat, endlich an
das Licht treten zu lassen.

Breslau, Octob. 1859.

R. Westphal.

INHALT.

Commentar: Die Lehre der Rhythmiker.

I. Kap.: Der Ausgangspunct und die Anordnung der antiken Rhythmik.

II. Kap.: Arsis und Thesis im Allgemeinen.

III. Kap.: Die Tactarten oder Rhythmengeschlechter.

IV. Kap.: Der Tactumfang.

V. Kap.: Die Semeia oder Chronoi des Tactes.

Einleitung.

Man weiss längst, dass der unerschöpfliche Reichthum metrischer Formen, der die griechische Poesie so wesentlich von der
modernen unterscheidet, kein blosser äusserlicher Schmuck ist,
sondern dass er mit dem Inhalte im engsten Zusammenhänge
steht, und dass ohne Verständnis der Form kein Verständnis
des Inhaltes möglich ist. Wo daher ein gründliches Studium
der griechischen Dichter anhebt, gehen auch sofort mit demselben die Untersuchungen über die Metra Hand in Hand, und die
Resultate dieser Untersuchungen sind für die Gestaltung der Texte
wie für die Würdigung der griechischen Dichter von dem ent-
schiedensten Einflusse gewesen. Die Quelle für das metrische
Studium war eine doppelte, einmal die erhaltenen Schriften
der Alten über Metrik, sodann die Werke der Dichter
selbst. Die letztere Quelle musste bei weitem die ergiebigste
sein; die Zahl der uns überkommenen Dichterwerke ist zwar
nur eine geringe, aber es ist wohl keine Frage, dass uns in
ihnen wenigstens die Hauptgattungen der alten Metra vorliegen,
und es hat sich genugsam gezeigt, wie ein sorgfältiges Studium
des Erhaltenen aus diesem selber eine grosse Zahl von den Normen metrischer Composition zu finden vermag. Dabei leisteten
die metrischen Schriften der Alten die wesentlichsten Dienste;
was uns hiervon überkommen ist, ist zwar im Verhältnis zu der
umfangreichen metrischen Litteratur, die bei den Alten existirte,
nur höchst unbedeutend, und selbst die Schrift, die für uns
die vollständigste ist, das Encheiridion Hephästions, war seiner
Bestimmung gemäss nur ein Elementarbuch für die allererste
Unterweisung der ἀπαίδευτοι· aber jene Schriften gewähren
uns eine wenn auch nicht ausreichende metrische Terminologie,

sie überliefern einige der hauptsächlichsten metrischen Gesetze, und sind endlich von besonderer Wichtigkeit für die Geschichte der metrischen Kunst, indem sie auch über die Metra nicht erhaltener Dichter manche werthvolle Notizen geben.

Eine dritte Quelle für die Kenntnis der Metra blieb lange Zeit unbenutzt, die Schriften der alten Rhythmiker. Man wusste wohl, dass sie benutzt werden mussten, man suchte sie auch als eine wesentliche Ergänzung der Metriker herbeizuziehn, aber im Ganzen zeigte sich wenig Eifer und wenig gründliches Eingehn, und der Ertrag war ein sehr geringer. Die Gründe liegen zum grössten Theil in der Schwierigkeit des Verständnisses, die hauptsächlich in der eigenthümlichen rhythmischen Terminologie beruht und durch die Lückenhaftigkeit der Ueberlieferung noch bedeutend erhöht wird. G. Hermann wusste sehr wohl, dass die Kenntnis der Rhythmik über die Metrik ein ganz neues Licht verbreiten würde, aber er verzweifelte an der Möglichkeit einer Restauration aus den erhaltenen Fragmenten. So sagt er in der Vorrede seiner elementa von den beiden Hauptquellen der Rhythmik: *Si ea quae Aristoxenus peritissimus simul et diligentissimus scriptor litteris mandaverat alicubi reperirentur, non est dubium, lucem universae rationi poeseos accensum iri clarissimam ... Itaque quo in statu nunc res est, nihil amplius scimus quam diversas fuisse rhythmorum doctrinam et scientiam metrorum; rhythmos enim ad musicam et cantum, metra ad poesin pertinuisse, unde intelligimus, rhythmum aliquam similitudinem habuisse cum eo quem hodie tactum musici vocant, etsi alia ex parte huic dissimillimus fuerit necesse est. Utramque et rythmicam et metricam doctrinam primis lineis adumbravit Aristides Quintilianus, sed tam breviter tamque parum explicate, ut perexiguus inde fructus redundet.* Wir geben gern zu, dass eine vollständige Wiederherstellung der antiken Rhythmik aus den jetzt vorliegenden Quellen nicht möglich ist, aber das erhaltene Material ist bei weitem reicher, als man gewöhnlich glaubt, es ist mindestens so bedeutend, dass es uns auf eine nicht kleine Zahl der wichtigsten Fragen genügende Auskunft ertheilt; und aus dem positiv überlieferten lassen sich bei der mathematischen Natur dieser Disciplin weitere wohlbegründete Sätze gewinnen. Ueberdies sind selbst abgerissene Fragmente ihrem Werthe nach nicht endgül-

tig abzuschätzen; eine energische Forschung und der Fortschritt
der Zeiten findet hier gar vieles, was der erste Einblick nicht
ahnen liess.

Ein weiterer Grund für die Vernachlässigung der Rhythmik
liegt in dem Irrthume, dass sich die Schriften der
Rhythmiker nicht sowohl auf den Rhythmus der
Poesie, als vielmehr auf den der Musik beziehn.
Diesen Irrthum, welcher aus dem Verhältnis unserer heutigen
Poesie zur Musik geflossen ist, scheint auch Hermann getheilt
zu haben und selbst heute mögen noch manche Philologen nicht
frei davon sein. Das Verhältnis des Dichters zum Musiker war
im klassischen Griechenthum ein anderes als bei uns. Es gab
zwar auch bei den Alten eine von der Poesie abgetrennte Instrumentalmusik, aber während diese in der modernen Zeit immer
mehr den Gipfelpunkt der Kunst zu bilden anfängt, war sie im
Alterthume auf den kitharistischen und auletischen Nomos beschränkt, der Schwerpunct lag in der von Instrumenten beglei-
teten Vokalmusik, in der melodisirten Poesie. War nun, fragen wir, der Rhythmus, den der antike Dichter seinen Poesieen
gab, ein anderer, als der Rhythmus des Gesanges? In unserer
Zeit ist dies allerdings der Fall. Unsere Dramen sind entweder
auf rein declamatorischen Vortrag berechnet (und dies gilt von
allen denen, die auf höheren poetischen Werth Ansprüche machen können) — oder es erscheint die dramatische Aufführung
als Oper, in der die Musik in so uneingeschränkter Weise vor-
waltet, dass der Text bis auf wenige Ausnahmen poetisch unbedeutend ist und dass es selbst nicht einmal auf die metrische
Form ankommt, denn der Componist bildet die Tacte meist un-
abhängig von der Zahl der Versfüsse, und in der geistlichen
Oper bedient er sich ja häufig genug eines prosaischen, un-
metrischen Textes. Ebenso verfährt der Musiker, der ein ihm
vorliegendes, ohne Rücksicht auf musikalische Composition ge-
schriebenes lyrisches Gedicht melodisirt. Ganz anders im klassischen Griechenthume. Mit Ausnahme des Epos und weniger
anderer Gattungen war hier geradezu eine jede Dichtung, sei
es ganz oder theilweise, für den musikalischen Vortrag bestimmt.
Ein lyrisches Gedicht für die blosse Lectüre oder die Declamation zu schreiben war bis auf wenig Ausnahmen eine unbekannte

Kunstthätigkeit, und jedes Drama enthält als nothwendigen Bestandtheil, wie Aristoteles sagt, die μελῳδία als μέγιστον ἡδυσμάτων: nicht bloss Chorlieder und Monodieen, sondern auch Theile des Dialoges wurden gesungen, und auch da, wo der jambische Trimeter der Tragödie gesprochen wurde, wurde er melodramatisch, d. h. unter Begleitung der Instrumente vorgetragen. Hierzu kommt ferner, dass Dichter und Componist in Einer Person vereint war. Wir sind gewohnt, in den grossen Lyrikern und Dramatikern der Griechen bloss Dichter zu sehen, aber dem Alterthum galten sie eben so sehr auch als die Koryphäen der Musik. Wenn Aristoxenus, der grosse musikalische Kunsttheoretiker, vor den manirirten Ueberladungen der Musik warnt, welche durch Philoxenus und Timotheus aufgekommen waren und den Geschmack zu verderben drohten, so verweist er auf die Vertreter des guten klassischen Stils als die nachzuahmenden Vorbilder und nennt als solche den Pindar und Pratinas (Plut. mus. 31); „wer auch nur in seiner Jugend mit Ernst und Eifer die μέλη und κρούματα, d. h. die Melodieen und Instrumentationen dieser Meister studirt hat, der bleibt später vor vielen Verirrungen bewahrt, selbst wenn er sich der ποικίλη μουσική des Philoxenus zuwenden sollte." Wenn Aristoxenus zeigen will, dass die edle Einfachheit der klassischen Musik eine bewusste und beabsichtigte war und keineswegs in der mangelnden Kenntnis der Kunstmittel beruhte (οὐ δι' ἄγνοιαν ἀλλὰ διὰ προαίρεσιν), so verweist er auf die Compositionen des Aeschylus und Phrynichus, welche die chromatische Behandlung der Tonarten recht gut kannten, aber niemals in ihren Tragödien anwandten (Plut. mus. 20). Ebenso war Sophokles Componist: Aristoxenus nennt ihn den ersten Athener, welcher die phrygische Tonart in den ἴδια ᾄσματα, d. h. in den Monodieen und Threnen einführte nach der Weise der Dithyrambiker (vit. Sophocl. fin.); und auch noch von späteren Tragikern ist ihre musikalische Kunstthätigkeit bekannt, wie von Agathon, der die von den Aelteren verschmähten chromatischen Tonarten aufnahm.

Die lyrischen und dramatischen Dichter der klassischen Zeit sind also die Componisten ihrer eigenen μέλη. Wesshalb verwenden nun aber diese Dichter auf die metrische Form ihrer Chorlieder und dramatischen Monodieen eine so ausserordentlich grosse Sorgfalt? Wesshalb erscheinen sie hier fortwährend als originelle Künstler, und haben niemals eine metrische Strophenform wiederholt, weder eine eigene, noch eine von einem Vorgänger herrührende? Für die Lectüre oder die Declamation waren ihre μέλη nicht bestimmt, sondern bloss für den musikalischen Vortrag; warum, wir wiederholen die Frage, haben sie auf die metrische Form der λέξις eine so grosse Mühe verwandt? Die Antwort kann keine andere sein, als die: der durch die Metra der Worte gegebene Rhythmus war eben derselbe, welcher beim musikalischen Vortrage zur Erscheinung kam, es war derselbe, welchen die Zuhörer bei der Aufführung der Dichtung zu hören bekamen.

Die Rhythmiker haben allerdings vorwiegend den Rhythmus des Gesanges im Auge, aber dieser Rhythmus ist mit dem Rhythmus des Metrums, wie er sich durch die Worte darstellt, identisch. In einer Zeit, wie der unsrigen, wo Poesie und Musik zwei selbstständige Künste sind, kommt es vor, dass ein Componist, wie Beethoven, drei gleiche fünffüssige Verse bei der Melodisirung so behandelt, dass er aus dem ersten Verse drei, aus dem zweiten zwei, und aus dem dritten wieder drei musikalische Tacte macht. (Wir haben hier das Lied „Einsam wandelt dein Freund im Frühlingsgarten" im Auge.) Beethoven nämlich melodisirt ein Lied, welches ein früherer Dichter ohne alle Rücksicht auf Melodisirung bloss für die Lectüre oder die Recitation nach einem traditionellen Metrum verfasst hat, und dies Metrum behandelt er in völliger Freiheit. Nur darin schliesst sich der Componist an den Rhythmus des Dichters, dass jeder starke Tacttheil der Melodie mit einer Ictussylbe des Gedichtes übereinkommt, ohne dass umgekehrt jede Ictussylbe des Gedichtes auch in der Melodie als starker Tacttheil hervortritt; in der Behandlung der schwachen Tacttheile nimmt der Componist auf den Dichter gar keine Rücksicht. So steht es mit der modernen Rhythmik. Aber im klassischen Allterthume, wo der Dichter stets selber Componist ist, wo er die kunstreichen Metren nur zum Zwecke der musikalischen Aufführung ausarbeitet, ist jede metrische Arsis auch eine Arsis in der Melodie, jede metrische Thesis auch in der Melodie eine Thesis, und so viel Tacte der

Vers hat, so viel Tacte hat auch die musikalische Periode. Wir wiederholen: Die Tradition der Rhythmiker bezieht sich freilich auf den Rhythmus der Melodie, aber dieser Rhythmus der Melodie ist mit dem des Textes identisch. Eben desshalb haben die Tacte und Tactgeschlechter, von denen die Rhythmiker reden, nicht bloss von den Füssen des Metrums ihre Namen erhalten (γένος δακτυλικόν, ἰαμβικόν, παιωνικόν, τροχαῖος ἄλογος u. s. w.), sondern es entnehmen die Rhythmiker da, wo sie die äussere Form eines Rhythmus oder einer rhythmischen Reihe näher bestimmen, die Beispiele überall aus der Metrik. Niemals kommt es vor, dass eine rhythmische Form, von der sie reden, auf die Poesie keine Anwendung findet, selbst der Päon epibatus, der seine hauptsächlichste Anwendung in der blossen Instrumentalmusik fand, scheint wenigstens in der früheren Zeit auch in der Poesie als Tactform gebraucht zu sein.

Hieraus geht hervor, dass die Wissenschaft der Metrik ausser den Dichterwerken und den metrischen Schriften auch die Schriften der Rhythmiker, nothwendig herbeiziehen muss. Auf Grundlage der Dichter ist dem Einzelnen in der Metrik sorgfältig nachgestrebt, der Auflösung, der Contraction, der Cäsur u. s. w., und hier ist ohne Zweifel bisher das Sicherste und Gediegenste geleistet worden. Anders aber, wo es sich um die allgemeinen Principien handelte, die den speciellen Erscheinungen zu Grunde liegen. Man war hierbei zunächst auf die Schriften der Metriker angewiesen, aber schon früh sah man ein, wie wenig ausreichend diese Quelle war, wie hier oft geradezu rein äusserliche Kategorieen an Stelle der inneren Principien dargeboten wurden. Daher trat man in Opposition gegen die metrischen Kategorieen der Alten, und obwohl diese keineswegs immer berechtigt war, obwohl sie die Forscher verhinderte, den Metrikern das gründliche Studium, das sie verdienten, zuzuwenden, so war sie doch ein Fortschritt in der metrischen Wissenschaft. Aber woher sollte man jene inneren Principien, die man bei den Metrikern vermisste, entnehmen? Ein gewisses rhythmisches Gefühl hat Jedermann, mag er, wie man sagt, ein musikalisch Gebildeter sein oder nicht. Dieses eigene rhythmische Gefühl war es, auf welches die Philologen recurrirten, um die fehlenden Principien der Metrik zu gewinnen. Von diesem Standpuncte aus kam man darauf, die Einheit zwischen Trochäen und Jamben, zwischen Daktylen und Anapästen zu erkennen, indem man den anlautenden Tacttheil des jambischen und anapästischen Verses als einen Auftact im Sinne der modernen Musiker fasste, — durch das eigne rhythmische Gefühl kam man dahin, von mehreren benachbarten Arsen die eine als Haupt-, die andere als Nebenarsis zu fassen, und gelangte so zum Begriff der rhythmischen Reihe, — vom Standpuncte des rhythmischen Gefühls aus verwarf man die bei den alten Metrikern beliebte, antispastische Messung. Aber so wichtig diese und manche andere Entdeckungen sind, so war doch der angegebene Standpunct keineswegs ein ausreichender, und daher entstand bei den modernen Metrikern eine grosse Zahl entgegengesetzter Auffassungen, von denen oft keine die richtige ist. Beruhen gleich manche dieser Auffassungen auf einer ungenügenden Beachtung des rhythmischen Gefühles, auf Unklarheit der Vorstellungen, die man über modernen Rhythmus hatte, so muss doch gegen diesen ganzen Standpunct der gewichtvolle Einwand erhoben werden, dass das rhythmische Gefühl der modernen Zeit nicht einmal völlig dasselbe ist, wie vor ein paar Jahrhunderten, und dass wir es um so weniger für die Metra der Alten zur alleinigen Grundlage machen dürfen. Wie sind wir berechtigt, über den Rhythmus von Liedern zu urtheilen, die vor zweitausend Jahren von Griechen gesungen wurden, die unser Ohr aber niemals gehört hat? Ist es hier nicht vielmehr nothwendig, uns an das zu halten, was die Griechen selber, die doch allein zu einem Urtheile berechtigt sind, über den Rhythmus ihrer Metra überliefert haben, und uns den alten Rhythmikern zuzuwenden? Das Verständnis derselben ist zwar ein ausserordentlich schwieriges, aber um so energischer soll unsere Forschung sein. Es ist immerhin bequemer, ein Netz von eigenen Kategorieen, die das individuelle Gefühl darbietet, um die Metra der Alten zu spannen, als sich mit Resignation in die alten Rhythmiker zu vertiefen und den langsamen Weg durch die so vielfach widerstrebenden Trümmer der alten rhythmischen Tradition hindurchzuwandeln, aber es ist das der einzige Weg, der s i c h e r zum Z i e l e führt, denn nur das, was die Alten über den Rhythmus überliefern, nur das wissen wir mit Bestimmtheit, und alle die Sätze, die man bisher selbstständig ohne die alten Rhythmiker aufgestellt hat, sind unbedingt falsch, wenn die alten Rhythmiker widersprechen.

Aber wir müssen uns auf einen neuen Einwand gefasst machen. Die alten Rhythmiker, so könnte man sagen, reden allerdings vom Rhythmus der griechischen Gedichte, aber sind ihre Angaben hierüber nicht vielleicht ebenso anzusehen, wie manche Erklärungen, welche die alten Grammatiker zum Texte jener Dichtungen geben? Enthält die antike Doctrin denn in Wahrheit die Rhythmen der alten Dichter selber, oder ist sie nicht vielmehr ebenso wie die Bestrebungen Hermanns und Apels ein bloss individueller Versuch, durch eigne Reflexionen rhythmische Kategorieen zu finden? In diesem Falle also brauchte der Rhythmus, von dem Aristoxenus redet, und der Rhythmus der alten Dichtungen mit nichten identisch zu sein; Aristoxenus stände mit Hermann und mit Apel auf derselben Stufe. — Um eine Entscheidung in dieser Frage zu erhalten, müssen wir auf die uns vorliegenden Quellen antiker Rhythmik selber zurückgehen. Ausser einigen Bemerkungen, die wir bei Plato und Aristoteles über Rhythmus und Rhythmengeschlechter finden, sind die Schriften des Aristoxenus, des Schülers des Aristoteles, die früheste Quelle der antiken Rhythmik. Schon vor Aristoxenus hatte man über Rhythmik geschrieben, er selber nimmt auf diese Arbeiten seiner Vorgänger Rücksicht (Psellus frg. 1) und zwar polemisch, indem er den von ihnen aufgestellten Satz, dass die Sylbe das dem Rhythmus zu Grunde liegende Maass sei, als unzureichend bestreitet, in derselben Weise, wie er auch in seinen Büchern über Harmonik die Definitionen seiner Vorgänger als ungenügend hinstellt. Die umfassendste der rhythmischen Schriften des Aristoxenus führt den Titel: ῥυϑμικὰ στοιχεῖα; sie bildet das Grundwerk, auf welches alle spätern Rhythmiker recurriren. Johann Baptista Donius entdeckte sie in einem Codex der vaticanischen Bibliothek; sie enthielt damals 3 Bücher, aber voller Lücken; Donius hatte eine lateinische Uebersetzung angefangen und wollte sie mit dieser herausgeben (vgl. Donius *de praestantia musicae veteris* 1647, in dessen *opera musica* I

p. 136 und 190). Im vorigen Jahrhundert fand Jac. Morelli, der Bibliothekar der Marcusbibliothek zu Venedig, einen kleinen Theil dieser Schrift in einem venetianischen Codex; er liess zugleich von dem vaticanischen Codex des Donius eine Abschrift nehmen, der indess damals nicht mehr 3 Bücher, sondern nur einen Theil des zweiten und nur wenige Seiten mehr als der venetianische Codex enthielt. So mag denn die Angabe des Donius von 3 Büchern auf einer Unrichtigkeit beruhen. Morelli gab das Fragment mit zwei andern *inedita* der Marcusbibliothek heraus: *Aristidis oratio adversus Leptinem, Libanii declamatio pro Socrate, Aristoxeni rhythmicorum elementorum fragmenta ex bibliotheca Veneta d. Marci nunc primum edidit Jacob Morellius, Venetiis 1785.* Zu Aristoxenus fügte Morelli noch Parallelstellen aus einer rhythmischen Schrift des Byzantiners Michael Psellus hinzu, die sich gleichfalls auf der marcianischen Bibliothek befand, unter dem Titel: προλαμβανόμενα εἰς τὴν ῥυθμικὴν ἐπιστήμην. Dies war ein Auszug aus den rhythmischen Elementen des Aristoxenus, zu einer Zeit angefertigt, wo das aristoxenische Werk noch vollständig war. G. Hermann erfuhr, dass zu München eine Handschrift der προλαμβανόμενα vorhanden sei und liess sich durch Thiersch eine Abschrift besorgen. Doch hielt er sie für werthlos und erst 1842 wurde der vollständige Psellus nach jener Abschrift im rheinischen Museum n. F. Bd. 1, S. 620 ff. durch Jul. Cäsar veröffentlicht. Er enthält wesentliche Ergänzungen zu dem Fragment des Aristoxenus, namentlich liefert er auch Bruchstücke aus dem ersten Buche. Von den Fragmenten des Psellus, welche auf den im vaticanischen Codex erhaltenen Theil folgten, finden wir die Stelle § 9 schon bei einem Schriftsteller der ersten Kaiserzeit wieder, bei dem berühmten Musiker Dionysius aus Halikarnass, Porphyr. ad Ptol. p. 219. Dionys bringt diese Stelle ausdrücklich als Citat, und seine Uebereinstimmung mit Psellus ist ein sicherer Beweis für die Treue, mit welcher Psellus excerpirt hat. Ausser Psellus besitzen wir noch ein zweites Excerpt aus den rhythmischen Elementen des Aristoxenus. Ein solches ist nämlich ohne allen Zweifel das bisher unberücksichtigte rhythmische Fragment eines cod. Par. 3027 fol. 31 ff. bekannt gemacht durch Vincent in den *Notices et Extraits des Manuscrits publiés par l'institut royal de France, tome 16, 1847.* In diesem Fragmente stimmt Manches mit Aristoxenus selber, Manches mit Psellus überein, Anderes aber weicht in der Fassung von Psellus ab und schliesst sich an Aristides an (§ 11 = Aristides p. 35 Meib.), aber so, dass sich auch hier die dem Aristides fremden Ausdrücke des Psellus wiederfinden. Hieraus geht hervor, dass weder die προλαμβανόμενα des Psellus, noch das Pariser Fragment unmittelbar aus den στοιχεῖα des Aristoxenus geflossen sind, sondern vielmehr aus einem schon frühzeitig aus Aristoxenus gemachten Auszuge, demselben, welcher für Aristides Quinctilian eine Quelle seiner ῥυθμική θεωρία war. So ist denn die Hoffnung nicht aufzugeben, dass die Fragmente des Aristoxenus auch weiterhin noch durch Entdeckungen in Bibliotheken vergrössert werden können.

Mit dem Texte der στοιχεῖα ῥυθμικά des Aristoxenus ist es im Ganzen recht gut bestellt. Eine Anzahl verdorbener Stellen ist durch Böckh und G. Hermann berichtigt; dazu trat die Ausgabe von H. Feusner: „Aristoxenus' Grundzüge der Rhythmik in berichtigter Urschrift mit deutscher Uebersetzung und Erläuterungen, sowie mit der Vorrede und den Anmerkungen Morellis", Hanau 1840. Die Ausgabe ist sehr werthvoll durch die Textesberichtigungen; den Erklärungen haben wir nur in den wenigsten Fällen zustimmen können. Die neueste Ausgabe: *Aristoxeni elementorum rhythmicorum fragmentum post Morellium et Feusnerum recensuit et explicavit Joh. Bartels, Bonnae 1854* giebt für den Text noch eine kleine Nachlese, in den Erläuterungen habe ich nichts Neues gefunden.

Die στοιχεῖα ῥυθμικά waren aber nicht die einzige rhythmische Schrift des Aristoxenus. Porphyr. ad Ptolem. p. 255 bringt ein langes rhythmisches Fragment aus einer Schrift des Aristoxenus περὶ τοῦ πρώτου χρόνου. Man könnte denken, diese Schrift sei der Partie der στοιχεῖα ῥυθμικά, welche vom χρόνος πρῶτος handelte, entnommen. Aber dies ist nicht möglich, denn gerade diese Stelle seiner rhythmischen Elemente ist uns erhalten, und das Fragment des Porphyrius passt gar nicht in diesen Zusammenhang; auch aus einem andern Buche der Elemente kann sie nicht entlehnt sein. Der Ton der Darstellung ist hier von dem der Stoicheia sehr verschieden; Aristoxenus redet viel subjectiver, bedient sich der zweiten Person, ist breiter, zieht Dich-

terstellen des Ibykus herbei; er wendet sich offenbar gegen die
Gegner seiner στοχεῖα ῥυθμικά, die ihm zum Vorwurf gemacht
hatten, es fehle der Rhythmik an einem festen Grundprincipe,
und die, wie wir aus den eigenen Worten des Aristoxenus sehen, keine Techniker, sondern Philosophen waren. Ein eigenes
Werk kann diese Abhandlung περὶ τοῦ πρώτου χρόνου allerdings
nicht gebildet haben; dazu würde der Stoff nicht ausreichen.
Die ganzen Worte des Aristoxenus sind eine Rede, an einen
Freund oder Schüler gerichtet, dem jener Vorwurf der Philosophen in den Mund gelegt und alsdann die Nichtigkeit desselben nachgewiesen wird (vgl. die Worte οἶμαι μὲν οὖν φανερὸν
εἶναί σοι κτλ.). Hieraus ergiebt sich, dass die Abhandlung περὶ
πρώτου χρόνου zu den συμμικτὰ συμποτικά des Aristoxenus gehörte (Athenaeus XIV, 638 a), die vom Plut. „non posse suaviter
vivi" 13, 4 συμπόσιον genannt werden. Diese vermischten Tisch-
und Trinkgespräche waren Dialoge zwischen Aristoxenus und
seinen Schülern und Freunden, in denen er seinen allgemeinen
Standpunct in der Musik, sein Verhältnis zu den jetzigen Kunst-
richtungen auseinander setzte, aber auch manche einzelne Puncte
besprach, wie uns z. B. Plutarch an dem angeführten Orte ein
Capitel περὶ μεταβολῶν nennt. Diese συμμικτὰ συμποτικά sind
die Quellen für den zweiten Theil der plutarchischen Schrift
περὶ μουσικῆς, und was uns hier über antike Rhythmopöie mitgetheilt wird, sind, wenn auch vielfach verkürzt und umgestellt,
die eigenen Worte des Aristoxenus.

Nun wird Aristoxenus von späteren Schriftstellern auch als
Autorität für metrische Sätze citirt. Dahin gehört die Stelle des
Aristoxenus über die kurzen Arsen am Ende des Verses als
Hülfsmittel für die Versabtheilung (Marius Victorinus 2506), über
die χῶραι des daktylischen Hexameters (ibid. 2514), über den
διτρόχαιος κρητικός (schol. Hephaest. p. 173), über die Eintheilung der Buchstaben (Dionys. comp. verb. 14). Alles dieses
gehört nicht sowohl in eine Rhythmik, als vielmehr in eine metrische Schrift, so vor allem die Classification der Buchstaben,
von welcher auch Aristoteles Poetik 20 sagt: περὶ ὧν καθ᾽
ἕκαστον ἐν τοῖς μετρικοῖς προςήκει θεωρεῖν. Doch ist uns nicht
überliefert, dass Aristoxenus ein selbstständiges Werk über
Metrik geschrieben hat. Die Erörterungen über jene Puncte

möchten ebenfalls in den vielbenutzten συμμικτα συμποτικά ihren Platz finden.

Wer zunächst nach Aristoxenus die Rhythmik behandelt, davon haben wir keine Kunde. Von den Schriften seiner Schüler und Nachfolger, den κατ' Ἀριστόξενον ist vielfach die Rede, von ihnen mag der Auszug aus den στοιχεῖα ῥυθμικά herrühren, der, wie wir oben sahen, dem Aristides und den Späteren vorlag, es sind die μουσικοί, auf welche sich Dionysius der Jüngere bei Porphyr. ad Ptolem. p. 255 beruft, und auch dem älteren Dionysius lagen ihre Schriften vor (περὶ δεινότητος Δημοσθέν. c. 47). Die „ῥυθμικοί", denen derselbe Dionysius de compos. verb. 17. 20 die werthvollen Notizen über die kyklischen Füsse entlehnt, sind wohl keine anderen, als eben die Aristoxener.

Schon vor Dionys dem Aelteren hatte der Metriker H e l i o d o r einen Theil der rhythmischen Gesetze des Aristoxenus in sein metrisches ἐγχειρίδιον übertragen, indem er der Lehre von den Metren ein Capitel über den Rhythmus im Allgemeinen vorausschickte, und auch bei den einzelnen Versen vielfach auf die rhythmische Gliederung Rücksicht nahm. In dieser Beziehung hatte Heliodors Buch · offenbar vor den Schriften Hephästions einen grossen Vorzug. Hephästion kann zwar im Einzelnen dem Heliodor Ungenauigkeiten vorwerfen, von denen er übrigens selber nicht frei ist, aber er war ein blosser Grammatiker, der von Rhythmik, wie wir aus den Fragmenten seiner grösseren Werke ersehen, keine Kenntnis hatte (vgl. Rossbach „de Hephaestionis Alexandrini libris" p. 13). Ganz anders Heliodor; sein Buch ist uns zwar nicht erhalten, aber wir wissen von demselben ziemlich viel Einzelnes, denn Heliodor ist der *metricae artis antistes aut primus aut solus* (Mar. Vict. 2541), woraus Juba und mittelbar fast alle übrigen Metriker bei den Römern geschöpft haben. Daraus ist es denn zu erklären, wenn, wie wir bereits oben sahen, Marius Victorinus die Aristoxenischen Sätze über Versende, über die χῶραι des Hexameters vorbringt, wenn er pag. 2485 eine Stelle des Aristoxenus über rhythmus und arrhythmia citirt, wenn er ferner p. 2495, ohne den Aristoxenus zu nennen, die Stelle bringt: *quidam autem non pedem metrum esse volunt, sed syllabam etc.*, welche auch

Psellus § 1 aus Aristoxenus excerpirt hat. Das ganze Capitel des Marius Victorinus de rhythmo ist aristoxenischen Ursprunges; dahin gehört auch ferner, was über das percutere, ferire und caedere einzelner Verse, wie z. B. des jambischen Trimeters von Juba, Cäsius Bassus, Marius Victorinus, Atilius Fortunatianus u. A. gesagt wird. Indess muss man sich sehr hüten, alle rhythmischen Angaben bei lateinischen Metrikern für aristoxenisch zu halten; wir sind vielmehr so.glücklich, die äusseren Indicien an der Hand zu haben, um genaue Sonderungen zu machen. Ausser den Fragmenten, die wir von Juba selber haben, den Fragmenten des Cäsius Bassus und des Asmonius *de jambico* sind es folgende 4 Darstellungen der speciellen Metra, welche aus ein und derselben auf Heliodor zurückzuführenden Quelle geschöpft sind, wenngleich auch einzelne Notizen aus anderen griechischen Metrikern wie Philoxenus (Victor. 2546) hinzugekommen sind: 1) Victorin. lib. II. und lib. III. init. 2) Atilius Fortunatianus II. 3) Fragmenta apud Endlicher 516, 521. 4) Diomedes de metris 503 — 506. Hier ist überall durchgehend Uebereinstimmung, nur dass der eine die Worte des lateinischen Originales vollständiger, der andere unvollständiger bringt und somit auch mittelbar von Heliodors Sätzen mehr oder weniger bewahrt hat. So sagt schol. Hephaest. 77: Ἡλιόδωρος δέ φησι κοσμίαν εἶναι τῶν παιωνικῶν τὴν κατὰ πόδα τομήν, ὅπως ἡ ἀνάπαυσις διδοῦσα χρόνον ἐξασήμους τὰς βάσεις ποιῇ καὶ ἰσομερεῖς ὡς τὰς ἄλλας· οἷον, οὐδὲ τῷ κνακάλῳ οὐδὲ τῷ νυρσύλα, bei Diomedes 506 ist dies endlich nach vielen Zwischengliedern folgendermaassen abbrevirt: *Paeonicum elegantissimum est, cum per singulos pedes pars orationis impletur.* An andern Stellen ist glücklicherweise von den rhythmischen Notizen des Heliodor bei den genannten lateinischen Metrikern mehr erhalten, und jene Stellen haben daher für uns eine ausserordentlich hohe Wichtigkeit.

Während Juba sich an Heliodor hielt, kam späterhin ein anderer römischer Metriker auf, der ein anderes griechisches ἐγχειρίδιον zu Grunde legte. Dies ist dasselbe griechische ἐγχειρίδιον, von welchem, wie Rossbach „de metricis Graecis disputatio altera" ind. lect. Vrat. aestiv. 1858 gezeigt hat, die beiden ersten Capitel des Byzantinischen *liber quinquepartitus* herstam-

men, jenes metrischen Schulbuches, woraus die scholia maj.
ad Hephaest., der metricus Ambrosianus, Draco Stratonicensis
oder vielmehr *Κύριος Μανουὴλ Μοσχοπούλος*, (schol. Heph. p. 2)
und Isaac Monachus abgeschrieben haben. Die ältesten Bestandtheile dieses Buches sind die beiden ersten Capitel *περὶ ποδῶν* und
περὶ ἡρῴου. Aus ihnen finden sich Entlehnungen bei Victorinus
de pedibus, Diomed. de pedibus pag. 476, Terentianus Maurus
v. 1388 ff., Sergius ad Donatum p. 1831, Isidor. Origenes I, 16,
fragm. de pedibus ap. Gaisford. metric. latin. p. 572 und 577.
Die Uebereinstimmung dieser Stellen mit den aus dem liber By-
zantinus abgeschriebenen Schriften ist völlig evident. Das Lateinische ist oft die wörtliche Uebersetzung des Griechischen,
man kann das Lateinische aus dem Griechischen emendiren und
umgekehrt; die Beispiele der griechischen und römischen Metriker sind nicht nur dieselben, sondern es kommt sogar vor,
dass Griechen und Römer denselben Verstheil gemein haben;
so steht bei Diomed 499 eben so wie bei Drako u. s. w.:

βῆ δ' εἰς Αἰόλου κλυτὰ δώματα

mit Hinweglassung der beiden Schlussfüsse. Vor allem ist es
interessant, dass das an den genannten Stellen vorkommende
Capitel *περὶ ποδῶν* oder *de pedibus*, wie es auch sonst Brauch
war, vom Rhythmus redet, von Arsis und Thesis, aber so, dass
diese Ausdrücke nicht im alten technischen Sinne gebraucht,
sondern ganz und gar missverstanden sind. Nämlich jeder erste
Theil des Fusses, er mag den rhythmischen Ictus haben oder
nicht, heisst *ἄρσις*, jeder zweite Theil heisst, ebenfalls ohne
Rücksicht auf die Betonung, *θέσις*. Diese Terminologie ist bisher übersehen worden; wir werden später darauf zurückkommen. Der griechische Autor dieses Buches, dem, wie keinem
anderen, die Ehre weiter Verbreitung und vielfacher Abschrei-
bung zu Theil geworden ist, kennt die trivialsten rhythmischen
Kunstausdrücke nur vom Hörensagen, und desshalb haben auch
die übrigen rhythmischen Angaben der aus diesem Buche
fliessenden Stellen für uns keinen Werth.

Aus einer dritten Quelle ist die rhythmische Auseinandersetzung bei Mar. Vict. 2482 geflossen, wo de arsi et thesi gehandelt wird. Hier wird Arsis von dem leichten, Thesis von
dem schweren Tacttheile gebraucht, eine Bedeutung, die jetzt

fälschlich als die gewöhnliche der römischen Metriker gilt, die sich aber nur bei Priscian p. 1285 und vielleicht auch bei dem Anonymus de musica wieder findet (bei Atilius p. 2688 ist der Sinn von ἄρσις und θέσις derselbe, wie in den vorher angeführten Stellen). Woher diese Partie entlehnt ist, lässt sich nicht mehr bestimmen.

Der nächste rhythmische Schriftsteller nach Aristoxenus, von dem wir Kunde haben, ist Dionysius von Halikarnass aus der Zeit Hadrians, ein Nachkomme des unter Octavian lebenden gleichnamigen Rhetors und Archäologen. Er war, wie Suidas sagt, Sophist, hatte sich aber hauptsächlich mit Musik beschäftigt und führt hiervon den Namen μουσικός. Seine schriftstellerische Thätigkeit war sehr umfangreich; er hatte eine μουσικὴ ἱστορία in 36 Büchern geschrieben, in welcher alle Kitharoden, Auleten und Dichter genannt waren, ferner 24 Bücher μουσικῆς παιδείας ἢ διατριβῶν, 5 Bücher über die musikalischen Partieen in Plato's πολιτεία, und endlich ῥυθμικὰ ὑπομνήματα in 24 Büchern, welche Suidas in der Aufzählung der Werke voranstellt. Hiermit ist aber die Zahl seiner Werke noch nicht abgeschlossen. Porphyr. ad Ptol. p. 219 nennt ein Werk des Διονύσιος μουσικός „περὶ ὁμοιοτήτων" und theilt aus dessen erstem Buche ein ziemlich umfangreiches Fragment mit. Hier ist die Rede von den Analogieen zwischen rhythmischen und harmonischen Verhältnissen. Dionysius beruft sich auf die Zeugnisse sowohl der dem pythagoreischen Systeme anhängenden κανωνικοί, wie der dem Aristoxenus folgenden μουσικοί, „alle diese Männer, sagt er, hätten jene Analogieen anerkannt." Was wir in diesem Fragmente Specielles über die Rhythmengeschlechter erfahren, ist zwar nur ein von Dionysius aus Aristoxenus beigebrachtes Citat, aber dennoch für unsere Kenntnis der Rhythmik immerhin von grosser Bedeutung. Was in seinen weitläufigen rhythmischen Commentaren gestanden hat, ist uns völlig unbekannt.

Für uns ist die nach Aristoxenus wichtigste Quelle der Rhythmik die aus drei Büchern bestehende Encyklopädie der musischen Künste von Aristeides Kointilianos, unter dem Titel: περὶ μουσικῆς βιβλία γ'. Das erste Buch giebt eine gedrängte Uebersicht der Harmonik, Rhythmik und Metrik, das zweite handelt von dem Einflusse der musischen Kunst auf die Seele, das dritte bespricht in seiner ersten Hälfte die Zurückführung der Töne auf Zahlenverhältnisse und weist dann weiterhin in der zweiten Hälfte die Bedeutung dieser harmonischen Zahlen im *κόσμος* nach, wie dies vielfach die sich an die Pythagoräer anschliessenden Musiker, vor Allem Klaudius Ptolemäus und Nikomachus gethan haben. Aristides ist, wie sich aus seinem Werke ergiebt, mehr Rhetor als Techniker von Fach, seine Darstellung der drei musischen Disciplinen ist zwar übersichtlich und reichhaltig, aber Aristides ist hier kaum mehr denn ein Abschreiber zu nennen, der noch dazu oft recht gedankenlos abschreibt und in manchen Stücken seine Quellen missversteht. Dies gilt sowohl von dem, was er im ersten Buche über Harmonik sagt, wie von seiner dort gegebenen Uebersicht der rhythmischen Theorie. Unsere Darstellung der Lehren der alten Rhythmiker wird hierzu die Belege geben. Die Hauptquelle für ihn ist Aristoxenus, dessen Eintheilung der Rhythmik zu Grunde gelegt wird. Aber Aristides schöpft hier nicht aus Aristoxenus selber, sondern, wie uns die Vergleichung mit Psellus und dem rhythmischen Fragment des Codex. Parisinus gezeigt hat, aus einem Excerpte der aristoxenischen *στοιχεῖα*. Dies ist aber nicht die einzige Quelle, auch noch andere Rhythmiker werden herbeigezogen; Aristides selber unterscheidet zwei Gruppen seiner Quellen; einmal diejenigen Rhythmiker, welche die Rhythmik mit der Metrik verbinden, und die, welche sie abtrennen, pag. 40: *οἱ μὲν συμπλέκοντες τῇ μετρικῇ θεωρίᾳ τὴν περὶ ῥυθμῶν* und *οἱ δὲ χωρίζοντες*. Zu den letzteren gehört Aristoxenus, das zeigt der Vergleich der auf jene Stelle des Aristides folgenden Worte mit dem Schluss des vaticanischen Fragmentes der aristoxenischen *στοιχεῖα*. Aber die Unselbstständigkeit des Aristides gereicht uns nicht zum Nachtheil; wir müssen vielmehr sagen, je unselbstständiger, desto besser für uns, denn, was wir bei Aristides finden, sind eben nur Excerpte aus den rhythmischen Schriften der besseren Zeit. Die Unklarheit und Ungenauigkeit des Aristides ist zwar oft sehr störend, aber in den meisten Fällen stehen uns die Parallelstellen aus den *στοιχεῖα* des Aristoxenus und Anderen zu Gebote, und wir können hieraus das Richtige ermitteln. Von besonde-

rem Werthe sind für uns die im zweiten Buch gegebenen Noti-
zen über das $\dot{\eta}\vartheta o\varsigma$ der einzelnen Rhythmen. Wie wir aus Plu-
tarch $\pi\epsilon\varrho\grave{\iota}\ \mu o\nu\sigma\iota x\tilde{\eta}\varsigma$ wissen, hat auch Aristoxenus in seinen $\sigma\nu\mu$-
$\mu\iota x\tau\grave{\alpha}\ \sigma\nu\mu\pi o\tau\iota x\acute{\alpha}$ von dem Ethos der Rhythmen gehandelt, aber
nicht sowohl das Werk des Aristoxenus, als vielmehr das grosse
Werk des Dionysius $\mu o\nu\sigma\iota x\tilde{\eta}\varsigma\ \pi\alpha\iota\delta\epsilon\acute{\iota}\alpha\varsigma\ \tilde{\eta}\ \delta\iota\alpha\tau\varrho\iota\beta\tilde{\omega}\nu\ \beta\iota\beta\lambda\acute{\iota}\alpha\ x\beta'$
scheint hier für die Compilation des Aristides den Stoff gegeben
zu haben. Eben daher scheint auch der übrige Theil des zweiten Buches entlehnt zu sein, worauf die platonisirende und py-
thagoreisirende Richtung des Dionysius, deren Anhänger auch
Aristides ist, hinweist.

Der Text des Aristides ist in der Meibomschen Ausgabe
sehr ungenügend und an vielen Stellen sogar völlig unlesbar.
Meibom hat hier den schlechten cod. Lugdunensis des Scaliger ab-
drucken lassen. Erst späterhin erhielt er die Abschrift zweier
codd. Oxonienses, des Bodleianus und Magdalensis. Diese sind
viel unverdorbener und vollständiger als der Lugdunensis. Ihre
Lesarten hat Meibom in den annotationes mitgetheilt und daraus an vielen Stellen den richtigen Text hergestellt. Nach dieser Zeit hat man sich wenig mit der Texteskritik des Aristides
befasst und noch manches ist zu thun übrig geblieben. Hierbei kommt uns die Uebersetzung sehr zu statten, welche Martianus Capella im neunten Buche seiner Encyklopädie der Künste,
der *nuptiae philologiae et Mercurii*, von dem ersten Buche des Aristides gegeben hat. Martianus übersetzt zwar die sich auf die
Rhythmik beziehenden Partieen in einer Weise, dass wir deutlich
sehen, er hat den Sinn des Originales in den wenigsten Fällen
verstanden, aber die Handschrift, wornach er übersetzt, war
in einigen Stellen vollständiger, als die beiden Oxforder, und
daher lässt sich der griechische Text aus seinen Worten be-
richtigen. Doch darf keineswegs alles, was Martianus mehr
hat als die Handschriften des Aristides, dem Aristides vindicirt
werden; so besonders nicht die Partie p. 194 Meib., welche vielleicht aus einem scholion zu Aristides hervorgegangen ist.

Von den übrigen Musikern enthält die $\epsilon\grave{\iota}\sigma\alpha\gamma\omega\gamma\grave{\eta}\ \tau\acute{\epsilon}\chi\nu\eta\varsigma$
$\mu o\nu\sigma\iota x\tilde{\eta}\varsigma$ des Bakcheios am Ende einen kleinen Abschnitt
über Rhythmen und Metren. Dies Buch ist ein kleiner Kate-
chismus für die ersten Anfänger in Frage und Antwort. Die

Rhythmik ist nur ganz beiläufig behandelt und was hier gesagt wird, ist meist anderweitig bekannt.

Um so grösseren Werth hat der kleine rhythmische Abschnitt in dem von Bellermann herausgegebenen Anonymus περὶ μουσικῆς. Dieser sogenannte Anonymus ist ein Conglomerat von mehreren unter sich·unabhängigen Abhandlungen über die Musik, die zum Theil durch einen späteren Abschreiber unter einander geworfen sind. § 12 — 28 ist eine kurze Uebersicht der musischen Künste, wie wir sie bei Aristides finden, mit einem näheren Eingehen auf die Theile der Harmonik. Der Anfang dieser Partie ist § 29 — 32 in etwas anderer Fassung wiederholt. Es folgt von § 33 an ein Auszug aus dem ersten Buche der Aristoxenischen Harmonik bis § 50, die Fortsetzung hiervon bis § 66 scheint aus einem weitern Buche des Aristoxenus entlehnt zu sein. Dann folgt ein Abschnitt praktischer Natur, eine Unterweisung des Schülers im Spiel (wir würden sagen eine Flötenschule). Durch den Fehler des Abschreibers ist ein zu dieser Partie gehörender Theil an den Anfang des Ganzen gerückt worden § 1 — 11, wobei mehrere Paragraphen des Endes am Anfange wörtlich wiederholt sind. In diesem Theile ist auch vom Rhythmus die Rede: dem Schüler werden die Pausen und die rhythmischen Zeichen gelehrt, welche die verschiedene Dauer der Töne ausdrücken, und dann kommen zur Uebung einige κρούματα mit den rhythmischen Zeichen versehen und mit Ueberschriften, in welchen der Tact angegeben ist. Hier sind nun freilich die Handschriften, ganz abgesehen von der in der Aneinanderfolge der §§ eingetretenen Verwirrung, in sehr üblem Zustande, und Manches lässt sich trotz der von Bellermann unternommenen sorgfältigen Vergleichung von sieben Handschriften nicht wiederherstellen. Aber auch so bleibt dieser Abschnitt für uns von der grössten Wichtigkeit, indem er Aufschlüsse gibt, die wir bei dem grossen Verluste in der rhythmischen Litteratur der Alten sonst nirgends erfahren.

Als eine secundäre Quelle der antiken Rhythmik sind die Schriften der Rhetoren zu nennen, die von der rhythmusähnlichen Structur der Prosa und hierbei vom Verhältniss der prosaischen Rede zur metrischen sprechen. So schon die Rhethorik des Aristoteles, dann die rhetorischen Schriften Ciceros, Dionysius und Quinctilians, von denen namentlich der Letztere einige werthvolle Notizen aus Aristoxenus beibringt. Am meisten ist der Rhythmus von Hermogenes περὶ ἰδεῶν berücksichtigt, dazu die Scholiensammlung des Anonymus (Vol. 7, 2 p. 861 Walz), des Johannes Sikeliota (Vol. 6 p. 56) und des Maximus Planudes (Vol. 5 p. 437).

Von einer ferneren Schrift über die Rhythmik sprechen wir am liebsten gar nicht. Dies ist das wunderliche Werk des **Augustin**, die *libri VI de musica*, ein Theil von seiner umfangreichen Encyklopädie der Künste und Wissenschaften, den *libri disciplinarum*, kurz vor seiner Taufe, im Jahre 387, geschrieben. Wir finden hier nichts von Musik, sondern Allerlei von Metrik und Rhythmik in Form eines Gesprächs zwischen Augustin als dem Magister und einem Discipulus. Der Letztere wird examinirt, und wo er nicht antworten kann, erhält er von dem Magister breite Auskunft, worüber er denn sehr erstaunt ist und die Weisheit des Lehrers pflichtgemäss erhebt. Während die metrischen und grammatischen Schriften von Augustins Zeitgenossen und Vorgängern fast sämmtlich Compilationen aus früheren Werken sind, ist Augustins Arbeit völlig selbstständig und originell, das muss man ihr lassen; der Wissenschaft ist freilich weit mehr mit jenen Compilationen aus alten Technikern gedient als mit Augustins Erörterungen, der die metrischen und rhythmischen Begriffe, die er aus keiner andern Quelle als aus der Praxis seiner Zeit geschöpft hatte, vorbringt, ohne von den alten Technikern etwas zu kennen. Und so sind es die allertrivialsten Begriffe, die uns hier vorgeführt und zu einer entsetzlichen Breite ausgetreten werden; nur selten kommt ein uns weniger bekannter Punct, wie der von der Pause, zur Sprache; aber auch dieser wird so besprochen, dass es klar ist, Augustin versteht von der Sache gar wenig: und er schreibt bloss deshalb *de musica*, weil sie nun einmal zu den *disciplinae* gehört. Dem entspricht es völlig, dass Augustin im sechsten Buche alles früher Gesagte als kindische Spielerei verwirft: *satis diu paene atque adeo plane pueriliter per quinque libros in vestigiis numerorum ad moras temporum pertinentium morati sumus*, und dann geht er zur

Betrachtung des Metrums *Deus creator omnium* und den *numeri spirituales et aeterni* über.

Aus der Uebersicht der Quellen ergibt sich, dass alles Werthvolle schliesslich auf Aristoxenus zurückgeht. Kehren wir nun auf die oben aufgeworfene Frage zurück, ob das, was von Aristoxenus über den Rhythmus gesagt ist, in Wahrheit der Rhythmus der alten Dichter ist, oder ob es Principien oder Kategorien sind, welche Aristoxenus durch eigene Reflexion erdacht hat, in derselben Weise, wie Hermann und Apel über die rhythmischen Grundsätze reflectirt haben. Sehen wir genauer zu, so zeigt sich, dass Aristoxenus nur ein einziges Mal den Versuch gemacht hat, ein allgemeines Princip aufzustellen, nämlich die Scheidung von einem an sich existirenden rhythmischen Gesetze und dem rhythmischen Stoffe, oder, wie es Aristoxenus ausdrückt, dem ῥυθμός und dem ῥυθμιζόμενον, die sich beide wie σχῆμα und σχηματιζόμενον, wie εἶδος und ὕλη verhalten. Hier haben wir in der That ein abstractes Princip, aufgestellt im Anschlusse an die aristotelische Metaphysik, und man kann darüber streiten, ob es richtig sei oder nicht. Damit aber hat nun in Allem, was auf uns gekommen ist, das Aufstellen von philosophischen Principien ein Ende, und auch jenes Eine wird für das folgende nicht weiter gebraucht, als bloss bei der Bestimmung des Begriffes χρόνος πρῶτος. Aristoxenus ist reiner Empiriker, er zählt eine Thatsache nach der andern auf und stellt sie eben nur als Thatsache hin, er sucht passende Definitionen für die vorhandenen rhythmischen Kunstausdrücke, und Alles, was er sonst noch thut, beschränkt sich darauf, die mit jenen Kunstausdrücken bezeichneten Thatsachen in eine fassliche Ordnung zu bringen, und sie, wenn es möglich ist, durch einen Reflexionsgrund, durch eine Analogie u. s. w. als berechtigt hinzustellen. So wird zunächst eine Definition von dem χρόνος πρῶτος als dem kleinsten, nicht weiter zu zerlegenden Zeittheile des Tactes gegeben, der in der Poesie durch eine kurze Silbe ausgedrückt wird, im Gegensatze zum δίσημος, τρίσημος, τετράσημος χρόνος, der das Zwei-, Drei- und Vierfache der untheilbaren Mora umfasst. Dann wird ein anderer Gebrauch des Wortes χρόνος ἀσύνθετος und σύνθετος erörtert, wie er mit Rücksicht auf die Anwendung der einzelnen Töne und Silben in der Rhythmopöie üblich ist. Hiernach wird ohne Weiteres auf den πούς übergegangen und die Zusammensetzung desselben aus zwei, drei oder vier χρόνοι als eine feststehende Thatsache hingestellt; warum ein Fuss nicht mehr als vier χρόνοι hat, wird, wie Aristoxenus sagt, erst aus dem Folgenden klar werden. Weiter folgt die Definition des irrationalen Fusses: die Existenz desselben wird als Thatsache hingestellt und Aristoxenus versucht nur zu zeigen, was Irrationalität ist, und durch die Analogie der irrationalen Intervalle der Harmonik klar zu machen. Dann werden sieben Unterschiede der πόδες aufgezählt. Sie unterscheiden sich in der Anzahl der Moren oder des μέγεθος; sie unterscheiden sich ferner durch das γένος, indem es gerade und ungerade Tactarten und unter den letzteren wieder verschiedene Species gibt; ein weiterer Unterschied ist der der rationalen von den irrationalen, der ῥητοί von den ἄλογοι; ein vierter begreift den Gegensatz der ἀσύνθετοι zu den σύνθετοι, von denen die letzteren nach der bestehenden Praxis in Einzeltacte zerfällt werden, die ersteren nicht; zwei fernere Unterschiede beziehen sich auf die verschiedene διαιρεαις der σύνθετοι und das daraus hervorgehende σχῆμα; endlich findet noch darin ein Unterschied statt, dass der Anfang durch einen schweren oder leichten Tacttheil gebildet werden kann, die διαφορὰ κατ᾽ ἀντίθεσιν. Der Verlauf der aristoxenischen Stoicheia betrachtete nun die einzelnen πόδες nach den aufgestellten διαφοραί. Es heisst zuerst vom μέγεθος, dass in der συνεχής ῥυθμοποϊα nicht Füsse von einem jeden beliebigen Morenumfange zugelassen werden können, sondern dass hier bestimmte Normen herrschen, die dann weiter im Einzelnen dargelegt werden, und dass es für die verschiedenen Tactarten ein Maximum der Morenzahl gibt, über das hinaus wir den Tact nicht verlängern können, aus dem einfachen Grunde, weil unser rhythmisches Gefühl längere Tacte nicht mehr als Einheit aufzufassen im Stande ist. Freilich sucht hierbei Aristoxenus auch einen innern Grund, und das ist denn der Reflexionsgrund, dass die eine Tactart in mehr χρόνοι zerfällt, als eine andere. d. h. von dem ἡγεμών oder, wie wir sagen würden, durch den tactangebenden Musikdirector durch mehr Bewegungen der Hand bezeichnet wird als eine andere. Nach dem Morenumfange

redet Aristoxenus von den Tactarten selber; er gibt an, was es
für Normalformen gibt, und daran schliesst er auch die übrigen
Tactarten, die sonst noch in der Praxis gebräuchlich, aber freilich seltener und weniger εὐφυεῖς seien. Einen Reflexionsgrund
für die Berechtigung dieser secundären Tacte findet er in der
Analogie der das rhythmische Verhältnis ausdrückenden Zahlen
mit den Zahlen, welche den consonirenden Intervallen der Harmonik zu Grunde liegen. So wird überall die Thatsache der
Praxis obenangestellt und dann, wenn es möglich ist, nach einem Reflexionsgrunde gesucht, durch welchen die Thatsache
als eine berechtigte hingestellt werden soll. Die alten Rhythmiker entwerfen nicht Gesetze, sondern führen die bestehenden
rhythmischen Gesetze vor und suchen sie zu erklären; es ist
also nichts Eigenes, Selbsterfundenes, was wir bei ihnen lesen,
sondern es ist eine Darlegung der empirischen Wirklichkeit, wie
sie im Leben der musischen Kunst bestand.

So weit nun hätten wir eine Antwort auf die oben aufgeworfene Frage. Aristoxenus macht es gerade so, wie es ein
moderner Theoretiker machen würde, wenn er die in den Musik-
stücken der Gegenwart vorkommenden Tactarten und rhythmischen Gliederungen in einer bestimmten Ordnung vorführte,
ohne von irgend einem idealen Principe aus eigene Gesetze für
die Rhythmopöie aufzustellen. Nur über Eins müssen wir hier
noch Auskunft geben. Aristoxenus steht bereits an der Grenze
der klassischen Zeit; sein Vater sah zwar noch den Sokrates, den
Epaminondas und andere Männer des klassischen Griechenthums,
aber er selber steht schon in der folgenden Generation. Er
wohnt in Korinth zu der Zeit, wo hier der jüngere Dionys im
Exil lebt, von den Fachmännern der musischen Kunst hat er
hauptsächlich nur den Dithyrambiker Telestes auf seinen Wan-
derungen in Italien kennen gelernt, späterhin tritt er mit Aristoteles in Verkehr und denkt nach dessen Tode sein Nachfolger
im Lykeion zu werden. Das ist doch in der That nicht mehr
die Zeit des klassischen Lebens; das ist die Periode, wo der
schöpferische Geist in der Rhythmik längst erstorben war, wo
Männer, wie Chäremon und Theodectes unter den Tragikern
den ersten Rang behaupteten. Inmitten dieser Depravation der
alten Kunst nimmt nun aber Aristoxenus eine sehr eigenthümliche

Stellung ein. In der Schule conservativer Pythagoreer gebildet, hat er früh eine Anhänglichkeit an die Normen der alten Kunst erhalten, und diese Richtung auf das Alte macht sich bei ihm das ganze Leben hindurch in einer Opposition gegen die Kunstrichtung seiner Zeit geltend. In seinen Werken stellt er sich namentlich als einen Anhänger des durch Pratinas, Pindar, Simonides, Phrynichus und Aeschylus vertretenen Kunststils dar, hier erblickt er das eigentliche ἦθος (Plut. mus. 31 u. 20); schon Euripides und Sophokles werden nicht von ihm genannt, und gegen die Dithyrambiker Timotheus und Telestes und ihren modernen Stil beginnt er einen erbitterten Kampf. Jene alte Zeit, das war ihm die Zeit der grössten Kunsthöhe, das war die Zeit, wo der Chorgesang blühte, wo die musische Kunst noch ἦθος hatte und wahrhaft zur παιδεία diente; jetzt aber ist die Zeit der σκηνικὴ μουσική, der überladenen und manirirten Bühnen-Arien und Concertsolos. Damals hatte noch die ποικιλία ῥυθμική eine Bedeutung, die Künstler waren φιλόῤῥυθμοι; jetzt aber hat in den Rhythmen der κεκλασμένα μέλη alles ἦθος aufgehört. Am klarsten hat er seinen Standpunct in den σύμμικτα συμποτικά dargelegt (Ath. 14, 632). In diesen Gesprächen, die er mit Freunden und Schülern über Gegenstände der musischen Kunst gehalten und später veröffentlicht hat, beginnt er damit, dass er auf die Poseidoniaten in Italien hinweist, die unter tyrrhenischen und römischen Nachbaren allmählig selber zu Barbaren geworden und ihre hellenischen Sitten, ihre Sprache, ja selbst ihren Namen vergessen hatten; aber an einem Tage im Jahre hielten sie ein Erinnerungsfest an die alte griechische Zeit, die jetzt dahin war, und gingen dann weinend und klagend auseinander. „So wollen auch wir", sagt Aristoxenus zu seinen Schülern und Freunden, „da das Theater immer mehr in Barbarei versinkt und die musische Kunst nur um die Gunst der Menge buhlt und immer mehr ihrem Untergange entgegeneilt, in unserem kleinen Kreise der alten μουσική gedenken." Und so unterhielt er sich mit seinen Schülern über die θηλυνομένη μουσική des damaligen Theaters (Themist. or. 33 p. 364) und stellte den geschmacklosen Richtungen des Philoxenus und Timotheus die Normen klassischer Kunst, wie sie von Pindar und Pratinas vertreten waren, ent-

gegen. Wer jene Kunstnormen auch nur in seiner früheren
Jugend kennen gelernt und sich zu eigen gemacht hat und selbst
in späterer Zeit sich von der σκηνική τε καὶ ποικίλη μουσική
täuschen lässt und sich dem Kunststile des Philoxenus und Timotheus ergibt, der hat doch eine so treffliche Grundlage gelegt, dass er, auch wenn er versucht, in der Manier des Philoxenus zu dichten und zu componiren, doch dem Einflusse
der alten pindarischen Kunst sich nie völlig entziehen kann (Plut.
mus. 31).

Bei diesem oppositionellen Standpuncte, den Aristoxenus
gegen die musische Kunst seiner Zeit einnimmt, ähnlich dem
Kampfe, wie ihn Aristophanes gegen Euripides Monodieen und
die neueren Dithyrambiker Athens gekämpft hatte, ergibt es sich
von selbst, dass die Sätze der aristoxenischen Rhythmik aus
den Normen, welche der klassischen Rhythmik des Pindar, Simonides, Aeschylus zu Grunde liegen, geschöpft und aus den
Compositionen jener grossen Meister abstrahirt sind; mit einem
Worte, die rhythmischen Sätze, die Aristoxenus uns
vorführt, sind dieselben, welche die klassischen
Dichter der Griechen befolgt haben. Aber es würde
wiederum nicht richtig sein, wenn man annehmen wollte, dass
sich die aristoxenischen Sätze nur auf die Rhythmik der ae-
schyleischen und pindarischen Zeit, und nicht mehr auf die der
späteren Zeit, z. B. auf die des Euripides bezögen. So sehr
sich auch die Rhythmopöie des Aeschylus und Euripides, des
Pindar und Philoxenus in den einzelnen Bildungen unterscheidet, die obersten Fundamentalsätze der Rhythmik über Tactarten, Tactgrössen, Tactgliederung, Tactzusammensetzung, Tactwechsel u. s. w. sind für beide Perioden der musischen Kunst
dieselben und haben sich seit der Zeit des Alkman und Stesichorus bis zu den Römern hin unverändert erhalten. Eben
diese obersten Fundamentalsätze sind es, die wir aus den Rhythmikern lernen, auf die Kunstformen der Rhythmopöie im Einzelnen sind sie nicht eingegangen. Und so wird es auch keinem
Kundigen je einfallen können, aus den Lehren der Rhythmiker
eine vollständige Metrik construiren zu wollen, dazu bedarf es
der alten Metriker und vor allem der alten Dichter selbst, —
aber ein jedes metrische System wird des sicheren Fundamentes

entbehren, wenn es nicht jene allgemeinen Fundamentalsätze der Rhythmiker zur Grundlage macht. Wir kennen leider diese Fundamentalsätze bei weitem nicht alle, denn nur ein sehr geringer Theil der rhythmischen Litteratur der Alten ist uns erhalten, aber die erhaltenen Sätze sind geradezu unschätzbar und verbreiten über die dunkelsten Puncte ein klares Licht. Die folgende Sammlung enthält alle, bis jetzt mir bekannt gewordene Trümmer jener Litteratur — ausgeschlossen aus ihr sind nur die Angaben über den Rhythmus, die wir bei den Metrikern und Rhetoren ohne deren ausdrückliche Berufung auf die Rhythmiker antreffen. Die Schrift des Augustinus konnte keine Aufnahme finden. Auf diese Sammlung der Fragmente folgt die Darstellung der in ihnen enthaltenen Lehren der Rhythmiker als der nothwendigen Grundlage für unsere Kenntnis der antiken Metrik. Es versteht sich von selber, dass hier auch auf alles das eingegangen werden musste, was die alten Metriker und Rhetoren über den Rhythmus überliefert haben.

ΑΡΙCΤΟΞΕΝΟΥ

ΡΥΘΜΙΚΩΝ CΤΟΙΧΕΙΩΝ

ΠΡΩΤΟΝ.

Frg. I.

Planud. in Hermog. id. V, 454 W. Ὁ δὲ ῥυθμός ἐστιν, ὡς 5
φησιν Ἀριστόξενος καὶ Ἡφαιστίων, χρόνων τάξις. *cf. schol.*
ib. VII, 892.

II.

Bacchius p. 23 M. Ῥυθμὸς δέ ἐστιν . . . κατὰ δὲ Ἀριστόξενον χρόνος διῃρημένος ἐφ᾽ ἑκάστῳ τῶν ῥυθμίζεσθαι 10
δυναμένων.

III.

Psell. 6. Τῶν δὲ ῥυθμιζομένων ἕκαστον οὔτε κινεῖται
συνεχῶς οὔτε ἠρεμεῖ, ἀλλ᾽ ἐναλλάξ. καὶ τὴν μὲν ἠρεμίαν
σημαίνει τό τε σχῆμα καὶ ὁ φθόγγος καὶ ἡ συλλαβή, οὐδε- 15
νός γὰρ τούτων ἐστιν αἰσθέσθαι ἄνευ τοῦ ἠρεμῆσαι· τὴν δὲ
κίνησιν ἡ μετάβασις ἡ ἀπὸ σχήματος ἐπὶ σχῆμα καὶ ἡ ἀπὸ
φθόγγου ἐπὶ φθόγγον καὶ ἡ ἀπὸ συλλαβῆς ἐπὶ συλλαβήν.
εἰσὶ δὲ οἱ μὲν ὑπὸ τῶν ἠρεμιῶν κατεχόμενοι χρόνοι γνώριμοι, οἱ δὲ ὑπὸ τῶν κινήσεων ἄγνωστοι διὰ σμικρότητα 20
ὥσπερ ὅροι τινὲς ὄντες τῶν ὑπὸ τῶν ἠρεμιῶν κατεχομένων
χρόνων. Νοητέον δὲ καὶ τοῦτο ὅτι τῶν ῥυθμικῶν συστημάτων ἕκαστον οὐχ ὁμοίως σύγκειται ἔκ τε τῶν γνωρίμων
χρόνων κατὰ τὸ ποσὸν καὶ ἐκ τῶν ἀγνώστων, ἀλλ᾽ ἐκ μὲν
τῶν γνωρίμων κατὰ τὸ ποσὸν, ὡς ἐκ μερῶν τινων σύγκειται 25
τὰ συστήματα, ἐκ δὲ τῶν ἀγνώστων ὡς ἐκ τῶν διοριζόντων τοὺς γνωρίμους κατὰ τὸ ποσὸν χρόνους.

Aristid. p. 31 M. Ῥυθμὸς τοίνυν ἐστὶ σύστημά τι ἐκ γνωρίμων κατά τινα τάξιν συγκείμενον.

IV.

Psell. 4. Ὁ δὲ ῥυθμὸς οὐ γίνεται ἐξ ἑνὸς χρόνου, ἀλλὰ
προσδεῖται ἡ γένεσις αὐτοῦ τοῦ τε προτέρου καὶ τοῦ ὑστέρου.

V.

Mar. Victor. 2495. Quidam autem non pedem metrum esse volunt sed syllabam, quod hac ipsum quoque pedem metiamur et quod finita esse mensura debeat, pedes autem in versu va-
5 rientur. Alii rursus nec pedem nec syllabam metrum putant esse dicendum, sed tempus, quia omne metrum in eo quo metimur, numero finitum est (ut decempeda, non enim modo decem habet, modo undecim, modo duodecim pedes, sed semper decem), unde pedem metrum esse non posse quia in versu
10 modo unus est dactylus modo duo seu spondei, interdum incurrunt trochaei aut amphimacri, quorum diversitate iuxta spatia temporum metrum quod certam mensuram habere debeat nequaquam finitum inveniri.

Psell. 1. Καὶ πρῶτόν γε ὅτι πᾶν μέτρον[1]) πρὸς τὸ με-
15 τρούμενόν πως καὶ πέφυκε καὶ λέγεται. ὥστε καὶ ἡ συλλαβὴ οὕτως ἂν ἔχοι[2]) πρὸς τὸν ῥυθμὸν ὡς τὸ·μέτρον πρὸς τὸ μετρούμενον, εἴπερ τοιοῦτόν ἐστιν οἷον μετρεῖν τὸν ῥυθμόν. ἀλλὰ τοῦτον μὲν τὸν λόγον οἱ[3]) παλαιοὶ ἔφασαν ῥυθμικοί, ὁ δέ γε Ἀριστόξενος οὔκ ἐστι, φησί, μέτρον ἡ
20 συλλαβή. πᾶν γὰρ μέτρον αὐτό τε ὡρισμένον ἐστὶ κατὰ τὸ ποσὸν καὶ πρὸς τὸ μετρούμενον ὡρισμένως[4]) ἔχει. ἡ δὲ[5]) συλλαβὴ οὔκ ἐστι κατὰ τοῦτο ὡρισμένη πρὸς τὸν ῥυθμὸν ὡς τὸ μέτρον πρὸς τὸ μετρούμενον, ἡ γὰρ συλλαβὴ οὐκ ἀεὶ τὸν αὐτὸν χρόνον κατέχει, τὸ δὲ μέτρον ἠρεμεῖν δεῖ κατὰ τὸ
25 ποσὸν καθὸ μέτρον ἐστὶ καὶ τὸ τοῦ χρόνου μέτρον ὡσαύτως κατὰ τὸ ἐν τῷ χρόνῳ ποσόν, ἡ δὲ συλλαβὴ χρόνου τινὸς μέτρον οὖσα οὐκ ἠρεμεῖ κατὰ τὸν χρόνον, μεγέθη[6]) μὲν γὰρ χρόνων οὐκ ἀεὶ τὰ αὐτὰ κατέχουσιν αἱ συλλαβαί, λόγον μέντοι τὸν αὐτὸν ἀεὶ τῶν μεγεθῶν· ἥμισυ μὲν γὰρ κατέ-
30 χειν τὴν βραχεῖαν χρόνου[7]), διπλάσιον δὲ τὴν μακρὰν καὶ οἱ παῖδες ἴσασιν[8]).

---

1) μέτρου lib. m(onacensis). || 2) ἔχει m. v(enetus). || 3) οἱ om. m. || 4) ὡρισμένον v. || 5) εἰ δὲ m, ἴσως ἡ δὲ marg. m. || 6) μεγέθει lib || 7) χρόνον lib. || 8) καὶ οἱ παῖδες ἴσασι om. lib. cf. Quinctil. instit. 9, 4, 45 longam esse duorum temporum, breves unius, etiam pueri sciunt.

ΑΡΙΣΤΟΞΕΝΟΥ

ΡΥΘΜΙΚΩΝ ϹΤΟΙΧΕΙΩΝ

ΔΕΥΤΕΡΟΝ.

Ὅτι μὲν τοῦ ῥυθμοῦ πλείους εἰσὶ φύσεις καὶ ποία τις αὐτῶν ἑκάστη καὶ διὰ τίνας αἰτίας τῆς αὐτῆς ἔτυχον 5 προςηγορίας καὶ τί αὐτῶν ἑκάστη ὑπόκειται, ἐν τοῖς ἔμ-
268 προσθεν εἰρημένον. | Νῦν δὲ ἡμῖν περὶ αὐτοῦ λεκτέον τοῦ ἐν μουσικῇ ταττομένου ῥυθμοῦ.

Ὅτι μὲν οὖν περὶ τοὺς χρόνους ἐστὶ καὶ τὴν τούτων αἴσθησιν, εἴρηται μὲν καὶ ἐν τοῖς ἔμπροσθεν, λεκτέον δὲ 10 καὶ πάλιν νῦν, ἀρχὴ γὰρ τρόπον τινὰ τῆς περὶ τοὺς ῥυθμοὺς ἐπιστήμης ἐστὶν αὕτη.

Νοητέον δὲ δύο τινὰς φύσεις ταύτας, τήν τε τοῦ ῥυθμοῦ καὶ τὴν τοῦ ῥυθμιζομένου, παραπλησίως ἐχούσας πρὸς ἀλλήλας ὥσπερ ἔχει τὸ σχῆμα καὶ τὸ σχηματιζόμενον 15 πρὸς αὐτά[1]. Ὥσπερ γὰρ τὸ σῶμα πλείους ἰδέας λαμβάνει σχημάτων, ἐὰν αὐτοῦ τὰ μέρη τεθῇ διαφερόντως, ἤτοι πάντα ἢ τινα αὐτῶν, οὕτω καὶ τῶν ῥυθμιζομένων ἕκαστον πλείους λαμβάνει μορφάς, οὐ κατὰ τὴν αὑτοῦ[2] φύσιν, |
270 ἀλλὰ κατὰ τὴν τοῦ ῥυθμοῦ. ἡ γὰρ αὐτὴ λέξις εἰς χρόνους 20 τεθεῖσα διαφέροντας ἀλλήλων, λαμβάνει τινὰς διαφορὰς τοιαύτας, αἵ εἰσιν ἴσαι αὐταῖς τῆς τοῦ ῥυθμοῦ φύσεως διαφοραῖς. Ὁ αὐτὸς δὲ λόγος καὶ ἐπὶ[3] τοῦ μέλους, καὶ εἴ τι ἄλλο πέφυκε ῥυθμίζεσθαι τῷ τοιούτῳ ῥυθμῷ, ὅς ἐστιν ἐκ

---

1) αὐτά R(omanus), αὐτό V(enetus), αὐτά Psell. m(onacensis), ἑαυτό Psell. v(enetus) || 2) αὑτοῦ R V || 3) λόγος κατὰ lib. ||

Psell. 2. *Δύο δὲ ταῦτα πρῶτον νοητέον, τόν τε ῥυθμὸν καὶ τὸ[ν]* 13
ῥυθμιζόμενον. | *Psell.* 13. *Νοητέον τόν τε ῥυθμὸν καὶ τὸ ῥυθμιζόμενον*
παραπλησίως ἔχοντα[ι] (ἔχειν v) πρὸς ἄλληλα ὥσπερ ἔχει τὸ σχῆμα καὶ
τὸ σχηματιζόμενον πρὸς ἑαυτά (ἑαυτό v).

τῶν δὲ ῥυθμιζομένων ἕκαστον πλείους λαμβάνει μορφὰς οὐ κατὰ 18
τὴν αὑτοῦ φύσιν, ἀλλὰ κατὰ τὴν τοῦ ῥυθμοῦ.

χρόνων συνεστηκώς. Ἐπάγειν δὲ δεῖ τὴν αἴσθησιν ἐν-
θένδε περὶ τῆς εἰρημένης ὁμοιότητος, πειρωμένους συνο-
ρᾶν καὶ περὶ ἑκατέρου τῶν εἰρημένων, οἷον τοῦ τε ῥυθμοῦ
καὶ τοῦ ῥυθμιζομένου. Τῶν τε γὰρ πεφυκότων σχηματί-
5 ζεσθαι σωμάτων οὐδενὶ οὐδέν ἐστι τῶν σχημάτων τὸ αὐτό,
ἀλλὰ διάθεσίς[4] τίς ἐστι τῶν τοῦ σώματος μερῶν τὸ
σχῆμα, γινόμενον ἐκ τοῦ σχεῖν πως ἕκαστον αὐτῶν, ὅθεν
δὴ καὶ σχῆμα ἐκλήθη· ὅ τε ῥυθμὸς ὡσαύτως οὐδενὶ τῶν
ῥυθμιζομένων ἐστὶ τὸ αὐτό, ἀλλά τῶν διατιθέντων πως τὸ
10 ῥυθμιζόμενον καὶ ποιούντων κατὰ τοὺς χρόνους τοιόνδε ἢ
τοιόνδε. Προςέοικε δὲ ἀλλήλοις τὰ εἰρημέ|να καὶ τῷ[5] μὴ 272
γίνεσθαι καθ᾽ αὑτά. Τό τε γὰρ σχῆμα, μὴ ὑπάρχοντος
τοῦ δεξομένου αὐτὸ, δῆλον ὡς ἀδύνατεῖ γενέσθαι· ὅ τε
ῥυθμὸς ὡσαύτως χωρὶς τοῦ ῥυθμισθησομένου[6] καὶ τέμνον-
15 τος τὸν χρόνον οὐ δύναται γίνεσθαι, ἐπειδὴ ὁ μὲν χρόνος
αὐτὸς αὑτὸν οὐ τέμνει, καθάπερ ἐν τοῖς ἔμπροσθεν εἴπο-
μεν, ἑτέρου δέ τινος δεῖ τοῦ διαιρήσοντος αὐτόν. Ἀναγκαῖον οὖν ἂν[9] εἴη μεριστὸν εἶναι τὸ ῥυθμιζόμενον γνωρίμοις μέρεσιν, οἷς διαιρήσει τὸν χρόνον.
20 Ἀκόλουθον δέ ἐστι τοῖς εἰρημένοις καὶ αὐτῷ τῷ φαι-
νομένῳ τὸ λέγειν, τὸν ῥυθμὸν γίνεσθαι, ὅταν ἡ τῶν χρόνων διαίρεσις τάξιν τινὰ λάβῃ ἀφωρισμένην, οὐ γὰρ πᾶσα
χρόνων τάξις ἐρ|ρυθμος[1]). Πιθανὸν μὲν οὖν καὶ χωρὶς λό- 274
γου, τὸ μὴ πᾶσαν χρόνων[2]) τάξιν ἐρρυθμον[3]) εἶναι· δεῖ

---

4) διάθεσις lib. || 5) τὸ lib. || 6) ῥυθμισομένου R. || 7) ἄ. οὖν ἄν Psell.
v. ἄ. γὰρ ἄν Psell. m, ἄ. ἄν R V || 1) ἐν ῥυθμοῖς R V, εὔρυθμος Psell.
m v || 2) πᾶσαν λόγου R V || 3) εὔρυθμον R V ||

---

8   ὁ δὲ ῥυθμὸς οὐδενὶ τῶν ῥυθμιζομένων ἐστὶ τὸ αὐτόν, ἀλλὰ τῶν διατιθέντων πως (προς v) τὸ ῥυθμιζόμενον καὶ ποιούντων κατὰ τοὺς χρόνους τοιόνδε ἢ τοιόνδε.

13   ὁ δὲ ῥυθμὸς χωρὶς τοῦ ῥυθμισθησομένου καὶ τέμνοντος τὸν χρόνον
οὐ δύναται γίνεσθαι, ἐπειδὴ ὁ μὲν αὐτὸς ἑαυτὸν οὐ τέμνει, ἑτέρου δέ
τινος δεῖται τοῦ διαιρήσοντος αὐτόν. ἀναγκαῖον οὖν (γὰρ m) ἂν εἴη
μεριστὸν εἶναι τὸ ῥυθμιζόμενον γνωρίμοις μέρεσιν, οἷς (οἷον m) διαιρήσει τὸν χρόνον.

21   Psell. 3. Ἔστι δὲ ὁ μὲν ῥυθμὸς σύστημά τι συγκείμενον ἐκ χρόνων
κατά τινας τρόπους ἀφωρισμένους (ἀφωρισμένων m), οὐ γὰρ πᾶσα χρόνων τάξις εὔρυθμος.

δὲ καὶ διὰ τῶν ὁμοιοτήτων ἐπάγειν τὴν διάνοιαν καὶ πειρᾶσθαι κατανοεῖν ἐξ ἐκείνων, ἕως ἂν παραγένηται ἡ ἐξ αὐτοῦ τοῦ πράγματος πίστις.] Ἔστι δὲ ἡμῖν γνώριμα τὰ περὶ
τὴν τῶν γραμμάτων σύνθεσιν καὶ τὰ περὶ τὴν[4]) τῶν διαστημάτων, ὅτι οὔτ' ἐν τῷ διαλέγεσθαι πάντα τρόπον τὰ 5
γράμματα συντίθεμεν, οὔτ' ἐν τῷ μελῳδεῖν τὰ διαστήματα·
276 ἀλλ' ὀλίγοι μέν τινες | εἰσιν οἱ τρόποι καθ' οὓς συντίθε-
ται τὰ εἰρημένα πρὸς ἄλληλα, πολλοὶ δὲ καθ' οὓς οὔτε ἡ
φωνὴ δύναται συντίθεσθαι φθεγγομένη, οὔτε ἡ αἴσθησις προσδέχεται, ἀλλ' ἀποδοκιμάζει. Διὰ ταύτην γὰρ τὴν 10
αἰτίαν τὸ μὲν ἡρμοσμένον εἰς πολὺ ἐλάττους ἰδέας τίθεται,
τὸ δὲ ἀνάρμοστον εἰς πολὺ πλείους. | Οὕτω δὲ καὶ τὰ περὶ
τοὺς χρόνους ἔχοντα φανήσεται· πολλαὶ μὲν γὰρ αὐτῶν συμ-
μετρίαι τε καὶ τάξεις ἀλλότριαι φαίνονται τῆς αἰσθήσεως οὔ-
σαι, ὀλίγαι δέ τινες οἰκεῖαί τε καὶ δύναται ταχθῆναι εἰς τὴν 15
τοῦ ῥυθμοῦ φύσιν. Τὸ δὲ ῥυθμιζόμενόν ἐστι μὲν κοινόν πως
ἀρρυθμίας τε καὶ ῥυθμοῦ· ἀμφότερα γὰρ πέφυκεν ἐπιδέχεσθαι τὸ ῥυθμιζόμενον τὰ συστήματα, τό τε εὔρυθμον καὶ
278 τὸ ἄρρυθμον. Καλῶς δ' εἰπεῖν | τοιοῦτον νοητέον τὸ ῥυθμι-
ζόμενον, οἷον δύνασθαι μετατίθεσθαι εἰς χρόνων μεγέθη παν- 20
τοδαπὰ καὶ εἰς ξυνθέσεις παντοδαπάς.

Διαιρεῖται δὲ ὁ χρόνος ὑπὸ τῶν ῥυθμιζομένων τοῖς
ἑκάστου αὐτῶν μέρεσιν. Ἔστι δὲ τὰ ῥυθμιζόμενα τρία· λέξις, μέλος, κίνησις σωματική. Ὥστε διαιρήσει τὸν χρόνον ἡ
μὲν λέξις τοῖς αὐτῆς μέρεσιν, οἷον γράμμασι καὶ συλλαβαῖς 25

---

4) τὴν om. RV ||

τὸ δὲ ῥυθμιζόμενον τοιοῦτον νοητέον οἷον δύνασθαι μετατίθεσθαι 10
εἰς τε μεγέθη χρόνων παντοδαπὰ καὶ εἰς συνθέσεις παντοδαπάς.

φαίνεται δὲ τρία εἶναι τὰ ῥυθμικά, λέξις, μέλος, κίνησις σωματική. | 23
Psell. 5. διαιρεθήσεται δὲ ὁ χρόνος ὑπὸ μὲν τῆς λέξεως τοῖς τε (γε m)
γράμμασι καὶ ταῖς συλλαβαῖς, ὑπὸ δὲ τοῦ μέλους τοῖς φθόγγοις, ὑπὸ δὲ
τῆς κινήσεως τοῖς τε σχήμασι καὶ τοῖς σημείοις.

Frgm. Par. 1. Τρία εἰσὶ τὰ ῥυθμιζόμενα, λέξις, μέλος, κίνησις 23
σωματική, ὥστε διαιρέσει τὸν χρόνον ἡ μὲν λέξις τοῖς αὐτῆς μέρεσιν
οἷον γράμμασι καὶ συλλαβαῖς καὶ σήμασι καὶ πᾶσι τοῖς τοιούτοις· τὸ δὲ
μέλος τοῖς αὐτοῦ φθόγγοις τε καὶ διαστήμασιν· ἡ δὲ κίνησις σημείοις
τε καὶ σχήμασι καὶ εἴ τι τοιοῦτό ἐστι κινήσεως μέρος ἐπὶ τούτοις.

καὶ ῥήμασι καὶ πᾶσι τοῖς τοιούτοις· τὸ δὲ μέλος τοῖς ἑαυτοῦ
φθόγγοις τε καὶ διαστήμασι καὶ συστήμασιν· ἡ δὲ κίνησις
σημείοις τε καὶ σχήμασι καὶ εἴ τι τοιοῦτόν ἐστι κινήσεως
μέρος.

5   *Καλείσθω δὲ | πρῶτος μὲν τῶν χρόνων ὁ ὑπὸ μηδε-* 280
νὸς τῶν ῥυθμιζομένων δυνατὸς ὢν διαιρεθῆναι [5].] *δίσημος δὲ*
ὁ δὶς τούτῳ [6]) *καταμετρούμενος, τρίσημος δὲ ὁ τρὶς, τετράση-*
μος δὲ ὁ τετράκις. κατὰ ταῦτα [7]) *δὲ καὶ ἐπὶ τῶν λοιπῶν μεγεθῶν*
τὰ ὀνόματα ἕξει. Τὴν δὲ τοῦ πρώτου δύναμιν πειρᾶσθαι δεῖ
10 *καταμανθάνειν τόνδε τὸν* [1]) *τρόπον. Τῶν σφόδρα φαινομένων*
ἐστὶ τῇ αἰσθήσει τὸ μὴ λαμβάνειν εἰς ἄπειρον ἐπίτασιν τὰς
τῶν κινήσεων ταχυτῆ|τας, ἀλλ' ἵστασθαί που συναγομένους 282
τοὺς χρόνους, ἐν οἷς τίθεται τὰ μέρη τῶν κινουμένων· λέγω
δὲ τῶν οὕτω κινουμένων, ὡς ἥ τε φωνὴ κινεῖται λέγουσά τε
15 *καὶ μελῳδοῦσα καὶ τὸ σῶμα σῆμα σημαῖνόν* [2]) *τε καὶ ὀρχούμε-*
νον καὶ τὰς λοιπὰς τῶν τοιούτων κινήσεων κινούμενον. Τού-
των δὲ οὕτως ἔχειν φαινομένων, δῆλον ὅτι ἀναγκαῖόν ἐστιν
εἶναί τινας ἐλαχίστους χρόνους, ἐν οἷς ὁ μελῳδῶν θήσει
τῶν φθόγγων ἕκαστον. Ὁ αὐτὸς δὲ λόγος καὶ περὶ τῶν
20 *ξυλλαβῶν δῆλον ὅτι καὶ περὶ τῶν σημείων. Ἐν ᾧ δὴ*
χρόνῳ μήτε [3]) *δύο φθόγγοι* [4]) *δύνανται τεθῆναι κατὰ μη-*
δένα τρόπον, μήτε δύο ξυλλαβαί, μήτε δύο σημεῖα, τοῦτον
πρῶτον ἐροῦμεν χρόνον. Ὃν δὲ τρόπον λήψεται τοῦτον ἡ
αἴσθησις, φανερὸν ἔσται ἐπὶ τῶν ποδικῶν σχημάτων.]
25   [*Λέγομεν δέ τινα καὶ ἀσύνθετον χρόνον πρὸς τὴν*
τῆς ῥυθμοποιΐας χρῆσιν ἀναφέροντες. Ὅτι δ' ἔστιν
οὐ τὸ αὐτὸ ῥυθμοποιΐα τε καὶ ῥυθμός, σαφὲς μὲν οὔπω
ῥᾴδιόν ἐστι ποιῆσαι, πιστευέσθω δὲ διὰ τῆς ῥηθησομένης
ὁμοιότητος. Ὥσπερ γὰρ ἐν τῇ τοῦ μέλους φύσει τεθεωρή-
30 *καμεν, ὅτι οὐ τὸ αὐτὸ σύστημά τε καὶ μελοποιΐα, | οὐδὲ τό-* 284
νος, οὐδὲ γένος, οὐδὲ μεταβολή [4a]) · *οὕτως ὑποληπτέον ἔχειν*

---

5) σῆμα marg. V ‖ 6) τούτων RV ‖ 7) ταῦτα RV ‖ 1) τὸν om. R ‖
2) σῶμα om. RV ‖ 3) μὴ δὲ RV ‖ 4) δύο χρόνοι RV ‖ 4a) οὔτε μελο-
ποιΐα RV ‖

s   *Psell. 7.* πρῶτόν τε νοητέον χρόνον τὸν ὑπ' οὐδενὸς τῶν ῥυθμιζομένων δυνάμενον διαιρεῖσθαι γνωρίμων.

καὶ περὶ τοὺς ῥυθμούς τε καὶ ῥυθμοποιίας. ἐπειδήπερ τοῦ
μέλους χρῆσίν τινα τὴν μελοποιίαν εὕρομεν οὖσαν, ἐπί τε
τῆς ῥυθμικῆς πραγματείας τὴν ῥυθμοποιίαν ὡσαύτως χρῆσίν τινά φαμεν εἶναι. Σαφέστερον δὲ τοῦτο εἰσόμεθα
προελθούσης τῆς πραγματείας. Ἀσύνθετον δή[5]) καὶ σύν- 5
θετον[6]) χρόνον πρὸς τὴν τῆς ῥυθμοποιίας χρῆσιν βλέποντες ἐροῦμεν οἷον τόδε τι·] ἐάν τι[7]) χρόνου μέγεθος ὑπὸ
μιᾶς ξυλλαβῆς ἢ ὑπὸ φθόγγου ἑνὸς ἢ σημείου καταληφθῇ,
ἀσύνθετον[7a]) τοῦτον ἐροῦμεν τὸν χρόνον· ἐὰν δὲ τὸ αὐτὸ
τοῦτο μέγεθος ὑπὸ πλειόνων φθόγγων ἢ ξυλλαβῶν ἢ σημείων 10
καταληφθῇ, σύνθετος ὁ χρόνος οὗτος ῥηθήσεται. Λάβοι δ'
ἄν τις παράδειγμα τοῦ εἰρημένου ἐκ τῆς περὶ τὸ ἡρμοσμένον
286 πραγματείας· καὶ γὰρ | ἐκεῖ τὸ αὐτὸ μέγεθος ἡ μὲν ἁρμονία
σύνθετον, τὸ δὲ χρῶμα ἀσύνθετον[8]), καὶ πάλιν τὸ μὲν διάτονον ἀσύνθετον, τὸ δὲ χρῶμα σύνθετον, ἐνίοτε δὲ καὶ τὸ 15
αὐτὸ γένος τὸ αὐτὸ μέγεθος ἀσύνθετόν τε καὶ σύνθετον ποιεῖ·
οὐ μέντοι ἐν τῷ αὐτῷ τόπῳ τοῦ συστήματος· Διαφέρει γὰρ
τὸ παράδειγμα τοῦ προβλήματος τῷ τὸν μὲν χρόνον ὑπὸ τῆς
ῥυθμοποιίας ἀσύνθετόν τε καὶ σύνθετον γίνεσθαι, τὸ δὲ διάστημα ὑπ' αὐτῶν τῶν γενῶν ἢ τῆς τοῦ συστήματος τάξεως. 20
Περὶ μὲν οὖν ἀσυνθέτου καὶ συνθέτου χρόνου καθόλου τοῦτον τὸν τρόπον διωρίσθω.

288 Μερισθέντος δὲ | τοῦ προβλήματος ὡδί, ἁπλῶς μὲν
ἀσύνθετος λεγέσθω ὁ ὑπὸ μηδενὸς τῶν ῥυθμιζομένων διῃ-
ρημένος· ὡσαύτως δὲ καὶ σύνθετος ὁ ὑπὸ πάντων τῶν ῥυ- 25
θμιζομένων διῃρημένος· πῇ δὲ σύνθετος καὶ πῃ ἀσύνθετος
ὁ ὑπὸ μέν τινος διῃρημένος, ὑπὸ δέ τινος ἀδιαίρετος ὤν·
Ὁ μὲν οὖν ἁπλῶς ἀσύνθετος τοιοῦτος ἄν τις εἴη, οἷος[9])
μήθ' ὑπὸ ξυλλαβῶν πλειόνων, μήθ' ὑπὸ φθόγγων, μήθ'
ὑπὸ σημείων κατέχεται· ὁ δ' ἁπλῶς σύνθετος, ὁ ὑπὸ 30
πάντων καὶ πλειόνων ἢ ἑνὸς κατεχόμενος· ὁ δὲ μικτός, ᾧ
συμβέβηκεν ὑπὸ φθόγγου μὴν ἑνός, ὑπὸ ξυλλαβῶν δὲ πλειόνων καταληφθῆναι[1]), ἢ ἀνάπαλιν ὑπὸ ξυλλαβῆς μὲν μιᾶς,
ὑπὸ φθόγγων δὲ πλειόνων.

5) δὲ RV ‖ 6) καὶ σύνθετον om. RV ‖ 7) ἐάν τι om. RV ‖ 7a) ἀσύνθετον om. RV ‖ 8) σύνθετον V ‖ 9) οἷος ὁ RV ‖ 1) καταλήφθη RV ‖

[Ὧι δὲ σημαινόμεθα τὸν ῥυθμὸν καὶ γνώριμον ποιοῦμεν
τῇ αἰσθήσει, πούς ἐστιν εἰς ἢ πλείους ἑνός.] Τῶν δὲ ποδῶν
οἱ μὲν ἐκ δύο χρόνων σύγκεινται τοῦ τε ἄνω καὶ τοῦ κάτω,
οἱ δὲ ἐκ τριῶν, δύο μὲν τῶν ἄνω, ἑνὸς δὲ τοῦ κάτω ἢ ἐξ
5 ἑνὸς²) μὲν τοῦ ἄνω, δύο δὲ τῶν κάτω, οἱ δὲ ἐκ τεττάρων, δύο μὲν τῶν ἄνω, δύο δὲ τῶν κάτω³). Ὅτι μὲν
οὖν ἐξ ἑνὸς χρόνου πούς οὐκ ἂν εἴη φανερόν, ἐπειδήπερ
ἓν σημεῖον | οὐ ποιεῖ διαίρεσιν χρόνου· ἄνευ γὰρ διαι- 290
ρέσεως χρόνου πούς οὐ δοκεῖ γίνεσθαι. Τοῦ δὲ λαμβάνειν
10 τὸν πόδα πλείω τῶν δύο σημεῖα τὰ μεγέθη τῶν ποδῶν αἰ-
τιατέον. οἱ γὰρ ἐλάττους τῶν ποδῶν, εὐπερίληπτον τῇ αἰσθήσει τὸ μέγεθος ἔχοντες, εὐσύνοπτοί εἰσι καὶ διὰ τῶν δύο ση-
μείων· οἱ δὲ μεγάλοι τοὐναντίον πεπόνθασι, δυςπερίληπτον
γὰρ τῇ αἰσθήσει τὸ μέγεθος ἔχοντες, πλειόνων δέονται⁴) ση-
15 μείων, ὅπως εἰς πλείω μέρη διαιρεθὲν τὸ⁵) τοῦ ὅλου ποδὸς μέγεθος εὐσυνοπτότερον γίνηται⁶). Διὰ τί δὲ οὐ γίνεται πλείω
σημεῖα τῶν τεττάρων, οἷς ὁ πούς χρῆται κατὰ τὴν αὑτοῦ⁷)
δύναμιν, ὕστερον δειχθήσεται.

[Δεῖ δὲ μὴ διαμαρτεῖν ἐν τοῖς νῦν εἰρημένοις, ὑπολαμ-
20 βάνοντας, μὴ μερίζεσθαι πόδα εἰς πλείω τῶν τεττάρων ἀρι-
θμόν⁸ᵃ). Μερίζονται γὰρ ἔνιοι τῶν ποδῶν εἰς διπλάσιον
τοῦ | εἰρημένου πλήθους ἀριθμὸν καὶ εἰς πολλαπλάσιον⁸). 292
Ἀλλ' οὐ καθ' αὑτὸν ὁ πούς εἰς τὸ πλέον τοῦ εἰρημένου
πλήθους μερίζεται, ἀλλ' ὑπὸ τῆς ῥυθμοποιίας διαιρεῖται
25 τὰς τοιαύτας διαιρέσεις. Νοητέον δὲ χωρὶς τά τε τὴν τοῦ
ποδὸς δύναμιν φυλάσσοντα σημεῖα καὶ τὰς ὑπὸ τῆς ῥυ-

---

2) οἶδε ἐξ ἑνὸς RV, ἢ ἑνὸς Psell. (m) ‖ 3) οἱ δὲ ἐκ τεττάρων, δύο
μὲν τῶν ἄνω, δύο δὲ τῶν κάτω om. lib. ‖ 4) δὲ ὄντες om. RV ‖ 5) διαι-
ρεθέντος RV ‖ 6) γίνεται RV ‖ 7) αὑτοῦ RV ‖ 8) πολυπλάσιον V ‖ 8a) ἀριθμῶν lib. ‖

1   *Fragm. Par.* 5. Λεκτέον καὶ περὶ ποδός, τί ποτε ἔστι. καθόλου μὲν
νοητέον πόδα ᾧ σημαινόμεθα τὸν ῥυθμὸν καὶ γνώριμον ποιοῦμεν τῇ
αἰσθήσει.
2   *Psell.* 14. Τῶν δὲ ποδῶν οἱ μὲν ἐκ δύο χρόνων σύγκεινται, τοῦ τε
ἄνω καὶ τοῦ κάτω· οἱ δὲ ἐκ τριῶν, δύο μὲν τῶν ἄνω, ἑνὸς δὲ τοῦ κάτω,
ἢ ἑνὸς μὲν τοῦ ἄνω, δύο δὲ τῶν κάτω. ἐξ ἑνὸς δὲ χρόνου πούς οὐκ ἂν
εἴη, ἐπειδήπερ ἓν σημεῖον οὐ ποιεῖ διαίρεσιν χρόνου. ἄνευ γὰρ διαιρέσεως χρόνου πούς οὐ δοκεῖ γίνεσθαι.

θμοποιίας[9]) γινομένας διαιρέσεις· καὶ προςθετέον δὲ τοῖς εἰρημένοις, ὅτι τὰ μὲν ἑκάστου ποδὸς σημεῖα διαμένει ἴσα
ὄντα καὶ τῷ ἀριθμῷ καὶ τῷ μεγέθει, αἱ δ' ὑπὸ τῆς ῥυθμοποιίας γινόμεναι διαιρέσεις πολλὴν λαμβάνουσι ποικι-
λίαν. Ἔσται δὲ τοῦτο καὶ ἐν τοῖς ἔπειτα φανερόν.]   5

Ὥρισται δὲ τῶν ποδῶν ἕκαστος ἤτοι λόγῳ τινὶ ἢ ἀλογίᾳ τοιαύτῃ, ἥτις δύο λόγων γνωρίμων τῇ αἰσθήσει ἀνὰ
μέσον ἔσται. Γένοιτο δὲ τὸ εἰρημένον ἂν[5a]) ὧδε καταφανές,
εἰ ληφθείησαν δύο πόδες, ὁ μὲν ἴσον τὸ ἄνω τῷ κάτω ἔχων
καὶ δίσημον ἑκάτερον, ὁ δὲ τὸ μὲν κάτω δίσημον, τὸ δὲ 10
ἄνω ἥμισυ, τρίτος δέ τις ληφθείη ποὺς παρὰ τούτους, τὴν
μὲν βάσιν ἴσην αὐτοῖς ἀμφοτέροις ἔχων, τὴν δὲ ἄρσιν[1])
204 μέσον μέγεθος ἔχουσαν | τῶν ἄρσεων. Ὁ γὰρ τοιοῦτος ποὺς
ἄλογον μὲν ἕξει τὸ ἄνω πρὸς τὸ[2]) κάτω· ἔσται δ' ἡ ἀλογία
μεταξὺ δύο λόγων γνωρίμων τῇ αἰσθήσει, τοῦ τε ἴσου καὶ 15
τοῦ διπλασίου. Καλεῖται δ' οὗτος χορεῖος ἄλογος.
(Δεῖ δὲ μηδ'[3]) ἐνταῦθα διαμαρτεῖν, ἀγνοηθέντος τοῦ τε
ῥητοῦ καὶ τοῦ ἀλόγου, τίνα τρόπον ἐν τοῖς περὶ τοὺς ῥυθμοὺς λαμβάνεται. Ὥσπερ οὖν ἐν τοῖς διαστηματικοῖς
στοιχείοις τὸ μὲν κατὰ μέλος[3a]) ῥητὸν ἐλήφθη, ὃ πρῶτον μέν 20
ἐστι μελῳδούμενον, ἔπειτα γνώριμον κατὰ μέγεθος, ἤτοι
ὡς τά τε σύμφωνα καὶ ὁ τόνος, ἢ ὡς τὰ τούτοις σύμμε-
τρα· τὸ δὲ κατὰ τοὺς τῶν ἀριθμῶν μόνον λόγους[4]) ῥητόν,
ᾧ συνέβαινεν ἀμελῳδήτῳ εἶναι· οὕτω καὶ ἐν τοῖς ῥυθμοῖς
ὑποληπτέον ἔχειν τό τε ῥητὸν καὶ τὸ ἄλογον. Τὸ μὲν γὰρ 25
κατὰ τὴν τοῦ ῥυθμοῦ φύσιν λαμβάνεται ῥητόν, τὸ[5]) δὲ
296 κατὰ τοὺς τῶν ἀριθμῶν μόνον λόγους. Τὸ μὲν οὖν | ἐν
ῥυθμῷ λαμβανόμενον ῥητὸν χρόνου μέγεθος πρῶτον μὲν
δεῖ τῶν πιπτόντων εἰς τὴν ῥυθμοποιίαν εἶναι· ἔπειτα

---

9) So weit V ‖ 1) τὴν διαίρεσιν R ‖ 2) τὸν R ‖ 3) μὴ δ' R ‖ 3a) μέρος R ‖ 4) κατὰ τοῦτον ἀριθμῷ μόνους λόγῳ R ‖ 5) τὰ R ‖ 5a) ἂν om. R ‖

Psell. 15. Τῶν δὲ ποδῶν ἕκαστος ὥρισται ἢ λόγῳ τινὶ ἢ ἀναλογίᾳ.   6
  Fragm. Par. 6. Ὡρισμένοι δέ εἰσι τῶν ποδῶν οἱ μὲν λόγῳ τινί, οἱ δὲ 6
ἀλογίᾳ κειμένῃ μεταξὺ δύο λόγων γνωρίμων, ὥστε εἶναι φανερὸν ἐκ τούτων, ὅτι ὁ ποὺς λόγος τίς ἐστιν ἐν χρόνοις κείμενος, ἡ ἀλογία δὲ ἐν χρόνοις κειμένη εἰρημένον ἀφορισμὸν ἔχουσα.

τοῦ ποδός, ἐν ᾧ τέτακται, μέρος εἶναι ῥητόν· τὸ δὲ κατὰ
τοὺς τῶν ἀριθμῶν λόγους λαμβανόμενον ῥητὸν τοιοῦτόν τι
δεῖ νοεῖν, οἷον ἐν τοῖς διαστηματικοῖς τὸ δωδεκατημόριον
τοῦ τόνου καὶ εἴ τι τοιοῦτον ἄλλο ἐν ταῖς τῶν διαστημά-
5 των παραλλαγαῖς λαμβάνεται. Φανερὸν δὲ διὰ τῶν εἰρημένων, ὅτι ἡ μέση ληφθεῖσα τῶν ἄρσεων[6]) οὐκ ἔσται σύμ
μετρος τῇ βάσει· οὐδὲν γὰρ αὐτῶν μέτρον ἐστὶ κοινὸν ἔρ
ρυθμον[7]).

Τῶν δὲ ποδικῶν διαφ'ορῶν ἐκκείσθωσαν αἱ ἑπτά·
10 πρώτη μέν, καθ' ἣν μεγέθει διαφέρουσιν ἀλλήλων·
δευτέρα δέ, καθ' ἣν γένει·
τρίτη δέ, καθ' ἣν οἱ μὲν ῥητοί, οἱ δ' ἄλογοι τῶν ποδῶν εἰσι·
τετάρτη δέ, καθ' ἣν οἱ μὲν ἀσύνθετοι, οἱ δὲ σύνθετοι·
πέμπτη δέ, καθ' ἣν διαιρέσει διαφέρουσιν ἀλλήλων·
15 ἕκτη δέ, καθ' | ἣν σχήματι διαφέρουσιν ἀλλήλων·
ἑβδόμη δέ, καθ' ἣν ἀντιθέσει.   298

Μεγέθει μὲν οὖν διαφέρει ποὺς ποδός, ὅταν τὰ μεγέθη τῶν ποδῶν, ἃ κατέχουσιν οἱ πόδες, ἄνισα ᾖ.

γένει δέ, ὅταν οἱ λόγοι διαφέρωσιν[1]) ἀλλήλων οἱ τῶν
20 ποδῶν, οἷον ὅταν ὁ μὲν τὸν τοῦ ἴσου λόγον ἔχῃ, ὁ δὲ τὸν
τοῦ διπλασίονος, ὁ δ' ἄλλον τινὰ τῶν ἐρρύθμων[2]) χρόνων.

Οἱ δ' ἄλογοι διαφέρουσι τῶν ῥητῶν τῷ τὸν ἄνω χρόνον πρὸς τὸν κάτω μὴ εἶναι ῥητόν.

Οἱ δ' ἀσύνθετοι τῶν συνθέτων διαφέρουσι τῷ
25 μὴ διαιρεῖσθαι εἰς πόδας, τῶν συνθέτων διαιρουμένων.

Διαιρέσει δὲ διαφέρουσιν ἀλλήλων, ὅταν τὸ αὐτὸ

---

6) τῶν εἰρημένων R || 7) εὔρυθμον R || 1) διαφέρουσιν R, Psell. m. ||
2) εὐρύθμων R ||

---

18   Psell. 16. Καὶ μεγέθει μὲν διαφέρει τοῦ ποδός, ὅταν τὰ μεγέθη
τῶν ποδῶν, ἃ κατέχουσιν οἱ πόδες, ἄνισα ᾖ.
      γένει δὲ ὅταν οἱ λόγοι διαφέρουσιν ἀλλήλων οἱ τῶν ποδῶν.
      οἱ δὲ ἄλογοι τῶν ῥητῶν διαφέρουσι τὸν ἄνω χρόνον πρὸς τὸν κάτω
μὴ εἶναι ῥητόν.
      οἱ δὲ ἀσύνθετοι τῶν συνθέτων διαφέρουσιν τῷ μὴ διαιρεῖσθαι
εἰς πόδας, τῶν συνθέτων διαιρουμένων.
      διαιρέσει δὲ ὅταν τὸ αὐτὸ μέγεθος εἰς ἄνισα διαιρεθείη.

3 *

μέγεθος εἰς ἄνισα μέρη διαιρεθῇ, ἤτοι κατὰ ἀμφότερα, κατά τε τὸν ἀριθμὸν καὶ κατὰ τὰ μεγέθη, ἢ κατὰ θάτερα.

Σχήματι δὲ διαφέρουσιν ἀλλήλων, ὅταν τὰ αὐτὰ 300 μέρη τοῦ αὐτοῦ μεγέθους μὴ ὡσαύ|τως ᾖ τεταγμένα[3]).

Ἀντιθέσει δὲ διαφέρουσιν ἀλλήλων οἱ τὸν ἄνω χρό- 5 νον πρὸς τὸν κάτω ἀντικείμενον ἔχοντες. Ἔσται δὲ ἡ δια- φορὰ αὕτη ἐν τοῖς ἴσοις μέν, ἀνίσως[4]) δὲ ἔχουσι τὸν ἄνω χρόνον καὶ τὸν κάτω τεταγμένους[4]).

Τῶν δὲ ποδῶν τῶν[5]) καὶ συνεχῆ ῥυθμοποιίαν ἐπιδε- χομένων[6]) τρία γένη ἐστί· τό τε δακτυλικὸν καὶ τὸ ἰαμβι- 10 κὸν καὶ τὸ παιωνικόν. Δακτυλικὸν μὲν οὖν ἐστι τὸ ἐν ἴσῳ λόγῳ, ἰαμβικὸν δὲ τὸ ἐν τῷ διπλασίῳ, παιωνικὸν δὲ τὸ ἐν τῷ ἡμιολίῳ.

302 Τῶν δὲ ποδῶν ἐλάχιστοι μέν | εἰσιν οἱ ἐν τῷ[1]) τρι- σήμῳ μεγέθει· τὸ γὰρ δίσημον[2]) μέγεθος παντελῶς ἂν 15 ἔχοι πυκνὴν τὴν ποδικὴν σημασίαν. Γίνονται δὲ ἰαμβικοὶ τῷ γένει οὗτοι οἱ[3]) ἐν τρισήμῳ μεγέθει· ἐν γὰρ τοῖς τρι- σὶν[4]) ὁ τοῦ διπλασίου μόνος ἔσται λόγος. Δεύτεροι δ᾽ εἰ- σὶν οἱ ἐν τῷ τετρασήμῳ μεγέθει· εἰσὶ δ᾽ οὗτοι δακτυλι- κοὶ τῷ γένει· ἐν γὰρ τοῖς τέτρασι δύο λαμβάνονται λόγοι, 20 ὅ τε τοῦ ἴσου καὶ ὁ τοῦ τριπλασίου ὧν ὁ μὲν τοῦ τριπλα- σίου οὐκ ἔρρυθμός ἐστιν, ὁ δὲ τοῦ ἴσου εἰς τὸ δακτυ-

---

3) τεταγμένα Psell. m. v; om. R ‖ 4) ἄνισον δὲ ἔχουσι τῷ ἄνω χρόνον τὸν κάτω R ‖ 5) τῶν om. R ‖ 6) δεχομένων R, ἐπιδέξασθαι fragm. Paris. ‖ 1) εἰσιν πέντε R ‖ 2) διάσημον R ‖ 3) οἱ om. R ‖ 4) τισὶν R ‖

σχήματι δὲ ὅταν τὰ αὐτὰ μέρη τοῦ αὐτοῦ μεγέθους μὴ ὡσαύτως ᾖ τεταγμένα.

Psell. 17. Τῶν δὲ ποδῶν τρία γένη ἐστί, τὸ δακτυλικόν, τὸ ἰαμβικόν, 9 τὸ παιωνικόν.

Fragm. Paris. 10. Λόγοι δὲ εἰσι ῥυθμικοὶ καθ᾽ οὓς συνίστανται οἱ 9 ῥυθμοὶ οἱ δυνάμενοι συνεχῆ ῥυθμοποιίαν ἐπιδέξασθαι, τρεῖς· ἴσος, διπλασίων, ἡμιόλιος. Ἐν μὲν γὰρ τῷ ἴσῳ τὸ δακτυλικὸν γίνεται γένος, ἐν δὲ τῷ διπλασίῳ τὸ ἰαμβικόν, ἐν δὲ τῷ ἡμιολίῳ τὸ παιω- νικόν.

Mar. Victor. p. 2485. Hac sunt tres partitiones quae continuam 9 rhythmopoeiam faciunt.

λιχὸν πίπτει γένος. Τρίτοι δέ εἰσι κατὰ τὸ μέγεθος
οἱ[5] ἐν π ε ντασήμῳ μεγέθει· ἐν γὰρ τοῖς πέντε δύο
λαμβάνονται λόγοι, ὅ τε τοῦ τετραπλασίου καὶ ὁ τοῦ
ἡμιολίου· ὧν ὁ μὲν τοῦ τετραπλασίου οὐκ ἔρρυθμός
5 ἐστιν, ὁ δὲ τοῦ ἡμιολίου τὸ παιωνικὸν ποιήσει γένος. Τέ-
ταρτοι δέ εἰσιν οἱ ἰν[6] ἑξασήμῳ μεγέθει· ἔστι δὲ τὸ μέγεθος τοῦτο δύο γενῶν κοινόν, τοῦ τε ἰαμβικοῦ καὶ τοῦ
δακτυλικοῦ, ἐν γὰρ τοῖς ἕξ[7] τριῶν λαμβανομένων[8] | λό-
γων, τοῦ τε ἴσου καὶ τοῦ διπλασίου καὶ τοῦ πενταπλασίου,
10 ὁ μὲν τελευταῖος ῥηθεὶς οὐκ ἔρρυθμός ἐστιν, τῶν δὲ λοιπῶν[9] ὁ μὲν τοῦ ἴσου λόγος εἰς τὸ δακτυλικὸν γένος
ἐμπεσεῖται, ὁ δὲ τοῦ διπλασίου εἰς τὸ ἰαμβικόν. Τὸ δὲ
ἑπτάσημον μέγεθος οὐκ ἔχει διαίρεσιν ποδικήν· τριῶν
γὰρ λαμβανομένων λόγων ἐν τοῖς ἑπτὰ οὐδείς[10] ἐστιν ἔρ-
15 ρυθμος· ὧν εἷς μέν ἐστιν ὁ τοῦ ἐπιτρίτου, δεύτερος δὲ ὁ
τῶν πέντε πρὸς τὰ δύο, τρίτος δὲ ὁ τοῦ ἑξαπλασίου. Ὥστε
πέμπτοι ἂν εἴησαν οἱ ἐν ὀκτασήμῳ μεγέθει. ἔσονται δ'
οὗτοι δακτυλικοὶ τῷ γένει, ἐπειδήπερ . . . . .

Psell. 12. Τῶν δὲ τριῶν γενῶν οἱ πρῶτοι πόδες ἐν[1]
20 τοῖς ἑξῆς ἀριθμοῖς τεθήσονται· ὁ μὲν ἰαμβικὸς[2] ἐν τοῖς
τρισὶ πρῶτος[3], ὁ δὲ δακτυλικὸς ἐν τοῖς τέταρσιν[4], ὁ δὲ
παιωνικὸς ἐν τοῖς πέντε. αὔξεσθαι[5] δὲ φαίνεται τὸ μὲν ἰαμβικὸν γένος[6] μέχρι τοῦ ὀκτωκαιδεκασήμου[7] μεγέθους ὥστε
γίνεσθαι τὸν μέγιστον πόδα ἑξαπλάσιον τοῦ ἐλαχίστου, τὸ
δὲ δακτυλικὸν μέχρι τοῦ ἑκκαιδεκασήμου[8] ὥστε γίνεσθαι

---

5) οἷον R ‖ 6) ἐν om. R ‖ 7) ἐκ R ‖ 8) λαμβανομένοις R ‖ 9) λεγομένων R ‖ 10) οὐθ' εἷς R ‖

1) ἐν om. m ‖ 2) ἰαμβος m. v ‖ 3) πρώτοις m. v ‖ 4) τέταρσι m ‖ 5 αὐξάνεσθαι v ‖ 6) γ́ (d. h. γίνεται) m ‖ 7) ὀκτωκαιδεκασίμου m v, ὀκτωκαιδεκασήμου frag. Par. ‖ 8) ὀκτωκαιδεκασίμου m v, ἑκκαιδεκασήμου
frag. Par. ‖

---

18 Fragm. Par. 11. Ἄρχεται δὲ τὸ δακτυλικὸν ἀπὸ τετρασήμου ἀγωγῆς,
αὔξεται δὲ μέχρι ἑκκαιδεκασήμου ὥστε γίνεσθαι τὸν μέγιστον πόδα τοῦ
ἐλαχίστου τετραπλάσιον. ἔστι δὲ ὅτι καὶ ἐν δισήμῳ γίνεται δακτυλικὸς
πούς. Τὸ δὲ ἰαμβικὸν γένος ἄρχεται μὲν ἀπὸ τρισήμου ἀγωγῆς, αὔξεται δὲ μέχρι ὀκτωκαιδεκασήμου, ὥστε γίνεσθαι τὸν μέγιστον πόδα τοῦ

τὸν μέγιστον πόδα τοῦ ἐλαχίστου τετραπλάσιον[9]), τὸ δὲ
παιωνικὸν μέχρι τοῦ πεντεκαιεικοσασήμου[10]) ὥστε γίνεσθαι τὸν μέγιστον πόδα τοῦ ἐλαχίστου πενταπλάσιον[1]).
αὔξεται δὲ ἐπὶ πλειόνων τό τε ἰαμβικὸν γένος καὶ τὸ παιωνικὸν τοῦ δακτυλικοῦ, ὅτι πλείοσι σημείοις ἑκάτερον αὐτῶν 5
χρῆται. οἱ μὲν γὰρ τῶν ποδῶν δύο μόνοις[2]) πεφύκασι σημείοις χρῆσθαι ἄρσει καὶ βάσει, οἱ δὲ τρισὶν ἄρσει καὶ
διπλῇ βάσει, οἱ[3]) δὲ τέτρασι δύο ἄρσεσι καὶ δύο βάσεσιν.

Psell. 9. Τῶν (δὲ) ποδικῶν λόγων εὐφυέστατοί εἰσιν
οἱ τρεῖς[4])· ὅ τε τοῦ ἴσου καὶ ὁ[5]) τοῦ διπλασίου καὶ ὁ τοῦ 10
ἡμιολίου. γίνεται δέ ποτε πούς καὶ ἐν τριπλασίῳ λόγῳ,
γίνεται καὶ ἐν ἐπιτρίτῳ.

Psell. 11. Ἔστι δὲ καὶ ἐν τῇ τοῦ ῥυθμοῦ φύσει ὁ ποδικὸς λόγος ὥσπερ ἐν τῇ τοῦ ἡρμοσμένου τὸ σύμφωνον[6]).

Psell. 10. Πᾶς δὲ ὁ διαιρούμενος εἰς πλείω ἀριθμὸν καὶ 15
εἰς ἐλάττω[7]) διαιρεῖται.

Psell. 8. Τῶν δὲ χρόνων οἱ μέν εἰσι ποδικοί, οἱ δὲ τῆς ῥυθμοποιίας ἴδιοι. ποδικὸς μὲν οὖν ἐστι χρόνος ὁ κατέχων σημείου ποδικοῦ μέγεθος οἷον ἄρσεως ἢ βάσεως ἢ ὅλου ποδός[8])·
ἴδιος[9]) δὲ ῥυθμοποιίας ὁ παραλλάσσων ταῦτα τὰ μεγέθη 20

---

9) ὥστε ... τετραπλάσιον frag. Par.; om. Psell. m.v ‖ 10) πέντε καὶ
εἴκοσι m v, πεντεκαιεικοσασήμου frg. Par. ‖ 1) ὥστε ... πενταπλάσιον
frag. Par.; om. Psell. m. v ‖ 2) μόνον v ‖ 3) εἰ m. ‖ 4) εἰσὶ τρεῖς m ‖ 5)
ὁ om. m ‖ 6) συμφωνοῦν v ‖ 7) ἐλάττων m ‖ 8) ἢ ὅλον ποδόν m ‖9) ἴδιον m ‖

ἐλαχίστου ἑξαπλάσιον. Τὸ δὲ παιωνικὸν ἄρχεται μὲν ἀπὸ πεντασήμου
ἀγωγῆς, αὔξεται δὲ μέχρι πεντεκαιεικοσασήμου, ὥστε γίνεσθαι τὸν μέγιστον πόδα τοῦ ἐλαχίστου πενταπλάσιον.

Dionys. mus. ap. Porphyr. ad Ptol. p. 219. Καὶ πάλιν δόξουσι δὲ καὶ
οἱ μουσικοὶ (lib. κανονικοὶ) συνεπιμαρτυρεῖν τὸ αὐτὸ τοῦτο, λέγω δὲ τὰς
συμφωνίας καὶ τοὺς ποδικοὺς λόγους ἔχειν τὸ συγγενὲς καὶ οἰκεῖον.
τάς τε γὰρ συμφωνίας ὑπὸ τῶν λόγων τούτων γίγνεσθαι νομίζουσι, τὴν
μὲν διὰ τεσσάρων ὑπὸ τοῦ ἐπιτρίτου, τὴν δὲ διὰ πέντε ὑπὸ τοῦ ἡμιολίου (τὴν δὲ διὰ πασῶν ὑπὸ τοῦ διπλασίου om. lib.), τὴν δὲ διὰ πασῶν καὶ πέντε ὑπὸ τοῦ τριπλασίου, ὁ μέν γε ἴσος λόγος τοῦ ὁμοφώνου παρασκευαστικός ἐστιν αὐτοῖς. Καὶ οἱ ῥυθμ[ητ]ικοὶ πόδες κατὰ
τοὺς αὐτοὺς λόγους διακεκρυμμένοι τυγχάνουσι, κατὰ μὲν τὸν ἴσον καὶ
διπλάσιον καὶ ἡμιόλιον οἱ πλεῖστοι καὶ εὐφυέστατοι, ὀλίγοι δέ τινες καὶ
κατὰ τὸν ἐπίτριτον καὶ κατὰ τὸν τριπλάσιον.

εἶτ' ἐπὶ τὸ μικρὸν εἴτ' ἐπὶ τὸ μέγα. καί ἐστι ῥυθμὸς μὲν
ὥσπερ εἴρηται σύστημά τι συγκείμενον ἐκ[1] τῶν ποδικῶν
χρόνων ὧν ὁ μὲν ἄρσεως, ὁ δὲ βάσεως, ὁ δὲ ὅλου ποδός, ῥυθμοποιία δ' ἂν εἴη[2]) τὸ συγκείμενον ἔκ τε τῶν ποδικῶν χρό-
5 νων καὶ ἐκ τῶν αὐτῆς τῆς ῥυθμοποιίας ἰδίων.

ΑΡΙΣΤΟΞΕΝΟΥ

ΠΕΡΙ ΤΟΥ ΠΡΩΤΟΥ ΧΡΟΝΟΥ.

Porphyr. ad Ptolem. p. 255. Περὶ μέντοι τῆς ἀπειρίας
τῶν τάσεων καὶ ὁ Ἀριστόξενος πολλαχοῦ διείλεκται. φησὶ
10 δὲ καὶ ἐν τῷ περὶ τόνων οὕτως . . . , ἐν δὲ τῷ περὶ τοῦ πρώτου χρόνου καὶ τὴν ἐσομένην ἂν πρός τινων κατηγορίαν
ἀπολυόμενος γράφει ταῦτα·

[Ὅτι δ' εἴπερ εἰσὶν ἑκάστου τῶν ῥυθμῶν ἀγωγαὶ ἄπειροι, ἄπειροι ἔσονται καὶ οἱ πρῶτοι, φανερὸν ἐκ τῶν ἔμ-
15 προσθὲν εἰρημένων.] τὸ αὐτὸ δὲ συμβήσεται καὶ περὶ τοὺς
δισήμους καὶ τρισήμους καὶ τετρασήμους καὶ τοὺς λοιποὺς
τῶν ῥυθμικῶν χρόνων· καθ' ἕκαστον γὰρ τῶν πρώτων τούτων ἔσται δίσημός τε καὶ τρίσημος καὶ τὰ λοιπὰ τῶν οὕτω
λεγομένων ὀνομάτων.]

20 Δεῖ οὖν ἐνταῦθα εὐλαβηθῆναι τὴν πλάνην καὶ τὴν δι'
αὐτῶν γιγνομένην ταραχήν, ταχέως γὰρ ἄν τις τῶν ἀπείρων
μὲν μουσικῆς καὶ τῶν τοιούτων θεωρημάτων ἃ νῦν ψηλα-
φῶμεν ἡμεῖς, ἐν δὲ τοῖς σοφιστικοῖς λόγοις καλινδουμένων,
    ἔριδός ποτε μάργον ἔχων στόμα,
25 ὥς[3]) φησί που Ἴβυκος,
    ἀντία δῆριν ἐμοὶ κορύσσοι[4]),
λέγων ὅτι ἄτοπον, εἴ τις ἐπιστήμην εἶναι φάσκων τὴν ῥυ-
θμικήν, ἐξ ἀπείρων αὐτὴν συντίθησιν· εἶναι γὰρ πολέμιον
πάσαις ταῖς ἐπιστήμαις τὸ ἄπειρον. Οἶμαι μὲν οὖν φανε-

---

1) ἐκ τε m v || 2) ἤ m, ἤ v || 3) ὡς om. B(aroccianus), M(agdalensis) ||
4) δῆριν ἐνιοικορύσσοι B, δῆρι νενοοινορύσσοι M ||

---

1   *Frg. Par. 2.* Ἔστιν ὁ ῥυθμὸς | *Frgm. Par. 9.* ἐξ ἄρσεως καὶ θέσεως
συγκείμενον σύστημα κτλ.

ρὸν εἶναί σοι, ὅτι οὐδὲν προσχρώμεθα[4a]) τῷ ἀπείρῳ πρὸς τὴν
256 ἐπιστήμην, εἰ δὲ μὴ ,νῦν ἔσται φανερώτατον. {'Οὔτε γὰρ
πόδας συντίθεμεν ἐκ χρόνων ἀπείρων, ἀλλ' ἐξ ὡρισμένων
καὶ πεπερασμένων μεγέθει τε καὶ ἀριθμῷ καὶ τῇ πρὸς ἀλλήλους ξυμμετρίᾳ τε καὶ τάξει, οὔτε ῥυθμόν οὐδένα τοιοῦ- 5
τον ὁρῶμεν· δῆλον δὲ, εἴπερ μηδὲ πόδα, οὐδὲ ῥυθμόν, ἐπειδὴ
πάντες οἱ ῥυθμοὶ ἐκ ποδῶν τινων σύγκεινται. καθόλου[5]) δὴ
νοητέον ὃς[6]) ἂν ληφθῇ τῶν ῥυθμῶν, ὅμοιον εἰπεῖν ὁ τροχαῖος[7]), ἐπὶ τῆς δέ τινος ἀγωγῆς τεθεὶς ἀπείρων ἐκείνων
πρώτων ἕνα τινὰ λήψεται εἰς αὐτόν[8]). ὁ αὐτὸς δὲ λόγος 10
καὶ περὶ τῶν δισήμων, καὶ γὰρ τούτων ἕνα λήψεται τὸν σύμμετρον τῷ ληφθέντι πρώτῳ· ὁ αὐτὸς δὲ λόγος καὶ ἐπὶ τῶν
ἄλλων μεγεθῶν. ὥστε εἶναι φανερὸν ὅτι οὐδέποτε εὑρηθήσε-
ται ἡ ῥυθμικὴ ἐπιστήμη τῇ τῆς ἀπειρίας ἰδέᾳ προσχρωμένη[9]).

Δεῖ δὴ καταμαθεῖν ὅτι καὶ περὶ τῆς ἁρμονικῆς ἐπιστή- 15
μης ὁ αὐτὸς ἂν γένοιτο λόγος· φανερὸν γὰρ καὶ τοῦτο γέ-
γονεν ἡμῖν ὅτι περὶ τῶν ξυμπάντων διαστημάτων ἄπειρα
τυγχάνει τὰ μεγέθη ὄντα, ἀλλὰ τῶν ἀπείρων τούτων
πυκνῶν τόδε[10]) τὸ σύστημα κατὰ τήνδε τὴν χρόαν μελω-
δούμενον ἕν τι λήψεται μέγεθος τόδε[10]), ὡσαύτως δὲ καὶ 20
τῶν ἀπείρων ἐκείνῳ ὑπερεχόντων ἕν τι λήψεται μέγεθος
τόδε τὸ σύμμετρον τῷ ληφθέντι πυκνῷ. ὑπερέχον δὲ καλῶ
τὸ τοιοῦτο οἷον τὸ μέσης καὶ λιχανοῦ διάστημα.

ΑΡΙΣΤΟΞΕΝΟΥ

INCERTORUM LIBRORUM FRAGMENTA. *)   25

I.

Quintil. instit. 1, 10, 22. Vocis rationem Aristoxenus musicus dividit in ῥυθμόν et μέλος ἔμμετρον. quorum alterum modulatione, canore alterum ac sonis constat.

4 a) προς χώμεθα M ‖ 5) καθὸ M ‖ 6) ὁ B M ‖ 7) τραχέος B M ‖
8) αὐτὸν B, αὐτοῦ M ‖ 9) προςχωμένη M ‖ 10 τοδε om. M ‖

*) Cf. p. 11.

II.

Mar. Victor. 2485. Aristoxenus autem ait non omni modo
inter se composita tempora rhythmum facere, nam coitus temporum communis est rhythmo et arrhythmiae. unde si apte
5 congruant spatia, rhythmum faciunt, si contra, arrhythmiam, ut
intelligamus et in ipsa incursione temporum non fortuitam, sed
certam esse disciplinam. Cf. Censor. p. 89 ed. Jahn.

III.

Dionys. comp. verb. 14. Τῶν δὲ στοιχείων τε καὶ γραμ-
10 μάτων οὐ μία πάντων φύσις, διαφοραὶ δὲ αὐτῶν. πρώτη
μὲν ὡς Ἀριστόξενος ὁ μουσικὸς ἀποφαίνεται καθ᾽ ἣν τὰ
μὲν φωνὰς ἀποτελεῖ, τὰ δὲ ψόφους· φωνὰς μὲν τὰ λεγόμενα
φωνήεντα, ψόφους δὲ τὰ λοιπὰ πάντα. δευτέρα δὲ καθ᾽
ἣν τῶν φωνηέντων ἃ μὲν καθ᾽ ἑαυτὰ ψόφους ὁποίους δή
15 τινας ἀποτελεῖν πέφυκε, ῥοῖζον ἢ συριγμὸν ἢ ποππυσμὸν ἢ
τοιούτων τινῶν ἄλλων ἤχων δηλωτικά, ἃ δέ ἐστιν ἁπάσης
ἄμοιρα φωνῆς καὶ ψόφου καὶ οὐχ οἷά τε ἠχεῖσθαι καθ᾽
ἑαυτά· ταῦτα μὲν ἄφωνά τινες ἐκάλεσαν, θάτερα δὲ ἡμί-
φωνα. Cf. schol. ad Hermog. VII, 965 W. Quintil. inst. 1, 10, 17.

IV.

20 *Mar. Victor.* 2506. Aristoxenus musicus dicit breves fina-
les in metris si collectiores sint, eo aptiores separationi versus
a sequente versu fieri.

V.

25 *Mar. Victor.* 2514. Dactylicum hexametrum. Habet autem sedes sex quas Aristoxenus musicus χώρας vocat. recipit
autem pedales figuras tres. has Graeci dicunt ποδικὰ σχήματα.
nam aut in sex partes dividitur per monopodiam, aut in tres per
dipodiam et fit trimetrus, aut in duas per κῶλα duo, quibus omnis
30 versus constat, dirimitur.

VI.

Schol. Hephaest. p. 173. Διτρόχαιος ἢ ἀντιπαράλληλος
ὁ καὶ κρητικὸς κατ᾽ Ἀριστόξενον ἢ τροφαϊκὴ ταυτοποδία. —
Anal. gram. ed. Keil p. 10. Ὁ διτρόχαιος καὶ αὐτὸς ἐκ δύο
35 τροχαίων συγκείμενος κέκληται. τινὲς δὲ αὐτὸν καὶ παράλ-
ληλον λέγουσιν ἤγουν κρητικὸν κατ᾽ Ἀριστόξενον, ἢ διχό-
ρειον ἢ τροχαϊκὴν ταυτοποδίαν.

ΡΥΘΜΙΚΩΝ ΑΝΩΝΥΜΩΝ.

I.

Dionys. comp. verb. 17. Ὁ δὲ ἀπὸ μακρᾶς ἀρχόμενος, λήγων δὲ ἐς τὰς βραχείας δάκτυλος μὲν καλεῖται ... Οἱ μέντοι ῥυθμικοὶ τούτου τοῦ ποδὸς τὴν μακρὰν βραχυτέραν 5 εἶναί φασι τῆς τελείας, οὐκ ἔχοντες δὲ εἰπεῖν πόσῳ, καλοῦσιν αὐτὴν ἄλογον. Ἕτερον δὲ ἀντίστροφόν τινα τούτῳ ῥυθμὸν ὃς ἀπὸ τῶν βραχειῶν ἀρξάμενος ἐπὶ τὴν ἄλογον τούτον τελευτᾷ, χωρίσαντες ἀπὸ τῶν ἀναπαίστων, κύκλον καλοῦσι, παράδειγμα· αὐτοῦ φέροντες τοιόνδε   10

κέχυται πόλις ὑψίπυλος κατὰ γᾶν.

περὶ ὧν ἂν ἕτερος εἴη λόγος.

II.

Dionys. comp. verb. 20. Αὖθις ἔπειτα πέδονδε κυλίνδετο λᾶας ἀναιδής. Οὐχὶ συγκατακεκύλισται τῷ βάρει τῆς 15 πέτρας ἡ τῶν ὀνομάτων σύνθεσις; ... Ἔπειθ' ἑπτακαίδεκα συλλαβῶν οὐσῶν ἐν τῷ στίχῳ, δέκα μέν εἰσι βραχεῖαι συλλαβαί, ἑπτὰ δὲ μόναι μακραὶ καὶ οὐδ' αὐταὶ τέλειοι. ἀνάγκη οὖν κατεσπάσθαι καὶ συστέλλεσθαι τὴν φράσιν, τῇ βραχύτητι τῶν συλλαβῶν ἐφελκομένην ... Ὁ δὲ μάλιστα τῶν 20 ἄλλων θαυμάζειν ἄξιον, ῥυθμὸς οὐδεὶς τῶν μακρῶν οἳ φύσιν ἔχουσι πίπτειν εἰς μέτρον ἡρῷον ... ἐγκαταμέμικται τῷ στίχῳ πλὴν ἐπὶ τῆς τελευτῆς, οἱ δὲ ἄλλοι πάντες εἰσὶ δάκτυλοι καὶ οὗτοί γε παραδεδιωγμένας ἔχοντες τὰς ἀλόγους ὥστε μὴ πολὺ διαφέρειν ἐνίους τῶν τροχαίων. οὐδὲν δὴ τὸ ἀν- 25 τιπράττον ἐστὶν εὔτροχον καὶ περιφερῆ καὶ καταρρέουσαν εἶναι τὴν φράσιν ἐκ τοιούτων συγκεκροτημένην ῥυθμῶν.

III.

Serv. de accent. 630 (anal. gramm. Endlicher p. 535). Inter rhythmicos et metricos dissensio nonnulla est, quod 30 rhythmici in versu longitudine vocis tempora metiuntur et huius mensurae modulum faciunt tempus brevissimum: in quo cum quae [in quocunque lib.] syllaba enuntiata sit, brevem vocari. Metrici autem versuum mensuram syllabis comprehendunt et huius modulum syllabam brevem arbitrantur; tempus autem brevissimum intelligi quod enuntiatione(m) brevissimae syllabae cohaerens adaequaverit. Itaque rhythmici temporibus syllabas, metrici tempora syllabis finiunt.

5 **IV.** ☛

Dionys. comp. verb. 11. Ἡ μὲν γὰρ πεζὴ λέξις οὐδενὸς οὔτ' ὀνόματος οὔτε ῥήματος βιάζεται τοὺς χρόνους οὐδὲ μετατίθησιν, ἀλλ' οἵας παρείληφε τῇ φύσει τὰς συλλαβὰς τάς τε μακρὰς καὶ τὰς βραχείας, τοιαύτας φυλάττει. ἡ δὲ
10 ῥυθμικὴ καὶ μουσικὴ μεταβάλλουσιν αὐτὰς μειοῦσαι καὶ αὔξουσαι, ὥστε πολλάκις εἰς τὰ ἐναντία μεταχωρεῖν. οὐ γὰρ ταῖς συλλαβαῖς ἀπευθύνουσι τοὺς χρόνους, ἀλλὰ τοῖς χρόνοις τὰς συλλαβάς.

V.

15 *Longin. ad Hephaest.* 144. Διαφέρει ῥυθμοῦ τὸ μέτρον ᾗ τὸ μὲν μέτρον πεπηγότας ἔχει τοὺς χρόνους μακρόν τε καὶ βραχὺν καὶ τὸν μετὰ τοῦτον τὸν κοινὸν καλούμενον ὃς καὶ αὐτὸς πάντως μακρός ἐστι καὶ βραχύς. Ὁ δὲ ῥυθμὸς ὡς βούλεται ἕλκει τοὺς χρόνους, πολλάκις γοῦν καὶ
20 τὸν βραχὺν χρόνον ποιεῖ μακρόν.

VI.

Mar. Victor. p. 2484. Differt autem rhythmus a metro, quod metrum in verbis; rhythmus in modulatione ac motu corporis sit. Et quod metrum pedum sit quaedam compositio,
25 rhythmus autem temporum inter se ordo quidam. Et quod metrum certo numero syllabarum vel pedum finitum sit, rhythmus autem nunquam numero circumscribatur, nam, ut volet, protrahit tempora, ita ut breve tempus plerumque longum efficiat, longum contrahat.

30 **VII.**

Diomed. 464. Rhythmi certa dimensione temporum terminantur et pro nostro arbitrio nunc brevius arctari nunc longius provehi possunt. Pedes certis syllabarum temporibus insistunt nec a legitimo spatio unquam recedunt.

VIII.

Atil. Fortun. 2689. Inter metrum et rhythmum hoc inter-
.est, quod metrum circa divisionem pedum versatur, rhythmus
circa sonum. quod etiam metron sine psalmate prolatum proprie-
tatem suam servat, rhythmus autem nunquam sine psalmate vale- 5
bit. Est etiam rhythmus et in corporali motu: quum enim histrio
indecenter signum aliquod expressit, ἀῤῥύϑμως dicimus, decenter
εὐρύϑμως, item si fuerit aequalitas corporis modice temperata
εὖρυϑμος, inaequalis vero et toris quibusdam confusa ἄῤῥυϑμος
appellatur. 10

IX.

Mar. Victor. 2481. Inter metricos et musicos propter spatia temporum, quae syllabis comprehenduntur, non parva dissensio est. Nam musici: non omnes inter se longas aut breves pari mensura consistere, si quidem et brevi breviorem et 15
longa longiorem dicant posse syllabam fieri. Metrici autem:
prout cuiusque syllabae longitudo ac brevitas fuerit, ita temporum spatia definiri neque brevi breviorem aut longa longiorem,
quam natura in syllabarum enuntiatione protulit, posse aliquam
reperiri. 20

Ad haec musici qui temporum arbitrio syllabas committunt
in rhythmicis modulationibus aut lyricis cantionibus, per circuitum longius extentae pronuntiationis tam longis longiores, quam
rursus per correptionem breviores brevibus proferunt.

Afferunt etiam exempla quae in metricis pedibus secum 25
faciant asserentes accessione consonantium momenta temporum
crescere. Tanquam Thersandrus constat duabus positione longis et brevi ultima, qui fit pes palimbacchius. Huius primam
positione longam, correpta E littera, esse manifestum est, quam
si produxeris, ut interdum etiam metrici faciunt ut pro E H 30
graeca littera audiatur, quae semper natura longa est, fit ut etiam
accedentibus duabus consonantibus longior prolixiorque videatur, quippe cum trium temporum spatio aucta sit, quae duum
fuerat, cum esset per E correptam, nomen elatum. Item ἀμ-
φιεσμένος, ἠμφιεσμένος. Quod in metro apud Graecos frequen- 35
ter invenimus, habet enim et de natura et de positione longio-

ris syllabae incrementum. Brevem autem brevi longiorem sic
intelligi volunt ut in eodem nomine THERSANDRUS: DRUS enim
syllaba quum unam vocalem natura brevem habeat, tres tamen
aliae consonantes cum eadem elatae non parum temporis in
5 mora pronuntiationis occupabunt.

ΔΙΟΝΥCΙΟΥ ΤΟΥ ΜΟΥCΙΚΟΥ
ΠΕΡΙ ΟΜΟΙΟΤΗΤΩΝ.

'ΕΚ ΤΟΥ Α'.

Porphyr. ad Ptol. harm. p. 219. Διονύσιος ὁ μουσικὸς
ἐν τῷ πρώτῳ περὶ ὁμοιοτήτων λέγων ταῦτα· 5

Κατὰ[1]) μέν γε τοὺς κανονικοὺς μία σχεδὸν καὶ ἡ
αὐτὴ οὐσία ἐστὶ ῥυθμοῦ τε καὶ μέλους, οἷς τό τε ὀξὺ ταχὺ
δοκεῖ καὶ τὸ βαρὺ βραδύ, καὶ καθόλου δὴ τὸ ἡρμοσμένον
κινήσεων τινῶν συμμετρία καὶ ἐν λόγοις ἀριθμῶν τὰ ἐμ-
μελῆ διαστήματα· ὥστε εἴπερ ἀληθῆ τὰ ὑπὸ τούτων λεγόμενα 10
(δοκεῖ δὲ πολλοῖς καὶ εὐδοκίμοις ἀνδράσιν, εἰσὶ δὲ καὶ οἱ ῥυθμοὶ πάντες ἐν λόγοις τισὶν ἀριθμῶν, οἱ μὲν διπλασίοις,
οἱ δὲ ἴσοις, οἱ δὲ ἄλλοις τισί), τῆς αὐτῆς φύσεως δόξειεν
ἂν εἶναι μέλος καὶ ῥυθμός.

Καὶ πάλιν δόξουσι δὲ καὶ οἱ μουσικοὶ[2]) συνεπιμαρ- 15
τυρεῖν τὸ αὐτὸ τοῦτο, λέγω δὲ τὰς συμφωνίας καὶ τοὺς
ποδικοὺς λόγους ἔχειν τὸ συγγενὲς καὶ οἰκεῖον. τάς τε
γὰρ συμφωνίας ὑπὸ τῶν λόγων τούτων γίγνεσθαι νομίζουσι, τὴν μὲν διὰ τεσσάρων ὑπὸ τοῦ ἐπιτρίτου, τὴν δὲ
διὰ πέντε ὑπὸ τοῦ ἡμιολίου, τὴν δὲ διὰ πασῶν ὑπὸ τοῦ 20
διπλασίου[3]), τὴν δὲ διὰ πασῶν καὶ πέντε ὑπὸ τοῦ τριπλασίου, ὁ μέν γε ἴσος λόγος τοῦ ὁμοφώνου παρασκευαστικός
ἐστιν αὐτοῖς. καὶ οἱ ῥυθμικοὶ[4]) πόδες κατὰ τοὺς αὐτοὺς
τούτους λόγους διακεκρυμμένοι τυγχάνουσι, κατὰ μὲν τὸν[5])
ἴσον καὶ διπλάσιον καὶ ἡμιόλιον οἱ πλεῖστοι καὶ εὐφυέστα- 25
τοι, ὀλίγοι δέ τινες καὶ κατὰ τὸν ἐπίτριτον καὶ κατὰ τὸν
τριπλάσιον.

---

1) Καὶ τὰ lib. || 2) κανονικοὶ lib. || 3) τὴν δὲ διὰ πασῶν ὑπὸ τοῦ
διπλασίου om. lib. || 4) ῥυθμητικοὶ lib. || 5) τὸ lib. ||

ΑΡΙCΤΕΙΔΟΥ ΚΟΙΝΤΙΛΙΑΝΟΥ
ΠΕΡΙ ΜΟΥCΙΚΗC.

ἘΚ ΤΟΥ Α΄.

Μεταβῶμεν δὲ λοιπὸν ἐπὶ τὴν ῥυθμικὴν θεωρίαν. p. 31 Mei-bom.
5 Ῥυθμὸς τοίνυν καλεῖται τριχῶς, λέγεται γὰρ ἐπὶ τῶν ἀκι-
νήτων σωμάτων, ὡς φαμεν εὔρυθμον ἀνδριάντα· κἀπὶ
πάντων τῶν κινουμένων, οὕτω γάρ φαμεν εὐρύθμως τινὰ
βαδίζειν· καὶ ἰδίως ἐπὶ φωνῆς περὶ οὗ νῦν πρόκειται λέγειν. καθόλου[1]) γὰρ τῶν φθόγγων διὰ τὴν ἀνομοιότητα[2])
10 τῆς κινήσεως ἀνέμφατον τὴν τοῦ μέλους ποιουμένων πλοκὴν
καὶ εἰς πλάνην ἀγόντων τὴν διάνοιαν, τὰ τοῦ ῥυθμοῦ μέρη
τὴν δύναμιν τῆς μελῳδίας ἐναργῆ καθίστησι[3]), παραμετροῦντα
μὲν τὸν χρόνον[4]), τεταγμένως δὲ κινοῦντα τὴν διάνοιαν.

Ῥυθμὸς τοίνυν ἐστὶ σύστημά τι[5]) ἐκ γνωρίμων[6]) χρό-
15 νων κατά τινα τάξιν συγκείμενον[5]). καὶ τὰ τούτων πάθη
καλοῦμεν ἄρσιν καὶ θέσιν [ψόφον καὶ ἠρεμίαν[7])]. ἄρσις μὲν
οὖν ἐστι φορὰ μέρους[8]) σώματος ἐπὶ τὸ ἄνω, θέσις δὲ ἐπὶ τὸ
κάτω ταὐτοῦ μέρους. ῥυθμικὴ δέ ἐστιν ἐπιστήμη τῆς τῶν προ

1) lib.: ῥυθμὸς τοίνυν ἐστὶ .... ἄρσιν καὶ θέσιν, ψόφον καὶ
ἠρεμίαν. καθόλου γὰρ τῶν φθόγγων ... τεταγμένως δὲ κινοῦντα τὴν
διάνοιαν. ἄρσις μὲν οὖν ἐστι || 2) ὁμοιότητα lib. licentia Martian. ||
3) καθίστησιν M(agdalensis) B(arroccianus) || 4) παρὰ μέρος μὲν lib. τὸν
χρόνον om. lib. || 5) σύστημα ἐκ . . . συγκειμένων lib., τι om. Compositio
quaedam ex ... connexa Mart. cf. ἔστι ῥυθμὸς σύστημά τι συγκείμενον
Aristox. ap. Psell. 8 || 6) γνωρίμων om. lib. ex sensibilibus ... temporibus
Mart. || 7) ἄρσιν καὶ θέσιν, ψόφον καὶ ἠρεμίαν lib. || 8) μέρους MB, om.
L(eidensis).

MARTIANI MINEI FELICIS CAPELLAE
de nuptiis Philologiae et Mercurii lib. IX.

4 Nunc rhythmos h. e. numeros perstringamus quoniam ipsam quoque p.190 Mei-bom.
nostri portionem esse non dubium est.

11 Rhythmus igitur est compositio quaedam ex sensibilibus collata temporibus ad aliquem habitum ordinemque connexa. rursum sic definitur:
numerus est diversorum modorum ordinata connexio, tempori pro ratione
modulationis inserviens per id quod aut efferenda vox fuerit autpremenda
et qui nos a licentia modulationis ad artem disciplinamque constringat.

*Interest tamen inter rhythmum et rhythmizomenon, quippe rhythmizome-
non materia est numerorum, numerus autem velut quidam artifex aut species
modulationis apponitur.*

εἰρημένων χρήσεως. Ἅπας[1]) μὲν οὖν ῥυθμὸς τρισὶ τούτοις αἰ-
σθητηρίοις νοεῖται · ὄψει ὡς ἐν ὀρχήσει, ἀκοῇ ὡς ἐν μέλει,
ἁφῇ ὡς οἱ τῶν ἀρτηριῶν σφυγμοί. ὁ δὲ κατὰ μουσικὴν ὑπὸ
32 δυοῖν[2]), ὄψεώς τε καὶ ἀκοῆς. ῥυθμίζεται | δὲ ἐν μουσικῇ
κίνησις σώματος, μελῳδία, λέξις. τούτων δὲ ἕκαστον καὶ 5
καθ' αὑτὸ θεωρεῖται καὶ μετὰ τῶν λοιπῶν, ἰδίᾳ[3]) τε μεθ'[4])
ἑκατέρου[5]) καὶ ἀμφοῖν ἅμα. μέλος μὲν γὰρ νοεῖται καθ'
αὑτὸ μὲν τοῖς διαγράμμασι καὶ ταῖς ἀτάκτοις μελῳδίαις,
μετὰ δὲ ῥυθμοῦ μόνου[6]) ὡς ἐπὶ τῶν κρουμάτων καὶ κώλων, μετὰ δὲ λέξεως μόνης ἐπὶ τῶν καλουμένων κεχυμένων 10
ᾀσμάτων. ῥυθμὸς δὲ καθ' αὑτὸν μὲν ἐπὶ ψιλῆς[7]) ὀρχή-
σεως, μετὰ δὲ μέλους ἐν κώλοις, μετὰ δὲ λέξεως μόνης ἐπὶ
τῶν ποιημάτων μετὰ πεπλασμένης ὑποκρίσεως οἷον τῶν
Σωτάδου[8]) καί τινων τοιούτων. λέξις δὲ ὅπως μεθ' ἑκατέρου θεωρεῖται προείπομεν. ταῦτα δὲ σύμπαντα μιγνύ- 15
μενα τὴν τελείαν[9]) ᾠδὴν ποιεῖ. Διαιρεῖται δὲ ὁ ῥυθμὸς ἐν
μὲν λέξει ταῖς συλλαβαῖς, ἐν δὲ μέλει τοῖς λόγοις τῶν
ἄρσεων πρὸς τὰς θέσεις, ἐν δὲ κινήσει τοῖς τε σχήμασι
καὶ τοῖς τούτων πέρασιν ἃ δὴ καὶ σημεῖα καλεῖται.
Μέρη δὲ ῥυθμικῆς έ. διαλαμβάνωμεν γὰρ περὶ πρώ- 20

1) ὁ πᾶς L, ὁ M B ‖ 2) δνεῖν M B ‖ 3) ἰδίᾳ M B ‖ 4) μεθ' om. lib. ‖
5) ἐκτέρου L ‖ 6) μόνον lib. ‖ 7) ψυχῆς M ‖ 8) Σωκράτους M B ‖ 9) τελείαν
om. lib., perfectam Mart. ‖

Omnis igitur numerus triplici ratione discernitur, visu audituque 1
vel tactu. visu sicut sunt ea quae motu corporis colliguntur. auditu
cum ad iudicium modulationis intendimus. tactu ut ex digitis venarum
exploramus indicia. Verum nobis attribuitur maxime in auditu visuque. —
Sed rhythmice est ars omnis in numeris, quae numeros quosdam propriae
conversionis accipiat flexusque legitimos sortiatur. Est quoque distantia
inter rhythmum metrumque non parva sicut posterius memorabo. Sed quia
visus auditusque numero dicti sunt accidere, hi quoque in tria itidem genera dividentur: in corporis motum, in sonorum modulandique rationem,
atque in verba quae apta modis ratio colligarit. Quae cuncta sociata perfectam faciunt cantilenam. Dividitur sane numerus in oratione per syllabas, in modulatione per arsin ac thesin, in gestu figuris determinatis
schematisque completur.
Verum numeri genera sunt septem. Primum de temporibus. Se- 20
cundum de enumeratione verborum quae in numerum cadere non possunt quae rhythmoides i. e. similia numeris iudicantur quaeque tribus
vocabulis discernuntur h. e. enrhythmon, arrhythmon, rhythmoides.

τῶν χρόνων, περὶ γενῶν ποδικῶν, περὶ ἀγωγῆς ῥυθμικῆς,
περὶ μεταβολῶν, περὶ ῥυθμοποιίας.

Πρῶτος μὲν οὖν ἐστι χρόνος ἄτομος καὶ ἐλάχιστος, ὅς[5])
καὶ σημεῖον καλεῖται. ἐλάχιστον δὲ καλῶ τὸν ὡς πρὸς
5 ἡμᾶς[5]), ὅς ἐστι πρῶτος καταληπτὸς αἰσθήσει. σημεῖον δὲ
καλεῖται διὰ τὸ ἀμερὴς εἶναι. καθὸ καὶ οἱ γεωμέτραι[6])
τὸ παρά σφισιν ἀμερὲς σημεῖον προσηγόρευσαν. οὗτος δὲ
ὁ ἀμερὴς μονά||δος οἱονεὶ χώραν ἔχει· θεωρεῖται γὰρ ἐν λέξει 33
περὶ μίαν[6a]) συλλαβήν, ἐν δὲ μέλει περὶ ἕνα[7]) φθόγγον ἢ
10 περὶ ἓν διάστημα, ἐν δὲ κινήσει σώματος περὶ ἓν σχῆμα.
λέγεται δὲ οὗτος πρῶτος ὡς πρὸς. τὴν ἑκάστου κίνησιν τῶν
μελῳδούντων[7a]) καὶ ὡς πρὸς τὴν τῶν λοιπῶν φθόγγων
σύγκρισιν. πολλαχῶς γὰρ ἓν αὐτῶν ἕκαστος ἡμῶν προε-
νέγκαιτο[8]) πρὶν εἰς τὸ τῶν δυοῖν διαστημάτων ἐμπεσεῖν
15 μέγεθος. ἐκ δὲ τοῦ τῶν[9]) ἑξῆς μεγέθους, ὡς ἔφην, ἀκρι-
βέστερον συνορᾶται.

Σύνθετος δέ ἐστι χρόνος ὁ διαιρεῖσθαι δυνάμενος.
τούτων δὲ ὁ μὲν διπλασίων ἐστὶ τοῦ πρώτου, ὁ δὲ τριπλασίων, ὁ δὲ τετραπλασίων· μέχρι γὰρ τετράδος προῆλθεν ὁ

---

5) ὃς καὶ σημεῖον ... ὡς πρὸς ἡμᾶς om. M || 6) καὶ οἱ γεωμέτραι
καθὸ M B || 6a) μίαν om. lib || 7) ἕνα om. lib || 7 a) ἑκάστου μελῳδούντων
lib, cf. ἕκαστος ἡμῶν προενέγκαιτο. Unnöthig Meibom μελῳδουμένων |
8) προςενέγκαιτο lib || 9)τούτων M B ||

Tertium de pedibus. Quartum de eorum genere. Quintum est quod
agogen rhythmicam nominamus i. e. quo genere numerus modique du-|
cantur. Sextum de conversionibus. Ultimum rhythmopoeia i. e. quem- 191
admodum procreatio numeri possit offingi.

Primum igitur tempus est quod in morem atomi nec partes nec
momenta recisionis admittit, ut est in geometricis punctum, in arithme-
ticis monas (i. e. singularis quaedam ac se ipsa natura contenta). Sed
numerus in verbis per syllabam, in modulatione per sonum aut per spatium quod fuerit singulare, in gestu per incipientem corporis motum
quod schema diximus invenitur. Atque hoc erit brevissimum tempus
quod insecabile memoravi.

Compositum vero quod potest dividi et quod a primo aut duplum est
aut triplum aut quadruplum. Eatenus enim tempus omne numeri profertur
atque ei finis est qui plenae rationis est terminus. Atque in hoc numerus

ῥυθμικὸς χρόνος, καὶ γὰρ ἀναλογεῖ τῷ πλήθει τῶν τοῦ τόνου διέσεων καὶ πρὸς τὴν διαστηματικὴν φωνὴν εὐφυῶς[1])
ἔχει.

Τούτων δὴ τῶν χρόνων οἱ μὲν ἔρρυθμοι λέγονται, οἱ
δὲ ἄρρυθμοι, οἱ δὲ ῥυθμοειδεῖς.   5
' Ἔρρυθμοι μὲν οἱ ἔν τινι λόγῳ πρὸς ἀλλήλους σώζοντες τάξιν, οἷον διπλασίονι, ἡμιολίῳ καὶ[2]) τοῖς τοιούτοις.
λόγος γάρ ἐστι δύο μεγεθῶν ὁμοίων ἢ[3]) ἀνομοίων ἡ πρὸς
ἄλληλα σχέσις.
Ἄρρυθμοι δὲ οἱ παντελῶς ἄτακτοι καὶ ἀλόγως συνει- 10
ρόμενοι.
Ῥυθμοειδεῖς δὲ οἱ μεταξὺ τούτων καί πη μὲν τάξεως τῶν ἐρρύθμων, πῇ δὲ τῆς ταραχῆς τῶν ἀρρύθμων
31 μετειληφότες. τούτων δὲ οἱ μὲν || στρογγύλοι καλοῦνται οἱ
μᾶλλον τοῦ δέοντος ἐπιτρέχοντες, οἱ δὲ περίπλεω οἱ πλέον 15
ἤδη τὴν βραδύτητα διὰ συνθέτων φθόγγων ποιούμενοι.
Ἔτι τῶν χρόνων οἱ μὲν ἁπλοῖ οἵ καὶ ποδικοὶ καλοῦνται, οἱ δὲ πολλαπλοῖ.

---

1) ἐκ φύσεως Μ Β. ἐκ φῦ8 L ‖ 2) καὶ om. L ‖ 3) ὁμοίων ἢ om. lib ‖
4) οἱ μὲν ἁπλοῖ, οἱ δὲ πολλαπλοῖ οἵ καὶ ποδικοὶ καλοῦνται lib. simplicia sunt quae podica etiam perhibentur Mart.‖

---

toni similis invenitur. Ut enim ille per quattuor species h. e. diesis dividitur, ita hic etiam quaternaria temporum modulatione concluditur.

· Sed eorum temporum quae ad numeros copulantur alia sunt quae
enrhythma tempora nominantur, alia quae arrhythma, tertia quae rhy-
thmoide perhibentur.

Et enrhythma quidem sunt quae ratione certa ordinem servant ut in
duplici vel hemiolio vel in aliis quae alia ratione iunguntur.

Arrhythma sunt quae sibi nulla omnino lege consentiunt ac sine
certa ratione coniuncta sunt.

Rhythmoides vero in aliis numerum servant, in aliis despiciunt.
Quorum temporum alia strongyla h. e. rotunda perhibentur, alia peripleo. Et rotunda sunt quae proclivius et facilius, quam gradus quidam
atque ordo legitimus expetit, praecipitantur, peripleo vero quae amplius
quam decet moras compositae modulationis innectunt, seque ipsa tar-
diore pronuntiatione suspendunt.

Sed temporum alia simplicia sunt quae podica etiam perhibentur.

Ποὺς μὲν οὖν ἐστι μέρος τοῦ παντὸς ῥυθμοῦ, δι' οὖ
τὸν ὅλον καταλαμβάνομεν. τούτου δὲ μέρη δύο· ἄρσις καὶ
θέσις. διαφοραὶ δὲ ποδῶν ζ·

κατὰ μέγεθος ὡς οἱ τρίσημοι τῶν δισήμων διενη-
5 νόχασι.

κατὰ γένος ὡς ὁ ἴσος τοῦ[5]) ἡμιολίου καὶ διπλασίονος·

συνθέσει ᾗ τοὺς μὲν ἁπλοῦς εἶναι συμβέβηκεν ὡς
τοὺς δισήμους, τοὺς δὲ συνθέτους ὡς τοὺς δωδεκασήμους.
ἁπλοῖ μὲν γάρ εἰσιν οἱ εἰς χρόνους διαιρούμενοι, σύνθετοι
10 δὲ οἱ καὶ εἰς πόδας ἀναλυόμενοι.

τετάρτη ἡ τῶν ῥητῶν ὧν ἔχομεν[6]) λόγον εἰπεῖν τῆς
ἄρσεως πρὸς τὴν θέσιν, καὶ ἀλόγων ὧν οὐκ ἔχομεν διόλου[7]) τὸν λόγον τὸν αὐτὸν τῶν χρονικῶν μερῶν εἰπεῖν
πρὸς ἄλληλα.

15 Πέμπτη δέ ἐστιν ἡ κατὰ διαίρεσιν ποιάν, ὅταν[8])
ποικίλως διαιρουμένων τῶν συνθέτων, ποικίλους[9]) τοὺς
ἁπλοῦς γίνεσθαι συμβαίνῃ[1]).

Ἕκτη ἡ κατὰ τὸ σχῆμα τὸ ἐκ τῆς διαιρέσεως ἀποτελούμενον.

20 Ἑβδόμη ἡ κατὰ ἀντίθεσιν, ὅταν δύο ποδῶν λαμ-

---

5) ὁ ἴσος τοῦ om lib. ὡς οἱ τρίχρονοι ἡμιολίου L || 6) μέλλομεν
lib || 7) δι' ὅλον L || 8) ὅτι lib || 9 ποικίλην B || 1) συμβαίνει M B ||

Pes vero est numeri prima progressio per legitimos et necessarios
sonos iuncta. cuius partes duae sunt, arsis et thesis. *Arsis est elevatio,
thesis depositio vocis ac remissio.* Sed pedum differentiae sunt septem:

Per magnitudinem cum alios simplices, alios multiplices pedes ponimus, et simplices quidem ut est pyrrhichius, compositi vero ut sunt 192
paeones vel eorum pares. . . . .

. . . .

et simplices quidem dicuntur qui temporibus dividuntur, compositi autem
qui in pedes etiam resolvuntur.

Alios vero alogos h. e. irrationabiles nominamus quorumque ratio
nulla praestatur sed incondita quaedam compositio profertur.

Alia deinde differentia est quae per divisionem quaeritur qualis
existit h. e. ποία cum varie et multipliciter ea quae connexa fuerint dividuntur. Atque (illa qua) simplices pedes esse multiplices nominamus.

Alia est quae per divisionem fieri consuevit.

Septima quae per oppositionem fit i. e. quum duobus pedibus acceptis
unus habet prolixius tempus, quod praecedit ex ordine. illud autem

4 *

βανομένων ὁ μὲν ἔχῃ τὸν μείζονα χρόνον καθηγούμενον,
ἑπόμενον δὲ τὸν ἐλάττονα, ὁ δὲ ἐναντίως.

35   Γένη τοίνυν ἐστὶ ῥυθμικὰ τρία, τὸ ‖ ἴσον, τὸ
ἡμιόλιον καὶ²) τὸ διπλάσιον (προςτιθέασι δέ τινες καὶ τὸ
ἐπίτριτον) ἀπὸ τοῦ μεγέθους τῶν χρόνων συνιστάμενα. 5
ὁ μὲν γὰρ α΄ πρὸς ἑαυτὸν³) συγκρινόμενος τὸν τῆς ἰσότη-
τος γεννᾷ λόγον, ὁ δὲ β΄ πρὸς α΄⁴) τὸν διπλάσιον, ὁ δὲ γ΄⁵)
πρὸς β΄⁶) τὸν ἡμιόλιον, ὁ δὲ δ΄ πρὸς γ΄⁷) τὸν ἐπίτριτον.

Τὸ μὲν οὖν ἴσον ἄρχεται μὲν ἀπὸ δισήμου,
πληροῦται δὲ ἕως ἑκκαιδεκασήμου⁸) διὰ τὸ ἐξασθενεῖν 10
ἡμᾶς τοὺς μείζους τοῦ τοιούτου γένους διαγινώσκειν ῥυθμούς.

_____

2) καὶ om L ‖ 3) εἰς ἑαυτῷ M B, εἰς ἑαυτὸν L ‖ 4) ὁ δὲ δεύτερος
πρὸς τὸν ἕνα lib ‖ 5) ὁ δὲ τρία M B ‖ 6) πρὸς τὰ δύο lib ‖ 7 τέσσαρα
πρὸς τὸν τρία M B ‖ 8) ἐκδεκασήμου L ‖

_____

tempus quod insequitur angustius, vel cum per contrarium ordinem tempora praedicta vertuntur.

Rhythmica vero genera sunt tria quae alias dactylica, iambica,
paeonica nominantur, alias aequalia [alias] hemiolia duplicia. Denique
etiam eptritus sociatur. Etenim unus semper quum sibi fuerit aptatus
ut aequalis convenit. tria vero ad duo numerus hemiolius est. duplex
vero qui fuerit ad singularem geminam rationem tam syllabarum quam
temporum servat. Quattuor vero ad tria epitriti modum facit. Sed
quae aequalia diximus eadem dactylica esse dicemus. denique in dactylico genere signa aequali sibi iure nectuntur. verum ad alterum vel ad
numerum geminum duo velut forte aequalitas numerosa decurret. Se-
quitur iambicum genus quod diplasion superius expressi in quo pedum
signa duplicem rationem ad invicem servant, sive unus ad duo sive (duo)
ad quattuor gemini vel quidquid ad duplum currit. Hemiolium sane quod
paeonicum memoratur tunc est quum pedum signa hemiolii rationem
iusque sectantur ut ad duo tres sunt. Accidit autem etiam in epitriti ratione saepe numerus quum pes in eo accipitur qui fit ad tres quattuor.
Sed iam ad ordinem redeamus.

Aequale est igitur numeri genus quod a diseno usque in sedecim
pedes procedit, disemus autem appellatur pes qui per arsin et thesin
primus constare dicitur, ut est leo.

Τὸ δὲ διπλάσιον ἄρχεται μὲν ἀπὸ τρισήμου, περαι‑
οῦται δὲ ἕως ὀκτωκαιδεκασήμου, οὐκέτι γὰρ τῆς τοῦ τοιού‑
του ῥυθμοῦ φύσεως ἀντιλαμβανόμεθα.

Τὸ δὲ ἡμιόλιον ἄρχεται μὲν ἀπὸ πεντασήμου, πλη‑
5 ροῦται δὲ ἕως πεντεκαιεικοσασήμου⁹). μέχρι γὰρ τοσούτου
τὸν τοιοῦτον ῥυθμὸν τὸ αἰσθητήριον¹) καταλαμβάνει.

Τὸ δὲ ἐπίτριτον ἄρχεται μὲν ἀπὸ ἑπτασήμου, γίνε‑
ται δὲ ἕως²) τεσσαρεσκαιδεκασήμου³). σπάνιος δὲ ἡ χρῆσις
αὐτοῦ.

10 Ἔστι δὲ καὶ ἄλλα γένη ἅπερ ἄλογα καλεῖται. οὐχὶ
τῷ μηδένα λόγον ἔχειν, ἀλλὰ τῷ μηδενὶ τῶν προειρημέ‑
νων⁴) λόγων οἰκείως ἔχειν, κατὰ ἀριθμοὺς δὲ μᾶλλον ἢ
κατὰ τὰ εἴδη⁵) ῥυθμικὰ σώζειν τὰς ἀναλογίας.

Τῶν ῥυθμῶν τοίνυν οἱ μέν εἰσι σύνθετοι, οἱ δὲ ἀσύν‑
15 θετοι, οἱ δὲ μικτοί⁷)· σύνθετοι μὲν οἱ ἐκ δύο γενῶν ἢ ‖ 36
καὶ πλειόνων συνεστῶτες, ὡς οἱ δωδεκάσημοι ⏑⏑–|–⏑–|–⏑–|⏑⏑⁶).
ἀσύνθετοι δὲ οἱ ἑνὶ γένει ποδικῷ χρώμενοι ὡς οἱ τετρά‑
σημοι – ⏑ ⏑. μικτοὶ δὲ⁷ᵃ) οἱ ποτὲ μὲν εἰς χρόνους, ποτὲ δὲ

---

9) ὡς πέντε καὶ εἰκοσασήμου L ‖ 1) αἰσθητικὸν M B ‖ 2) ὡς L ‖
3) τεσσάρων καὶ δεκασήμου B L ‖ 4) προκειμένων M B ‖ 5) κατὰ εἴδη L ‖
6) ⏑ – | – ⏑ | – – | ⏑ ⏑ lib ‖ 7) οἱ δὲ μικτοί om. lib. alii permixti Mart. ‖
7 a) ἀσύνθετοι μὲν οἱ ἑνὶ .... τετράσημοι, σύνθετοι δὲ οἱ ἐκ δύο ..., μι‑
κτοὶ δὲ ... L ‖

Duplum vero | incipit a trisemo, decem et octo autem syllabas in 193
finem usque deducit.

Hemiolium sane a pentasemo ducit exordium, impletur autem in XV
numero.

Epitritus ab heptasemo principium facit, quatuordecim similibus
idem ponens, cuius difficilis est usus. — *Atque hos quidem omnes nu‑*
merorum ordines ideo memoravimus ut singulorum leges per universa ser‑
ventur.

Sed numerorum alii sunt compositi, alii incompositi, *alii permixti.*
Et compositi e duobus generibus vel pluribus cohaeserunt, incompositi
qui uno pedum genere consistunt ut sunt tetrasemi, mixti vero qui ali‑
quando in pedes, aliquando in numeros resolvuntur, ut in hexasemo
numero accipere debemus. At vero eorum qui compositi esse dicuntur

εἰς ῥυϑμοὺς ἀναλυόμενοι ὡς οἱ ἑξάσημοι ‿ – | – ‿. τῶν δὲ
συνϑέτων[8]) οἱ μέν εἰσι κατὰ συζυγίαν, οἱ δὲ κατὰ πε‑
ρίοδον. καὶ συζυγία[9]) μὲν οὖν ἐστι δύο ποδῶν ἁπλῶν
καὶ ἀνομοίων σύνϑεσις ‿ – | ‿ ‿· περίοδος δὲ πλειόνων
‿ – | ‿ ‿ | – ‿.   5

Τῶν δὲ ποδικῶν γενῶν πρῶτόν ἐστι διὰ τὴν ἰσότητα
τὸ δακτυλικόν, περὶ οὗ πρῶτον λέγωμεν[1]). Ἐν τῷ
δακτυλικῷ γένει ἀσύνϑετοι μέν εἰσι ῥυϑμοὶ ἕξ· ἁπλοῦς
προκελευσματικὸς ἐκ βραχείας ϑέσεως καὶ βραχείας
ἄρσεως, προκελευσματικὸς διπλοῦς ἐκ δύο βραχειῶν 10
ἐπὶ ϑέσιν καὶ δύο βραχειῶν ἐπ᾽ ἄρσιν, καὶ ἀνάπαλιν,
ἀνάπαιστος ἀπὸ μείζονος ἐκ μακρᾶς ϑέσεως καὶ δύο

8)ʹ ἀσυνϑέτων L ‖ 9) κατὰ συζυγίαν lib ‖ 1) λέγοιμεν B, λέγομεν
M L ‖

alii per copulas, alii vero per periodum colligantur. Etenim syzygia i. e.
copula duorum pedum in unum est ascripta connexio qui [in]dissimiles
sibi positi esse videntur. Periodos sane est pedum compositio plurimo‑
rum quique dissimiles sibi impares(que) sociantur. *Dissimilitudinum sane
differentiae tres erunt, per magnitudinem, per genus, per oppositionem. Per
magnitudinem cum e disemo vel tetrasemo componitur numerus. Per genus
cum diplasium aut hemiolium simul iungimus vel quod ex pluribus aequaliter
copulatur. Per oppositionem i. e. per antithesin cum aut primos disemos
ponimus, insequentibus long[e pot]ioribus, aut tetrasemos disemis insequenti‑
bus applicamus. Verum notum esse conveniet, unum etiam pedem posse suffi‑
cere ad complendam periodon, si solus caeteris inaequalis inseritur.*

Sed eorum quae in pedem recidunt, dactylicum genus primum est.

In quo genere pedes incompositi vocabuntur, qui numero sunt sex i.e.
procoleusmaticus, dactylus anapaestus, spondeus simplex et spondeus
maior. Ac procoleusmaticus quidem est qui et positionem brevem et ela‑
tionem brevem retinet. utetur autem hic idem tetrasemo frequentius.
Namque et disemus huius i. e. qui duobus temporibus impletur proceleus‑
maticus quidem, sed brevior nominatur, ille vero maior est qui ex quattuor
brevibus efficitur. At vero | brevior i. e. disemus συνεχής vocatur quia
ipsa assiduitas et frequentia comprehendentis se invicem syllabae, nec
magnitudinem aliquam nec modum divisae potestatis extendit, ideoque
eo raro uti decet, ne assiduitas brevis syllabae carmen ipsum quod cum
dignitate aliqua proferri oportet incidat. In permixtione vero aliorum
pedum qui longiores ponuntur decenter aptatur, ut illorum prolixam mo‑
ram interveniente sua celeritate compenset. quare procoleusmaticus

βραχειῶν ἄρσεων, ἀνάπαιστος ἀπ' ἐλάσσονος ἐκ δύο
βραχειῶν ἄρσεων καὶ μακρᾶς θέσεως, ἁπλοῦς σπονδεῖος
ἐκ μακρᾶς θέσεως καὶ μακρᾶς ἄρσεως. σπονδεῖος μείζων[2]) ὁ καὶ διπλοῦς ἐκ τετρασήμου θέσεως καὶ τετρασή-
5 μου ἄρσεως.

Κατὰ δὲ συζυγίαν γίνονται ῥυθμοὶ δύο ὧν ὁ μὲν
ἰωνικὸς ἀπὸ μείζονος, ὁ δὲ ἀπ' ἐλάσσονος καλεῖται.
καὶ ὁ μὲν ἀπὸ μείζονος συνίσταται ἐξ ἁπλοῦ σπονδείου καὶ
προκελευσματικοῦ δισήμου· ὁ δὲ ἐναντίως[3]).

10 Δάκτυλος[4]) μὲν οὖν ἐκλήθη διὰ τὴν τῶν συλλαβῶν
τάξιν, ἀναλογοῦσαν τοῖς μέρεσι τοῦ δακτύλου· ἀνάπαιστος δὲ ἢ διὰ τὸ ἀνάπαλιν τε‖τάχθαι, ἢ διὰ[5]) τὸ τὴν φωνὴν 37
διαθεῖν μὲν[6]) τὰς βραχείας, ἀναπαύεσθαι δὲ καταντῶσαν

---

2) καὶ μακρᾶς θέσεως· ἁπλοῦς σπονδεῖος ἐκ om. L. καὶ μακρᾶς
θέσεως καὶ μακρᾶς ἄρσεως σπονδεῖος ἁπλοῦς. σπονδεῖος μείζων M B ‖
3) ἐναντίος L ‖ 4) δακτυλικὸς L ‖ 5) διὰ om. lib ‖ 6) μὲν διαθεῖν L ‖

---

qui ad numeros aptatur quadrisemo exordium debet accipere: Anapaestus
qui vocatur minor accipiet elationem pedis unius temporis, positionem
vero duorum temporum faciet. Monochronon quippe dicitur tempus etiam
cum longa ponitur, quae longa duo tempora recipere consuevit: vel
quum tria tempora simul brevia collocantur, vel quum sunt quattuor numero quae omnia ad comparationem longae syllabae computantur.
Igitur maior anapaestus elationem quidem suscipiet quae monochronos
esse dicatur, positionem dichronon habere monstratur. Quare utriusque
temporis quod in positione fuerit aequali sibi posito oportet elationis geminum tempus accipere. Ita tamen ut utroque insequente tempore par
priori esse videatur. Quare anapaestus ἀπὸ μείζονος dactylicus a nobis esse dicitur, at vero anapaestus quae ἀπ' ἐλάσσονος nominatur ex
duabus brevibus quae in elatione sint et ex una quae in positione sit copulatur. Simplex vero spondeus erit qui ex producta tam arsi quam thesi
iungitur, maior vero qui quaternariam non solum elationem sed positionem
etiam videtur admittere.

Per copulam vero duplices accedunt numeri. quoniam alter ex
maiore erit ionico alter ex minore. Atque ille qui ex maiore procedit
constabit ex spondeo simplici vel proceleusmatico quem disemum esse
non dubium est. Qui vero ex minore est contrarium facit. Atque hi
quidem in dactylico genere ponentur rhythmi incompositi ac compositi,
qui septem numero omnes erunt.

Dactylus igitur est dictus quia ordinem syllabarum consimilem di-
gito hominis informat. Anapaestus vero quia per ordinem redeat | sur- 105

ἐπὶ τὴν μακράν. προκελευσματικὸς δέ, ὁ καὶ πυρρίχιος,
ἀπὸ τοῦ κἀν ταῖς πυρρίχαις κἀν τοῖς ἀγῶσιν αὐτοῖς χρῆσθαι. σπονδεῖος δὲ διὰ τὸ ἐν[7] ταῖς σπονδαῖς αὐτὸν
ᾄδεσθαι. ἰωνικὸς[8] δὲ διὰ τὸ τοῦ ῥυθμοῦ φορτικόν, ἐφ'
ᾧ[8] καὶ οἱ Ἴωνες ἐκωμῳδήθησαν. περὶ μὲν οὖν τοῦ δακτυ- 5
λικοῦ ταῦτα.

Ἐν δὲ τῷ ἰαμβικῷ γένει ἁπλοῖ μὲν πίπτουσιν οἵδε
ῥυθμοί. ἴαμβος ἐξ ἡμισείας ἄρσεως καὶ διπλασίου θέσεως. τροχαῖος ἐκ διπλασίου θέσεως καὶ βραχείας ἄρσεως. ὄρθιος ὁ[9] ἐκ τετρασήμου ἄρσεως καὶ ὀκτασήμου 10
θέσεως. τροχαῖος σημαντὸς[1] ὁ ἐξ ὀκτασήμου θέσεως
καὶ τετρασήμου ἄρσεως.

Σύνθετοι δὲ οἱ κατὰ συζυγίαν βακχεῖοι δύο, ὧν
ὁ μὲν πρότερον ἔχει τὸν ἴαμβον, δεύτερον δὲ τὸν τροχαῖον·
ὁ δὲ ἐναντίως. κατὰ δὲ περίοδον ιβ'. τέσσαρες μὲν 15

---

7) ἐπὶ M B ‖ 8) ἰωνικοὶ M B ‖ 8) ὧν M B ‖ 9) ὁ om. L ‖ 1) σημαντι-
κὸς M B ‖

sum. Pyrrhichius vero i. e. proceleusmaticus quia hic assiduus vel in
certamine vel in ludo quodam puerili
Spondeus quia plerumque (σπονδαῖς) inservit. Ionicus sane propter numerorum inaequalem sonum, habet enim duas longas duasque correptas, quo
pedum carmine multi saepe reprehensi sunt. Haec de dactylicis satis.

Nunc iambica memoremus. In quo genere numeri incompositi erant
quattuor, compositi per copulam duo, at vero per periodum sunt duodecim. Qui igitur incompositi erant hi sunt: iambus ex dimidia elatione
et positione quae gemina est. Trochaeus ex duplici et positione et elatione
quae brevis est. Orthius qui ex tetrasemi elatione i. e. arsi et octasemi
positione constabit, ita ut duodecim tempora hic pes recepisse videatur.
Atque habet propinquitatem aliquam cum iambico pede. quattuor enim
primis temporibus ad iambum consonat, reliquis octo temporibus
adiunctis. Dehinc trochaeus qui semanticus dicitur i. e. qui e contrario
octo primis positionibus constet, reliquis in elationem quattuor brevibus
arctetur.
Compositi sane sunt qui per copulam colliguntur. sunt autem hi.
Bacchius qui ex trochaeo deducit auspicium, fine autem iambici termi-
natur. Qui vero bacchius est ab iambo principia sortitur atque a contrario his quos diximus pedibus aptabitur. Per periodum vero est quod
velut per se certam viam provenit. in hoc genere quum sint duodecim

ἐξ ἑνὸς ἰάμβου καὶ τριῶν τροχαίων. τούτων²) ὁ μὲν πρῶτον τὸν ἴαμβον ἔχων καλεῖται τροχαῖος ἀπὸ ἰάμβου,
ὁ δὲ δεύτερον τροχαῖος ἀπὸ βακχείου, ὁ δὲ τρίτον
βακχεῖος ἀπὸ τροχαίου, ὁ δὲ τέταρτον ἴαμβος ἐπί-
5 τριτος. τέσσαρες δὲ ἕνα τροχαῖον, τοὺς δὲ λοιποὺς ἰάμβους ἔχοντες· ὁ μὲν οὖν πρῶτον ἔχων τροχαῖον, τοὺς δὲ
λοιποὺς ἰάμβους καλεῖται ἴαμβος ἀπὸ τροχαίου, ὁ δὲ
δεύτερον ἴαμβος ἀπὸ βακχείου ἢ μέσος βακχεῖος, ὁ δὲ ‖
τρίτον βακχεῖος ἀπὸ ἰάμβου, ὁ δὲ τέταρτον τροχαῖος 38
10 ἐπίτριτος. τέσσαρες δὲ δύο τροχαίους, ἴσους δὲ ἰάμβους, ἤτοι κατὰ τὸ ἐξῆς κειμένους ἢ τοὺς μὲν περιέχοντας,
τοὺς δὲ περιεχομένους. ὁ μὲν οὖν πρώτους τοὺς ἰάμβους
ἔχων, ἑπομένους δὲ τοὺς τροχαίους λέγεται ἁπλοῦς βακχεῖος ἀπὸ ἰάμβου, ὁ δὲ τοὺς τροχαίους προηγουμένους
15 ἔχων, ἑπομένους δὲ τοὺς ἰάμβους ἁπλοῦς βακχεῖος ἀπὸ
τροχαίου, ὁ δὲ περιεχομένους τοὺς ἰάμβους μέσος ἴαμβος, ὁ δὲ τοὺς τροχαίους μέσος τροχαῖος.

---

2) τούτου L ‖

---

numero, quattuor quidem per singulas periodos accipere docetur, unum
iambum ac tres trochaeos. Ac de iisdem quattuor, primum quidem
quod iambum habere monstratur, trochaeus ab iambo denominatur.
qui vero rhythmus secundum iambum recipiet, a bacchio trochaeus vo-
cabitur. qui vero iambum tertium recipit, bacchius a trochaeo poterit
nominari, ille vero qui quartum admittit iambum, appellatur epitritus
iambus. Eorum vero qui ex uno tróchaeo fiunt, primus iambus a
trochaeo appellatur. secundus iambus a bacchio dicitur aut certe
bacchius medius poterit nominari. qui vero tertium recipit, bacchius
ab iambo nominatur. qui vero quartum recipit tro|chaeum, epitritus 196
trochaeus appellatur. Octo vero (his qui accedunt) quattuor de his quos
duodecim diximus per periodum, illi esse dicuntur qui binos trochaeos
atque iambos per periodum servant. atque ille qui primos tróchaeos
recipit, duplex bacchius a trochaeo esse dicitur. qui vero secundos
trochaeos habebit, duplex bacchius ab iambo nominatur. quum autem
trochaei medii collocantur, trochaeus medius iure dicetur. quum autem in medio iambi, medius iambus vocatur. Omnes vel qui incompositi per periodon vel qui per copulam colligantur, rhythmi decem
et octo numerati sunt.

Ἴαμβος μὲν οὖν ἐκλήθη ἀπὸ τοῦ ἰαμβίζειν ὅ ἐστι λοι-
δορεῖν, παρὰ τὸν ἰὸν εἰρημένον[3])· πρὸς τοῦτο γὰρ ὁ ῥυθμὸς διὰ τὸ λογοειδὲς καὶ τὴν ἀνισότητα τῶν αὐτοῦ μερῶν
πρόσφορος. τροχαῖος δὲ ἀπὸ τοῦ τὴν βάσιν ἐπίτροχον
ποιεῖσθαι. ὁ δὲ ὄρθιος διὰ τὸ σεμνὸν τῆς ὑποκρίσεως καὶ 5
βάσεως. σημαντὸς δὲ ὅτι βραδὺς ὢν τοῖς χρόνοις ἐπιτεχνη-
ταῖς[4]) χρῆται σημασίαις, παρακολουθήσεως ἕνεκα[5]) διπλασιάζων τὰς θέσεις. βακχεῖος δὲ ἐκλήθη ἀπὸ τοῦ τοῖς
βακχείοις ἁρμόζειν μέλεσιν[6]). αἱ δὲ εἰδικαὶ τούτων σχέσεις
ἀπὸ τῶν ποδικῶν τάξεων τὴν ὀνομασίαν εἰλήφασιν. 10

Ἐν δὲ τῷ παιωνικῷ γένει ἀσύνθετοι μὲν γίνονται
πόδες δύο, παίων διάγυιος[7]) ἐκ μακρᾶς θέσεως καὶ βραχείας καὶ μακρᾶς ἄρσεώς. παίων ἐπιβατὸς[8]) ἐκ μακρᾶς
30 θέσεως καὶ μα‖κρᾶς ἄρσεως καὶ δύο μακρῶν θέσεων καὶ
μακρᾶς ἄρσεως[9]). διάγυιος μὲν οὖν εἴρηται οἷον δίγυιος, δύο 15
γὰρ χρῆται σημείοις. ἐπιβατὸς δὲ ἐπειδὴ τετράσι χρώμενος
μέρεσιν ἐκ δυοῖν ἄρσεων καὶ δυοῖν διαφόρων θέσεων γίνεται.

---

3) εἰρημένος lib ‖ 4) ἐπὶ τεχνηταῖς Μ Β ‖ 5) ἕνεκε L ‖ 6) μέλεσι L ‖
7) διάγιρος L ‖ 8) ἐπιβαλὸς L ‖ 9) καὶ δύο μακρῶν θέσεων add. L ‖

Sed iambus dictus est ab eo quod iambizein Graeci detrahere
dixerunt, et hoc carmine quibusque veteres detrahebant. item hoc nomen est ab eo, quod venena maledicti aut livoris infundat. Trochaeus vero ab eo dictus quod celerem reversionem faciat veluti rota.
Orthius propter honestatem positionis est nominatus. Semanticus
sane quia quum sit tardior tempore significationem ipsam productae
et remanentis cessationis effingit. Bacchii vero sunt dicti quod bac-
chicis maxime sonis congruunt. isque bacchius ludus est qui illis car-
minibus aptatur.

In eo vero genere quod paeonicum nominatur incompositi duo
rhythmi esse dicuntur. quorum unus paeon diagyios appellatur ex longa
positione (et brevi) et longa elatione. alter vero epibatus i. e. in
thesi duplici positione producta, et arsi longiore iungitur. Hi sunt
paeonici generis numeri quos incompositos esse praediximus. Neque
vero per coniunctionem h. e. syzygian neque per periodum in isto genere rhythmus accedit. Inde diagyios quidam dictus est i. e. quasi
duplicia membra discernat. Epibatus autem quia membris veluti utens
quattuor et duabus diversitatibus copulatur.

Μιγνυμένων δὴ τῶν γενῶν τούτων, εἴδη ῥυθμῶν γίνεται πλείονα. δύο μὲν δοχμιακά, ὧν τὸ μὲν συντίθεται
ἐξ ἰάμβου καὶ παίωνος διαγυίου, τὸ δὲ δεύτερον ἐξ ἰάμβου
καὶ δακτύλου καὶ παίωνος, εὐφυέστεραι γὰρ αἱ μῖξεις αὐ-
5 ταὶ κατεφάνησαν. δόχμιοι δὲ ἐκαλοῦντο διὰ τὸ ποικίλον
καὶ ἀνόμοιον καὶ μὴ κατ᾽ εὐθὺ θεωρεῖσθαι τῆς ῥυθμοποιίας.

Γίνονται δὲ καὶ οἱ καλούμενοι προσοδιακοί. τούτων
δὲ οἱ μὲν διὰ τριῶν συντίθενται, ἐκ πυῤῥιχίου καὶ ἰάμβου
10 καὶ τροχαίου· οἱ δὲ διὰ τεσσάρων, ἰάμβου τῇ προειρημένῃ
τριποδίᾳ¹) προςτιθεμένου. οἱ δὲ δύο συζυγιῶν, βαχχείου τε
καὶ ἰωνικοῦ τοῦ ἀπὸ μείζονος²).

Εἰσὶ δὲ καὶ ἄλογοι χορεῖοι β΄· ἰαμβοειδὴς ὅς συνέστηκεν ἐκ μακρᾶς ἄρσεως καὶ δύο θέσεων. καὶ τὸν μὲν
15 ῥυθμὸν ἔοικεν ἰάμβῳ³). τὰ δὲ τῆς λέξεως μέρη δακτύλῳ⁴).

---

1) προποδίᾳ M B ‖ 2) Aristides hätte schreiben müssen: τούτων
δὲ οἱ μὲν διὰ τριῶν συντίθενται, ἐξ ἰάμβου καὶ πυῤῥιχίου καὶ τροχαίου·
οἱ δὲ διὰ τεσσάρων, ἰάμβου τῇ προειρημένῃ τριποδίᾳ προςτιθέμενου·
οἱ δὲ διὰ δύο συζυγιῶν, ἰωνικοῦ τε τοῦ ἀπὸ μείζονος καὶ βαχχείου ‖
3) δακτύλῳ lib ‖ 4) λέξεως μέρη κατὰ τὸν ἀριθμὸν ἰάμβῳ lib, eine Wiederholung der Worte καὶ τὸν ῥυθμὸν (ἔοικεν) ἰάμβῳ ‖

Verum haec genera qnum permixta fuerint in speciebus numerorum
primae species erunt istae quae dochmiacae nominantur. E quibus
prius quod fuerit hac lege componitur ut sit ex iambo et paeone qui
diagyios vocatur. hunc ΑΤCΙΤΜ, posteriores creticum cognomina-
runt. Secunda est species quae ex iambo, dactylico et paeone con-
stare monstratur. | Qui autem deducti numeri nominantur, propter as-   197
siduum et compositum sonum appellari videntur.

Fiunt autem numeri qni et prosodiaci vocantur. quorum alii per
ternos pedes fiunt, pyrrhichio, iambo et trochaeo. alii vero quattuor,
ut his tribus pedibus iambus primus aptetur. alii vero ex duabus sy-
zygiis i. e. copulis bacchio et ionico apo meizonos constare consue-
runt.

Sunt sane qui etiam irrationabiles esse dicuntur quos alogos voci-
tamus quos etiam chorios appellare consuevimus. sunt autem numero
duo, quorum alter diiambi figuram respicit et constat ex elatione quae
longa est et duabus positionibus. et numero quidem est ad dactylicum similis, partibus vero ad numerum ionicum iungitur et iambi-

ὁ δὲ τροχαιοειδὴς ἐκ δύο θέσεων[5]) καὶ μακρᾶς ἄρσεως[6])
κατ᾽ ἀντιστροφὴν τοῦ προτέρου.

Εἰσὶ δὲ καὶ ἕτεροι ῥυθμοὶ μικτοὶ[7]) τὸν ἀριθμὸν ἕξ.
κρητικὸς ὃς συνέστηκεν ἐκ τροχαίου θέσεως καὶ τροχαίου
ἄρσεως, δάκτυλος κατὰ ἴαμβον ὃς σύγκειται ἐξ ἰάμβου 5
θέσεως[8]) καὶ ἰάμβου ἄρσεως, δάκτυλος κατὰ βακχεῖον
40 τὸν ἀπὸ τρο‖χαίου[9]) ὃς γίνεται ἐκ τροχαίου θέσεως
καὶ ἰάμβου ἄρσεως, δάκτυλος κατὰ βακχεῖον τὸν
ἀπὸ ἰάμβου ὃς ἐναντίως ἐσχημάτισται τῷ προειρημένῳ,
δάκτυλος κατὰ χορεῖον τὸν ἰαμβοειδῆ, τὸν μὲν 10
γὰρ αὐτῶν[1]) εἰς θέσιν, τὸν δὲ εἰς ἄρσιν δέχεται, δάκτυλος κατὰ χορεῖον τὸν τροχαιοειδῆ[1a]) ἀναλόγως τῷ
προειρημένῳ συγκείμενος. κρητικὸς μὲν οὖν ἀπὸ ἔθνους
ὠνόμασται, οἱ δὲ λοιποὶ ἀπὸ τῶν προειρημένων ποδῶν τὰς
ὀνομασίας ἔχουσιν. 15

Οἱ μὲν οὖν συμπλέκοντες τῇ μετρικῇ θεωρίᾳ τὴν περὶ
ῥυθμῶν τοιαύτην τινὰ πεποίηνται τὴν τεχνολογίαν, οἱ δὲ
χωρίζοντες ἑτέρως ποιοῦσιν· ἀρξάμενοι γὰρ ἀπὸ δισήμου
συντιθέασιν ἀριθμοὺς μέχρι τῶν συνθέτων ῥυθμῶν, καὶ
τούτους κατὰ τοὺς προειρημένους σχηματίζοντες λόγους, 20
ἴσον τε καὶ διπλάσιον, ἡμιόλιόν τε καὶ ἐπίτριτον. καὶ

---

5) ἄρσεων lib ‖ 6) θέσεως lib ‖ 7) μικτοὶ ῥυθμοὶ L ‖ 8) δάκτυλ. κ.
ἴαμβ. . . . θέσεως om. L ‖ 9) τὸν ἀπὸ τροχαίου om. M B ‖ 1) αὐτὸν L ‖ 1 a) τροχοειδῇ lib, ebenso Z. 1. τροχοειδής.

---

cum. Alius vero est numerus qui trochoides nominatur id est qui
figuram quandam speciemque trochaei habere videtur ex elationi-
bus geminis et longa positione consistens, per contrarium prioris
effectus.

Sunt autem mixti generis quinque i. e. dactylus per iambum,
dactylus in bacchio incidens is qui veniat ex trochaeo, dactylus per
bacchium qui ex iambo manaverit, dactylus per chorium qui ex iambi
similitudine exordium mutuetur, dactylus per chorium qui ex similitudine trochaei videatur expressus. Et creticus quidem consonans ex
trochaei positione . . .

τοὺς μὲν ἀπὸ μακρῶν, τοὺς δὲ ἀπὸ βραχειῶν συντι-
θέασι²), καὶ ἔτι τοὺς μὲν ἐκ πασῶν βραχειῶν, τοῦς δὲ ἐκ³)
μακρῶν, τοὺς δὲ⁴) ἀναμὶξ ἀποτελοῦσιν, πλεοναζουσῶν ἢ
μακρῶν ἢ βραχειῶν⁵). καὶ τοὺς μὲν ἀπὸ θέσεως, τοὺς δὲ
5 ἀπὸ ἄρσεως⁶) ἢ δι᾽⁷) ὁμοίων χρόνων ἢ δι᾽⁸) ἀνομοίων τὰς
ἄρσεις ταῖς θέσεσι ἀνταποδιδόντες. καὶ τοὺς μὲν ὁλοκλήρους, τοὺς δὲ ἀπὸ λειμμάτων ἢ προσθέσεων ἐν οἷς καὶ
τοὺς κενοὺς χρόνους παραλαμβάνουσι. κενὸς μὲν οὖν ἐστι
χρόνος ἄνευ φθόγγου, πρὸς ἀναπλήρωσιν τοῦ ῥυθμοῦ,
10 λεῖμμα ‖ δὲ ἐν ῥυθμῷ χρόνος κενὸς ἐλάχιστος. πρόσθεσις 41⁻
δὲ χρόνος κενὸς μακρὸς ἐλαχίστου διπλασίων.

Πάλιν δὲ τοὺς συνθέτους ὡδὶ ποιοῦσι. σύμπαντα τὸν
ἀριθμὸν ἐκτίθενται, καὶ μερίζουσι⁹) τοῦτον εἰς σχήματα
ῥυθμικά. κἂν μὲν ἔχῃ λόγον τινὰ ταῦτα πρὸς ἄλληλα ὂν
15 οἱ τῶν ἁπλῶν ῥυθμῶν σώζουσι χρόνοι, ἔρρυθμον ἀποφαί-
νονται τὸ σχῆμα· εἰ δὲ μή, πάλιν μετασχηματίζουσιν, ἔως
ἂν εἰς λόγους ῥυθμικοὺς¹) ἢ τοῦ ῥυθμοῦ²) διαίρεσις καταν-
τήσῃ. οἷον ἐκκειμένης δεκάδος θεωρείτω τὰ σχήματα, ὡς
ἐπὶ ῥυθμοῦ γενέσεως. Ἐκ δυάδος μὲν οὖν καὶ ὀκτάδος οὐκ
20 ἔσται ῥυθμός. οὐ γὰρ ἔρρυθμος ὁ τετραπλασίων λόγος.
ὥστ᾽ οὐδὲ ὁ δεκάσημος ἔσται ἐκ δισήμου καὶ ὀκτασήμου.
μερίζω³) τὴν ὀκτάδα πάλιν εἰς τριάδα καὶ πεντάδα, οὐδ᾽
οὕτως ἔσται ῥυθμικὸς λόγος. τὸν πέντε πάλιν εἰς τρία καὶ
δύο· λέγω τὸν τρία πρὸς ἔκαστον τῶν δισήμων λόγον
25 ἔχειν ἡμιόλιον, ὥστε καὶ τὸν δεκάσημον συνεστάναι διὰ
τούτων.

Πάλιν εἰ μερίσαιμι τὸν αὐτὸν εἰς τριάδα καὶ ἑπτάδα
οὐκ ἔσται λόγος τῶν ἀριθμῶν⁴) ῥυθμικός. μερίζω⁵) τὸν ζ'
εἰς τρία καὶ τέσσαρα, καὶ⁶) σώζεται λόγος ἐπίτριτος ἐξ οὗ
30 φημι συντίθεσθαι τὸν δεκάσημον.

Πάλιν ποιῶ⁷) τὸν αὐτὸν ἐκ τετρασήμου καὶ ἑξασήμου·
συνέστη λόγος ῥυθμικὸς ἡμιόλιος. ‖

---

2) συντιθέασιν Μ B ‖ 3) ἀπὸ lib ‖ 4) τοὺς δὲ om. lib ‖ 5) ἢ πλεο-
νάζουσι μακρῷ ἢ βραχειῶν lib ‖ 6) καὶ τοὺς μὲν ἀπὸ θέσεως, τοὺς δὲ
ἀπὸ ἄρσεως steht iu den lib. vor καὶ τοὺς μὲν ἀπὸ μακρῶν ‖ 7) δ᾽ Μ B ‖
8) δ᾽ Μ B ‖ 9) περίζουσι L ‖ 1) ῥυθμικοὺς om. L ‖ 2) ῥυθμικοῦ L ‖
3) μερίζων L ‖ 4) ῥυθμῶν Μ B, ἀρρυθμῶν L ‖ 5) μερίζων L ‖
6) καὶ om. L ‖ 7) ποιῶν L ‖

42 Πάλιν εἰς δύο πεντασήμους. εἰ μὲν οὖν ἁπλοῦς ἀμφο-
τέρους, τὸν ἴσον[8]) ῥυθμικὸν ἕξουσι λόγον. εἰ δὲ συνθέτους, καθὰ προεῖπον ποιησάμενος τὴν διαίρεσιν, συνίστημι
τὸν δεκάσημον.

Ἀγωγὴ δέ ἐστι ῥυθμικὴ χρόνων τάχος ἢ βραδυτής[9])· 5
οἷον ὅταν τῶν λόγων σωζομένων, οὓς αἱ θέσεις ποιοῦνται
πρὸς τὰς ἄρσεις, διαφόρως ἑκάστου χρόνου τὰ μεγέθη προ-
φερώμεθα. ἀρίστη δὲ[1]) ἀγωγὴ ῥυθμικὴ τῆς τῶν θέσεων
καὶ τῶν ἄρσεων ἐμβάσεως ἡ κατὰ μέσον ποσὴ κατάστασις.
10

Μεταβολὴ δέ ἐστι ῥυθμικὴ ῥυθμῶν ἀλλοίωσις ἢ
ἀγωγῆς. γίνονται δὲ μεταβολαὶ κατὰ τρόπους δώδεκα[3])·
κατ’ ἀγωγὴν·
κατὰ λόγον ποδικόν,
    ὅταν ἐξ ἑνὸς εἰς ἕνα μεταβαίνῃ λόγον. 15
ἢ ὅταν ἐξ ἑνὸς εἰς πλείους.
ἢ ὅταν ἐξ ἀσυνθέτου εἰς μικτόν.
ἢ ἐκ κριτικοῦ[4]) εἰς ἄλογον.
ἢ ἐξ ἀλόγου εἰς ἄλογον.
ἢ ἐκ τῶν ἀντιθέσει διαφερόντων εἰς ἀλλήλους. 20
ἢ ἐκ μικτοῦ εἰς μικτόν.

Ῥυθμοποιία δέ ἐστι δύναμις ποιητικὴ ῥυθμοῦ. τελεία δὲ ῥυθμοποιία ἐν ᾗ πάντα τὰ ῥυθμικὰ περιέχεται σχήματα. διαιρεῖται δὲ εἰς ταὐτὰ[5]) τῇ μελοποιίᾳ, λήψει δι’
ἧς ἐπιστάμεθα ποίῳ τινὶ ῥυθμῷ χρηστέον, χρήσει δι’ 25
43 ἧς τὰς ἄρσεις ταῖς θέσεσι[6]) πρεπόντως ἀπο||δίδομεν, μίξει
καθ’ ἣν τοὺς ῥυθμοὺς ἀλλήλοις συμπλέκομεν, εἴ που δέοι.

---

8) ἴσον καὶ lib || 9) βραδύτης M B || 1) δὲ om. M B || 2) ῥυθμικῆς
ἐμφάσεως ἡ κατὰ μέσον (μέσων M B) τῶν θέσεων (θεῶν M) καὶ ἄρσεων
(ἀσίων M) πόση διάστασις lib || 3) δεκατέσσαρας L, δώδεκα M B..Lips.
Guelf. || 4) κρητικοῦ M B || 5) ταῦτα B, αὐτὰ M || 6) ταῖς ἀρίσταις θέ-
σεσι lib, positiones aut elationes Mart. ||

(Rhythmopoeia) . . . . . et indicio numeri componendi, et omnium
figurarum plena perceptio. Dividitur haec in eas quas et melopoeia
partes, quae sunt istae: ἐπίληψις i. e. perceptio per quam scimus quo
quantum numero utendum sit, χρῆσις i. e. usus per quem positiones
aut elationes decenter aptamus, μῖξις i. e. permixtio per quam quod
oportunum fuerit ex arte miscemus.

Τρόποι δὲ ὥσπερ[7]) μελοποιίας[8]) καὶ ῥυθμοποιίας τῷ
γένει τρεῖς· συσταλτικός, διασταλτικός, ἡσυχαστικός. τούτων ἕκαστον εἰς εἴδη διαιροῦμεν κατὰ ταὐτὰ τοῖς ἐπὶ τῆς
ῥυθμοποιίας εἰρημένοις. ἀρίστη δὲ ῥυθμοποιία ἡ τῆς[8a]) ἀρε-
5 τῆς ἀποτελεστική· κακίστη δὲ ἡ τῆς κακίας. πῶς δὲ γίνεται τούτων ἑκάτερον ἐν τῷ παιδευτικῷ λελέξεται.

　　Τινὲς δὲ τῶν παλαιῶν τὸν μὲν ῥυθμὸν ἄρρεν ἀπεκάλουν[9]), τὸ δὲ μέλος θῆλυ. τὸ μὲν γὰρ μέλος ἀνενέργητόν
τέ ἐστι[1]) καὶ ἀσχημάτιστον, ὕλης ἐπέχον[2]) λόγον διὰ τὴν
10 πρὸς τοὐναντίον ἐπιτηδειότητα· ὁ δὲ ῥυθμὸς πλάττει τε αὐτὸ
καὶ κινεῖ τεταγμένως, ποιοῦντος λόγον ἐπέχων πρὸς τὸ ποιούμενον. —

ΑΡΙCΤΕΙΔΟΥ ΚΟΙΝΤΙΛΙΑΝΟΥ

ΠΕΡΙ ΜΟΥCΙΚΗC.

15 　　　　　'ΕΚ ΤΟΥ Β΄.

　　Τῶν δὲ ῥυθμῶν ἡσυχαίτεροι μὲν οἱ ἀπὸ θέσεων　97
προκαταστέλλοντες τὴν διάνοιαν· οἱ δὲ ἀπὸ ἄρσεων τῇ
φωνῇ τὴν κροῦσιν ἐπιφέροντες, τεταραγμένοι.

　　Καὶ οἱ μὲν ὁλοκλήρους τοὺς πόδας ἐν ταῖς περιό-
20 δοις ἔχοντες εὐφυέστεροι καὶ . . . . Οἱ δὲ[1]) βραχεῖς
τοὺς κενοὺς ἔχοντες, ἀφελέστεροι καὶ μικροπρεπεῖς, οἱ
δὲ ἐπιμήκεις, μεγαλοπρεπέστεροι.

---

7) ὡς L || 8) ἁρμονίας lib. in melopoeia Mart. || 8a) ἡ τῆς om. lib ||
9) ἐπεκάλουν M B || 1) τ΄ ἔστι M B || 2) ἀπέχον B ||

1) εὐφυέστεροι καὶ οἱ lib || 2) μὲν L, δὲ M B marg. L ||

Tropi vero ut in melopoeia et in rhythmopoeia tres sunt, quos
systalticos dicimus et in harmonicis eos superius memoravi.

Numerum autem marem esse, melos feminam noverimus. etenim
melos materies est quae sine propria figura censetur, rhythmus autem
opere quodam virilis actus tam formam sonis quam varios praestat effectus.

Καὶ οἱ μὲν ἐν ἴσῳ λόγῳ τεταγμένοι, δι' ὁμαλότητα
χαριέστεροι· οἱ δ' ἐν ἐπιμορίῳ διὰ τοὐναντίον κεκινημέ-
νοι· μέσοι δὲ οἱ ἐν τῷ διπλασίονι, ἀνωμαλίας μὲν διὰ τὴν
ἀνισότητα μετειληφότες, ὁμαλότητος δὲ διὰ τὸ τῶν ῥυθμῶν[3]
ἀκέραιον καὶ τοῦ λόγου τὸ ἀπηρτισμένον.   5

Τῶν δ' ἐν ἴσῳ λόγῳ οἱ μὲν διὰ βραχειῶν γινόμενοι
μόνων, τάχιστοι καὶ θερμότεροι καὶ κατεσταλμένοι· οἱ δὲ
ἀναμίξ, ἐπίκοινοι. Εἰ δὲ διὰ μηκίστων χρόνων συμβαίη
γίνεσθαι τοὺς πόδας, πλείων ἡ κατάστασις ἐμφαίνοιτ' ἂν
98 τῆς διανοίας. || Διὰ τοῦτο[4]) τοὺς μὲν βραχεῖς ἐν ταῖς πυρ- 10
ρίχαις χρησίμους ὁρῶμεν· τοὺς δ' ἀναμίξ, ἐν[5]) ταῖς μέσαις
ὀρχήσεσι· τοὺς δὲ μηκίστους ἐν τοῖς ἱεροῖς ὕμνοις, οἷς
ἐχρῶντο παρεκτεταμένοις, τήν τε περὶ ταῦτα διατριβὴν
μίαν καὶ φιλοχωρίαν[6]) ἐνδεικνύμενοι, τήν τε αὐτῶν διάνοιαν ἰσότητι καὶ μήκει τῶν χρόνων ἐς κοσμιότητα καθ- 15
ιστάντες, ὡς ταύτην οὖσαν ὑγίειαν ψυχῆς. τοιγάρτοι κἂν
ταῖς τῶν σφυγμῶν κινήσεσιν οἱ διὰ τοιούτων χρόνων τὰς
συστολὰς ταῖς διαστολαῖς ἀνταποδιδόντες, ὑγιεινότατοι.

Τοὺς δ' ἐν ἡμιολίῳ λόγῳ θεωρουμένους ἐνθουσια-
στικωτέρους[7]) εἶναι σύμβέβηκεν, ὡς ἔφην. Τούτων δ' ὁ 20
ἐπιβατὸς κεκίνηται μᾶλλον, συνταράττων μὲν τῇ διπλῇ θέσει τὴν ψυχήν, ἐς ὕψος δὲ τῷ μεγέθει τῆς ἄρσεως τὴν
διάνοιαν ἐξεγείρων[8]).

Τῶν δὲ ἐν διπλασίονι γινομένων σχέσει οἱ μὲν
ἁπλοῖ τροχαῖοι καὶ ἴαμβοι τάχος τε ἐπιφαίνουσι καί εἰσι 25
θερμοὶ καὶ ὀρχηστικοί· οἱ δὲ ὄρθιοι καὶ σημαντοὶ διὰ τὸ
πλεονάζειν τοῖς μακροτάτοις ἤχοις προάγουσιν ἐς ἀξίωμα.
Καὶ οἱ μὲν ἁπλοῖ τῶν ῥυθμῶν τοιοίδε.

Οἵ γε[9]) μὴν σύνθετοι παθητικώτεροί τέ[1]) εἰσι τῷ κατὰ
τὸ πλεῖστον τοὺς ἐξ ὧν σύγκεινται ῥυθμοὺς ἐν ἀνισότητι 30
θεωρεῖσθαι, καὶ πολὺ τὸ ταραχῶδες ἐπιφαίνοντες τῷ[2]) μηδὲ
τὸν ἀριθμὸν[3]) ἐξ οὗ συνεστᾶσι τὰς αὐτὰς ἑκάστοτε διατηρεῖν
τάξεις, ἀλλ' ὅτε μὲν ἀπὸ μακρᾶς ἄρχεσθαι, λήγειν δ' εἰς βρα-
99 χεῖαν ἢ ἐναντίως, καὶ ὁτὲ μὲν ἀπὸ θέ||σεως, ὁτὲ δὲ ἑτέρως[4]) τὴν

3) ἀριθμῶν M B || 4) τὸ lib || 5) ἐν om. lib || 6) φιλαχωρίαν L ||
7) τοῖς δὲ . . . θεωρουμένοις ἐνθουσιαστικωτέροις L || 8) ἀνεξεγείρων
M B || 9) εἴγε M B, οἴγη L || 1) τε om. M B || 2) τὸ L || 3) ἄρρυθμον lib ||
4) ὡς ἑτέρως lib ||

ἐπιβολὴν τῆς περιόδου ποιεῖσθαι. Πεπόνθασι δὲ μᾶλλον οἱ διὰ πλειόνων ἤδη συνεστῶτες ῥυθμῶν, πλείων γὰρ ἐν αὑτοῖς ἡ ἀνωμαλία. Διὸ καὶ τὰς τοῦ σώματος κινήσεις ποικίλας[5] ἐπιφέροντες οὐκ ἐς ὀλίγην ταραχὴν τὴν διάνοιαν 5 ἐξάγουσιν.

Πάλιν οἱ μὲν ἐφ᾽ ἑνὸς γένους μένοντες ἧττον κινοῦσιν, οἱ δὲ μεταβάλλοντες εἰς ἕτερα βιαίως ἀνθέλκουσι τὴν ψυχὴν ἑκάστῃ διαφορᾷ, παρέπεσθαί τε καὶ ὁμοιοῦσθαι τῇ ποικιλίᾳ καταναγκάζοντες. Διὸ κἀν ταῖς κινή-
10 σεσι τῶν ἀρτηριῶν αἱ[6] τὸ μὲν εἶδος ταὐτὸ τηροῦσαι, περὶ δὲ τοὺς χρόνους μικρὰν ποιούμεναι διαφοράν, ταραχώδεις μέν, οὐ μὴν κινδυνώδεις· αἱ δὲ ἤτοι λίαν παραλλάττουσαι[7] τοῖς χρόνοις ἢ καὶ τὰ γένη μεταβάλλουσαι[8] φοβεραί τέ εἰσι καὶ ὀλέθριοι. ἔν γε μὴν ταῖς πορείαις τοὺς μὲν εὐ-
15 μήκη τε καὶ ἴσα κατὰ τὸν σπονδεῖον βαίνοντας, κοσμίους τε τὸ ἦθος καὶ ἀνδρείους[9] ἄν τις εὕροι· τοὺς δὲ εὐμήκη μέν, ἄνισα δέ, κατὰ τοὺς τροχαίους ἢ παίωνας, θερμοτέρους τοῦ δέοντος· τοὺς δὲ ἴσα μέν[1]), μικρὰ δὲ λίαν κατὰ τὸν πυρρίχιον, ταπεινοὺς καὶ ἀγενεῖς· τοὺς δὲ βραχὺ καὶ ἄνι-
20 σον, καὶ ἐγγὺς ἀλογίας[2] ῥυθμῶν, παντάπασιν ἐκλελυμένους· τούς γε μὴν τούτοις ἅπασιν ἀτάκτως χρωμένους, οὐδὲ τὴν διάνοιαν καθεστῶτας, παραφόρους δὲ κατανοήσεις.

Ἔτι τῶν ῥυθμῶν οἱ μὲν ταχυτέρας ποιούμενοι τὰς ἀγωγὰς θερμοί τέ εἰσι καὶ δραστήριοι· οἱ δὲ || βραδείας 100
25 καὶ ἀναβεβλημένας ἀνειμένοι τε καὶ ἡσυχαστικοί. οἱ δὲ μέσοι κεκραμένοι τε ἐξ ἀμφοῖν καὶ σύμμετροι τὴν κατάστασιν[3]).

Ἔτι δὲ οἱ μὲν στρογγύλοι καὶ ἐπίτροχοι σφοδροί τε καὶ συνεστραμμένοι, καὶ εἰς τὰς πράξεις παρακλητικοί· οἱ δὲ περίπλεω τῶν φθόγγων τὴν σύνθεσιν ἔχοντες ὕπτιοί
30 τέ εἰσι καὶ πλαδαρώτεροι.

---

5) ποικίλης L || 6) αἱ M || 7) παραλλαττούσης L || 8) μεταβάλλουσας L || 9) ἀρτίους L, ἀνδρείους B M marg. L || 1) μὲν om. lib || 2) ἀνωμαλίας M || 3) οἱ δὲ μέσοι ... κατάστασιν steht in den lib. nicht hier, sondern als schluss des folgenden absatzes nach πλαδαρώτεροι.

ΒΑΚΧΕΙΟΥ ΤΟΥ ΓΕΡΟΝΤΟΣ
ΕΙΣΑΓΩΓΗ ΤΕΧΝΗΣ ΜΟΥΣΙΚΗΣ.

Μέτρων δὲ καὶ ῥυθμῶν συμμίκτων πάντα μετρεῖται τὰ εἴδη συλλαβαῖς, ποσί, καταλήξεσι[1].

Συλλαβὴ τί ἐστι; Σύλληψις[2] στοιχείων δύο ἢ πλειόνων, πάντως[3] ἑνὸς τῶν φωνηέντων παραλαμβανομένου. Λέξις τί ἐστι; Φωνὴ ἐγγράμματος μέρος[4] λόγου παριστῶσα.

Βάσις δὲ τί ἐστι; Σύνταξις δύο ποδῶν ἢ ποδὸς καὶ καταλήξεως[4a]. Κατάληξις δὲ τί ἐστιν; Ἡ παντὸς[5] ἐλλείποντος μέτρου τελευταία συλλαβή.

Ῥυθμὸς δὲ τί ἐστι; Χρόνου καταμέτρησις, κινήσεως[6] γινομένης ποιᾶς τινος. Κατὰ δὲ Φαῖδρον ῥυθμός ἐστι συλλαβῶν κειμένων πως πρὸς ἀλλήλας ἔμμετρος θέσις. Κατὰ δὲ Ἀριστόξενον χρόνος διῃρημένος ἐφ' ἑκάστῳ τῶν ῥυθμίζεσθαι δυναμένων. ‖ Κατὰ δὲ Νικόμαχον χρόνων εὔτακτος σύνθεσις. Κατὰ δὲ Λεόφαντον χρόνων[7] σύνθεσις κατὰ ἀναλογίαν τε καὶ συμμετρίαν πρὸς ἑαυτοὺς θεωρουμένων. Κατὰ δὲ Δίδυμον φωνῆς ποιᾶς τινος σχηματισμός[9]. ἡ μὲν οὖν φωνὴ ποιῶς σχηματισθεῖσα ῥυθμὸν ἀποτελεῖ. Καὶ γίνεται δὲ[1] οὗτος[2] ἢ περὶ λέξεις[3] ἢ περὶ μέλος ἢ περὶ σωματικὴν κίνησιν.

Συμπέπλεκται[4] δὲ οὗτος ἐκ πόσων χρόνων[5]; Τριῶν. Ποίων; Τούτων χρόνων[6]· βραχυσυλλάβου τε καὶ μακροῦ καὶ ἀλόγου.

Βραχὺς ποῖός ἐστιν; Ὁ ἐλάχιστός τε καὶ εἰς μερισμοὺς μὴ[7] πίπτων. Μακρὸς δὲ ποῖος; Ὁ τούτου διπλάσιος. Ἄλογος δὲ ποῖος; Ὁ τοῦ μὲν βραχέος μακρότερος, τοῦ δὲ μακροῦ ἐλάσσων ὑπάρχων. Ὁπόσῳ δέ ἐστιν ἐλάσσων ἢ

---

1) λέξεσι M (lib. Marini Mersenni) ‖ 2) σύλλαψις L (eidensis) ‖ 3) πάντων L ‖ 4) μέτρος L ‖ 4a) σύνταξις ποδῶν ἢ πόδες καταλήξεως lib ‖ 5) ἐστιν ἅπαντος M ‖ 6) μετὰ κινήσεως M. Dieser satz ist wiederholt p. 18: ῥυθμὸς δὲ τί ἐστι; χρόνου καταμέτρησις μετὰ κινήσεως γινόμενος (γινομένη M) ποιᾶς τινος ‖ 8) χρόνου M, χρόνοῦ L ‖ 9) φωνῆς ποιᾶς σχηματισμός M, ἀφανὴς ποιᾶς σχηματισμός L ‖ 1) δὲ om. M ‖ 2) οὗτος M, οὗτως L ‖ 3) λέξιν M, λέξεις L ‖ 4) συμπλέκεται M ‖ 5) ἐκ χρόνων. πόσων; M ‖ 6) χρόνων om. M ‖ 7) om. M L ‖

μείζων διὰ τὸ λόγῳ εἶναι δυσαπόδοτον, ἐξ αὐτοῦ τούτου[8])
συμβεβηκότος ἄλογος ἐκλήθη.

Χρόνων δέ συμπλοκαὶ ἐν ῥυθμοῖς πόσαι γίνονται; Τέσσαρες. Συμπέπλεκται δὲ[9]) βραχὺς βραχεῖ, μακρὸς μακρῷ,
5 ἄλογος βραχεῖ, ἄλογος μακρῷ.

Πᾶς δὲ φθόγγος ἔχει σχῆμα, ὄνομα, δύναμιν. || Σχῆμα 24
τί ἐστιν; Ὁ τὸ στοιχεῖον σημαίνων τύπος. Ὄνομα δέ[1]) ἐστι
τὸ κατὰ τοῦ σχήματος τιθέμενον. Δύναμις δέ ἐστιν ἡ ἑκάστου τῶν φθόγγων ἐν ὀργάνοις ἐκφώνησις.

10 Ἄρσιν[2]) ποίαν λέγομεν εἶναι; Ὅταν μετέωρος ᾖ ὁ πούς,
ἡνίκα ἂν μέλλωμεν ἐμβαίνειν. Θέσιν δὲ ποίαν; Ὅταν κείμενος. Τὸν δὲ ἀνὰ μέσον τῆς ἄρσεως καὶ τῆς θέσεως χρόνον οὐκ ἄξιον ἐπιζητεῖν, ὡς ὄντα τινὰ τῶν κατὰ μέρος.
διὰ γὰρ τὴν βραχύτητα λανθάνει καὶ τὴν ὄψιν καὶ τὴν
15 ἀκοήν, πόδα δὲ καὶ σύνθεσιν στοιχείων[3]) ἐλαχίστην
δεικνύων[4]).

Τῶν δὲ ῥυθμῶν οἱ μέν εἰσιν ἁπλοῖ, οἱ δὲ συμπεπλεγμένοι.

Πόσοι οὖν εἰσι ῥυθμοί; Δέκα. Τίνες; Οὗτοι· ἡγεμών,
20 ἴαμβος, χορεῖος, ἀνάπαιστος[5]), ὄρθιος, σπονδεῖος, παιάν,
βακχεῖος, δόχμιος, ἐνόπλιος[5]).

Τούτων ἁπλοῖ πόσοι; Ἔξ· ἡγεμών, ἴαμβος, χορεῖος[6]),
ἀνάπαιστος, ὄρθιος, σπονδεῖος. Συμπεπλεγμένοι δὲ πόσοι[7]);
Τέσσαρες· παιάν, βακχεῖος, δόχμιος, ἐνόπλιος[5]).

25 Τῶν οὖν ἁπλῶν ποῖος ἄρχεται; Πρῶτος ἡγεμών.
σύγκειται δὲ ἐκ δύο || ἐλαχίστων χρόνων, ἄρχεται δὲ ἀπὸ 25
ἄρσεως καὶ ἔχει [σὺν αὐτῷ] ἕνα τὸν ἐλάχιστον χρόνον,
ὁμοίως καὶ ἐν τῇ θέσει. ὑπόδειγμα[5]) δὲ αὐτοῦ λέγομεν,
λόγος. Δεύτερος δὲ τίς; ἴαμβος. σύγκειται δὲ ἐκ βραχέος
30 καὶ μακροῦ χρόνου· ἄρχεται δὲ ἀπὸ ἄρσεως· οἷον[9]) . . . . .
Τρίτος[10]) δε ποῖος; Χορεῖος. συνέστηκε δὲ ἐκ μακροῦ
καὶ βραχέος χρόνου· ἄρχεται δὲ ἀπὸ θέσεως οἷον πῶλος.
Τέταρτος δὲ ἀνάπαιστος ἐκ δύο βραχειῶν ἄρσεων[1]) καὶ

---

8) αὐτοῦ τοῦ lib || 9) συμπλέκεται γάρ Μ || 1) δέ ἐστι τὸ κατὰ τοῦ
σχήματος τιθέμενον. Δύναμις om. Μ || 2) ἐκφώνησινL || 3) στοχει ὦν
L || 4) δεικνύουσι Μ || 5) αἰνοπαῖος L || 6) ἡγεμών, χορεὼς. ἴαμβος L ||
7) πόσου Μ, om. L || 8) ὑποδείγματα L || 9) οἷον om. Μ || 10) ἐπίτρι-
τος L. Μ. || 1) ἄρσεων Μ, ἄρσεως L ||

5*

μακρᾶς θέσεως οἷον βασιλεύς. Πέμπτος δὲ ὄρθιος ἐξ
ἀλόγου ἄρσεως καὶ μακρᾶς θέσεως οἷον ὀργή. Ἕκτος δὲ
σπονδεῖος ἐκ μακρᾶς ἄρσεως καὶ θέσεως μακρᾶς οἷον
σπένδω. Ἕβδομος παιὰν σύνθετος ἐκ χορείου καὶ ἡγεμόνος οἷον εὐπλόκαμος[2]). Ὄγδοος δὲ βακχεῖος ἀφ᾽ ἡγε- 5
μόνος καὶ σπονδείου οἷον ἐτεθρήκειν[3]). Ἔννατος δὲ
δόχμιος ἐξ ἰάμβου καὶ ἀναπαίστου[4]) καὶ παιᾶνος τοῦ
κατὰ βάσιν οἷον[5])· ἔμενεν ἐκ Τροίας χρόνον. Δέκατος δὲ
ἐνόπλιος ἐξ ἰάμβου καὶ ἡγεμόνος καὶ χορείου καὶ ἰάμβου
οἷον· ὁ τὸν πίτυος στέφανον.   10

p. 13   Μεταβολὰς οὖν πόσας λέγομεν εἶναι; Ἑπτά. Τίνας;
ταύτας· συστηματικήν, γενικήν, κατὰ τρόπον, κατὰ ἦθος,
κατὰ ῥυθμόν, κατὰ ῥυθμοῦ ἀγωγήν, κατὰ ῥυθμοποιίας
θέσιν.

p. 14   Συστηματικὴ ποία ἐστίν; || Ὅταν ἐκ τοῦ ὑποκειμέ- 15
νου συστήματος εἰς ἕτερον σύστημα ἀναχωρήσῃ ἡ μελῳδία,
ἑτέραν μέσην κατασκευάζουσα.

Γενικὴ δὲ ποία[7]) ἐστίν; Ὅταν ἐκ γένους εἰς γένος,
οἷον ἐξ ἁρμονίας εἰς χρῶμα ἢ εἰς τοιοῦτόν τι μετέλθῃ[8]).

Ἡ δὲ κατὰ τρόπον ποία; Ὅταν ἐκ Λυδίου εἰς Φρύ- 20
γιον ἢ εἰς τινα τῶν λοιπῶν μεταχωρήσῃ.

Ἡ δὲ κατὰ ἦθος; Ὅταν ἐκ ταπεινοῦ εἰς μεγαλοπρε-
πὲς ἢ ἐξ ἡσύχου καὶ σύννου εἰς παρακεκινηκὸς γένηται.

Ἡ δὲ κατὰ ῥυθμὸν ποία; Ὅταν ἐκ χορείου εἰς
ἢ εἰς τινα τῶν λοιπῶν μεταβῇ.   25

Ἡ δὲ κατὰ ῥυθμοῦ ἀγωγὴν ποία; Ὅταν[9]) ῥυθμὸς
ἀπὸ ἄρσεως ἢ θέσεως γένηται.

Ἡ δὲ κατὰ ῥυθμοποιίας θέσιν ποία[9]); Ὅταν ὅλος
ῥυθμὸς κατὰ βάσιν ἢ κατὰ διποδίαν βαίνηται[10]).

Μεταβολὴ δὲ τί ἐστιν; Ἑτεροίωσις τῶν ὑποκειμένων ἢ 30
καὶ ὁμοίου τινὸς εἰς ἀνόμοιον τόπον μετάθεσις.

---

2) εὐπλόκαμον M || 3) τεθρήκω L, Θεοδώρῳ M || 4) παίστου L || 5) ὂν
L, οὗ M || 6) οἷον ωτον L, οἷον νῶτον M || 7) ποῖον M || 8) μετέλθοι lib ||
9) Ὅταν ῥυθμὸς ¦... ῥυθμοποιίας θέσιν ποία om. M || 10) βαίνηται M,
γίνηται L ||

ΑΝΩΝΥΜΟΥ ΠΕΡΙ ΜΟΥCΙΚΗC.

Ὁ ῥυθμὸς συνέστηκεν ἔκ τε ἄρσεως καὶ θέσεως καὶ §83 (=§1)
χρόνου τοῦ καλουμένου ὑπ᾽ ἐνίων κενοῦ. Διαφοραὶ δὲ
αὐτοῦ αἵδε¹)·

5   κενὸς βραχὺς ⋏ *)
            κενὸς μακρὸς ⋏̅
            κενὸς μ. τρίσημος ²) ⋏̅́
            κενὸς μ. δ´ ³). ⋏̿

            Μακρὰ δίχρονος _
10   μακρὰ τρίχρονος ⌊
            μακρὰ τετράχρονος ⌴
            μακρὰ πεντάχρονος ⊔⊔

Ἡ μὲν οὖν θέσις σημαίνεται ὅταν ἁπλῶς τὸ σημεῖον §85 (=§3)
ἄστικτον ᾖ οἷον ⊢⁴), ἡ δὲ ἄρσις ὅταν ἐστιγμένον οἷον ⊢̇⁵).
15 ὅσα οὖν ἤτοι δι᾽ ᾠδῆς ἢ μέλους χωρὶς στιγμῆς⁶) ἢ χρόνου
τοῦ καλουμένου κενοῦ παρά τισι⁷) γράφεται ἢ⁹) μακρᾶς δι-
χρόνου —, ἢ τριχρόνου ⌊, ἢ τετραχρόνου ⌴, ἢ πενταχρόνου ⊔⊔⁸), τὰ μὲν ᾠδῇ κεχυμένα λέγεται, ἐν δὲ μέλει μόνῳ
καλεῖται διαψηλαφήματα.

20   Κεχυμέναι δ᾽⁹) ᾠδαὶ καὶ μέλη λέγεται τὰ κατὰ χρόνον §95
οὐ¹⁰) σύμμετρα καὶ χύδην κατὰ τοῦτο μελῳδούμενα. ὁ γὰρ¹)
χρόνος ἑαυτὸν οὐ δύναται μετρῆσαι· τοῖς οὖν ἐν αὐτῷ γι-
νομένοις μετρεῖται σημείοις²).

---

1) διαφοραὶ δὲ αὐτοῦ αἵδε om. § 1 ‖ 2) τρὶς lib ‖ τέσσαρες lib ‖
4) οἷον ⊢ om. § 3 ‖ 5 οἷον ⊢̇ om. lib ‖ 6) χωρὶς στιγμῆς om. § 3 ‖ 7) παρά
τισι om. § 3 ‖ 8) ἢ μακρᾶς ... πεντάχρονον ⊔⊔ om. § 3 ‖ 9) δ᾽ om. lib ‖
10) οὐ om. lib ‖ 1) γὰρ om. lib ‖ 2) σημείοις om. lib ‖
*) Z. 5—8 steht in den lib. hinter § 101.

§ 100   *Τετράσημος·*

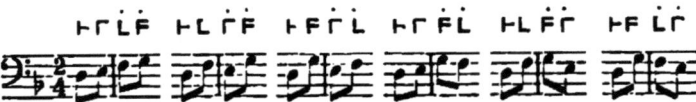

§ 97   *"Αλλως, ἑξάσημος·*

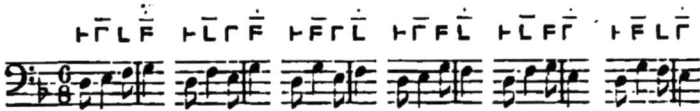

§ 99   *Δωδεκάσημος·*

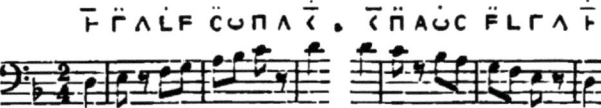

§ 101   *Πεντάσημος·*

libb. *Τετράσημος*·   §100

lib.*)

N.	⊢⎾L⊏	⊢L⎾F	⊢F⎾L̇	⊢⎾Ḟṙ	⊢LFⲦ	⊢FL̇ṙ
p.	⊢⎾L̇F	⊢L⎾F	⊢F⎾L̇	⊢⎾Ḟṙ	⊢LFⲦ	⊢FLⲦ
π.	⊢⎾L̇Ḟ	⊢L⊏⎾F	⊢Fṙ L̇	⊢⎾Ḟṙ	⊢LFⲦ	⊢FLⲦ
B.	⊢⎾L̇F	⊢L⎾F	⊢F⎾L̇	⊢ṙḞṙ	⊢LFⲦ	⊢FLⲦ
P.	⊢⎾L̇ḟ	⊢L⎾Ḟ	⊢Fṙ L̇	⊢⎾Ḟṙ	⊢LḞṙ	⊢FL̇ṙ

libb. *Ἄλλος ἑξάσημος*·   §97

lib.

N.	F̄F̄LḞ	⊢⊏⎾Ḟ	⊢F⎾L̇	⊢F̄FL̇	⊢⊏FⲦ	⊢FLḞ̄
p.	F̄F̄L̄F	⊢⊏⎾⊏̄	⊢F̄⎾L̇	⊢F̄F L̇	⊢⊏FⲦ	⊢FLḞ̄
π.	F̄F̄⊏̄Ḟ	⊢⊏⎾⊏̄	⊢F̄⎾L̇	⊢F̄FL̇	⊢⊏FⲦ	⊢FLḞ̄
B.	F̄F̄L̄F	⊢⊏⎾⊏̇	⊢F̄⎾.L̇	⊢F̄FL̇	⊢⊏FⲦ	⊢FLḞ̄
P.	F̄F̄LḞ	⊢⊏⎾Ḟ	⊢F̄⎾L̇	⊢F̄FL̇	⊢⊏FⲦ	⊢FLḞ̄

libb. *Δωδεκάσημος*·   §99

lib.

N.	⊢ṙΛLFⳆ⊔⎠ΛḞ	ΖΠΛ◡⊏FL̇<Λ⊢
p.	⊢ṙΛLFĊ⊔ΛL̇	ΖΠΛ◡⊏FL̇<ΛẎ
π.	⊢⎾ΛL̇FⳆ⊔ΛL	ΖΠΛ◡⊏FL̇<ΛẎ
B.	⊢ΓΛL̇FⲤ⊔ΛL̇	ΖΠΛ◡⊏FL̇<ΛẎ
P.	⊢ΓΛL̇FⲤ⊔̇Λ̇L̇	Ζ̇Π̇Λ̇◡̇ⲤFL̇<Λ

libb. *Ὀκτάσημος*·   §101

lib.

N.	⊢Λ⎾LFⲤF⊏̄	⊢Λ⎾L̇FⲤFⲤFL̄
p.	⊢Λ⎾LF⊏̄F⊏̄	⊢Λ⎾LFⲤFL̄
π.	⊢Λ⎾LFĊF⊏̄	⊢Λ⎾LFⲤFL̄
B.	⊢Λ⎾LFĊF⊏̄	⊢Λ⎾LFⲤFL
P.	⊢Λ̇⎾L̇Ḟ⊏̄F⊏̄	⊢Λ̇⎾L̇ⲤFL̄

lib.

N.	⊢ΧL⎾⊢L̇ṙL̄	ⲤFFFFṙFLḞ̄
p.	⊢Λ̇L̇⎾⊢L⎾L̄	ⲤFFFF⎾FLḞ̄
π.	⊢ΛL⎾⊢L⎾ L̄	ⲤFFFF⎾FLḞ̄
B.	⊢ΛL ⊢L⊢L̄	ⲤFFFF⎾FLḞ̄
P.	⊢Λ̇L̇ṙ⊢L̇ṙ⊏̄	ⲤFFFF⊢̇FLḞ̄

---

*) lib. N(eapolitanus 259, III. c. 1). p(arisinus 2460) π(arisinus 2532)
B(arberinus) P(arisinus 2458).

ΒΑΚΧΕΙΟΥ ΤΟΥ ΓΡΟΝΤΟΣ
ΕΙΣΑΓΩΓΗ ΤΕΧΝΗΣ ΜΟΥΣΙΚΗΣ.

Μέτρων δὲ καὶ ῥυθμῶν συμμίκτων πάντα μετρεῖται
τὰ εἴδη συλλαβαῖς, ποσί, καταλήξεσι¹).

Συλλαβὴ τί ἐστι; Σύλληψις²) στοιχείων δύο ἢ πλειόνων, 5
πάντως³) ἑνὸς τῶν φωνηέντων παραλαμβανομένου. Λέξις
τί ἐστι; Φωνὴ ἐγγράμματος μέρος⁴) λόγου παριστῶσα.
Βάσις δὲ τί ἐστι; Σύνταξις δύο ποδῶν ἢ ποδὸς καὶ
καταλήξεως⁴ᵃ). Κατάληξις δὲ τί ἐστιν; Ἡ παντὸς⁵) ἐλλείποντος μέτρου τελευταία συλλαβή. 10
Ῥυθμὸς δὲ τί ἐστι; Χρόνου καταμέτρησις, κινήσεως⁶)
γινομένης ποιᾶς τινος. Κατὰ δὲ Φαῖδρον ῥυθμός ἐστι
συλλαβῶν κειμένων πως πρὸς ἀλλήλας ἔμμετρος θέσις.
Κατὰ δὲ Ἀριστόξενον χρόνος διῃρημένος ἐφ' ἑκάστῳ τῶν
23 ῥυθμίζεσθαι δυναμένων. ‖ Κατὰ δὲ Νικόμαχον χρόνων 15
εὔτακτος σύνθεσις. Κατὰ δὲ Λεόφαντον χρόνων⁵) σύνθεσις κατὰ ἀναλογίαν τε καὶ συμμετρίαν πρὸς ἑαυτοὺς
θεωρουμένων. Κατὰ δὲ Δίδυμον φωνῆς ποιᾶς τινος σχη-
ματισμός⁸). ἡ μὲν οὖν φωνὴ ποιῶς σχηματισθεῖσα ῥυθμὸν
ἀποτελεῖ. Καὶ γίνεται δὲ¹) οὗτος²) ἢ περὶ λέξεις³) ἢ περὶ 20
μέλος ἢ περὶ σωματικὴν κίνησιν.
Συμπέπλεκται⁴) δὲ οὗτος ἐκ πόσων χρόνων⁵); Τριῶν.
Ποίων; Τούτων χρόνων⁶)· βραχυσυλλάβου τε καὶ μακροῦ
καὶ ἀλόγου.
Βραχὺς ποῖός ἐστιν; Ὁ ἐλάχιστός τε καὶ εἰς μερισμοὺς 25
μὴ⁷) πίπτων. Μακρὸς δὲ ποῖος; Ὁ τούτου διπλάσιος.
Ἄλογος δὲ ποῖος; Ὁ τοῦ μὲν βραχέος μακρότερος, τοῦ δὲ
μακροῦ ἐλάσσων ὑπάρχων. Ὁπόσῳ δέ ἐστιν ἐλάσσων ἢ

---

1) λέξεσι M (lib. Marini Mersenni) ‖ 2) σύλλαψις L (eidensis) ‖ 3) πάντων L ‖ 4) μέτρος L ‖ 4a) σύνταξις ποδῶν ἢ πόδες καταλήξεων lib ‖
5) ἐστιν ἅπαντος M ‖ 6) μετὰ κινήσεως M. Dioser satz ist wiederholt
p. 18: ῥυθμὸς δὲ τί ἐστι; χρόνου καταμέτρησις μετὰ κινήσεως γινόμενος
(γινομένη M) ποιᾶς τινος ‖ 8) χρόνου M, χρόνων L ‖ 9) φωνῆς ποιᾶς
σχηματισμός M, ἀφανῆς ποιᾶς σχηματισμός L ‖ 1) δὲ om. M ‖ 2) οὗτος M, οὗτως L ‖ 3) λέξιν M, λέξεις L ‖ 4) συμπλέκεται M ‖ 5) ἐκ χρόνων. πόσων; M ‖ 6) χρόνων om. M ‖ 7) om. M L ‖

μείζων διὰ τὸ λόγῳ εἶναι δυσαπόδοτον, ἐξ αὐτοῦ τούτου[8]) συμβεβηκότος ἄλογος ἐκλήθη.

Χρόνων δέ συμπλοκαὶ ἐν ῥυθμοῖς πόσαι γίνονται; Τέσσαρες. Συμπέπλεκται δὲ[9]) βραχὺς βραχεῖ, μακρὸς μακρῷ, 5 ἄλογος βραχεῖ, ἄλογος μακρῷ.

Πᾶς δὲ φθόγγος ἔχει σχῆμα, ὄνομα, δύναμιν. || Σχῆμα 24 τί ἐστιν; Ὁ τὸ στοιχεῖον σημαίνων τύπος. Ὄνομα δέ[1]) ἐστι τὸ κατὰ τοῦ σχήματος τιθέμενον. Δύναμις δέ ἐστιν ἡ ἑκάστου τῶν φθόγγων ἐν ὀργάνοις ἐκφώνησις.

10 Ἄρσιν[2]) ποίαν λέγομεν εἶναι; Ὅταν μετέωρος ᾖ ὁ πούς, ἡνίκα ἂν μέλλωμεν ἐμβαίνειν. Θέσιν δὲ ποίαν; Ὅταν κείμενος. Τὸν δὲ ἀνὰ μέσον τῆς ἄρσεως καὶ τῆς θέσεως χρόνον οὐκ ἄξιον ἐπιζητεῖν, ὡς ὄντα τινὰ τῶν κατὰ μέρος. διὰ γὰρ τὴν βραχύτητα λανθάνει καὶ τὴν ὄψιν καὶ τὴν 15 ἀκοήν, πόδα δὲ καὶ σύνθεσιν στοιχείων[3]) ἐλαχίστην δεικνύων[4]).

Τῶν δὲ ῥυθμῶν οἱ μέν εἰσιν ἁπλοῖ, οἱ δὲ συμπεπλεγμένοι.

Πόσοι οὖν εἰσι ῥυθμοί; Δέκα. Τίνες; Οὗτοι· ἡγεμών, 20 ἴαμβος, χορεῖος, ἀνάπαιστος[5]), ὄρθιος, σπονδεῖος, παιάν, βακχεῖος, δόχμιος, ἐνόπλιος[5]).

Τούτων ἁπλοῖ πόσοι; Ἕξ. ἡγεμών, ἴαμβος, χορεῖος[6]), ἀνάπαιστος, ὄρθιος, σπονδεῖος. Συμπεπλεγμένοι δὲ πόσοι[7]); Τέσσαρες· παιάν, βακχεῖος, δόχμιος, ἐνόπλιος[5]).

25 Τῶν οὖν ἁπλῶν ποῖος ἄρχεται; Πρῶτος ἡγεμών. σύγκειται δὲ ἐκ δύο || ἐλαχίστων χρόνων, ἄρχεται δὲ ἀπὸ 25 ἄρσεως καὶ ἔχει [σὺν αὐτῷ] ἕνα τὸν ἐλάχιστον χρόνον, ὁμοίως καὶ ἐν τῇ θέσει. ὑπόδειγμα[8]) δὲ αὐτοῦ λέγομεν, λόγος. Δεύτερος δὲ τίς; Ἴαμβος. σύγκειται δὲ ἐκ βραχέος 30 καὶ μακροῦ χρόνου· ἄρχεται δὲ ἀπὸ ἄρσεως· οἷον[9]) . . . . . Τρίτος[10]) δε ποῖος; Χορεῖος. συνέστηκε δὲ ἐκ μακροῦ καὶ βραχέος χρόνου· ἄρχεται δὲ ἀπὸ θέσεως οἷον πῶλος. Τέταρτος δὲ ἀνάπαιστος ἐκ δύο βραχειῶν ἄρσεων[1]) καὶ

---

8) αὐτοῦ τοῦ lib || 9) συμπλέκεται γὰρ M || 1) δέ ἐστι τὸ κατὰ τοῦ σχήματος τιθέμενον. Δύναμις om. M || 2) ἐκφάνησινL || 3) στοιχεῖ ὦν L || 4) δεικνύουσι M || 5) αἰνοπαῖος L || 6) ἡγεμών, χορεῶς, ἴαμβος L || 7) πόσον M, om. L || 8) ὑποδείγματα L || 9) οἷον om. M || 10) ἐπίτριτος L. M. || 1) ἄρσεων M, ἄρσεως L ||

μακρᾶς θέσεως οἷον βασιλεύς. Πέμπτος δὲ ὄρθιος ἐξ
ἀλόγου ἄρσεως καὶ μακρᾶς θέσεως οἷον ὀργή. Ἔκτος δὲ
σπονδεῖος ἐκ μακρᾶς ἄρσεως καὶ θέσεως μακρᾶς οἷον
σπένδω. Ἔβδομος παιὰν σύνθετος ἐκ χορείου καὶ ἡγεμόνος οἷον εὐπλόκαμος²). Ὄγδοός δὲ βακχεῖος ἀφ᾽ ἡγε- 5
μόνος καὶ σπονδείου οἷον ἐτεθρήκειν³). Ἔννατος δὲ
δόχμιος ἐξ ἰάμβου καὶ ἀναπαίστου⁴) καὶ παιᾶνος τοῦ
κατὰ βάσιν οἷον⁵)· ἔμενεν ἐκ Τροίας χρόνον. Δέκατος δὲ
ἐνόπλιος ἐξ ἰάμβου καὶ ἡγεμόνος καὶ χορείου καὶ ἰάμβου
οἷον· ὁ τὸν πίτυος στέφανον. 10

p. 13   Μεταβολὰς οὖν πόσας λέγομεν εἶναι; Ἑπτά. Τίνας;
ταύτας· συστηματικήν, γενικήν, κατὰ τρόπον, κατὰ ἦθος,
κατὰ ῥυθμόν, κατὰ ῥυθμοῦ ἀγωγήν, κατὰ ῥυθμοποιίας
θέσιν.

p. 14   Συστηματικὴ ποία ἐστίν; || Ὅταν ἐκ τοῦ ὑποκειμέ- 15
νου συστήματος εἰς ἕτερον σύστημα ἀναχωρήσῃ ἡ μελῳδία,
ἑτέραν μέσην κατασκευάζουσα.

Γενικὴ δὲ ποία⁷) ἐστίν; Ὅταν ἐκ γένους εἰς γένος,
οἷον ἐξ ἁρμονίας εἰς χρῶμα ἢ εἰς τοιοῦτόν τι μετέλθῃ⁸).

Ἡ δὲ κατὰ τρόπον ποία; Ὅταν ἐκ Λυδίου εἰς Φρύ- 20
γιον ἢ εἰς τινα τῶν λοιπῶν μεταχωρήσῃ.

Ἡ δὲ κατὰ ἦθος; Ὅταν ἐκ ταπεινοῦ εἰς μεγαλοπρε-
πὲς ἢ ἐξ ἡσύχου καὶ σύννου εἰς παρακεκινηκὸς γένηται.

Ἡ δὲ κατὰ ῥυθμὸν ποία; Ὅταν ἐκ χορείου εἰς
ἢ εἰς τινα τῶν λοιπῶν μεταβῇ. 25

Ἡ δὲ κατὰ ῥυθμοῦ ἀγωγὴν ποία; Ὅταν⁹) ῥυθμὸς
ἀπὸ ἄρσεως ἢ θέσεως γένηται.

Ἡ δὲ κατὰ ῥυθμοποιίας θέσιν ποία⁹); Ὅταν ὅλος
ῥυθμὸς κατὰ βάσιν ἢ κατὰ διποδίαν βαίνηται¹⁰).

Μεταβολὴ δὲ τί ἐστιν; Ἑτεροίωσις τῶν ὑποκειμένων ἢ 30
καὶ ὁμοίου τινὸς εἰς ἀνόμοιον τόπον μετάθεσις.

---

2) εὐπλόκαμον M || 3) τεθρήκω L, Θεοδώρῳ M || 4) παίστου L || 5) ὂν
L, οὐ M || 6) οἷον ωτον L, οἷον νῶτον M || 7) ποῖον M || 8) μετέλθοι lib ||
9) Ὅταν ῥυθμὸς ¦ . . . ῥυθμοποιίας θέσιν ποία om. M || 10) βαίνηται M,
γένηται L ||

ΑΝΩΝΥΜΟΥ ΠΕΡΙ ΜΟΥCΙΚΗC.

Ὁ ῥυϑμὸς συνέστηκεν ἔκ τε ἄρσεως καὶ ϑέσεως καὶ §83 (=§ 1)
χρόνου τοῦ καλουμένου ὑπ᾽ ἐνίων κενοῦ. Διαφοραὶ δὲ
αὐτοῦ αἵδε¹)·

5   κενὸς βραχὺς ∧ *)
            κενὸς μακρὸς ∧̄
            κενὸς μ. τρίσημος²) ∧́
            κενὸς μ. δ̣³). ∧̿

            Μακρὰ δίχρονος —
10   μακρὰ τρίχρονος ⎣
            μακρὰ τετράχρονος ⎵
            μακρὰ πεντάχρονος ⊔⊔

Ἡ μὲν οὖν ϑέσις σημαίνεται ὅταν ἁπλῶς τὸ σημεῖον §85 (=§3)
ἄστικτον ᾖ οἷον ⊢⁴), ἡ δὲ ἄρσις ὅταν ἐστιγμένον οἷον ⊢̇⁵).
15 ὅσα οὖν ἤτοι δι᾽ ᾠδῆς ἢ μέλους χωρὶς στιγμῆς⁶) ἢ χρόνου
τοῦ καλουμένου κενοῦ παρά τισι⁷) γράφεται ἢ⁸) μακρᾶς δι-
χρόνου —, ἢ τριχρόνου ⎣, ἢ τετραχρόνου ⎵, ἢ πενταχρόνου ⊔⊔⁸), τὰ μὲν ᾠδῇ κεχυμένα λέγεται, ἐν δὲ μέλει μόνῳ
καλεῖται διαψηλαφήματα.

20   Κεχυμέναι δ᾽⁹) ᾠδαὶ καὶ μέλη λέγεται τὰ κατὰ χρόνον §95
οὐ¹⁰) σύμμετρα καὶ χύδην κατὰ τοῦτο μελῳδούμενα. ὁ γὰρ¹)
χρόνος ἑαυτὸν οὐ δύναται μετρῆσαι· τοῖς οὖν ἐν αὐτῷ γι-
νομένοις μετρεῖται σημείοις²).

---

1) διαφοραὶ δὲ αὐτοῦ αἵδε om. § 1 ‖ 2) τρίς lib ‖ τέσσαρες lib ‖
4) οἷον ⊢ om. § 3 ‖ 5 οἷον ⊢̇ om. lib ‖ 6) χωρὶς στιγμῆς om. § 3 ‖ 7) παρά
τισι om. § 3 ‖ 8) ἢ μακρᾶς ... πενταχρόνου ⊔⊔ om. § 3 ‖ 9) δ᾽ om. lib ‖
10) οὐ om. lib ‖ 1) γὰρ om. lib ‖ 2) σημείοις om. lib ‖
*) Z. 5—8 steht in den lib. hinter § 101.

§100   *Τετράσημος ·*

§ 97   *Ἄλλως, ἑξάσημος ·*

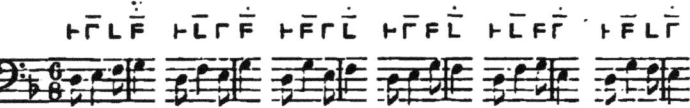

§ 99   *Δωδεκάσημος ·*

§101   *Πεντάσημος ·*

libb. *Τετράσημος·* §100

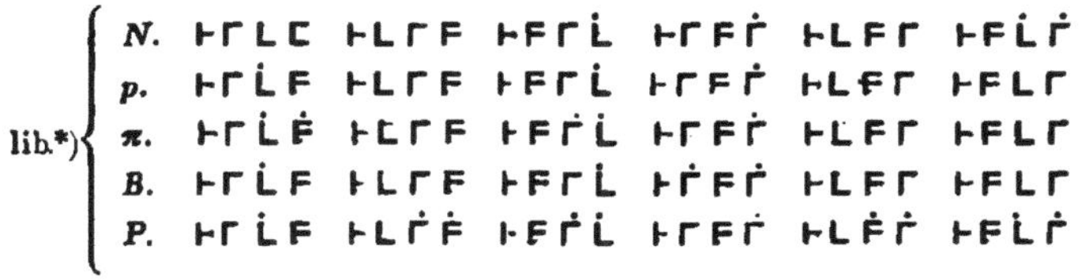

libb. *Ἄλλος ἑξάσημος·* §97

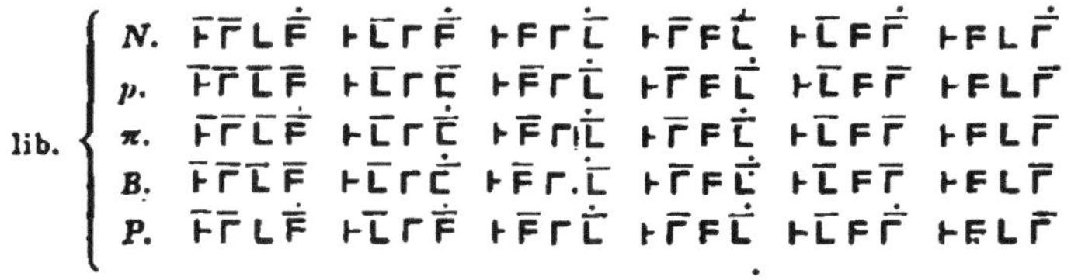

libb. *Δωδεκάσημος·* §99

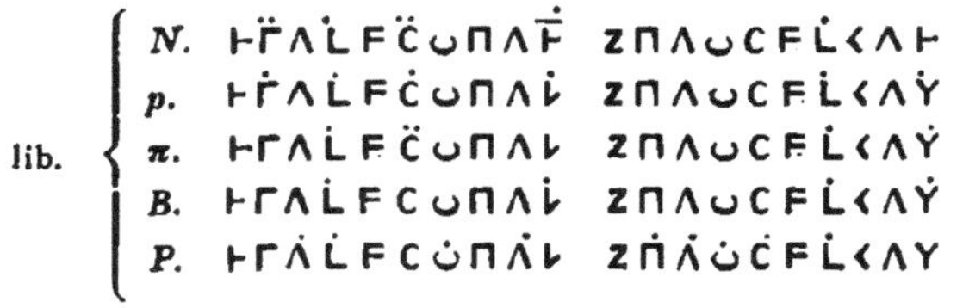

libb. *Ὀκτάσημος·* §101

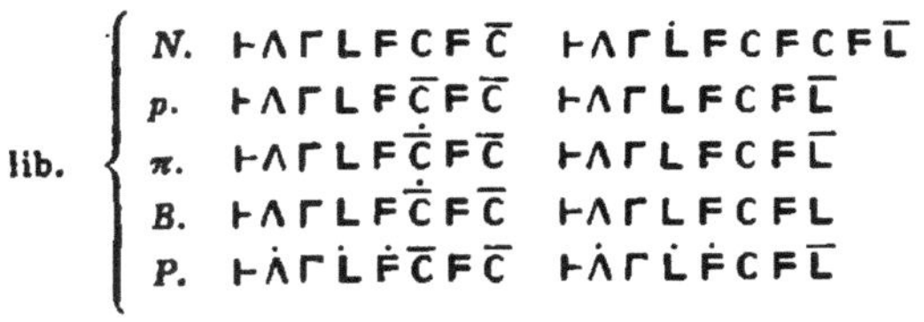

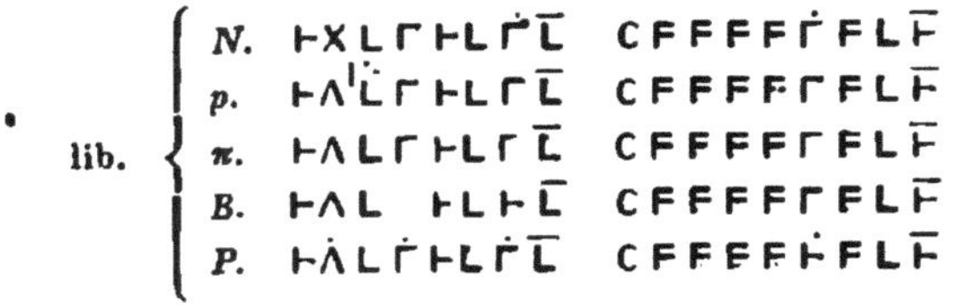

*) lib. N(eapolitanus 259, III. c. 1). p(arisinus 2460) π(arisinus 2532) B(arberinus) P(arisinus 2458).

§ 98   *Δωδεκάσημος·*

§104   *Κῶλον ἑξάσημον·*

libb. *Ἑνδεκάσημος·* §98

lib.

N.	⊢ΛϜ⊢ϜCΛCⳐ⊢Λ	CΛϜϜⳐⳐⳐΓΛΓϜⳐΛ́
p.	⊢ΛϜ⊢ϜC᾿ΛCⳐ⊢Λ	CΛ Ϝ ⳐⳐΓΛΓϜⳐΛ̇
π.	CΛϜ⊢ϜCΛCⳐ⊢Λ	CΛ Ϝ ⳐⳐΓΛΓϜⳐΛ
B.	CΛϜ⊢ϜCΛCⳐ⊢Λ	CΛ Ϝ ⳐⳐΓΛΓϜⳐΛ
P.	CⳐ́Ϝ⊢ϜCΛCⳐ⊢Λ	CⳐ́ϜϜⳐⳐ́ΓΛΓϜΛ

lib.

N.	⊢Γ̇Ⳑ́Γ̇ⳐϜⳐ́CⳐϜⳐ́	CϜCϜⳐϜΛ̈CⳐ⊢Λ
p.	⊢ΓⳐΓ̇ⳐϜΛCⳐϜΛ	CϜCϜⳐ̇ϜΛCⳐ̇⊢Λ
π.	⊢ΓⳐΓ̇Ⳑ̇ϜΛ́CⳐϜΛ	CϜCϜⳐϜΛ̈CⳐ̇⊢Λ
B.	⊢ΓⳐΓ̇Ⳑ̇ϜΛCⳐϜΛ	CϜCϜⳐ̇ϜΛ̈CⳐ̇⊢Λ
P.	⊢Γ̇ⳐΓ̇Ⳑ̇ϜΛ̇CⳐϜΛ	CϜCϜⳐϜΛ̈CⳐ̇⊢Λ

libb. *Κῶλον ἑξάσημον.* §104

lib.

N.	Ⳑ̇ σ̄ < ῡ C ⟨ Π ᴏ̄ ⊢ Π Ϝ Ċ ᴄ̄ ᴏ Π σ̄ Ⳑ ῡ Ⳝ
p.	Ⳑ̇ ᴏ Ϝ̄ ῡ C Ϝ̄ Π ᴏ̄ Π̄ Ⳝ Π Ϝ Ċ ᴄ̄ ᴏ Π σ̄ Ⳑ ῡ̇ Ⳝ
π.	Ⳑ̇ ᴏ Ϝ̄ ῡ C Ϝ̄ Π ᴏ̄ Π̄ Ⳝ Π Ϝ Ċ ᴄ̄ ᴏ Π σ̄ Ⳑ ῡ Ⳝ
B.	Ⳑ̇ ᴏ Ϝ̄ ῡ C Ϝ̄ Π ᴏ̄ Π̄ ⊢ Π Ϝ ᴏ́ ᴄ̄ ᴏ Π σ̄ Ⳑ ῡ ⊢
P.	Ⳑ̇ σ̄ Ⳝ ῡ C Ϝ̄ Π ᴏ̄ Π̄ Ⳝ Π Ϝ C ᴄ̄ ᴏ Π σ̄ Ⳑ̇ ῡ Ⳝ

ΜΙΧΑΗΛ ΤΟΥ ΨΕΛΛΟΥ

ΠΡΟΛΑΜΒΑΝΟΜΕΝΑ[1])

ΕΙC ΤΗΝ ΡΥΘΜΙΚΗΝ ΕΠΙCΤΗΜΗΝ.

Τῆς ῥυθμικῆς ἐπιστήμης ταῦτα προλαβεῖν σε χρεών[2]).

§ 1   Καὶ πρῶτόν γε ὅτι πᾶν μέτρον[3]) πρὸς τὸ μετρούμενόν 5
πως καὶ πέφυκε καὶ λέγεται. ὥστε καὶ ἡ συλλαβὴ οὕτως
ἂν ἔχοι[3a]) πρὸς τὸν ῥυθμὸν ὡς τὸ μέτρον πρὸς τὸ μετρούμενον. εἴπερ τοιοῦτόν ἐστιν οἷον μετρεῖν τὸν ῥυθμόν.
Ἀλλὰ τοῦτον μὲν τὸν λόγον οἱ[4]) παλαιοὶ ἔφασαν ῥυθμικοί,
ὁ δέ γε Ἀριστόξενος οὐκ ἔστι, φησὶ, μέτρον ἡ συλλαβή. 10
πᾶν γὰρ μέτρον αὐτό τε ὡρισμένον ἐστὶ κατὰ τὸ ποσὸν
καὶ πρὸς τὸ μετρούμενον ὡρισμένως[5]) ἔχει. ἡ δὲ[6]) συλλαβὴ οὐκ ἔστι κατὰ τοῦτο ὡρισμένη πρὸς τὸν ῥυθμὸν ὡς[6a])
τὸ μέτρον πρὸς τὸ μετρούμενον. ἡ γὰρ συλλαβὴ οὐκ ἀεὶ
τὸν αὐτὸν χρόνον κατέχει. τὸ δὲ μέτρον ἠρεμεῖν δεῖ κατὰ 15
τὸ ποσὸν καθὸ μέτρον ἐστί, καὶ τὸ τοῦ χρόνου μέτρον
ὡσαύτως κατὰ τὸ ἐν τῷ χρόνῳ ποσόν, ἡ δὲ συλλαβὴ χρόνου
τινὸς μέτρον οὖσα οὐκ ἠρεμεῖ κατὰ τὸν χρόνον, μεγέθη[7])

---

1) *προβαλόμενα* m(onacensis) ‖ 2) *χρέον* v(enetus nach den excerpten Morellis ad Aristox. *) ‖ 3) *μέτρον* m ‖ 3 a) *ἔχει* m v ‖ 4) *οἱ* om. m ‖
5) *ὡρισμένον* v ‖ 6) *εἰ δὲ* m, *ἴσως ἡ δὲ* marg. m ‖ 6 a) *καὶ* v ‖ 7) *μεγέθει* m v ‖

*) In Morellis excerpten fehlt § 2. § 6. § 7. § 14. § 15. § 17; ausser-
dem ist hier ausgelassen in § 1 der schluss: *λόγον μέντοι τὸν αὐτὸν κτλ.*,
in § 3 der satz τὸ δὲ *ῥυθμιζόμενον . . . εἰς συνθέσεις παντοδαπάς.*´
Von § 13 theilt Morelli nur den anfang bis *σχηματιζόμενον πρὸς ἑαυτό*
mit, von den übrigen sätzen dieses § gibt er die abweichungen von
Aristoxenus an. Endlich sagt er von § 16: *Eaedem pedum differentiae
apud Psellum, qui Aristoxenum αὐτολεξεὶ exscribit* und gibt die abweichungen des Psell. von Aristox. an.

μὲν γὰρ χρόνων οὐκ ἀεὶ τὰ αὐτὰ κατέχουσιν αἱ συλλαβαί, λόγον μέντοι τὸν αὐτὸν ἀεὶ τῶν μεγεθῶν, ἥμισυ μὲν γὰρ κατέχειν τὴν βραχεῖαν χρόνου[5]), διπλάσιον δὲ τὴν μακράν[9]).

Δύο δὲ ταῦτα πρῶτον νοητέον, τόν τε ῥυθμὸν καὶ τὸ[10]) § 2
5 ῥυθμιζόμενον.

Ἔστι δὲ ὁ μὲν ῥυθμὸς σύστημά τι συγκείμενον ἐκ χρό- § 3
νων κατά τινας τρόπους ἀφωρισμένους[1])· οὐ γὰρ πᾶσα
χρόνων σύνθεσις εὔρυθμος. τὸ δὲ ῥυθμιζόμενον τοιοῦτον
νοητέον οἷον δύνασθαι μετατίθεσθαι εἴς τε μεγέθη χρόνων
10 παντοδαπὰ καὶ εἰς συνθέσεις παντοδαπάς. Φαίνεται δὲ
τρία εἶναι τὰ ῥυθμικά, λέξις, μέλος, κίνησις σωματική.

Ὁ δὲ ῥυθμὸς οὐ γίνεται ἐξ ἑνὸς χρόνου. ἀλλὰ προς- § 4
δεῖται ἡ γένεσις αὐτοῦ τοῦ τε προτέρου καὶ τοῦ ὑστέρου.

Διαιρεθήσεται δὲ ὁ χρόνος ὑπὸ μὲν τῆς λέξεως τοῖς § 5
15 τε[2]) γράμμασι καὶ ταῖς συλλαβαῖς, ὑπὸ δὲ τοῦ μέλους τοῖς
φθόγγοις, ὑπὸ δὲ τῆς κινήσεως τοῖς τε σχήμασι καὶ τοῖς
σημείοις.

Τῶν δὲ ῥυθμιζομένων ἕκαστον οὔτε κινεῖται συνεχῶς § 6
οὔτε ἠρεμεῖ, ἀλλ' ἐναλλάξ. καὶ τὴν μὲν ἠρεμίαν σημαίνει
20 τό τε σχῆμα καὶ ὁ φθόγγος καὶ ἡ συλλαβή. οὐδενὸς γὰρ
τούτων ἔστιν αἰσθέσθαι ἄνευ τοῦ ἠρεμῆσαι· τὴν δὲ κίνησιν
ἡ μετάβασις ἡ ἀπὸ σχήματος ἐπὶ σχῆμα, καὶ ἡ ἀπὸ φθόγγου ἐπὶ φθόγγον, καὶ ἡ ἀπὸ συλλαβῆς ἐπὶ συλλαβήν. εἰσὶ
δὲ οἱ μὲν ὑπὸ τῶν ἠρεμιῶν κατεχόμενοι χρόνοι γνώριμοι,
25 οἱ δὲ ὑπὸ τῶν κινήσεων ἄγνωστοι διὰ σμικρότητα ὥσπερ
ὅροι τινὲς ὄντες τῶν ὑπὸ τῶν ἠρεμιῶν κατεχομένων χρόνων. νοητέον δὲ καὶ τοῦτο ὅτι τῶν ῥυθμικῶν συστημάτων
ἕκαστον οὐχ ὁμοίως σύγκειται ἔκ τε τῶν γνωρίμων χρόνων
κατὰ τὸ ποσὸν καὶ ἐκ τῶν ἀγνώστων, ἀλλ' ἐκ μὲν τῶν
30 γνωρίμων κατὰ τὸ ποσὸν ὡς ἐκ μερῶν τινων σύγκεινται τὰ
συστήματα, ἐκ δὲ τῶν ἀγνώστων ὡς ἐκ τῶν διοριζόντων
τοὺς γνωρίμους κατὰ τὸ ποσὸν χρόνους.

Πρῶτόν τε νοητέον χρόνον τὸν ὑπ' οὐδενὸς τῶν ῥυ- § 7
θμιζομένων δυνάμενον διαιρεῖσθαι γνωρίμων[3]).

8) χρόνον m || 9) Quintil. inst. 9, 4, 45 *Longam esse duorum tempo-
rum, brevem unius, etiam pueri sciunt.* · Hiernach zu ergänzen: καὶ οἱ
παῖδες ἴσασι || 10) τὸν m || 1) ἀφωρισμένων v || 2) γε v || 3) m undeutlich
γνωρίμων oder γνωρίμως ||

§ 8   Τῶν δὲ χρόνων οἱ μέν εἰσι ποδικοί, οἱ δὲ τῆς ῥυθμοποιίας ἴδιοι. ποδικὸς μὲν οὖν ἐστι χρόνος ὁ κατέχων ση-
μείον ποδικοῦ μέγεθος οἷον ἄρσεως ἢ βάσεως ἢ ὅλου ποδός[4]), ἴδιος[5]) δὲ ῥυθμοποιίας ὁ παραλάσσων ταῦτα τὰ μεγέθη εἴτ' ἐπὶ τὸ μικρὸν εἴτ' ἐπὶ τὸ μέγα. καί ἐστι ῥυθμὸς 5
μὲν ὥσπερ εἴρηται σύστημά τι συγκείμενον ἐκ[6]) τῶν ποδικῶν χρόνων ὧν ὁ μὲν ἄρσεως, ὁ δὲ βάσεως, ὁ δὲ ὅλου ποδός, ῥυθμοποιία δ' ἂν εἴη[7]) τὸ συγκείμενον ἔκ τε τῶν ποδικῶν χρόνων καὶ ἐκ τῶν αὐτῆς τῆς ῥυθμοποιίας ἰδίων.

§ 9   Τῶν ποδικῶν λόγων εὐφυέστατοί εἰσιν οἱ τρεῖς[8]), ὅ τε τοῦ 10
ἴσου καὶ ὁ[9]) τοῦ διπλασίου καὶ ὁ τοῦ ἡμιολίου. γίνεται δὲ
ποτε ποὺς καὶ ἐν τριπλασίῳ λόγῳ, γίνεται καὶ ἐν ἐπιτρίτῳ.

§ 10   Πᾶς δὲ ὁ διαιρούμενος εἰς πλείω ἀριθμὸν καὶ εἰς
ἐλάττω[10]) διαιρεῖται.

§ 11   Ἔστι δὲ καὶ ἐν τῇ τοῦ ῥυθμοῦ φύσει ὁ ποδικὸς λόγος 15
ὥσπερ ἐν τῇ τοῦ ἡρμοσμένου τὸ σύμφωνον[1]).

§ 12   Τῶν δὲ τριῶν γενῶν οἱ πρῶτοι πόδες ἐν[2]) τοῖς ἑξῆς
ἀριθμοῖς τεθήσονται· ὁ μὲν ἰαμβικὸς[3]) ἐν τοῖς τρισὶ πρῶτος[4]), ὁ δὲ δακτυλικὸς ἐν τοῖς τέτταρσιν[5]), ὁ δὲ παιωνικὸς
ἐν τοῖς πέντε. Αὔξεσθαι[6]) δὲ φαίνεται τὸ μὲν ἰαμβικὸν γέ- 20
νος[7]) μεχρὶ τοῦ ὀκτωκαιδεκασήμου[8]) μεγέθους ὥστε γίνεσθαι
τὸν μέγιστον πόδα ἑξαπλάσιον τοῦ ἐλαχίστου, τὸ δὲ δακτυλικὸν μέχρι τοῦ ἑκκαιδεκασήμου[9]), τὸ δὲ παιωνικὸν μέχρι
τοῦ πεντεκαιεικοσασήμου[9]). αὔξεται δὲ ἐπὶ πλειόνων τό τε
ἰαμβικὸν γένος καὶ τὸ παιωνικὸν τοῦ δακτυλικοῦ, ὅτι 25
πλείοσι σημείοις ἑκάτερον αὐτῶν χρῆται. οἱ μὲν γὰρ τῶν
ποδῶν δύο μόνοις[10]) πεφύκασι σημείοις χρῆσθαι, ἄρσει καὶ
βάσει, οἱ δὲ τρισίν, ἄρσει καὶ διπλῇ βάσει[1]), οἱ δὲ τέτρασι,
δύο ἄρσεσι καὶ δύο βάσεσιν.*)

§ 13   Νοητέον δὲ τόν τε ῥυθμὸν καὶ τὸ ῥυθμιζόμενον παρα- 30
πλησίως ἔχοντα[2]) πρὸς ἄλληλα ὥσπερ ἔχει τὸ σχῆμα καὶ τὸ

---

4) ὅλον ποδόν m ‖ 5) ἴδιον m ‖ 6) ἔκ τε m. v ‖ 7) ἢ m, ἢ v ‖ 8) εἰσὶ
τρεῖς m ‖ 9) ὁ v, om. m ‖ 10) ἐλάττω v, ἐλάττων m ‖ 1) συμφωνοῦν v ‖ 2) ἐν v, om. m ‖ 3) ἴαμβος m. v ‖ 4) πρώτοις m. v ‖ 5) τέταρσιν
v, τέταρσι m ‖ 6) αὐξάνεσθαι v ‖ 7) γ (d. h. γίνεται) m, γένος v ‖
8) ὀκτωκαιδεκασίμου m. v ‖ 9) τοῦ πέντε καὶ εἴκοσι m. v ‖ 10 μόνον m ‖
1) οἱ v, εἰ m ‖ 2) ἔχονται m, ἔχειν v ‖ *) Die ergänzung des § 12 auf S. 38.

σχηματιζόμενον πρὸς ἑαυτά [3]). τῶν δὲ ῥυθμιζομένων ἕκαστον
πλείους λαμβάνει μορφὰς οὐ κατὰ τὴν αὑτοῦ [4]) φύσιν, ἀλλὰ
κατὰ τὴν τοῦ ῥυθμοῦ. ὁ δὲ ῥυθμὸς οὐδενὶ τῶν ῥυθμιζομένων ἐστὶ τὸ αὐτό, ἀλλὰ τῶν διατιθέντων πως [5]) τὸ ῥυθμι-
5 ζόμενον καὶ ποιούντων κατὰ τοὺς χρόνους τοιόνδε ἢ τοιόνδε.
ὁ δὲ ῥυθμὸς χωρὶς τοῦ ῥυθμισθησομένου καὶ τέμνοντος τὸν
χρόνον οὐ δύναται γίνεσθαι, ἐπειδὴ ὁ μὲν χρόνος αὐτὸς
ἑαυτὸν οὐ τέμνει, ἑτέρου δέ τινος δεῖται τοῦ διαιρήσοντος
αὐτόν. ἀναγκαῖον οὖν [6]) ἂν εἴη μεριστὸν εἶναι τὸ ῥυθμι-
10 ζόμενον γνωρίμοις μέρεσιν, οἷς [7]) διαιρήσει τὸν χρόνον.

Τῶν δὲ ποδῶν οἱ μὲν ἐκ δύο χρόνων σύγκεινται τοῦ § 14
τε ἄνω καὶ τοῦ κάτω, οἱ δὲ ἐκ τριῶν δύο μὲν τῶν ἄνω,
ἑνὸς δὲ τοῦ κάτω ἢ ἑνὸς μὲν τοῦ ἄνω, δύο δὲ τῶν [8]) κάτω.
ἐξ ἑνὸς δὲ χρόνου πούς οὐκ ἂν εἴη, ἐπειδήπερ ἓν σημεῖον
15 οὐ ποιεῖ διαίρεσιν χρόνου. ἄνευ γὰρ διαιρέσεως χρόνου
πούς οὐ δοκεῖ γίνεσθαι.

Τῶν δὲ ποδῶν ἕκαστος ὥρισται ἢ λόγῳ τινὶ ἢ ἀλογίᾳ [9]). § 15

Καὶ μεγέθει μὲν διαφέρει πούς [10]) ποδὸς ὅταν τὰ με- § 16
γέθη τῶν ποδῶν, ἃ κατέχουσιν οἱ πόδες, ἄνισα ᾖ. γένει δὲ
20 ὅταν οἱ λόγοι διαφέρωσιν [1]) ἀλλήλων οἱ τῶν ποδῶν. οἱ δὲ
ἄλογοι τῶν ῥητῶν διαφέρουσι τῷ [2]) τὸν ἄνω χρόνον πρὸς
τὸν κάτω μὴ εἶναι ῥητόν. οἱ δὲ ἀσύνθετοι τῶν συνθέτων
διαφέρουσι τῷ μὴ διαιρεῖσθαι εἰς πόδας, τῶν συνθέτων
διαιρουμένων. διαιρέσει δὲ ὅταν τὸ αὐτὸ μέγεθος εἰς ἄνισα
25 διαιρεθῇ [3]). σχήματι δὲ ὅταν τὰ αὐτὰ μέρη τοῦ αὐτοῦ μεγέθους μὴ ὡσαύτως ᾖ τεταγμένα.

Τῶν δὲ ποδῶν τρία γένη ἐστί· τὸ δακτυλικόν, τὸ ἰαμ- § 17
βικόν, τὸ παιωνικόν.

_____

3) ἑαυτό v ‖ 4) αὑτοῦ m ‖ 5) πρὸς v ‖ 6) οὖν v, γὰρ m ‖ 7) οἷον m ‖
8) τῶ m ‖ 9) ἀναλογία m ‖ 10) τοῦ m ‖ 1) διαφέρουσιν m ‖ 2) τῷ om.
m ‖ 3) διαιρεθείη m ‖

FRAGMENTA PARISINA

Cod. bibl. imp. Par. 3027

Fol. 33, lin. 9 sq.

§ 1   *Τρία εἰσὶ τὰ ῥυθμιζόμενα, λέξις, μέλος, κίνησις σω-*
ματική, ὥστε διαιρήσει¹) τὸν χρόνον ἡ μὲν λέξις τοῖς αὐ- 5
τῆς²) μέρεσιν οἷον γράμμασι καὶ συλλαβαῖς καὶ ῥήμασι καὶ
πᾶσι τοῖς τοιούτοις· τὸ δὲ μέλος τοῖς αὐτοῦ φθόγγοις τε
καὶ διαστήμασιν· ἡ δὲ κίνησις σημείοις τε καὶ σχήμασι καὶ
§ 2 *εἴ τι τοιοῦτό ἐστι κινήσεως μέρος ἐπὶ τούτοις.*

§ 3   *Ἔστιν ὁ ῥυθμὸς*   10
    Ὁ δὲ αὐτὸς ῥυθμὸς οὔτε περὶ γραμμάτων οὔτε περὶ
συλλαβῶν ποιεῖται τὸν λόγον, ἀλλὰ περὶ τῶν χρόνων, τοὺς
μὲν ἐκτείνειν κελεύων, τοὺς δὲ συνάγειν, τοὺς δὲ ἴσους
ποιεῖν ἀλλήλοις. καὶ τοῦτο ποιοῦμεν ὄντων συλλαβῶν καὶ
§ 4 *τῶν γραμμάτων.*   15
    Πᾶς ὁ κατὰ βάσιν γινόμενος χρόνος διορισμοῦ δύναμιν
ἔχει. Ἀλλὰ καὶ ὅτε τὴν⁵) μὲν προτέραν συλλαβὴν μηκέτι
ἔξεστι φθέγγεσθαι, τὴν δὲ δευτέραν⁶) μηδέπω, τοῦτον τὸν
χρόνον σιωπήσει⁷) δεῖ⁸) ἀντέχεσθαι.

Fol. 31, lin. 20 sq.   20

§ 5   *Λεκτέον καὶ περὶ ποδὸς τί ποτε ἔστι. καθόλου μὲν*
νοητέον πόδα ᾧ σημαινόμεθα τὸν ῥυθμὸν καὶ γνώριμον
ποιοῦμεν τῇ αἰσθήσει.

---

1) διαιρέσει lib ‖ 2) αὐτοῖς lib ‖ 5) τὴν om. lib ‖ 6) μηκέτι φθέγγεται
τὴν δευτέραν lib, ἔξεστι om. δὲ om. ‖ 7) διωπήσῃ lib ‖ 8) δεῖ om. lib.

. Ὡρισμένοι δέ εἰσι τῶν ποδῶν οἱ μὲν λόγῳ τινί, οἱ δὲ § 6
ἀλογίᾳ κειμένῃ μεταξὺ δύο λόγων γνωρίμων, ὥστε εἶναι
φανερὸν ἐκ τούτων, ὅτι ὁ πούς λόγος τίς ἐστιν ἐν χρόνοις
κείμενος ἢ ἀλογίᾳ*) ἐν χρόνοις κειμένη εἰρημένον ἀφο-
5 ρισμὸν ἔχουσα.

Τῶν δὲ χρόνων οἱ μὲν εὔρυθμοι, οἱ δὲ ῥυθμοειδεῖς, § 7
οἱ δὲ ἄρρυθμοι. Εὔρυθμοι μὲν οἱ διαφυλάττοντες ἀκριβῶς
τὴν πρὸς ἀλλήλοις εὔρυθμον τάξιν· ῥυθμοειδεῖς δὲ οἱ τὴν
μὲν εἰρημένην ἀκρίβειαν μὴ σφόδρα ἔχοντες, φαίνοντες δὲ
10 ὅμως ῥυθμοῦ τινος εἶδος· ἄρρυθμοι δὲ οἱ πάντη*) καὶ
πάντως ἄγνωστοι ἔχοντες πρὸς ἀλλήλοις σύνθεσιν.

Γνώριμος δὲ γίνεται πούς   § 8
ἐξ ἄρσεως καὶ θέσεως συγκείμενον σύστημα. ἄρσις δέ § 9
ἐστιν ὁ μείζων ὅλως τῆς ἰδίας ἄρσεως·*)

15 Λόγοι δέ εἰσι ῥυθμικοί, καθ' οὓς συνίστανται οἱ ῥυθμοί § 10
οἱ δυνάμενοι συνεχῆ ῥυθμοποιίαν ἐπιδέξασθαι, τρεῖς· ἴσος,
διπλασίων, ἡμιόλιος. Ἐν μὲν γὰρ τῷ ἴσῳ τὸ δακτυλικὸν
γίνεται γένος, ἐν δὲ τῷ διπλασίῳ τὸ ἰαμβικόν, ἐν δὲ τῷ
ἡμιολίῳ τὸ παιωνικόν.

20 Ἄρχεται δὲ τὸ δακτυλικὸν ἀπὸ τετρασήμου ἀγωγῆς, § 11
αὔξεται δὲ μέχρι ἑκκαιδεκασήμου, ὥστε γίνεσθαι τὸν μέγιστον πόδα τοῦ ἐλαχίστου τετραπλάσιον. ἔστι δὲ ὅτε καὶ
ἐν δισήμῳ γίνεται δακτυλικὸς πούς.

τὸ δὲ ἰαμβικὸν γένος ἄρχεται μὲν ἀπὸ τρισήμου ἀγω-
25. γῆς, αὔξεται δὲ μέχρι ὀκτωκαιδεκασήμου, ὥστε γίνεσθαι τὸν
μέγιστον πόδα τοῦ ἐλαχίστου ἑξαπλάσιον.

---

9) ἡ ἀλογία δὲ lib ‖ 10) παντὴ lib ‖ 1) Dieser § 9 ist wahrscheinlich
mit den worten des § 2 zu verbinden. Das original ist dasselbe wie zu
Psell. § 8. Die einzelnen worte scheinen zum theil nur anfangsworte
der zeilen zu sein und das ganze kann so hergestellt werden:

Ἔστιν ὁ
ῥυθμὸς | ἐξ ἄρσεως καὶ θέσεως συγκείμενον
σύστημα. ἄρσις δέ ἐστιν (ὁ ἐλάττων, θέσις δὲ)
ὁ μείζων (χρόνος. ἔστι δέ ποτε ὁ χρόνος καὶ)
ὅλος (πούς. οὗτοι μὲν οὖν λέγονται ποδικοί.)
τῆς (δὲ ῥυθμοποιίας) ἴδιος (λέγεται ὁ τὰ τῆς)
ἄρσεως (ἢ θέσεως ἢ τοῦ ὅλου ποδὸς μεγέθη
παραλλάσσων κτλ.)

Ueber ἐλάττων und μείζων χρόνος vgl. Aristides. 52, 1.

τὸ δὲ παιωνικὸν ἄρχεται μὲν ἀπὸ πεντασήμου ἀγωγῆς, αὔξεται δὲ μέχρι πεντεκαιεικοσασήμου, ὥστε γίνεσθαι τὸν μέγιστον πόδα τοῦ ἐλαχίστου πενταπλάσιον.

§ 12 Διαφέρουσι δὲ οἱ μείζονες πόδες τῶν ἐλαττόνων ἐν τῷ αὐτῷ γένει ἀγωγῇ. ἔστι δὲ ἀγωγὴ ῥυθμοῦ τῶν ἐν αὐτῷ 5 λόγῳ ποδῶν κατὰ μέγεθος διαφορά, οἷον ὁ[2]) τρίσημος ἰαμβικός, ὁ σημεῖον συνέχων ἐν ἑν[3]) ἄρσει καὶ διπλάσιον ἐν θέσει, καὶ[4]) ὁ ἑξάσημος ἰαμβικός, ὁ σημεῖα δύο συνέχων ἐν ἄρσει καὶ διπλάσιον ἐν θέσει[4]). τῶν γὰρ τριῶν ἡ διαίρεσις εἰς ἓν[5]) σημεῖον καὶ διπλάσιον γίνεται τῶν τε ἓξ ὁμοίως[6]). 10 οὗτοι οὖν πόδες, μεγέθει ἀλλήλων διαφέροντες, γένει καὶ τῇ διαιρέσει τῶν ποδικῶν σημείων οἱ αὐτοί εἰσιν.

---

2) διαφορᾶς οἷον ὡς lib ‖ 3) ὁ μὴ συνέχων ἐν lib ‖ 4) καὶ ὁ ἑξάσημος .... διπλάσιον ἐν θέσει om. lib ‖ 5) ἐν om. lib ‖ 6) τῶν τε ἓξ ὁμοίων lib ‖

COMMENTAR.

DIE LEHREN DER ALTEN RHYTHMIKER.

Erstes Kapitel.

Der Ausgangspunkt und die Anordnung der antiken Rhythmik.

§. 1. Begriff des Rhythmus. Rhythmus und Rhythmizomenon.

Der Rhythmus kommt in jeder der drei musischen Künste, der Poesie, Musik und Orchestik zur Erscheinung, er ist das allen drei Künsten Gemeinsame, indem er den verschiedenartigen Stoff, woran diese Künste die Idee des Schönen darstellen, auf ein und dieselbe Weise gestaltet. Der Stoff der musischen Künste ist kein materieller, wie in den bildenden, sondern eine Bewegung, ein κινούμενον (Aristox. p. 31, 13), in der Poesie die Sprachsylben, in der Musik die Töne, in der Orchestik die Bewegungsmomente und Stellungen (σημεῖά τε καὶ σχήματα) des menschlichen Körpers (Aristox. p. 30, 22). Eine Bewegung ist nur in der Zeit möglich; während die Werke der bildenden Künste ruhig abgeschlossen und vollendet vor uns liegen, gehört zur Darstellung eines Werkes der musischen Kunst jedesmal eine Zeit, innerhalb deren es durch die Thätigkeit des Künstlers, durch Declamation, Gesang, Instrumentalmusik, Action und Tanz, uns vorgeführt wird. Deshalb werden die musischen Künste auch πρακτικαί genannt mit der Definition: αὗται ἐφ᾽ ὅσον χρόνον πράττονται, ἐπὶ τοσοῦτον καὶ ὁρῶνται, μετὰ γὰρ τὴν πρᾶξιν οὐχ ὑπάρχουσιν schol. Dionys. Thrac. p. 655; dasselbe Lucius Tarrhaeus ibid. p. 652—654.

Das Gesetz der Schönheit verlangt, dass die Zeit, innerhalb deren sich ein musisches Kunstwerk darstellt, durch die Silben der Sprache, die Töne der Musik, die körperlichen Bewegungen beim Tanze in einer bestimmten Weise geordnet und gegliedert

6*

sei, und zwar so, dass die αἴσϑησις, d. h. das Gefühl des Zuhörers jene Ordnung wahrnehmen kann. Wir nennen diese Ordnung den Rhythmus. Er ist dem Stoffe der musischen Künste
nicht immanent, denn dieser kann sich auch als ein arrhythmi-
scher darstellen (Aristox. 30, 16 und bei Mar. Vict. 2485), sondern ist ein Accedens welches der dem Geiste inwohnende Sinn
für Regelmässigkeit und Ordnung hinzubringt, er ist mithin zunächst ein abstractes Gesetz, welches in dem Gefühle des Men-
schen liegt und erst durch menschliche Thätigkeit seine Verwirk-
lichung findet, indem es sich an dem Bewegungsstoffe der musischen Künste abprägt (Aristoxenus 29, 11). Der Stoff ist als
solcher ein ῥυϑμιζόμενον, und die Thätigkeit des Künstlers, die
den Stoff zum rhythmischen macht, ist die ῥυϑμοποιία (Aristid.
62, 22 δύναμις ποιητικὴ ῥυϑμοῦ).

Die Scheidung zwischen ῥυϑμός als dem abstracten Gesetze
und dem ῥυϑμιζόμενον als dem diesem Gesetze sich fügenden und
nach ihm sich gestaltenden Stoffe ist der Ausgangspunkt der Aristoxenischen Rhythmik. Beide verhalten sich nach ihm wie das
σχῆμα zum σχηματιζόμενον, wie die Form zur geformten Materie[1]. Die Form an sich beruht auf rein geistigen Principien,
aber sie kann nur an der Materie zur Erscheinung kommen;
ebenso kann sich auch das geistige Princip des Rhythmus ohne

---

1) Man fasste den Unterschied von Rhythmus und rhythmischem
Stoffe auch in der Weise wie den Gegensatz der beiden Platonischen
Grundprincipe, der Ideen und des ἐγμαγεῖον, welches die Ideen in
sich aufnimmt und durch sie gestaltet wird (κινούμενόν τε καὶ δια-
σχηματιζόμενον ὑπὸ τῶν εἰςιόντων); das ἐκμαγεῖον ist das „ἐν ᾧ
γίγνεται,“ die Ideen sind das „ὅϑεν ἀφομοιούμενον φύεται τὸ γιγνό-
μενον,“ jenes wird der empfangenden μήτηρ, dieso dem schaffenden
πατήρ verglichen, Timaeus 50, c. Ebenso nannte man den Rhythmus das schaffende männliche Princip, das Rhythmizomenon (z. B.
das μέλος) das passive weibliche Princip, Aristid. 63, 7 τινὲς δὲ τῶν
παλαιῶν τὸν μὲν ῥυϑμὸν ἄρρεν ἀπεκάλουν, τὸ δὲ μέλος ϑῆλυ. τὸ μὲν
γὰρ μέλος ἀνενέργητόν τέ ἐστι καὶ ἀσχημάτιστον, ὕλης ἐπέχον λόγον
διὰ τὴν πρὸς τοὐναντίον ἐπιτηδειότητα· ὁ δὲ ῥυϑμὸς πλάττει τε αὐτὸ
καὶ κινεῖ τεταγμένως, ποιοῦντος λόγον ἐπέχων πρὸς τὸ ποιούμενον.
Mart. Capell. p. 47 Interest inter rhythmum et rhythmizomenon, quippe rhythmizomenon materia est numerorum, numerus autem velut quidem artifex.
Diese Sätze der παλαιοὶ stammen wohl schwerlich von Aristoxenus,
sondern aus der Pythagoreischen Schule.

ein ῥυϑμιζόμενον dem sinnlichen Gefühle nicht darstellen Aristox. 29,11. Der Trias der musischen Künste entsprechend ist das ῥυϑ-μιζόμενον ein dreifaches, es besteht entweder in den Silben der Sprache, oder in den Tönen der Melodie oder in den Bewegungs-momenten der Orchestik Aristox. 30, 24 (Aristid. 48, 4 ῥυϑμί-ζεται ἐν μουσικῇ κίνησις σώματος, μελῳδία, λέξις, Didymus ap. Bacch. 66, 20, γίνεται δε (ὁ ῥυϑμὸς) ἢ περὶ λέξεως ἢ περὶ μέλος ἢ περὶ σωματικὴν κίνησιν). Ein jedes dieser Rhythmizomena ist so-wohl des Rhythmus wie der Arrythmia fähig (Aristox. 30, 16), und so kann es auch ohne allen Rhythmus zur Erscheinung kommen.

Ohne Rhythmus tritt die blosse λέξις als Prosa auf;

das blosse μέλος erscheint in den διαγράμματα und ἄτακτοι μελῳδίαι,

und beides, λέξις und μέλος, verbunden in den κεχυμένα ᾄσματα.

Mit dem Rhythmus erscheint die blosse κίνησις σω-ματικὴ als ψιλὴ ὄρχησις,

die blosse λέξις als declamirtes Gedicht, z. B. das Epos [2]),

das blosse μέλος als Instrumentalmusik (als die κρού-ματα und κῶλα der ψιλὴ κιϑάρισις und αὔλησις),

und beides, λέξις und μέλος verbunden, als ᾠδὴ τελεία [3]), als Gesang mit Instrumentalbegleitung, der, wenn er Chorgesang ist, gewöhnlich auch noch mit der ὄρχησις verbunden ist.

Vgl. hierüber Aristid. p. 48, 5 und Aristotel. poet. 1.

§. 2. Die Bruchstücke aus dem ersten Buche der Aristoxeni-schen Stoicheia.

Fragm. I. II.

Ausführlicher als es in der Einleitung des uns erhaltenen zweiten Buches (28—31, 4) geschehen ist, hatte Aristoxenus im

---

2) Aristid. p. 48, 12 führt als Beispiel an: ἐπὶ τῶν ποιημάτων μετὰ πεπλασμένης ὑποκρίσεως οἷον τῶν Σωτάδου καί τινων τοιούτων.

3) Die Handschriften des Aristid. 48, 15 lesen hier: ταῦτα σύμ-παντα μιγνύμενα τὴν ᾠδὴν ποιεῖ. Es ist vor ᾠδὴν das Wort τελείαν

ersten Buche seiner Stoicheia das Verhältnis von ῥυϑμὸς und
ῥυϑμιζόμενον besprochen.   Er verweist auf diese Partie des ersten Buches 29, 14: „der Rhythmus kann ohne ein Rhythmizomenon, durch welches die Zeit zerlegt wird, nicht zur Erscheinung kommen, denn die abstracte Zeit kann sich nicht
selber zerlegen, wie ich oben (ἐν τοῖς ἔμπροσϑεν) gesagt
habe, sondern bedarf eines zweiten, wodurch sie zerlegt wird." Wir besitzen nun noch einige hierher gehörende
Fragmente des ersten Buches, deren Zusammenhang wir hier
anzugeben haben.

Zuerst hatte dort Aristoxenus die allgemeine Definition aufgestellt fragm. 1 (p. 26, 5): Ὁ ῥυϑμός ἐστιν χρόνων τάξις. Diese
bei dem schol. ad Hermog. ideas mit einem ὥς φησιν Ἀριστόξενος[1]) angeführte Erklärung des Wortes ῥυϑμός findet sich im
zweiten Buche nicht[2]) und muss daher aus dem ersten Buche
stammen (denn an eine rhythmische Abhandlung der συμμικτὰ
συμποτικὰ u. dgl. ist hier wohl nicht zu denken). Χρόνοι sind
die Abschnitte oder Theile der abstracten Zeit; besteht also in
Beziehung auf diese eine Ordnung, so ist Rhythmus vorhanden.
Wie entstehen denn aber die Abschnitte oder Theile der abstracten Zeit? Wenn Abschnitte oder Theile vorhanden sein sollen, so
bedarf es eines τέμνων oder διαιρῶν.   In diesem Zusammenhang
fanden die 29, 15 aus dem ersten Buche citirten Worte ihre Stelle: .
ὁ χρόνος αὐτὸς αὑτὸν οὐ τέμνει, ἑτέρου δέ τινος δεῖ τοῦ διαιρήσοντος αὐτόν. Dieses ἕτερον nun ist eine aus γνώριμα μέρη bestehende, den Sinnen wahrnehmbare Bewegung, gleichsam ein sinn-
licher Stoff, welcher durch seine μέρη die Zeit in Abschnitte ein-
theilt und der Träger des Rhythmus wird, indem die μέρη der τάξις unterworfen werden. Als Träger des Rhythmus heisst der sinn-
liche Bewegungsstoff ῥυϑμιζόμενον und so fügt nunmehr Aristo-

---

ausgefallen, welches Martian. Capella in seinem Texte noch vorfand;
er übersetzt: *quae cuncta sociata perfectam factunt cantilenam.*

1) In der Fassung des schol. bei dem Anonymus (VII, 892 Walz)
heisst es: Ἀριστόξενος καὶ Ἡφαιστίων, bei dem späteren Planudes
(V, 454) steht unrichtig Ἀριστόξενος ἢ Ἡφαιστίων.

2) Die Worte 29, 21 τὸν ῥυϑμὸν γίνεσϑαι, ὅταν ἡ τῶν χρόνων
διαίρεσις τάξιν τινὰ λάβῃ ἀφωρισμένην sind nicht dieselben wie vorliegende Definition.

xenus zu der obigen ganz abstracten Definition des Rhythmus eine zweite hinzu (fragm. II. p. 27), welche uns Bacchius 66, 22 aufbewahrt hat: Ἔστι δὲ ὁ ῥυθμὸς χρόνος διῃρημένος ἐφ' ἑκά-στῳ τῶν ῥυθμίζεσθαι δυναμένων = ἐφ' ἑκάστῳ τῶν ῥυθμιζομένων.

Fragm. III.

Hieran schliesst sich das bei Psell. §. 6 erhaltene Fragm. III des ersten Buches: τῶν δὲ ῥυθμιζομένων ἕκαστον οὔτε κινεῖται συνε-χῶς οὔτε ἠρεμεῖ κτλ. (26, 13 = 74, 18). In jedem Rhythmizomenon wechseln Momente der Bewegung und des Stätigen mit einander ab. Das Stätige (ἠρεμία) findet seinen Ausdruck in der Silbe, im Tone, im Schema der Orchestik (denn weder Silbe, noch Ton, noch orchestisches Schema würde man wahrnehmen können, wenn sie nicht stätig wären), die Bewegung (κίνησις) besteht in dem Uebergang (μετάβασις) von der Silbe zur Silbe, vom Tone zum Tone, vom orchestischen Schema zum orchestischen Schema. Die Zeit, welche durch ein stätiges Moment ausgefüllt wird, ist sinnlich wahrnehmbar (γνώριμος), die Zeit der Bewegung oder des Uebergangs ist wegen ihrer Kleinheit nicht sinnlich wahr-nehmbar (ἄγνωστος)[3], denn sie ist nur die Grenze zwischen zwei von Silben oder Tönen ausgefüllten Zeittheilen. Demnach ste-hen die χρόνοι γνώριμοι und ἄγνωστοι als Bestandtheile eines ῥυθμικὸν σύστημα einander nicht coordinirt; die χρόνοι γνώριμοι sind die Theile des σύστημα, die χρόνοι ἄγνωστοι nur die Gren-zen dieser Theile.

Nun finden wir eine Definition des Rhythmus bei Aristides 47, 14, welche folgendermassen lautet: ῥυθμὸς τοίνυν ἐστὶ σύ-στημά τι ἐκ γνωρίμων χρόνων κατά τινα τάξιν συγκείμενον[4], in der Uebersetzung bei Martian. Capella: *Rhythmus igitur est compositio quaedam ex sensibilibus collata temporibus, ad aliquem habitum ordi-*

---

3) Dasselbe sagt Bacchius 67, 16 von der Zeit, welche zwischen den als Arsis und Thesis dienenden Zeitgrössen in der Mitte liegt.

4) In den Handschriften des Aristides fehlt γνωρίμων und statt συγκείμενον ist συγκείμενων geschrieben. Der Uebersetzer hatte noch einen bessern Text vor sich; aus *sensibilibus* und *compositio connexa* ist zweifelsohne γνωρίμων und συγκειμένον herzustellen. Ausserdem ist nach σύστημα das in den lib. fehlende τι herzustellen cf. *compositio quaedam.* τι und συγκείμενον wird auch durch Psell. 39, 2 σύ-στημά τι συγκείμενον bestätigt.

nemque connexa. Diese Definition ist wie die ganze Einleitung
des Aristides p. 47. 48 aus dem ersten Buche des Aristoxenus
geflossen, und wir werden wohl nicht irren, dass sie sich an
die Auseinandersetzung der χρόνοι γνώριμοι und ἄγνωστοι anrei-
hete. Nachdem er hier mit den Worten geschlossen: ἐκ τῶν
γνωρίμων κατὰ τὸ ποσὸν χρόνων ὡς ἐκ μερῶν τινων σύγκειται τὰ
συστήματα ῥυθμικά, fährt er fort: ῥυθμός τοίνυν ἐστὶ σύστημά τι
ἐκ γνωρίμων χρόνων κατά τινα τάξιν συγκείμενον. Diese letzte Definition ist die vollständigste, sie schliesst die beiden früheren
mit in sich ein: Ἔστι δὲ ὁ ῥυθμὸς χρόνων τάξις (cf. κατὰ τάξιν
συγκείμενον) und χρόνος διῃρημένος ἐφ᾽ ἑκάστῳ τῶν ῥυθμίζεσθαι
δυναμένων. (Der hiermit ausgedrückte Begriff des ῥυθμιζόμενον als
des Trägers des Rhythmus liegt in „ἐκ γνωρίμων χρόνων συγκείμενον," denn die γνώριμοι χρόνοι sind ja, wie es hiess, die stätigen
und für die αἴσθησις wesentlichen Momente des Rhythmizomenon).
Dass das Fragment Psell. 6 und die eben besprochene Definition
sich aneinander schliessen, thut ausser dem Ausdrucke γνώριμοι
χρόνοι auch noch der Ausdruck σύστημα kund, der sowohl am
Ende des Fragmentes wie im Anfange der Definition vorkommt.

Fragm. IV.

Weiter wissen wir nun, dass Aristoxenus in der Partie des
ersten Buches, wo er von den Rhythmizomena handelte, nicht blos
von den drei im zweiten Buche genannten Rhythmizomena, sondern
auch von den Rhythmizomena ausserhalb der musischen Kunst gesprochen hat. Den Inhalt des zweiten Buches nämlich soll der ἐν
μουσικῇ ταττόμενος ῥυθμὸς bilden, während das erste Buch den
Rhythmus im weiteren Sinne gefasst und auch den in der Natur, in
der bildenden Kunst u. s. w. vorkommenden Rhythmus behandelt
hatte. Dies sagt Aristoxenus selber zu Anfang des zweiten Buches
Ὅτι μέν τοῦ ῥυθμοῦ πλείους εἰσὶ φύσεις καὶ ποία τις αὐτῶν ἑκάστη καὶ διὰ τίνας αἰτίας τῆς αὐτῆς ἔτυχον προση-
γορίας καὶ τί αὐτῶν ἑκάστῃ ὑπόκειται, ἐν τοῖς ἔμπροσθεν εἰρημένον, νῦν δὲ ἡμῖν περὶ αὐτοῦ λεκτέον τοῦ
ἐν μουσικῇ ταττομένου ῥυθμοῦ.
Eine ganz kurze Aufzählung dieser verschiedenen φύσεις des
Rhythmus findet sich in der Einleitung des Aristides 47, 5:
„Wir gebrauchen das Wort Rhythmus 1) von unbeweglichen Ge-

genständen, z. B. wenn wir von einer Bildsäule sagen, sie sei
eurhythmisch; 2) von allen sich bewegenden Gegenständen, z. B.
wenn wir sagen, dass einer eurhythmisch geht; 3) im eigentlichen Sinne gebrauchen wir Rhythmus von der Stimme, und in
diesem Sinne ist der Rhythmus Gegenstand unserer Betrachtung."
Weiter heisst es dann: „Der Rhythmus wird vermittels dreier
Sinne empfunden: 1) durch das Gesicht, z. B. beim Tanze, 2)
durch das Gehör, z. B. beim Gesange, 3) durch das Gefühl, z. B.
die Bewegungen des Pulses. Der musikalische Rhythmus wird
aber nur von zwei Sinnen, dem Gesicht und dem Gehör empfunden." Aehnlich Longin, proleg. ad Hephaest. p. 139. So interessant die Auseinandersetzung des Aristoxenus gewesen sein
mag, aus den spärlichen Notizen des Aristides können wir uns
keine Vorstellung davon machen. — Dort war nun zugleich der
Punkt, wo Aristoxenus die Nothwendigkeit des Rhythmus für das
Melos darlegte. Auch hierüber besitzen wir noch eine Stelle
bei Aristid. 47, 9: „Während die Töne bei der Ungleichmässig-
keit der Bewegung keinen fasslichen Gang der Melodie hervor-
bringen und unser Gefühl ins Ungewisse treiben, geben die Theile
des Rhythmus (Arsis und Thesis) der Melodie Kraft, indem sie
die Zeit abmessen und unser Gefühl in eine geordnete Bewegung bringen." Diese Stelle war bisher unverständlich; es
musste das sinnlose παρὰ μέρος μὲν in παραμετροῦντα μὲν verändert und dabei das Object τὸν χρόνον hinzugefügt werden; die
zweite Aenderung ἀνομοιότητα statt ὁμοιότητα wird auch durch
Martianus, welcher licentia übersetzt, bestätigt. Ausserdem ist
zu bemerken, dass dieser Satz in den Handschriften verstellt ist.
Er gehört vor die Definition ῥυθμός τοίνυν ἐστὶ σύστημα u. s. w.
Dann folgt er unmittelbar auf „καὶ ἰδίως ἐπὶ φωνῆς, περὶ οὗ νῦν
πρόκειται λέγειν," woran er sich dem Inhalte nach anschliesst,
und es folgt ferner der Satz: ἄρσις μὲν οὖν ἐστι unmittelbar auf:
καὶ τὰ τούτων πάθη καλοῦμεν ἄρσιν καὶ θέσιν, wohin er dem Ge-
dankenzusammenhange nach nothwendig gehört.

Nach jenen Worten, in welchen Aristoxenus den Inhalt des
ersten Buches recapitulirt, fährt er fort p. 28, 9.

Ὅτι μὲν οὖν περὶ τοὺς χρόνους ἐστὶ καὶ τὴν τούτων
αἴσθησιν, εἴρηται μὲν καὶ ἐν τοῖς ἔμπροσθεν, λεκτέον καὶ πάλιν νῦν.

Also in seiner Darstellung des allgemeinen Rhythmus hat, wie wir hier erfahren, Aristoxenus auch von den χρόνοι gesprochen. Hierbei war nun auch von den χρόνοι ποδικοί, d. h. der ἄρσις und θέσις, als der Grundbedingung jedes Rhythmus, er mag in der Natur oder in der musischen Kunst zur Erscheinung kommen, geredet worden, denn nur so erklärt es sich, weshalb unser zweites Buch den Begriff von Arsis und Thesis ohne weiteres voraussetzt und z. B. p. 33, 2 gesagt wird, es müsse jeder Fuss aus 2 oder 3 oder 4 χρόνοι bestehen, ohne dass hier irgend eine Definition von χρόνος gegeben wäre. Auch Aristides bringt die Definition von Arsis und Thesis in der Einleitung, wo er vom Rhythmus „im Allgemeinen" redet. Aus der Erörterung der χρόνοι, welche das erste Buch des Aristoxenus enthielt, stammt das kleine Fragment bei Psellus §. 4:

Ὁ δὲ ῥυθμὸς οὐ γίνεται ἐξ ἑνὸς χρόνου, ἀλλὰ προσδεῖται ἡ γένεσις αὐτοῦ τοῦ τε προτέρου καὶ τοῦ ὑστέρου.

Zu προτέρου und ὑστέρου haben wir χρόνου zu ergänzen, χρόνος πρότερος bedeutet dasselbe wie χρόνος καθηγούμενος, χρόνος ὕστερος dasselbe wie χρόνος ἑπόμενος bei Aristid. 52, 1.

Fragm. V.

Endlich ist uns noch ein Fragment aus dem ersten Buche erhalten, in welchem Aristoxenus von dem Maasse (μέτρον) spricht, womit der Rhythmus gemessen wird. Das Fragment findet sich bei Psell. §. 1. Die älteren Rhythmiker (s. S. 8) — so heisst es hier — stellten den Satz auf: die Silbe verhält sich zum Rhythmus, wie das Maass zum Gemessenen, die Silbe ist das Maass des Rhythmus. Dies leugnet Aristoxenus, οὐκ ἔστι μέτρον ἡ συλλαβή. „Denn jedes Maass hat eine bestimmte Grösse und ist in Beziehung auf das zu Messende fest begrenzt. Aber die Silbe ist in Beziehung auf den Rhythmus mit nichten in der Weise fest begrenzt, wie das Maass in Beziehung auf das zu Messende. Das Maass muss als solches der Grösse nach stätig sein, und insbesondere muss das Zeitmaass der Zeitgrösse nach stätig sein, aber die Silbe hat als Zeitmaass keineswegs eine stätige Grösse. Die Silben haben nämlich nicht immer dieselben Zeitgrössen, sondern nur dasselbe Grössenverhältnis, denn dass die lange Silbe doppelt so gross sei als die kurze ..." Damit hört das

Fragment des Psellus auf. Der fehlende Hauptsatz zu dem ac-
cusativ cum infinit. ist aus Quintil. instit. 9, 4, 45 zu ergänzen:
„das wissen sogar die Knaben." Hier heisst es nämlich: *Longam esse duorum temporum, brevem unius, etiam pueri sciunt*,
ein Satz, der wie die übrigen rhythmischen Sätze Quintilians aus
Aristoxenus geflossen ist und zwar gerade aus dem Schlusse der
von Psellus §. 1 mitgetheilten Partie: ἥμισυ μὲν γὰρ κατέχειν τὴν
βραχεῖαν χρόνου, διπλάσιον δέ τὴν μακρὰν . . ., es muss also im
Original weiter geheissen haben etwa: καὶ οἱ παῖδες ἴσασιν.

Aber noch ein anderer römischer Autor hat, wenn auch
mittelbar, aus der vorliegenden Partie der Aristoxenischen Stoicheia geschöpft, Mar. Victorin. p. 2495. Die Quelle ist nicht angegeben, aber sie kann sich unmöglich einem geübten Auge ver-
bergen. Marius Victorin giebt nicht wie Psellus die vollständigen Worte des Aristoxenus, sondern nur einen kurzen Auszug,
dafür liefert er auch von dem, was der bei Psellus erhaltenen
Stelle vorherging und was ihr folgte, ein kurzes Referat. Seine
Worte sind: *Quidam autem non pedem metrum esse volunt, sed
syllabam; quod hac ipsum quoque pedem metiamur et quod finita
esse mensura debeat, pedes autem in versu varientur. Alii rursus nec pedem nec syllabam metrum putant esse dicendum, sed
tempus, quia omne metrum in eo quod metimur numero finitum
est ut decempeda (non enim modo decem habet, modo undecim,
modo duodecim pedes, sed semper decem). Unde pedem metrum
esse non posse, quia in versu modo unus est dactylus, modo duo,
seu spondei, interdum incurrunt trochaei aut amphimacri, quorum
diversitate iuxta spatia temporum metrum, quod certam mensuram
habere debeat, nequaquam finitum inveniri.*

Es gab also 1) Rhythmiker, welche den metrischen Versfuss als Zeitmaass des Rhythmus annahmen. 2) Gegen diese
wandten sich Andere, welche die Silbe als μέτρον hinstellten *(quidam autem non pedem metrum esse volunt, sed syllabam)*, dies waren die παλαιοὶ ῥυθμικοί, von denen Psellus spricht. Was sie gegen
die Ansicht, dass der Versfuss ein μέτρον sei, vorbrachten, hat
Victorin ziemlich ausführlich mitgetheilt; auch die Schlussworte
der ganzen Stelle gehören hierher. 3) Noch Andere — und
dies ist Aristoxenus und die Aristoxeneer — endlich behaupteten,
dass weder der Versfuss, noch die Silbe ein μέτρον sein könne,

sondern nur die Zeit, *quia omne metrum in eo quod metimur numero finitum est.* Das ist die Uebersetzung der bei Psellus erhaltenen Aristoxenischen Worte: πᾶν γὰρ μέτρον [αὐτό τε ὡρισμένον ἐστί] κατὰ τὸ ποσὸν [καὶ] πρὸς τὸ μετρούμενον ὡρισμένως ἔχει (die unübersetzt gelassenen Worte habe ich in Klammern eingeschlossen, *in eo quod metimur* ist πρὸς τὸ μετρούμενον, *numero* ist κατὰ τὸ ποσὸν, *finitum est* ist ὡρισμένως ἔχει). — Wir sehen, dass das Alles aus Aristoxenus stammt. Er beleuchtete zuerst die Behauptung einiger Aelteren, dass der metrische Fuss ein Zeitmaass des Rhythmus sei, dann die Ansicht Anderer, welche diesen Satz widerlegt und statt dessen die Silbe als Zeitmaass hingestellt hatten. Endlich bekämpfte Aristoxenus auch diese zweite Ansicht und stellte dafür eine dritte als seine eigne auf, *nec pedem, nec syllabam metrum esse dicendum, sed tempus.* In der That bleibt nichts Anderes übrig, als dass das wahre μέτρον ῥυθμοῦ in dem χρόνος besteht. Aber wie dies Aristoxenus gethan, das ist nicht leicht einzusehen. Am nächsten liegt es daran zu denken, dass er den χρόνος πρῶτος (die kleinste Zeiteinheit, die More) als μέτρον hingestellt hat. Aber auch von dem χρόνος πρῶτος gilt, was Aristoxenus von der Silbe gesagt hat: οὐκ ἀεὶ τὸν αὐτὸν χρόνον κατέχει, denn je nach dem Tempo ist er bald kürzer, bald länger, ja er ist wie das Tempo selber immer unbegrenzt: εἴπερ εἰσὶν ἑκάστου τῶν ῥυθμῶν ἀγωγαὶ ἄπειροι, ἄπειροι ἔσονται καὶ οἱ πρῶτοι Aristox. περὶ τοῦ πρώτου χρόνου (Aristox. fragm. 39, 13.) Also von einer absoluten Stätigkeit des χρόνος πρῶτος kann keine Rede sein. Dasselbe aber ist der Fall, wenn Aristoxenus unter dem χρόνος nicht den χρόνος πρῶτος, sondern den χρόνος ῥυθμικὸς, die Arsis oder Thesis als die Theile des Rhythmus verstanden hat, denn er selber sagt in der angeführten Stelle 39, 15: τὸ αὐτὸ δὲ συμβήσεται καὶ περὶ τοὺς δισήμους καὶ τρισήμους καὶ τοὺς λοιποὺς τῶν ῥυθμικῶν χρόνων, καθ᾽ ἕκαστον γὰρ τῶν πρώτων τούτων ἔσται δίσημός τι καὶ τρίσημος κτλ. Wenn also das μέτρον κατὰ ποσὸν (d. h. κατὰ μέγεθος) ἠρεμεῖν und ὡρισμένον sein und sich zum μετρούμενον ὡρισμένως verhalten muss, wie kann da der χρόνος πρῶτος (oder δίσημος u. s. w.), der ja bei der ἀπειρία ἀγωγῆς ein ἄπειρος ist, das μέτρον des ῥυθμός sein? Darauf wird Aristoxenus mit ähnlichen Worten geantwortet haben, wie wir sie in dem weiteren Fortgange des Fragments bei Porphyrius p. 40, 7 lesen: ὃς ἂν ληφϑῇ τῶν ῥυϑμῶν ἐπὶ τῆςδέ τινος ἀγωγῆς τιϑείς, ἀπείρων ἐκείνων πρώτων ἕνα τινὰ λήψεται εἰς αὐτόν, ὁ αὐτὸς δὲ λόγος καὶ περὶ τῶν δισήμων κτλ. Ein jeder als μετρούμενον uns vorliegender. Rhythmus hat irgend eine bestimmte ἀγωγή, und hiernach ist auch der χρόνος πρῶτος kein ἄπειρος, sondern ein bestimmter, ein ὡρισμένος καὶ πεπερασμένος μεγέϑει (= κατὰ τὸ ποσόν), mithin ist der χρόνος πρῶτος völlig geeignet, für den ῥυϑμός, dessen Grundbestandtheil er bildet, das μέτρον zu sein.

Es bleibt nun aber immer noch eine Schwierigkeit übrig. Wenn der χρόνος πρῶτος (und mithin auch der δίσημος u. s. w.) das μέτρον des in einem bestimmten Tempo gehaltenen ῥυϑμός sein kann, warum leugnet dann Aristoxenus, dass die Silbe ein μέτρον sein soll? Die Kürze fällt ja mit dem χρόνος πρῶτος, die Länge als doppelt so gross mit dem δίσημος zusammen? Wäre die Kürze bei Ein und derselben ἀγωγή immer ein χρόνος πρῶτος und die Länge immer ein δίσημος, so müsste sie Aristoxenus als μέτρον ῥυϑμοῦ gelten lassen. Gerade daraus, dass dies Aristoxenus n i c h t thut, ersehen wir, dass nach seiner Ansicht die Zeitdauer der Kürze und ebenso die Zeitdauer der Länge auch abgesehen von der Verschiedenheit des Tempos eine verschiedene ist. Der v o n · d e n M e t r i k e r n o f t w i e d e r - holte Satz der r h y t h m i c i u n d m u s i c i, dass die K ü r z e n i c h t i m m e r e i n z e i t i g, die Länge nicht immer zwei- zeitig sei (s. p. 42. 43 fr. III—VII), ist also auch ein Satz des m u s i c u s Aristoxenus.

§. 3. Die Anordnung der antiken Rhythmik.

Wir haben hiermit das, was uns noch aus dem ersten Buche der Aristoxenischen Stoicheia erhalten ist, kürzlich dargelegt, und hierbei hat zugleich die von Aristides seiner rhythmischen ϑεωρία vorausgeschickte Einleitung, die ein (freilich sehr dürf- tiger) Auszug aus jenem ersten Buche ist, ihre Erledigung ge- funden. Vom zweiten Buche an behandelten die Aristoxenischen Stoicheia lediglich den Rhythmus der musischen Kunst. Wie viel Bücher noch folgten, wissen wir nicht und es lässt sich da- her auch nicht bestimmen, ob die Psellianischen Fragmente

p. 38 aus dem zweiten oder einem folgenden Buche entlehnt
sind.

Die Ordnung, in welcher Aristoxenus seinen Stoff vorbrin-
gen will, ist von ihm nicht angegeben, es fehlt ein Inhaltsverzeichnis der Theile, wie er es z. B. in seiner Harmonik nach
der allgemeinen Einleitung folgen lässt. Doch war die Anordnung des Stoffes wohl keine andere als die, welche bei Aristides
vorkommt und welche dieser nach der Einleitung p. 48, 20 folgendermassen angibt: $Mέρη$ $δὲ$ $ῥυθμικῆς$ $πέντε$, $διαλαμβάνωμεν$ $γὰρ$

$περὶ$ $πρώτων$ $χρόνων$
$περὶ$ $γενῶν$ $ποδικῶν$
$περὶ$ $ἀγωγῆς$ $ῥυθμικῆς$
$περὶ$ $μεταβολῶν$
$περὶ$ $ῥυθμοποιίας$.

Die Benennung des ersten und zweiten Theiles ist in diesem
Inhaltsverzeichnis nicht ganz genau, sie ist nur für das am
Anfange dieser Theile Gesagte richtig. Der erste Theil handelt nämlich $περὶ$ $χρόνων$ und bespricht speciell den $χρόνος$ $πρῶ-$
$τος$ und $σύνθετος$, die $χρόνοι$ $ἔῤῥυθμοι$, $ῥυθμοειδεῖς$ und $ἄῤῥυθ-$
$μοι$, die $χρόνοι$ $ἁπλοῖ$ oder $ποδικοὶ$ und $πολλαπλοῖ$ oder $ῥυθμο-$
$ποιίας$ $ἴδιοι$. Der zweite Theil handelt $περὶ$ $ποδῶν$ und zwar
nach folgenden p. 52 ausgeführten Kategorien der $διαφοραὶ$ $πο-$
$δῶν$: die $διαφορὰ$ $κατὰ$ $γένος$ oder die $γένη$ $ποδικά$, die $διαφορὰ$
$κατὰ$ $μέγεθος$, die $διαφορὰ$ der $πόδες$ $ῥητοὶ$ und $ἄλογοι$, der $ἀσύν-$
$θετοι$ und $σύνθετοι$, die $διαφορὰ$ $κατὰ$ $διαίρεσιν$, $κατὰ$ $σχῆμα$ und
$κατὰ$ $ἀντίθεσιν$. (Die p. 51 angegebene Uebersicht der $διαφοραὶ$
ordnet die ersten dieser Kapitel etwas anders; wir haben die
Anordnung so angegeben, wie sie nachher in der speciellen Ausführung befolgt ist.)

So weit uns nun die Rhythmik des Aristoxenus vorliegt, ist
die Anordnung mit der des Aristides identisch.

Zuerst, sagt Aristoxenus p. 28, 10, will er von den Chronoi und deren Auffassung durch die $αἴσθησις$ reden. Davon
sei zwar schon im ersten Buche die Rede gewesen, aber er
müsse noch einmal darauf zurückkommen, denn dies sei gewis-
sermassen das Fundament der Rhythmik ($ἀρχὴ$ $γὰρ$ $τρόπον$ $τινὰ$
$τῆς$ $περὶ$ $τοὺς$ $ῥυθμοὺς$ $ἐπιστήμης$ $ἐστὶν$ $αὑτή$). Hier handelt nun
Aristoxenus

1) Von dem Unterschiede des Rhythmus und Rhythmizomenon, den wir im Anfange dieses Kapitels besprochen haben.

2) Im Anschlusse daran definirt er den unzusammengesetzten χρόνος πρῶτος und den πρῶτος σύνθετος und weist hierbei
darauf hin, was man mit Rücksicht auf den Gebrauch der Rhythmopöie unter χρόνος ἀσύνθετος und σύνθετος versteht (p. 31. 32).

Alsdann redet Aristoxenus vom Tacte oder πούς. Hier
giebt er zunächst kürzlich an:

1) Aus wie viel χρόνοι oder σημεῖα, d. h. Arsen und Thesen
der Tact bestände, nämlich aus 2 oder 3 oder 4 (p. 33). Dies
soll nur eine kleine vorläufige Bemerkung sein; die nähere Auseinandersetzung soll später folgen, ὕστερον δειχθήσεται p. 33, 16.
Eine Definition von χρόνος findet sich nicht, diese war bereits
im ersten Buche gegeben. Zugleich macht Aristoxenus kürzlich
auf die χρόνοι ῥυθμοποιίας ἴδιοι aufmerksam, deren ein Tact
viel mehr als vier enthalten könne und verweist auch hier auf
das Spätere, ἔσται δὲ τοῦτο καὶ ἐν τοῖς ἔπειτα φανερόν p. 34, 5.

2) Darauf heisst es p. 34, dass ein Tact auch durch eine
ἀλογία oder λόγος ἄλογος bestimmt sein könne, woran sich eine
vorläufige Definition dieses irrationalen Verhältnisses anschliesst.
Im weiteren Fortgange des Werkes waren die πόδες ἄλογοι genauer behandelt, wie aus p. 35, 23 hervorgeht.

Diese beiden Kapitel sind also vorläufige Anticipationen von
später weitläufiger dargestellten rhythmischen Sätzen. Auf sie
folgt eine eingehende Darstellung der Tactlehre nach
sieben p. 35 aufgeführten Kategorien. Es sind dieselben, die
sich auch bei Aristides finden (vgl. oben).

Von diesen 7 Kapiteln ist uns nur der Anfang des ersten,
welches das μέγεθος der Tacte behandelt, erhalten. Der
Schluss desselben liegt uns in einem Auszuge bei Psell. §. 12
und frag. Paris. §. 11 (p. 37. 75. 78) vor.

Das zweite Kapitel handelt von den verschiedenen
Tactarten, den γένη ποδῶν. Von den drei primären Tactarten, dem geraden, dreitheiligen und fünftheiligen, war bereits
bei der Lehre vom μέγεθος die Rede gewesen p. 36, 9, aber nur
insofern, als das diesen Tactarten zu Grunde liegende rhythmische
Verhältnis zugleich die Grundlage für das μέγεθος der Tacte war.
Jetzt wird von den Tactarten als solchen gesprochen, auch die

secundären Tactgeschlechte werden mit aufgenommen und in Analogie zu den Consonanzen der Harmonik gesetzt. Hier musste nun zugleich der Ort sein, wo von der bereits angedeuteten Zerfällung des Tactes in 2, 3, 4 Chronoi ausführlicher gehandelt war. In dem erhaltenen Theile der Schrift ist p. 33, 16 darauf hingewiesen. Vielleicht ist dies auch dieselbe Stelle, welche p. 31, 21 mit den Worten citirt ist: ὃν δὲ τρόπον λήψεται τοῦτον ἡ αἴσθησις, φανερὸν ἔσται ἐπὶ τῶν ποδικῶν σχημάτων. Aus diesem Kapitel sind uns 3 Fragmente bei Psellus überkommen, §. 9, 11, 10 (p. 38, 9—16).

Das dritte Kapitel handelte von den irrationalen Tacten. Wir kennen blos das, was Aristoxenus vorläufig p. 31 und 32 von dem Begriffe der ἀλογία angegeben, wozu noch einige sehr spärliche Notizen, welche Andere von dem πούς ἄλογος geben, hinzukommen.

Ueber den Inhalt der vier folgenden Kapitel (von den πόδες ἀσύνθετοι und σύνθετοι ⟲ der διαίρεσις — dem σχῆμα — der ἀντίθεσις) besitzen wir in der von Aristoxenus p. 35 gegebenen Uebersicht der διαφοραὶ ποδῶν einige nicht unwichtige Notizen. Für das erste dieser Kapitel kommt es uns gut zu statten, dass Aristides die Lehre von den πόδες ἀσύνθετοι und σύνθετοι weit ausführlicher, als er es sonst zu thun pflegt, behandelt. Seine Quelle ist freilich nicht Aristoxenus, sondern ein Autor, der die Metrik und Rhythmik vereint behandelte, aber die hier gegebenen Notizen sind immerhin unschätzbar. Nachdem Aristides mit dieser Darstellung fertig ist, fügt er noch hinzu, wie die reinen Rhythmiker die σύνθετοι behandeln, aber hat hier sein Original sehr oberflächlich und unverständig excerpirt. Auf die drei noch übrigen Kapitel ist Aristides gar nicht eingegangen.

Die auf die Tactlehre folgenden Abschnitte von dem Tempo (ἀγωγή), dem Tactwechsel (μεταβολή) und der Rhythmopöie sind bei Aristides p. 62 im allerhöchsten Grade compendiarisch behandelt. Ueber die μεταβολή besitzen wir bei Aristoxenus gar nichts, über die ἀγωγή findet sich Einiges in dem bei Porphyrius erhaltenen Fragmente seiner Schrift περὶ τοῦ πρώτου χρόνου p. 39 und in seiner Harmonik p. 34 Meib. Reicher ist die Zahl der Notizen aus seinem Abschnitte von der Rhythmopöie, auf den er p. 32, 4 verweist. Dahin gehört Psellus

p. 75 §. 8 und fragm. Paris. p. 78, 69, ausserdem hat Aristoxenus
selber im Anfange des ersten Buches p. 31,25 u. 33, 23 die Rhythmopöie berührt. Nicht gering sind auch die bei anderen Schriftstellern auf die Rhythmopöie sich beziehenden Angaben. Die
schätzbare Darstellung, welche Aristides im zweiten Buche (ἐν
τῷ παιδευτικῷ cf. p. 63, 6) vom Ethos der Rhythmen giebt,
scheint dagegen nicht aus Aristoxenus Rhythmopöie zu stammen;
wir haben bereits S. 17 die vermuthliche Quelle genannt.

Wir schliessen uns bei unserer Darstellung der antiken
Rhythmik im Ganzen an die von Aristoxenus und auch von Aristides eingehaltene Ordnung an, indem wir nach einer im zweiten Capitel zu gebenden Definition von Arsis und Thesis zunächst
die 7 διαφοραὶ ποδῶν vorführen: 1. die γένη ποδῶν, 2. das μέγεθος ποδῶν, 3. 4. 5. die πόδες ἀσύνθετοι und σύνθετοι, die διαφορὰ κατὰ διαίρεσιν und κατὰ τὸ σχῆμα, 6. die πόδες ἄλογοι, 7.
die διαφορὰ καὶ ἀντίθεσιν. Die Lehre von den χρόνοι ποδῶν,
welche Aristoxenus bei den γένη behandelt zu haben scheint,
lassen wir erst nach dem μέγεθος folgen und zeigen zugleich deren Anwendung auf die einzelnen Verse und Metra.

Auf die Tactlehre folgt in der Ordnung der Alten die Lehre
vom Tempo, vom Tactwechsel und von der Rhythmopöie.

Zweites Kapitel.
Arsis und Thesis im Allgemeinen.

§. 4.

Das Grundprincip des Rhythmus besteht darin, dass die auf
einander folgenden Zeitmomente in bestimmte Gruppen zerfallen,
die als solche von der αἴσθησις scharf gesondert werden können.
Die einzelne Gruppe heisst bei den Alten ῥυθμὸς oder πούς,
wir nennen sie Tact. Damit die αἴσθησις eine solche Gruppe
als Ganzes erfasst, ist es nöthig, dass ein einzelnes Zeitmoment
derselben vor den übrigen durch eine stärkere Intension, einen
gewichtvolleren Ictus hervorgehoben werde. Dieser verleiht ihr
denselbe Halt, wie dem Worte der Wortaccent, und deshalb re-

det man auch von einem rhythmischen Accente. Die moderne
Rhythmik bezeichnet den Theil des Tactes, auf welchem die
stärkere Intension ruht, als schweren oder guten Tacttheil, den
Theil den Tactes, der einen schwächeren Ictus hat, als leichten
oder schlechten Tacttheil. Bei einer musikalischen Aufführung
wird der schwere Tacttheil gewöhnlich durch Niederschlag der
Hand, der leichte durch Aufschlag bezeichnet und man redet
deshalb von einem Auf- und Niedertacte. Die Praxis der Alten
war ganz die nämliche: dem singenden Chore u. s. w. suchte der
ἡγεμὼν durch Auf- und Niederschlag der Hand oder auch wohl
durch Auf- und Niedertritt des Fusses das Tacthalten zu erleich-
tern[1]; und ebenso geschah es auch beim Unterricht[2]. Man
nannte den schweren und leichten Tacttheil die χρόνοι ποδικοί,
χρόνοι ῥυθμικοί oder χρόνοι schlechthin, wie Aristox. p. 33, 3 und
schol. ad Hermog. VII, 892 (χρόνος δέ ἐστι μόριον ποδὸς == Tacttheil) oder auch mit Rücksicht auf die eben angegebene Praxis
des Tactirens σημεῖα ποδός[3].) Auf den schweren Tacttheil kam

---

1) Vom tactangebenden ἡγεμὼν des Chores redet Aristotel. probl.
19, 22 διὰ τί οἱ πολλοὶ μᾶλλον ᾄδοντες τὸν ῥυθμὸν σώζουσι ἢ οἱ ὀλίγοι; ἢ ὅτι μᾶλλον ἐς ἕνα ἡγεμόνα βλέπουσι καὶ βαρύτερον ἄρχονται,
ὥστε ῥᾷον τοῦ αὐτοῦ τυγχάνουσι, ἐν γὰρ τῷ τάχει ἁμαρτία πλείων.
Im zweiten Theile dieses Satzes ist καὶ βραδύτερον statt καὶ βαρύτερον zu schreiben; der Chorgesang (τῶν πολλῶν) hat gewöhnlich
ein langsameres Tempo als Monodieen u. dgl. (s. K. XII), beim langsa-
meren Tempo macht man nicht so leicht Tactfehler als beim schnel-
len (ἐν τῷ τάχει). — Als tactirender ἡγεμὼν stellt sich Hor. od. 4, 6,
31 hin: virginum primae puerique ... Lesbium servate pedem meique pollicis ictum. — Auch der Solospieler oder Solosänger erleichterte sich
durch Tactiren das Festhalten des Rhythmus, so tactirt der alte
Olympus bei Philostrat. imag. 12, so tactirt der Aulet Cic. orat. 58,
198 non sunt in ea (in der rhethorischen Periode) tanquam tibicini percussionum modi, schol. Aeschin. c. Tim. p. 126 οἱ αὐληταὶ ... ὅταν αὐ-
λῶσι, κατακρούουσιν ἅμα τῷ ποδὶ ... τὸν ῥυθμὸν τὸν αὐτὸν συνα-
ποδιδόντες Lueian. saltat. 10 κτυπῶν τῷ ποδί; der Kitharode Quint.
inst. 1, 12, 3 citharoedi ... ne pes quidem otiosus certam legem servat?
— Ueber die beiden Tactirmethoden (Hand und Fuss) s. Anm. 4.

2) Terent. Maur. 2254 Pollicis sonore vel plausu pedis discriminare,
qui docent artem, solent.

3) Σημεῖον ist eigentlich das auf einen Tactabschnitt fallende
Zeichen Aristid. 33, 10, bei den Römern nota Quintil. inst. 9, 4, 51. Das
Tactiren heisst hiervon σημασία Aristox. 30, 16, Aristid. 58, 7, das Tact-

ein Niederschlag der Hand, auf den leichten ein Aufschlag, daher nannte man den schweren ὁ κάτω χρόνος, τὸ κάτω, den leichten ὁ ἄνω χρόνος, τὸ ἄνω (Plato rep. 400, b. Aristox. 33, 3 u. 5), oder auch den schweren ϑέσις, positio, den leichten ἄρσις, elatio; Aristoxenus gebraucht für ϑέσις den Namen βάσις, ein Ausdruck, welcher von dem auf diesen Tacttheil fallenden Niedertritt des Fusses entlehnt ist, denn auch des Fusses bediente man sich zum Tactiren[4]. Dass der leichte Tacttheil durch Aufschlag,

halten von Seiten des Sängers u. s. w. ἀκολούϑησις Aristid. 58, 7 oder σώζειν τὸν ῥυϑμόν Aristot. probl. 19, 22. Bei den Römern heisst σημασία mit Rücksicht auf die Art des Tactirens percussio Mar. Victor. p. 2486 Pes vocatur ... quia in percussione metrica pedis pulsus ponitur tolliturque; ibid. p. 2521 est autem percussio cujuslibet metri in pedes divisio; Cic. de orat. 3 §. 184 aequalium et saepe variorum intervallorum percussio numerum conficit, orat. §. 198 percussionum modi, womit zu vergleichen Caes. Bassus ap. Rufin. 2707 percussionem moderare; die Silben oder Noten, auf welche der Tactschlag füllt, heissen loca percussionis Caes. Bassus l. l. (Percussio steht aber auch für σημεῖον oder χρόνος = der durch einen Schlag bezeichnete Tactabschnitt Quintil. inst. 9, 4, 51.) Dem Namen percussio steht als Verbum gleichbedeutend percutere (Mar. Victor. 2521), caedere (ib. 2521), ferire (ib. 2530, Juba ap. Priscian. 1321, Asmonius ib., Caesius Bassus ap. Rufin. 2707, Atil. Fortun. 2691), plaudere (Augustin. mus. 2, 12).

4) Die percussio oder das percutere, caedere, ferire, plaudere geschieht durch den ictus percussionis (Asmon. ap. Priscian 1321) oder ictus schlechthin. Sowohl der starke, wie der schwache Tacttheil erhielt einen ictus, Diomed. 471 ictibus duobus ἄρσις et ϑέσις perquirenda est, Terent. Maur. v. 1343 pes ictibus fit duobus cf. Aristox. 33, 7 ἐπειδή-περ ἓν σημεῖον (= ictus) οὐ ποιεῖ διαίρεσιν χρόνου. Der Ictus wird entweder durch die Hand oder durch den Fuss angegeben: Augustin. de mus. 2, 12 in plaudendo enim quia levatur aut ponitur manus, partem pedis sibi levatio vindicat, partem positio, Hor. od. 4, 6, 31 servate pedem meique pollicis ictum, Mar. Victor. 2486 pes vocatur ... quia in percussione metrica pedis pulsus ponitur tolliturque (cf. positio, elatio, ϑέσις ἄρσις). Caesius Bass. ap. Rufin. 2707 (vom jambischen Trimeter) percussionem ita moderaveris, ut cum pedem supplodis iambicum ferias. Quintil. instit. 9, 4, 51 pedum et digitorum ictu intervalla signant quibusdam notis (= σημείοις) atque aestimant quot breves illud spatium habeat. inde τετράσημοι, πεντάσημοι, deinceps longiores fiunt percussiones (also die pedum et digitorum ictus sind die σημεῖα, womit man die Tactabschnitte bezeichnet; man zählt dabei, wie viele Moren diese spatia haben und so gibt es percussiones (Tactschläge) von vierzeitiger und fünfzeitiger und noch längerer Dauer vgl. §. 13), Terent. Maur. v. 2254 pollicis so-

7 *

der schwere durch Niederschlag der Hand oder Niedertritt des
Fusses bezeichnet wurde, hatte wohl in der Orchestik 'seinen
Grund: die Tanzenden setzten im schweren Tacttheile den Fuss
zur Erde nieder und hoben ihn im leichten Tacttheile empor.
Daher passt die Definition des Bacchius p. 67, 12 sowol auf die
Praxis des Tactirens, wie auf die orchestische Bewegung: Ἄρ-
σιν ποίαν λέγομεν εἶναι; ὅταν μετέωρος ᾖ ὁ πούς, ἡνίκα ἄν μέλλω-
μεν ἐμβαίνειν. Θέσιν δὲ ποίαν; ὅταν κείμενος. Maxim. Planud. 5,454

---

nore vel plausu pedis discriminare, qui docent artem, solent. Dem Treten
mit dem Fusse entstammt der Ausdruck βαίνεται ὁ ῥυθμός, scanditur.
— Es gab also zwei Arten des Tactirens, die eine für das Auge
der Sänger vermittels Auf- und Niederschlags der Hand (levatur aut
ponitur manus, pollicis ictus, digitorum ictus), die andere für das Ohr
entweder vermittels eines hörbaren Aufschlagens mit der Hand oder
dem Finger (pollicis sonore) oder vermittelst des Tretens mit dem Fusse
(plausus pedis, cum pedem supplodis, pedum ictus). Während bei der
ersten Art sich das σημεῖον über den ganzen schweren oder leichten
Tacttheil erstreckte (daher die τετράσημοι, πεντάσημοι, deinceps longiores percussiones), konnte bei der zweiten Art immer nur der Anfang des Tacttheils ein σημεῖον erhalten und in monopolischen Tacten scheint ihn nur der schwere Tacttheil (θέσις), nicht aber der
leichte (ἄρσις) erhalten zu haben, so auch in den Dipodieen des jambischen Trimeters (s. §. 15.); daher Mar. Victor. 2482 est arsis sublatio
pedis sine sono, thesis positio pedis cum sono (nur den auf die θέσις fallenden Niedertritt des Fusses konnte man hören, nicht aber die auf die ἄρσις fallende Erhebung des Fusses). Dasselbe bedeutet Aristid. p. 31 ἄρσιν καὶ θέσιν, ψόφον καὶ ἠρεμίαν, wo die beiden letzten Worte entweder mit Böckh de metr. Pind. p. 13 umzustellen oder mit Feussner de
ant. mel. et metr. p. 15 in einer chiastischen Verbindung zu den beiden
vorhergehenden Worten zu fassen sind; die θέσις ist ψόφος = positio
pedis cum sono, die ἄρσις ist ἠρεμία = sublatio pedis sine sono. Die
zweite auf das Gehör berechnete Art des Tactirens war beim Chor-
gesange nicht anwendbar, da hier der ψόφος, der pollicis sonor oder
plausus pedis übertönt wurde. Dagegen war sie anwendbar bei der ψιλή
λέξις (Terent. Maur. v. 2254) und in der Aulesis des einzelnen Auleten, der sich selber mit dem Fusse den Tact angab (vgl. Anm. 1).
Aber auch dieser bediente sich später hin, um den ψόφος zu verstärken,
noch eines besonderen unter dem rechten Fuss befestigten hölzernen
ὑποπόδιον, genannt κρουπέζη, βάταλον, scabellum schol. Aeschin. c.
Tim. p. 126. Photius s. v. κρουπέζαι, Cic. pro Cael. 27, 65, Sueton. Ca-
lig. 54. Arnob. 2, 42. Augustin. mus. 3, 1. Vgl. Böttiger kl. Schriften 1,
S. 323. Meinecke hist. com. p. 336.

Walz.: *ἀπὸ τῶν χορευτῶν ... ἄρσις οὖν καὶ θέσις ἡ ἐν τῷ ἄρχε-*
σθαι καὶ λήγειν τῶν χορευτῶν ὁρμὴ λέγεται. Dasselbe besagt·Ari-
stides p. 47, 16: *ἄρσις μὲν οὖν ἐστι φορὰ μέρους σώματος ἐπὶ τὸ*
ἄνω, θέσις δὲ ἐπὶ κάτω ταυτοῦ μέρους [5]). Auch die Benennung
des Tactes mit *ποὺς* verdankt der Orchestik ihren Ursprung.

Arsis und Thesis als *χρόνος καθηγούμενος* und *ἑπόμενος.*

Die genannte Terminologie ist die allgemeine der Rhythmiker,
und in der klassischen Zeit hat es keine andere als diese gegeben.
Man nahm nun bisher an, dass im Sprachgebrauche der lateinischen Metriker die Bedeutung von *ἄρσις* und *θέσις* umgekehrt
worden, dass hier *ἄρσις* oder *elatio* von dem schweren, *θέσις*
oder *positio* von dem leichten Tacttheile gesagt worden sei; und
in diesem Sinne sind auch von den modernen Metrikern seit
Bentley die Worte Arsis und Thesis gebraucht worden. Eine
Umkehrung der Wörter *ἄρσις* und *θέσις* kommt allerdings
vor, aber die bisher geltende Annahme von der späteren Bedeutung dieser Wörter ist ungenau. Die lateinischen Metriker
nämlich folgen in ihren rhythmischen Auseinandersetzungen im
Allgemeinen guten alten Quellen und gebrauchen hier *arsis* und
thesis völlig im Sinne des Aristoxenus, wie Mar. Victorius in seinem Kapitel de rhythmo p. 2484. Aber sie haben zugleich aus
der Schrift eines späteren griechischen Metrikers geschöpft, der
von der Rhythmik keine Kenntniss hatte, und nichts desto weniger, wie es einmal üblich war, in der Einleitung auch die rhythmischen Verhältnisse berührt und die Ausdrücke *ἄρσις* und *θέ-*
σις in die heilloseste Verwirrung gebracht hatte. Es war durchgehende Sitte bei den alten Rhythmikern, dass wenn sie über
die *χρόνοι ποδικοί* allgemeine Angaben brachten, sie immer die
ἄρσις voranstellten, die *θέσις* folgen liessen. Hierdurch liess
sich jener spätere griechische Metriker bei seiner Unkenntnis
des Gegenstandes verführen, und ohne zu wissen, dass je nach
der Verschiedenheit der einzelnen *πόδες* der anlautende *χρόνος*

---

5) An dieser Stelle ist das erste *μέρους* wegen des folgenden
ταυτοῦ μέρους durchaus nothwendig, und steht zudem in den beiden
besten Codices. Zu verstehn ist unter dem Körperglied die Hand
oder der Fuss. Vgl. Aristoxen. 29, 0 *τῶν τοῦ σώματος μερῶν.* Ueber
φορὰ (= *κίνησις* als Theil der Orchestik) vgl. Plut. symp. probl. 9, 15.

bald eine ἄρσις, bald eine θέσις, und auch wiederum der auslautende bald eine θέσις, bald eine ἄρσις ist, nennt er den ersten
χρόνος eines Fusses überall ἄρσις, den zweiten überall θέσις, der
Fuss mag eine rhythmische Beschaffenheit haben, wie er will.
Hier ist also der Ausdruck ἄρσις identisch geworden mit dem,
was die Rhythmiker χρόνος καθηγούμενος oder πρότερος nennen,
und θέσις bedeutet so viel wie χρόνος ἑπόμενος oder ὕστερος, Aristid.
52. 1; Aristox. ap. Psell. 26, 31. Der griechische Grammatiker,
der sich diesen Fehler zu Schulden kommen liess, lebte in der
mittleren Kaiserzeit, sein Buch wurde zum Schulbuche bei den
Byzantinern, wurde hier vielfach excerpirt und umgearbeitet und
liegt uns auf diese Weise noch in einer grossen Zahl von metrischen Schriften und Tractaten der Byzantiner vor, in den sog.
scholia majora zu Hephaestio, in dem Anonymus Ambrosianus,
im Pseudodrakon, im Elias Monachus und vielen Anderen. Auch
zu den Römern ist jenes Buch gedrungen; ein lateinischer Metriker, vielleicht Atilius Fortunatianus excerpirte daraus die zwei
ersten Kapitel περὶ ποδῶν und περὶ τοῦ ἡρῴου, und die folgenden Metriker, die nichts thaten als abschreiben, haben diese
Partie und vorwiegend gerade das erste der beiden Kapitel in
ihre Schriften aufgenommen, wobei sie denn so gedankenlos
verfahren, dass sie jene verkehrte Auffassung der rhythmischen
Verhältnisse geradezu den Sätzen, die sie aus guten Quellen
compilirt haben, hinzufügen, ohne den Widerspruch in der Terminologie zu bemerken. Die hierher gehörigen Stellen sind
folgende: Mar. Vict. de pedibus p. 2485, Terent. Maur. v. 1388 ff.,
Diomed. 476, Sergius 1831, Isidor. Orig. I, 16, fragm. de pedibus
ap. Gaisford metric. latin. 572 und 577. Sergius sagt: *Scire autem debemus, quod unicuique pedi accidit arsis et thesis, hoc est
elevatio et positio. Sed arsis in prima parte, thesis in secunda
ponenda est.* Bei Mar. Victor. p. 2487 heisst es: *Siquidem in
iambo arsis primam brevem, in trochaeo autem longam habeat, thesis (in thesi lib.) vero contraria superioribus sumat.* Also

$$\text{ars. thes.} \quad \text{ars. thes.}$$
$$\smile \; - \qquad - \; \smile$$

Bei Diomed. p. 476: *iambi enim arsis unum tempus tantum in
se habet et eius thesis duo, at trochaei versa vice arsis duo habet
et thesis unum.* Und ebenso auch bei den übrigen oben citir-

teu lateinischen Metrikern. Die bis ins Einzelnste gehende Uebereinstimmung dieser Lateiner (insonderheit des Diomedes) mit
dem Anonymus Ambrosianus und dem schol. Heph. zeigt, dass das
Original der letzteren ebenfalls die oben angegebene Terminologie der beiden Chronoi enthalten haben muss.

Arsis und Thesis in der umgekehrten Bedeutung der Alten.

Nun gibt es noch eine dritte rhythmische Partie bei Mar.
Victorin., wo das Wort ἄρσις und θέσις wiederum in einer anderen Bedeutung gebraucht ist. Dies ist das Kapitel de arsi et
thesi p. 2482: Die beiden Ausdrücke sind consequent in dem
Sinne gebraucht, dass ἄρσις oder *elatio* den schweren, θέσις oder
positio den leichten Tacttheil bezeichnet. Diese Bedeutung findet
sich in keiner anderen metrischen Schrift der Alten wieder, denn
in der Stelle Atilius p. 2688 ist ἄρσις und θέσις in der oben besprochenen zweiten Bedeutung zu fassen. Wohl aber findet sie
sich bei dem Grammatiker Priscian de accentibus p. 1289: *Ad hanc
autem rem arsis et thesis necessariae sunt. Nam in unaquaque parte
orationis arsis et thesis sunt, non in ordine syllabarum, sed in pronuntiatione velut in hac parte:* n a t u r a, *ut quando dico* n a t u *elevatur
vox et est arsis in* tu, *quando vero* r a, *deprimitur vox et est thesis.*
Die Silbe des Wortes, bei welcher sich die Stimme erhebt, wie die
zweite in *natúra*, heisst *arsis*, die Silbe, bei welcher sich die Stimme
senkt, heisst *thesis*. Auch der Satz des Martianus Capella p. 191,
der sich indess bei Aristides nicht findet, gibt dieselbe Definition:
arsis est elevatio, *thesis positio vocis ac remissio.* Aristides gebraucht ἄρσις und θέσις im technischen Sinne (die Stelle p. 47, 15
τὰ τούτων πάθη καλοῦμεν ἄρσιν καὶ θέσιν, ψόφον καὶ ἡμερίαν kann
hiergegen nicht geltend gemacht werden, vgl. S. 100). Die Umkehrung der beiden Worte bei Priscian scheint also weiter nichts als
eine freie Uebertragung musikalischer Termini technici auf gram-
matische Verhältnisse, und Mar. Victorinus in seinem Kapitel de arsi
et thesi, aber er allein unter sämmtlichen Metrikern, hat jenen
grammatischen Gebrauch adoptirt. Im Ganzen finden sich also
in seiner Metrik die Wörter arsis et thesis in drei verschiedenen
Weisen angewandt. Unsere Darlegung des wahren Sachverhal-
tes wird gezeigt haben, wie wenig berechtigt der jetzt seit Bentley und Hermann übliche Gebrauch von Arsis und Thesis ist,

uns bleibt nichts anderes übrig als zur Terminologie der Rhythmiker zurückzukehren.

Rhythmische Zeichen für Arsis und Thesis.

Schliesslich haben wir hier eine Stelle bei dem Anonymus *de musica* herbeizuziehen, worin uns mitgetheilt wird, dass man die guten oder schweren Tacttheile auch in der Notenschrift durch einen über das Notenzeichen gesetzten Punkt (στιγμή) bezeichnet habe; nur in den κεχυμένα ᾄσματα und in Tonleiterübungen seien diese Zeichen weggelassen. Dann folgen Beispiele von Instrumentalnoten, in welchen die στιγμή angewandt ist. Die Stelle heisst p. 69 §. 85: Ἡ μὲν οὖν θέσις σημαίνεται ὅταν ἁπλῶς τὸ σημεῖον ἄστικτον ᾖ, οἷον ⊦, ἡ δὲ ἄρσις ὅταν ἐστιγμένον (οἷον ⊦)[1]. Also die ἄρσις erhielt einen Punkt, die θέσις blieb unpunktirt. Man sollte das Gegentheil erwarten, dass nämlich die θέσις als schwerer Tacttheil eine στιγμή bekommen habe, die ἄρσις dagegen als leichter Tacttheil nicht. Dass dies nun wirklich der Fall war, geht aus den folgenden Beispielen, namentlich aus dem ἄλλος ἑξάσημος überschriebenen hervor, worüber wir später handeln werden. Wahrscheinlich ist die handschriftliche Stellung von θέσις und ἄρσις zu vertauschen; darauf führt erstens die durchgehende Gewohnheit der Alten, zuerst von der ἄρσις und dann von der θέσις zu sprechen, und zweitens auch der vorausgehende Satz des Anonymus, wo es ganz in der normalen Weise heisst ὁ ῥυθμὸς συνέστηκεν ἔκ τε ἄρσεως καὶ θέσεως; dem angemessen muss weiter zuerst von der ἄρσις, dann erst von der θέσις gesprochen werden, nicht aber umgekehrt, wie es in unseren Handschriften der Fall ist. Dass der Musiker die Ausdrücke ἄρσις und θέσις in Priscian's Weise gebracht haben sollte, ist wohl schwerlich anzunehmen. — Die hier uns mitgetheilte rhythmische Bezeichnung στιγμή ist jedenfalls älter als Aristophanes von Byzanz. Die Ueberlieferung nämlich, dass Aristophanes das von ihm eingeführte Accentzeichen den Musikern entlehnt habe, bezieht sich eben auf die rhythmische στιγμή, von der wir so glücklich sind, durch den Anonymus die Kunde

---

1) Das in Parenthese Angegebene ist zu ergänzen. Dasselbe hat auch schon Vincent a. S. 0 a. O. gethan.

zu erhalten. Wir pflegen jetzt die Ictussilbe durch einen Strich zu bezeichnen; wir würden völlig in der antiken Weise verfahren, wenn wir statt des Striches den Punkt gebrauchten. Vgl. S. 140.

Drittes Kapitel.
Die Tactarten oder Rhythmengeschlechter.
(γένη ῥυθμικὰ, διαφορὰ κατὰ γένος.)

§. 5. Die drei primären Rhythmengeschlechter.

Die moderne Rhythmik unterscheidet zwei Tactarten, den geraden und den ungeraden Tact. Der gerade Tact zerfällt in zwei dem Zeitumfange nach gleiche Hälften, von denen die eine als schwerer, die andere als leichter Tacttheil angesehen wird; z. B. $\frac{3}{4}$, $\frac{4}{4}$, $\frac{6}{8}$, $\frac{9}{8}$ Tact. Der ungerade Tact zerfällt in drei Theile, die sich in dem Zeitumfange gleichstehen, aber durch verschiedenen Ictus unterscheiden, z. B. der $\frac{6}{8}$, $\frac{3}{4}$, $\frac{9}{8}$, $\frac{8}{8}$ Tact. Hierzu kommt als eine Nebengattung des ungeraden Tactes noch der fünftheilige Tact hinzu, der im Volksliede wie in der Oper vorkommt, aber nur selten im Gebrauch ist. Der Tact heisst ein zusammengesetzter, wenn er sich in mehrere einzelne Tacte zerlegen lässt, wie z. B. der $\frac{6}{8}$, $\frac{12}{8}$, $\frac{4}{4}$ Tact; ist dies nicht der Fall, so ist er ein einfacher, wie der $\frac{3}{4}$, $\frac{2}{4}$, $\frac{6}{8}$ Tact.

Bei den Griechen heisst der Tact πούς oder ῥυθμὸς[1]), die Tactarten γένη ῥυθμικά. Die antikenTactarten fallen im Wesentlichen mit den modernen zusammen, jedoch nicht ohne mancherlei Unterschiede, die keineswegs alle blos in einer verschiedenen Auffassung der antiken und modernen Rhythmiker ihren Grund haben. Die häufigsten Tactarten sind auch bei den Alten der zweitheilige und der dreitheilige Tact, d. h. der aus zwei oder aus drei gleichen Zeitabschnitten bestehende Tact. Aber die Alten stellen diesen beiden als eine dritte Art auch noch den

---

1) Wie sich die Ausdrücke πούς und ῥυθμὸς unterscheiden, kann erst §. 20 gezeigt werden.

fünftheiligen coordinirt zur Seite: wenn gleich der letztere auch
bei den Alten seltener gebraucht wurde als die beiden ersteren,
so war seine Anwendung doch eine ungleich häufigere als bei
den Modernen. — Den Unterschied, den die Modernen zwischen
einfachem und zusammengesetztem Tacte statuiren, kennen die
Alten nicht, sie bezeichnen beide schlechthin als πόδες oder
ῥυθμοί; der Unterschied zwischen πόδες ἁπλοῖ und πόδες σύνθετοι ist etwas völlig anderes, als unser einfacher und zusammengesetzter Tact (vgl. §. 19).

In der Auffassung des geraden Tactes stimmt die alte
und die moderne Rhythmik überein, denn auch die Alten zerlegen ihn in zwei gleiche Hälften und nennen ihn desbalb ποὺς
oder ῥυθμὸς ἴσος, *rhythmus par*. Aber auch die beiden ungeraden Tacte werden zunächst je nur in zwei Abschnitte zerfällt
und hiernach ist die technische Bezeichnung gewählt. Zerlegt
man einen dreitheiligen Tact in zwei Abschnitte, so muss
der eine Abschnitt doppelt so gross sein, als der andere

$$\underline{-} \mid \underline{-\ -} \quad \text{oder} \quad \underline{-\ -} \mid \underline{-}$$

und hiernach heisst dieser Tact ποὺς διπλάσιος, *rhythmus
duplex*. Wird ferner ein fünftheiliger Tact in zwei Abschnitte zerlegt, so kommen auf den einen Abschnitt zwei, auf
den anderen drei Theile

$$\underline{-\ -} \mid \underline{-\ -\ -} \quad \text{oder} \quad \underline{-\ -\ -} \mid \underline{-\ -}$$

es verhalten sich also die beiden Abschnitte ihrem Umfange nach,
wie 2 : 3, oder mit anderen Worten, der eine Abschnitt ist das
anderthalbfache des anderen, und der ganze Tact heisst deshalb
ποὺς oder ῥυθμὸς ἡμιόλιος, *rhythmus sescuplex*.

Hiernach unterscheiden die Alten drei γένη ῥυθμικὰ, γένος
ἴσον, διπλάσιον, ἡμιόλιον, Plato rep. 3. 400 a Τρία ἄττα ἐστὶν
εἴδη ἐξ ὧν αἱ βάσεις πλέκονται. Aristot. rhet. 3, 8. Aristox. 36, 10.
Aristid. 52, 3. 64, 19. Quintil. inst. 2. 4. 45. Mar. Vict. 2484. schol.
Hephaest. 22. Durch sie sind drei verschiedene rhythmische Verhältnisse gegeben, λόγοι ῥυθμικοί oder λόγοι ποδικοί genannt:
der λόγος ἴσος, λόγος διπλάσιος oder διπλασίων und ἡμιόλιος, *ratio par*, *duplex*, *sescuplex*.

Es gibt nun aber auch noch eine andere Bezeichnung, bei
der man die kleinsten Tacte eines jeden der drei Rhythmenge-

schlechter zu Grunde legte und den ihnen zukommenden Namen auf das ganze Rhythmengeschlecht übertrug. Der kleinste gerade Tact ist der vierzeitige Daktylus, unserem $\frac{4}{8}$ Tacte entsprechend, nach ihm nannte man auch alle umfangreicheren geraden Tacte πόδες „δακτυλικοί". — Der kleinste πούς διπλάσιος ist der dreizeitige Jambus und Trochäus; nach dem ersteren, als dem häufigsten von beiden, nannte man auch alle grösseren πόδες διπλάσιοι, also alle dreitheiligen Tacte „ἰαμβικοί". — Der kleinste Tact des in 5 gleiche Theile zerfallenden oder hemiolischen Rhythmengeschlechtes ist der fünfzeitige Päon, der unserem $\frac{5}{8}$ Tacte entsprechen würde: von ihm wurde der Name πούς παιωνικός auch auf alle grössen πόδες ἡμιόλιοι übertragen. Diese Terminologie ist eine der wichtigsten Differenzen zwischen den Rhythmikern und Metrikern.

Die Uebertragung des Namens Daktylus, Jambus, Päon auf viel umfangreichere πόδες oder ῥυθμοί gibt uns nun darüber Auskunft, weshalb das Alterthum die beiden ungeraden Tactarten nicht, wie die moderne Rhythmik in drei oder fünf Theile, sondern nach zwei ungleichen Abschnitten sonderte. Der Jambus und Trochäus ist dasselbe wie unser $\frac{3}{8}$ Tact, aber in der Poesie erscheint er ursprünglich und auch späterhin wenigstens noch in den bei weitem häufigsten Fällen als die Verbindung blos zweier Silben, einer zweizeitigen Länge und einer einzeitigen Kürze; von den drei gleichen Zeitmomenten des Tactes erscheinen hier also zwei in der festen Einheit einer langen Silbe vereinigt. In der Form des Tribrachys wird zwar jedes Zeitmoment durch eine besondere Silbe ausgedrückt, aber weil dies die ungleich seltnere Form war, so fasste man sie als eine secundäre, als die Auflösung des zweisilbigen Jambus und Trochäus. Da nun unter den musischen Künsten der Griechen die Poesie, nicht die Musik, voranstand, so erklärt es sich, weshalb man, ausgehend von der metrischen Beschaffenheit, den dreizeitigen Tact nicht in drei, sondern nur in zwei Abschnitte zerlegte, von denen der eine das διπλάσιον des anderen war.. Von dem kleinsten Tacte des Rhythmengeschlechtes übertrug man dann dieselbe Eintheilung in zwei Abschnitte auch auf die grösseren, ebenso wie man auf diese den Namen πόδες ἰαμβικοί übertrug.

Aehnlich für das hemiolische Rhythmengeschlecht. Der kleinste πούς desselben, der Päon erscheint seiner metrischen Gestalt nach als — ◡ —. Auch hier unterschied man zwei Abschnitte, von denen der eine einen Trochäus, der andere eine Länge umfasste, und übertrug die zweitheilige Gliederung des Fusses nach dem λόγος ἡμιόλιος von den fünfzeitigen Päon auf alle grösseren Tacte desselben Rhythmengeschlechtes, ebenso wie man auf diese auch den Namen πόδες παιωνικοί übertrug.

§. 6. Die beiden secundären Rhythmengeschlechter.

Die drei genannten Tactarten sind nicht die einzigen der griechischen Rhythmik[1]), aber es sind die einzigen, welche eine συνεχὴς ῥυθμοποιΐα zulassen nach Aristox. p. 36, 9; — hae sunt tres partitiones, quae continuam rhythmopoeiam faciunt Mar. Victor. de rhythmo p. 2485: Ausser ihnen gibt es noch πόδες τριπλάσιοι und ἐπίτριτοι, in denen sich die beiden Abschnitte, wie 1 : 3 und wie 3 : 4 verhalten. Aus der Partie der Aristoxenischen Stoicheia, welche hierüber handelten, besitzen wir zwei Auszüge, den einen bei Psellus §. 9. 11, den andern bei dem Rhythmiker Dionysius p. 46 in seinem ersten Buche περὶ ὁμοιοτήτων. Bei Psellus heisst es: „Von den rhythmischen Verhältnissen sind das isorrhythmische, diplasische und hemiolische die εὐφυέστατοι, aber bisweilen (ποτέ) ist ein Tact auch im λόγος τριπλάσιος und ἐπίτριτος gegliedert." Und dann mit Bezug auf die 5 λόγοι ποδικοί: „Es ist in der Natur des Rhythmus der ποδικὸς λόγος analog der Consonanz in der Harmonik." Die Stelle des Dionysius, welche uns von Porphyrius ad Ptolem. p. 220 mitgetheilt ist, lautet folgendermassen: „Nach den κανωνικοί ist das Wesen

---

1) Schon die allgemeine Definition, welche Aristox. p. 35 von der διαφορὰ κατὰ γένος gibt, enthält eine Hindeutung auf die secundären Rhythmengeschlechter: γένει δὲ, ὅταν οἱ λόγοι διαφέρωσιν ἀλλήλων οἱ τῶν ποδῶν οἷον ὅταν ὁ μὲν τὸν τοῦ ἴσου λόγον ἔχῃ, ὁ δὲ τὸν τοῦ διπλασίονος, ὁ δ᾿ ἄλλον τινὰ τῶν ἐρρύθμων χρόνων: die rhythmischen Chronoi des einen Tactes stehen im λόγος ἴσος, die eines andern im λόγος διπλάσιος, die eines dritten in irgend einem anderen Verhältnis — es muss also ausser dem λόγος ἡμιόλιος noch andere rhythmische Verhältnisse geben.

des Rhythmus und der Harmonik ein und dasselbe. Ihnen erscheint nämlich die Höhe des Tones als Schnelligkeit, die Tiefe
als Langsamkeit, und überhaupt die Harmonie als eine Symme-
trie von Bewegungen und die melodischen Intervalle nach Zahlenverhältnissen geordnet. Wenn also ihre Ansichten wahr sind
(— es sind viele und bedeutende Männer, welche diese Ansicht
haben, und in der That bestehen die Rhythmen in bestimmten
Zahlenverhältnissen, die einen im λόγος διπλάσιος, die andern im
λόγος ἴσος u. s. f. —), so könnte wohl das μέλος und der ῥυθμὸς
seiner Natur nach als identisch erscheinen. Und ferner werden
auch die μουσικοὶ dasselbe zu bezeugen scheinen, nämlich dass
die Consonanzen und die rhythmischen Verhältnisse etwas Ver-
wandtes und Gemeinsamen haben; denn sie stellen die Ansicht
auf, dass die Consonanzen durch dieselben Zahlenverhältnisse
hervorgebracht werden, wie die rhythmischen Verhältnisse, die
Quarte durch das epitritische Verhältnis 3 : 4, die Quinte durch
das hemiolische 2 : 3, die Octave durch das diplasische 1 : 2,
die Duodezime durch das triplasische 1 : 3, während der λόγος
ἴσος die Homophonie hervorbringt. Nach demselben Verhältnisse
sind aber auch die Tacte gegliedert, die meisten und die am
normalsten gebildeten Tacte (οἱ πλεῖστοι καὶ εὐφυέστατοι) im λόγος ἴσος, διπλάσιος und ἡμιόλιος, einige wenige (ὀλίγοι τινές),
aber auch im λόγος ἐπίτριτος und τριπλάσιος." Wir haben im
2. Theile dieser Stelle das handschriftliche κανωνικοί in μουσικοί
verändert. Dies ist nothwendig. Dionysius bezieht sich auf 2
verschiedene Quellen, die dasselbe sagen: Die Einen sind die
κανωνικοί, die Anderen können nicht wiederum κανωνικοί genannt seien. Was hier zu schreiben sei, ergibt sich, wenn wir
wissen, dass unter den κανωνικοί die Anhänger der Pythagoreer
gemeint sind, welche den Ton genau mathematisch zu bestimmen suchten, wie Ptolemäus, Nikomachus und Viele aus der früheren Zeit. Mit dieser Schule leben die Anhänger des Aristoxenus, die μουσικοί, in ewigem Zerwürfnis, und über ihren Streit
gab es eine ziemlich umfangreiche Litteratur, wie wir aus Porphyrius zu Ptolemäus sehen. Die Gewährsmänner der zweiten
Art, die in dem vorliegenden Punkte mit den κανωνικοί über-
einstimmten, sind eben die Anhänger des Aristoxenus, und deshalb haben wir das zweite κανωνικοί in μουσικοί verändert: liegt

ja doch dem Dionysius offenbar dieselbe Quelle zu Grunde, wie
der oben angeführten Stelle des Psellus. Nicht nur in der Sache,
sondern auch in den Worten die grösste Uebereinstimmung [2]).

Die Fassung des Dionysius lässt nun über die Bedeutung
des zweiten Satzes bei Psellus, dass zwischen den Consonanzen
der Musik und den Tactgeschlechtern eine Analogie bestände,
keinen Zweifel mehr. Durch diese Analogie mit der Harmonik
suchte man gerade die Existenz der beiden secundären Rhythmengeschlechter zu rechtfertigen:

1) die Homophonie zweier Töne, $= 1 : 1$, entspricht dem
   λόγος ἴσος ῥυθμικός.

2) das Quarteninterval (τὸ διὰ τεσσάρων), welches durch
   das Zahlenverhältnis $3 : 4$ bedingt wird, entspricht dem
   λόγος ἐπίτριτος,

3) das Quinteninterval (τὸ διὰ πέντε), $2 : 3$, entspricht
   dem λόγος ἡμιόλιος,

4) die Octave (τὸ διὰ πασῶν), $1 : 2$, dem λόγος διπλάσιος,

5) die Duodezime (τὸ διὰ πασῶν καὶ διὰ πέντε), $1 : 3$, dem
   λόγος τριπλάσιος.

Diese von Aristoxenus aufgestellte Analogie, die für uns keine
andere Bedeutung hat, als zu zeigen, dass Aristoxenus den λόγος ἐπίτριτος und διπλάσιος entschieden anerkennt, stammt von
den Pythagoreern. Hieraus erklärt sich der Umstand, dass in
dieser Analogie die sechste der musikalischen Consonanzen, die
Undezime, τὸ διὰ πασῶν καὶ διὰ τεσσάρων, $3 : 8$, nicht genannt
ist. Ihr entspricht kein rhythmisches Verhältnis; musste nun
nicht gerade, so fragen wir, auch die Berechtigung des triplasischen und epitritischen Geschlechts problematisch sein, da es keinen der Undezime entsprechenden λόγος ῥυθμικός gab? Die Antwort ist nein; wenigstens nach der Theorie der Pythagoreer
konnte hierdurch die Analogie nicht gestört werden; denn wir
wissen, dass ihre Schule die Undezime unter der Zahl der consonirenden Intervalle nicht gelten lassen wollte. So berichtet
Ptolemaeus Harmon. 1, 5 p. 9.

---

[2]) Ueber die Ausdrücke κανωνικοί und μουσικοί vgl. besonders
Porphyr. ad Ptolem. p. 207 ff.

Ausser Aristoxenus machen auch die aristotelischen Problemata 19, 39 auf die Analogie zwischen den musikalischen Consonanzen und den Rhythmengeschlechtern aufmerksam: καθάπερ ἐν τοῖς μέτροις οἱ πόδες ἔχουσι πρὸς αὑτοὺς λόγον πρὸς ἴσον ἢ δύο πρὸς ἕν, ἢ καί τινα ἄλλον, οὕτω καὶ οἱ ἐν τῇ συμφωνίᾳ φθόγγοι λόγον ἔχουσι κινήσεως πρὸς αὑτούς. Wenn hier Aristoteles ausser dem λόγος ἴσος und dem διπλάσιος (δύο πρὸς ἕν) noch hinzusetzt καί τινα ἄλλον, so ist dies ein Beweis, dass er ausser den beiden genannten noch mehrere Rhythmengeschlechter annimmt oder mindestens zwei, also ausser dem λόγος ἡμιόλιος noch den λόγος ἐπίτριτος oder τριπλάσιος oder beide zusammen.

Aristid. p. 52 schweigt von dem γένος τριπλάσιον, dagegen führt er das ἐπίτριτον hinter den drei Primärgeschlechtern als vierte Tactart auf, jedoch ohne sie zu coordiniren; denn seine Worte sind: γένη τοίνυν ἔστι ῥυθμικὰ τρία, τὸ ἴσον, τὸ ἡμιόλιον, τὸ διπλάσιον (προστιθέασι δέ τινες καὶ τὸ ἐπίτριτον) ἀπὸ τοῦ μεγέθους τῶν χρόνων συνιστάμενα. Hier gehört συνιστάμενα zu γένη ῥυθμικὰ, es ist demnach προστιθέασι δέ τινες καὶ τὸ ἐπίτριτον eine Parenthese und wir haben sie als solche bezeichnet. Auch p. 50, 6 hat 4 Aristides 4 Rhythmengeschlechter im Auge: ἔρρυθμοι μὲν (χρόνοι) οἱ ἐν τῶν λόγῳ πρὸς ἀλλήλους σώζοντες τάξιν, οἷον διπλασίονι, ἡμιολίῳ καὶ τοῖς τοιούτοις (nämlich ἴσῳ καὶ ἐπιτρίτῳ). Von dem epitritischen Geschlechte sagt Aristides p. 53, 7: ὁ δὲ δ᾽ πρὸς γ᾽ (συγκρινόμενος γέννᾳ τὸν λόγον) τὸν ἐπίτριτον und ferner: τὸ δὲ ἐπίτριτον ἄρχεται μὲν ἀπὸ ἑπτασήμου, γίνεται δὲ ἕως τεσσαρεσκαιδεκασήμου. Σπάνιος δὲ ἡ χρῆσις αὐτοῦ. Dem Megethos nach ist also der epitritische Tact entweder ein siebenzeitiger oder ein vierzehnzeitiger, jener ist in 3 + 4, dieser in 6 + 8 Chroni protoi gegliedert, doch wird er nur selten angewandt. Auch p. 61 sagt Aristides ausdrücklich, dass das epitritische Verhältnis ein rhythmisches ist: „Wenn ich ein δεκάσημον μέγεθος eintheilen kann in 3 + 3 + 4, so dass die beiden letzten dieser 3 Abschnitte im λόγος ἐπίτριτος stehen, dann habe ich eine Gliederung, ἐξ οὗ φημὶ συντίθεσθαι τὸν δεκάσημον (sc. ἀριθμόν).

Was wissen wir nun von den beiden secundären Rhythmengeschlechtern Specielles?

1) Die 3 Normalrhythmen sind die εὐφυέστατοι (Dionys. Psellus), die beiden secundären also weniger εὐφυεῖς.

2) Die 3 Normalrhythmen sind die häufigsten (πλεῖστοι Dionys.), die beiden secundären sind selten, Psell.: γίνεται δέ ποτε πούς καὶ ἐν τριπλασίῳ λόγῳ, γίνεται καὶ ἐν ἐπιτρίτῳ; Dionys. ὀλίγοι δέ τινες καὶ κατὰ τὸν ἐπίτριτον καὶ κατὰ τὸν τριπλάσιον; Aristid.: σπάνιος δὲ χρῆσις αὐτοῦ (sc. τοῦ ἐπιτρίτου.)

3) Die 3 Normalrhythmen lassen auch continuirliche Composition zu. Es heisst von ihnen Aristox. p. 36, 10 τῶν δὲ ποδῶν τῶν καὶ συνεχῆ ῥυθμοποιίαν ἐπιδεχομένων τριὰ γένη ἐστί, τό τε δακτυλικὸν καὶ τὸ ἰαμβικὸν καὶ τὸ παιωνικον; fragm. Paris. §. 10: λόγοι δέ εἰσι ῥυθμικοὶ καθ' οὓς συνίστανται οἱ ῥυθμοὶ δυνάμενοι συνεχῆ ῥυθμοποιίαν ἐπιδέξασθαι τρεῖς, ἴσος, διπλασίων, ἡμιόλιος. Nach dieser zweiten Stelle, welche aus der ersten geschöpft ist, ist das vom Cod. Rom. überlieferte δεχομένων der ersten Stelle in ἐπιδεχομένων zu verbessern (cf. δυνάμενοι ἐπιδέξασθαι). So sagt Aristoxenus auch p. 30, 17 ἐπιδέχεσθαι. Der Sinn ist: die genannten Tacte gestatten, dass sie der ῥυθμοποιὸς auch συνεχῶς gebraucht. Was bedeutet nun aber: ein πούς kann συνεχῶς gebraucht werden? Dies ist ein auch bei den Metrikern üblicher Ausdruck. So sagt Hephaest. p. 34 von der Zulassung des Anapästs im Trimeter[3]): er solle von rechtswegen nur an den ungraden Stellen gebraucht werden, die Jambographen und Tragiker halten dies Gesetz fest: „ἰαμβοποιοὶ καὶ τραγῳδοποιοὶ οὐ συνεχῶς κέχρηνται,“ die Komiker aber befolgen es nicht „εὑρίσκεται παρὰ τοῖς κομικοῖς συνεχῶς ὁ ἀνάπαιστος“ z. B.

Pherecrat. Metall. 1, 9 παρὰ τοῖς ποταμοῖς σίζοντ' ἐκέχυντ' ἀντ' ὀστράκων.

Aves 108 ποδαπὼ τὸ γένος δ'; ὅθεν αἱ τριήρεις αἱ καλαί.

Vesp. 979 κατάβα, κατάβα, κατάβα, κατάβα, καταβήσομαι.

Man sagt also von dem Anapäst des Trimeters, er wird οὐ συνεχῶς gebraucht, wenn er nur an den ungraden Stellen vorkommt, so dass also, wenn in Einem Trimeter 2 Anapäste vorkommen, diese durch einen anderen Fuss getrennt sind; —

---

3) Dass Hephaestion hier nicht ganz Recht hat, darauf brauchen wir hier keine weitere Rücksicht zu nehmen; es kommt hier lediglich auf die Bedeutung des Wortausdruckes an.

man sagt dagegen, er wird συνεχῶς gebraucht, wenn zwei oder mehrere Anapäste unmittelbar auf einander folgen können[4]).

In demselben Sinne wie hier (also nicht etwa von stichischer Composition) haben wir das συνεχῶς für den Gebrauch der 5 πόδες ῥυθμικοί zu verstehen. D e r s e l b e d i p l a s i s c h e o d e r d e r s e l b e i s o r r h y t h m i s c h e , o d e r d e r s e l b e h e m i o l i - T a c t k a n n m e h r m a l s h i n t e r e i n a n d e r w i e d e r h o l t w e r d e n , o h n e d a s s e i n a n d e r e r T a c t d a z w i s c h e n t r i t t , a b e r d e r t r i p l a s i s c h e π ο ὺ ς u n d e b e n s o d e r e p i t r i - t i s c h e π ο ὺ ς k a n n n i c h t u n m i t t e l b a r h i n t e r e i n a n d e r w i e d e r h o l t w e r d e n : z w i s c h e n 2 t r i p l a s i s c h e n u n d z w i s c h e n 2 e p i t r i t i s c h e n π ό δ ε ς m u s s i m m e r e i n a n - d e r e r π ο ὺ ς i n d e r M i t t e s t e h n .

Wollte man den Metrikern folgen, so würde man den Amphibrachys und die viersilbigen Epitrite, als den metrischen Ausdruck des triplasischen und epitritischen Geschlechtes ansehn, aber es wird sich leicht zeigen, dass wir ihnen nicht folgen können. Die Metriker reden in ihrem Abschnitte *de pedibus* von den 5 Rhythmengeschlechtern; sie stellen nach einer Art von Variationsrechnung eine Scala der metrischen Füsse auf: 4 δισύλλαβοι, 8 τρισύλλαβοι, 16 τετρασύλλαβοι, 32 πεντασύλλαβοι, 64 ἑξασύλλοβοι, summa summarum 124. Diese Füsse ordnen sie mit Hinweglassung der πεντασύλλαβοι und ἑξασύλλαβοι den 5 Rhythmengeschlechtern unter, wobei 10 *pedes* auf das γένος ἴσον, 6 auf das διπλάσιον, 1 auf das τριπλάσιον und 4 auf das ἐπίτριτον kommen. Sämmtliche Metriker, welche diese Theorie überliefern, stimmen so sehr unter sich überein, dass es keine Frage sein kann, sie gehen auf ein und dieselbe Quelle zurück, Mar. Victorinus 2485, Terent. Maur. 1359, Diomed. 471, fragm. ap. Gaisford script. latin. rei metricae p. 577, fragm. Ambros. περὶ ποδῶν, schol. Heph. p. 163 (cf. Draco p. 130). Diese Quelle ist nun keine andere, als jener obenbesprochene griechische Metriker aus der Kaiserzeit, welcher von den nothwendigsten Grundbegriffen der Rhythmik so wenig weiss, dass er jeden

---

4) Von Versen gebraucht, bedeutet ἐν συνεχείᾳ κεχρημένον die stichische Composition, das Gegentheil ist διεσπαρμένως κεχρημένον Heph. 95.

ersten rhythmischen Abschnitt eines Fusses, mag es ein schwerer
oder leichter Tacttheil sein, ἄρσις, jeden zweiten Abschnitt θέσις
nennt, eine Terminologie, die, so verkehrt sie ist, in allen den
bezeichneten Stellen consequent durchgeführt ist. Es ist längst
bekannt, dass nicht blos die fünf- und sechssylbigen, sondern
auch manche der kürzeren Füsse auf blosser Theorie beruhen.
Dies gilt unter den dreisylbigen von dem Amphibrachys, den
weder die Metriker noch die Rhythmiker jemals zur Messung
benutzt haben, nicht einmal für den kurz anlautenden Proso-
diacus und Parömiacus ⏑–⏑⏑–⏑⏑ und ⏑–⏑⏑–⏑⏑–, bei denen einer
Zerlegung in Amphibrachen Nichts im Wege gestanden hätte.
Nichtsdestoweniger wird dieser durch die Theorie fingirte Fuss
einem der 5 Rhythmengeschlechter untergeordnet: da er nicht,
wie die übrigen dreisylbigen Füsse eine diplasische oder hemiolische διαίρεσις gestattet, sondern nur die Zerlegung 1 + 3 oder
3 + 1, so wird er dem γένος τριπλάσιον zugewiesen. Mar. Vict.
2483. Kommt aber dieser Fuss in der Praxis nicht vor, so
kann natürlich auch die von den Metrikern statuirte triplasische
Messung desselben keine practische Gültigkeit haben; mit einem
Worte, die Existenz des rhythmischen πούς τριπλάσιος steht
fest, aber das Metrum, welches nach diesem Tacte gemessen wird,
kann nicht das tribrachische sein, weil dieses überhaupt nicht
existirt.

Aus drei Längen und einer Kürze liessen sich 4 verschiedene Füsse zusammensetzen: ⏑–––, –⏑––, ––⏑–, –––⏑;
die 4 Silben gestatteten die διαίρεσις 3 + 4 oder 4 + 3. Man
wies sie dem in der Rhythmik gültigen epitritischen Geschlecht
an, und nannte sie desshalb ἐπίτριτοι. Auch sie bestehn blos
in der Theorie, ohne in der Praxis der Metriker Anwendung zu
finden, obgleich die bei den Metrikern so sehr beliebte 4silbige
Abtheilung der Metra der Anwendung des Epitrits im höchsten
Grade förderlich war. Epitritisch hätte sich messen lassen z. B.

Av. 629 ἐπαυχήσας δὲ τοῖσι σοῖς λόγοις
⏑–⏑– | ⏑–⏑⏑ | ⏑–

ähnlich Orest. 998, aber die Metriker nehmen hier keine Epitriten an, sondern eine anapästische Dipodie mit kurzen Anlaut,
cf. schol. ad h. l. Da indess die Praxis der Metriker wenigstens
den zweiten und dritten Epitrit nicht völlig ausschliesst, so

müssen wir die Möglichkeit offen lassen: Wenngleich das *γένος τριπλάσιον* der Rhythmiker nicht der triplasische Amphibrachys der Metriker sein kann, so kann doch vielleicht das *γένος ἐπίτριτον* der Rythmiker mit dem Epitrit der Metriker identisch sein. Es kommt darauf an, ob das von den Rhythmikern als Eigenthümlichkeit des epitritischen Geschlechts Angegebene auf den metrischen Epitrit Anwendung findet.

1) Der rhythmische Epitrit lässt keine continuirliche Composition zu, kann nicht *συνεχῶς* gebraucht werden, der metrische Epitrit ist aber gerade ein Versfuss, der mit Vorliebe wiederholt wird und der *συνεχής ῥυθμοποιία* vor allem genehm ist. Er wird 7 mal wiederholt Hippolyt. 752:

κλεινὰς Ἀθή | νας, Μουνύχου δ᾽ | ἀκταῖσιν ἐκ | δήσαντο
πλεκ | τὰς πεισμάτων | ἀρχὰς ἐπ᾽ ἀ | πείρου τε γᾶς | ἔβασαν

Sophocl. Trach. 101 sechs Mal:

ἦ ποντίας | αὐλῶνος ἦ | δισσαῖσσιν ἀ | πείροις κλιταῖς | εἴτ᾽
ὦ κρατι | στενών κατ᾽ | ὄμμα.

Auch bei Pindar ist sechs- und fünfmalige Wiederholung sehr gewöhnlich. Ebenso in der Komödie. Equit. 293 ff. Man hat grosse Noth, so viele, unmittelbar auf einander folgende Jamben und Trochäen zu finden. Wie sollte es da nun kommen, dass Jambus und Trochäus zur *συνεχής ῥυθμοποιία* gerechnet werden, der Epitrit aber nicht? Auch wenn man *συνεχής ῥυθμοποιία* im Sinne der fortlaufenden Wiederholung desselben Verses und derselben Reihe fassen wollte (wozu aber die Berechtigung fehlt), so findet ebenfalls auf den metrischen Epitriten der Satz keine Anwendung, dass er von der *συνεχής ῥυθμοποιία* ausgeschlossen ist; denn er ist ja in den stichisch gebrauchten Trimetern und Tetrametern des jambischen und trochäischen Metrums mindestens ebensohäufig als die jambische oder trochäische Dipodie. Wir wiederholen also; der metrische Epitrit kann *συνεχῶς* gebraucht werden, der *πούς ἐπίτριτος* der Rhythmiker aber nicht, folglich können beide nicht identisch sein.

2) Es wird ferner von allen Rhythmikern, die von *πούς ἐπίτριτος* reden, ausdrücklich gesagt, dass er selten vorkam. Dieser Satz gilt aber keineswegs von den metrischen Epitriten. Ausser dem Dactylus, Spondeus und Anapäst ist kein Fuss häufiger als er. Er waltet vor im jambischen Trimeter, im jambi-

schen und trochäischen Tetrameter und in den Systemen beider
Metra. Er waltet ferner vor bei Pindar, dessen Rhythmopöie
dem Aristoxenus wohl bekannt ist und von ihm als Muster hingestellt wird: in der Hälfte der Epinikien bildet er hier das vor-
herrschende Metrum, und wie wir aus den Fragmenten ersehen,
war er in den übrigen Dichtungsarten Pindars, den Hymnen,
Threnen, Enkomien, Skolien, Dithyramben mit gleicher oder
noch mit grösserer Vorliebe gebraucht. Hieraus folgt wiederum,
dass der „nur selten vorkommende“ πούς ἐπίτριτος der Rhythmiker nicht mit den metrischen Epitriten identisch ist. Denn
wie hätte Aristoxenus einen Fuss selten nennen können, der so
ausserordentlich häufig ist?.

Bei der Annahme, dass die epitritischen Füsse der pindarischen Gedichte einen λόγος ἐπίτριτος gebildet hätten, bleibt
noch ein ferner Widerspruch mit den Angaben der Rhythmiker. Da sich nämlich die mit den Epitriten verbundenen Füsse
der 7 zeitigen epitritischen Messung nicht fügen, so müsste überall
eine μεταβολή κατὰ λόγον πυθικόν stattfinden. Dies widerstreitet
aber dem ethischen Charakter, den die Rhythmiker einem solchen
Tactwechsel beilegen. Die ῥυθμοὶ μεταβάλλοντες rufen im Ge-
müthe des Zuhörers bei jedem Tactwechsel gewaltige Gegensätze
hervor. Sie sind ταραχώδεις, φοβεροί, ὀλέθριοι. Aristid. p. 65, 6.
Die dactyloepitritischen Hymnen, Enkomien, Epinikien aber haben
ein ἦθος ἡσυχαστικόν, ᾧ παρέπεται ἠρεμότης ψυχῆς καὶ κατάστημα·
ἐλευθέριόν τε καὶ εἰρηνικόν Aristid. p. 30 Meib., Euclid. de
mus. 21, es kann also in ihnen keine μεταβολή stattfinden und
die Epitriten müssen hier anders als im 7zeitigen γένος ἐπίτριτον gemessen werden.

Aus dem Allen ergiebt sich mit Nothwendigkeit: sowenig
wie der ῥυθμὸς τριπλάσιος dem τρίβραχυς, ebensowenig gehört
der ῥυθμὸς ἐπίτριτος den 4 silbigen Epitriten an. Wenn die
Metriker diese Füsse in ihrer Scala der pedes den genannten
Rhythmengeschlechtern unterordnen, so hat dies ebensowenig
practische Bedeutung, wie wenn sie die Silbenverbindungen ——,
——, ——— dem päonischen Rhythmus zuweisen.

Unser Resultat war bisher ein negatives. Sollen wir die
practische Anwendung der secundären Rhythmengeschlechter bestimmen, so können wir dieses nur so, dass wir nicht blos den

ποὺς ἐπίτριτος ἑπτάσημος, sondern auch den von Aristides zugleich mit aufgeführten ποὺς ἐπίτριτος τεσσαρεςκαιδεκάσημος seine Stelle anweisen. Dies kann erst bei der Rhythmopöie geschehen.

§ 7. Ῥυθμοὶ ὀρθοὶ und δόχμιοι.

An dieser Stelle haben wir nun schliesslich noch von einer Eintheilung der Rhythmen in ὀρθοί und δόχμιοι zu sprechen, welche sich Etym. Magn. p. 285 und Schol. Heph. p. 60 findet. Beide Stellen sind aus derselben Quelle geschöpft, aber eine jede von ihnen gibt den Text corrupt und interpolirt.

Schol. Hephaest.

Οἱ μέντοι μετρικοὶ τὸ πᾶν μέτρον ὡς μίαν συζυγίαν λαμβάνοντες δοχμιακὸν ὀνομάζουσι διὰ τὴν τοιαύτην αἰτίαν. οἱ προειρημένοι ῥυθμοὶ, ἴαμβος παίων ἐπίτριτος ὀρθοὶ καλοῦνται, ἐν ἰσότητι γὰρ κεῖνται, καθὸ ἕκαστος τῶν ἀριθμῶν μονάδι πλεονεκτεῖται, ἢ γὰρ μονάς ἐστι πρὸς δυάδα, ἢ δυὰς πρὸς τριάδα, ἢ τριὰς πρὸς τετράδα, τουτέστι μακρὸς χρόνος πρὸς βραχείας ὡς ἐν τῷ δακτύλῳ τυχόν, μονὰς πρὸς δυάδα·

ἐν δὲ τῷ δοχμίῳ ἐπίτριτός ἐστι καὶ συλλαβὴ, εὑρίσκεται οὖν ἡ διαίρεσις τριὰς πρὸς πεντάδα οὐκέτι ὀρθή. οὗτος οὖν ὁ ῥυθμὸς οὐκ ἠδύνατο ὄρθιος καλεῖσθαι, ἐπεὶ μονάδι πλεονεκτεῖται, ἐκλήθη οὖν δόχμιος, ἐν ᾧ τὸ

Etym. Magn.

Πολλὰ ῥυθμῶν ὀνόματα καὶ ἄλλα, ἀτὰρ δὴ καὶ ταῦτα, ἴαμβος, ἰαμβικός, δάκτυλος, δακτυλικός, παίων, ἐπίτριτος. οὗτοι μὲν οὖν ὀρθοὶ εἰσιν ῥυθμοί, ἐν ἰσότητι γὰρ κεῖνται

ἡ γὰρ μονὰς πρὸς δυάδα, ἡ δυὰς πρὸς τριάδα, ἡ τριὰς πρὸς τριάδα·

ἡ τριὰς πλεονεκτεῖται μονάδος ·
ἐν τῷ δοχμιακῷ τριάς ἐστι πρὸς πεντάδα καὶ δυὰς ἡ πλεονεκτοῦσα.

οὗτος οὖν ὁ ῥυθμὸς οὐκ ἠδύνατο καλεῖσθαι ὀρθὸς,

ἐκλήθη τοίνυν δοχμιακός ἐν

τῆς ἀνισότητος μεῖζον ἢ κατὰ τὴν εὐθεῖαν κρίνεται.

ἐνταῦθα οὖν δόχμιον ῥυθμὸν φησὶν ἴαμβον καὶ παίωνα πρῶτον, τουτέστιν ἐκ βραχείας καὶ μακρᾶς καὶ μακρᾶς καὶ τριῶν βραχειῶν, τινὲς γὰρ οὕτω μετροῦσι.

ᾧ τὸ τῆς ἀνισότητος μεῖζον κατὰ τὴν εὐθεῖαν κρίνεται, καὶ τὸ μέτρον οὖν δοχμιακὸν ὡς ἐμπιπτόντων ἐν αὐτῷ τῶν ὀκτὼ χρόνων

Aus diesen beiden Stellen ist nun der ursprüngliche Text folgendermassen herzustellen:

Οἱ προειρημένοι ῥυθμοί, ἴαμβος, παίων, ἐπίτριτος, ὀρθοὶ καλοῦνται, ἐν ἰσότητι γὰρ κεῖνται, καθ᾽ ὃ ἕκαστος τῶν ἀριθμῶν μονάδι πλεονεκτεῖται, ἢ γὰρ μονάς ἐστι πρὸς δυάδα, ἢ δυὰς πρὸς τριάδα, ἢ τριὰς πρὸς τετράδα. ἐν δὲ τῷ δοχμίῳ τριάς ἐστι πρὸς πεντάδα καὶ δυὰς ἡ πλεονεκτοῦσα. οὗτος οὖν ὁ ῥυθμὸς οὐκ ἠδύνατο καλεῖσθαι ὀρθός, ἐπεί οὐ μονάδι πλεονεκτεῖται. ἐκλήθη τοίνυν δόχμιος, ἐν ᾧ τὸ τῆς ἀνισότητος μεῖζον ἢ κατὰ τὴν εὐθεῖαν κρίνεται.

Diese Eintheilung beruht auf Folgendem. Die Rythmen, in welchen die beiden χρόνοι ποδικοί nur um eine μονάς differiren, der diplasische, hemiolische und epitritische, $1+2$, $2+3$, $3+4$. nähern sich der ἰσότης (ungenau ist gesagt ἐν ἰσότητι κεῖνται), κατὰ τὴν εὐθεῖαν κρίνονται und heissen deshalb ὀρθοί. Das Verhältnis der beiden χρόνοι ποδικοί ist hier überall der von den Mathematikern sogenannte λόγος ἐπιμόριος, $\dfrac{x+1}{x}$ (vgl. Nicomach. arithm. 1, 19. 20) und deshalb kommt für diese Tacte auch der Name πόδες ἐπιμόριοι vor Aristid. 64, 2, Porphyr. ad Ptol. 241. freilich so, dass hier der πους διπλάσιος, weil dessen λόγος ποδικὸς auch durch das Verhältnis $\dfrac{2x}{x}$ ausgedrückt werden kann, nicht als ἐπιμόριος angesehen wird.

Die Rhythmen dagegen, in welchen die beiden χρόνοι um mehr als eine μονάς differiren und also in dem von den Mathematikern sogenannten λόγος ἐπιμερὴς $\dfrac{x + 1 + n}{x}$ stehen, heissen

die ungeraden, schrägen, δόχμιοι. Dahin gehört der δόχμιος
ὀκτάσημος ◡ – – ◡ –, der von den Rythmikern so zerfällt wird

$$\underset{3}{\widetilde{– –}} \Big| \underset{5}{\widetilde{– ◡ –}}$$

und dessen λόγος ποδικὸς also in $^5/_3$ besteht, — dahin müssen
wir auch den ποὺς τριπλάσιος mit dem λόγος ποδικὸς $^3/_1$ rechnen (nach derselben Norm, wonach der ποὺς διπλάσιος mit dem
λόγος ποδικὸς $^2/_1$ zu den ὀρθοί gerechnet wird). Die Definition
ἐκλήθη τοίνυν δόχμιος, ἐν ᾧ τὸ τῆς ἀνισότητος μεῖζον ἢ κατὰ τὴν
εὐθεῖαν κρίνεται gibt zugleich die Erklärung von Aristides Worten p. 39: δόχμιοι δὲ ἐκαλοῦντο διὰ τὸ ποικίλον καὶ ἀνόμοιον καὶ
μὴ κατ' εὐθὺ θεωρεῖσθαι τῆς ῥυθμοποιίας· κατ' εὐθὺ τῆς ῥυθμοποιίας θεωρεῖσθαι ist dasselbe wie κατὰ τὴν εὐθεῖαν κρίνεται.
Was unter der zweiten Art des Dochmius in der Stelle des Aristides zu verstehn sei, vermag ich nicht zu sagen, vielleicht
liegt hier ein Fehler der Handschrift vor. — Wohin gehört nun
nach dieser Auffassung der ποὺς ἴσος? Sicherlich zu denen
welche ἐν ἰσότητι κεῖνται, also zu den ὀρθοί, auch wenn er in
den beiden von dieser Eintheilung handelnden Stellen nicht genannt ist. Somit ergibt sich folgende Classification der Ryth-
mengeschlechter:

A. Ῥυθμοὶ ὀρθοί.

Ῥυθμὸς ἴσος

Ῥυθμοὶ ἐπιμόριοι

ῥυθμ. διπλάσιος

ῥυθμ. ἡμιόλιος

ῥυθμ. ἐπίτριτος, nicht συνεχῶς zu gebrauchen.

B. Ῥυθμοὶ δόχμιοι.

(Ῥυθμοὶ ἐπιμερεῖς).

ῥυθμ. δόχμιος ὀκτάσημος

ῥυθμ. τριπλάσιος, nicht συνεχῶς zu gebrauchen.

Ob diese Eintheilung schon dem Aristoxenus bekannt war,
lässt sich jetzt nicht mehr ermitteln. Aristides rechnet die δόχμιοι zu den ῥυθμοὶ σύνθετοι (vgl. § 19), aber die von ihm gegebene Definition oder vielmehr Namenserklärung setzt bereits
die Grundlage jener Eintheilung voraus.

Viertes Kapitel.

Der Tactumfang.

(διαφορὰ κατὰ μέγεϑος.)

§. 8.

Innerhalb der Rhythmengeschlechter unterscheiden sich die einzelnen Tacte durch ihre Grösse, ihre Ausdehnung, durch das μέγεϑος ποδός Aristox. p. 35, 18. 30, 14 ff. Psell. p. 77, 18. Frgm. Paris. p. 79, 20. Aristid. p. 51, 4. 52, 9. Das einheitliche Maass für das μέγεϑος ist der χρόνος πρῶτος, d. h. dasjenige Zeitmoment, welches von der Rhythmopöie nicht weiter in kleinere Zeitmomente zerlegt werden kann, nicht in zwei Silben, nicht in zwei Töne u. s. w. Aristox. p. 39, 13. Aristid. 49, 5. Von der practischen Bedeutung des χρόνος πρῶτος für die Rhythmopöie ist später zu handeln, für jetzt dient er uns bloss als Einheit des Zeitmaasses. Ein absolutes Zeitmaass ist er nicht; seine längere oder kürzere Dauer ist durch die ἀγωγή oder das Tempo bedingt und lässt somit eine fast unendliche Modification zu Aristox. ap. Porphyr. l. l. Aber bei gleichem Tempo hat er eine feste Zeitdauer im Verhältnisse zu den übrigen (rationalen) Silben und Tönen, indem diese ein Multiplum von ihm sind. Die Randglosse zu Aristoxenus p. 31, 6 im Cod. Venet. bezeichnet ihn auch durch σῆμα; einige Rhythmiker sagten dafür σημεῖον. Longin. ad Hephaest. 147 ὅν τινες τῶν ῥυϑμικῶν σημεῖον προσαγορεύουσιν. Und dieser Name findet sich in der That bei Aristid. p. 49, 4 und Quintil. instit. 9, 4. Die Römer sagten tempus Mar. Vict. 2486 (de pedibus): Σημεῖον autem veteres χρόνον i. e. tempus non absurde dixerunt ...; bei den Griechen sollen auch die Ausdrücke χρόνος und μέτρον gebraucht worden sein. Longin. l. l., Quint. l. l.

Jede Zeitgrösse, sie mag aus einer oder mehreren Silben oder Tönen bestehen, wird nach der Zahl der χρόνοι πρῶτοι, die sie umfasst, als μέγεϑος δίσημον, τρίσημον, τετράσημον, πεντάσημον u. s. w. bezeichnet. In gleicher Wortbildung wird der χρόνος πρῶτος auch μονόσημος genannt Victorin. 2484. Die Metriker sagen auch $\delta i\chi\varrho ovov$, $\tau\varrho i\chi\varrho ovov$ u. s. w. Unter den Sylben des Metrums entspricht dem $\chi\varrho ovo\varsigma$ $\pi\varrho\tilde\omega\tau o\varsigma$ die Kürze; die gewöhnliche Länge oder ihre Auflösung, die Doppelkürze, ist ein $\chi\varrho ovo\varsigma$ $\delta i\sigma\eta\mu o\varsigma$, der Jambus, Trochäus und deren Auflösung, der Tribrachys, hat ein $\mu\acute\varepsilon\gamma\varepsilon\vartheta o\varsigma$ $\tau\varrho i\sigma\eta\mu ov$. Dies sagt z. B. Mar. Victorin in dem Kapitel *de rhythmo* p. 2484: *monosema i. e. unius temporis arsis ad disemon thesin comparatur: etenim iambus a brevi syllaba incipit, quae est unius temporis et in longam desinit, quae est temporum duorum.*

Da der Jambus der kleinste ungerade Tact und überhaupt von allen vorkommenden Tacten der kleinste ist und daher mit unserem $^3/_8$ - Tacte als dem kleinsten bei uns vorkommenden Tacte zusammenfällt, so folgt, dass der $\chi\varrho ovo\varsigma$ $\pi\varrho\tilde\omega\tau o\varsigma$ dem Achtel unserer modernen Rhythmik entspricht. Unser Viertel ist ein $\delta i\sigma\eta\mu o\varsigma$, unsere halbe Note ein $\tau\varepsilon\tau\varrho\acute\alpha\sigma\eta\mu o\varsigma$. Ich sehe nicht ein, weshalb Feussner den $\chi\varrho ovo\varsigma$ $\pi\varrho\tilde\omega\tau o\varsigma$ unserer Sechszehntel-Note gleichstellt und hiernach den $\delta i\sigma\eta\mu o\varsigma$ unserem Achtel, den $\tau\varepsilon\tau\varrho\acute\alpha\sigma\eta\mu o\varsigma$ unserem Viertel u. s. w. Hierbei muss man sich indessen immer daran erinnern, dass, wie wir schon bemerkten, der $\chi\varrho ovo\varsigma$ $\pi\varrho\tilde\omega\tau o\varsigma$, $\delta i\sigma\eta\mu o\varsigma$, $\tau\varepsilon\tau\varrho\acute\alpha\sigma\eta\mu o\varsigma$ u. s. w., eben so wenig wie unsere Achtel-, Viertel- und halbe Note, einen absoluten Zeitwerth haben, sondern erst durch das Tempo bestimmt werden.

Ueber das $\mu\acute\varepsilon\gamma\varepsilon\vartheta o\varsigma$ der in der $\sigma vv\varepsilon\chi\acute\eta\varsigma$ $\acute\varrho v\vartheta\mu o\pi o\iota\alpha$ (vgl. S. 112) zugelassenen Tacte sagt Aristoxenus in seinem Kapitel von der $\delta\iota\alpha\varphi o\varrho\grave\alpha$ $\varkappa\alpha\tau\grave\alpha$ $\mu\acute\varepsilon\gamma\varepsilon\vartheta o\varsigma$ p. 36, 9 zunächst, dass das $\mu\acute\varepsilon\gamma\varepsilon\vartheta o\varsigma$ $\delta i\sigma\eta\mu ov$ wegen zu geringer Ausdehnung keinen Tact bilden könne, $\pi\alpha v\tau\varepsilon\lambda\tilde\omega\varsigma$ $\ddot\alpha v$ $\H\varepsilon\chi o\iota$ $\pi v\varkappa v\grave\eta v$ $\tau\grave\eta v$ $\pi o\delta\iota\varkappa\grave\eta v$ $\sigma\eta\mu\alpha\sigma i\alpha v$. Die $\sigma\eta\mu\varepsilon\tilde\iota\alpha$ ($\vartheta\acute\varepsilon\sigma\iota\varsigma$ und $\ddot\alpha\varrho\sigma\iota\varsigma$) würden zu rasch aufeinander folgen: ‿ ‿ ‿ ‿ ‿ ‿.

Es ist interessant, wie sich Aristoxenus dem von ihm gebrauchten Ausdrucke zufolge auch hier an die äussere Praxis des Tactirens hält, denn $\sigma\eta\mu\alpha\sigma i\alpha$ ist eben die Bezeichnung der $\chi\varrho ovo\iota$ durch das Tactiren. Auch schol. Hephaest. p. 157 schliesst das $\delta i\sigma\eta\mu ov$ $\mu\acute\varepsilon\gamma\varepsilon\vartheta o\varsigma$ aus der Zahl der Tacte aus, indem es vom Pyrrhichius sagt: $o\H v\tau o\varsigma$ $\delta\grave\varepsilon$ $\varkappa\alpha\tau\grave\alpha$ $\pi\acute o\delta\alpha$ $\mu\grave\varepsilon v$ $o\grave v$ $\beta\alpha i v\varepsilon\tau\alpha\iota$ $\delta\iota\grave\alpha$ $\tau\grave o$ $\varkappa\alpha\tau\acute\alpha\pi v\varkappa v ov$ $\gamma i v\varepsilon\sigma\vartheta\alpha\iota$ $\tau\grave\eta v$ $\beta\acute\alpha\sigma\iota v$ $\varkappa\alpha\grave\iota$ $\sigma v\gamma\chi\varepsilon\tilde\iota\sigma\vartheta\alpha\iota$ $\tau\grave\eta v$ $\alpha\H\iota\sigma\vartheta\eta\sigma\iota v$. Anders Aristides, der das $\delta i\sigma\eta\mu ov$ $\mu\acute\varepsilon\gamma\varepsilon\vartheta o\varsigma$ als kleinsten daktylischen Fuss gelten lässt, p. 35: $\tau\grave o$ $\mu\grave\varepsilon v$ $o\grave\H v$ $\H\iota\sigma ov$ $\ddot\alpha\varrho\chi\varepsilon\tau\alpha\iota$ $\mu\grave\varepsilon v$ $\grave\alpha\pi\grave o$

διϑήμου, p. 36: ἐν τῷ δακτυλικῷ γένει ... ἁπλοῦς προκελευσματικὸς βραχείας ϑέσεως καὶ βραχείας ἄρσεως, weil er den Ionikus in einen zweizeitigen Pyrrhichius (auch Proceleusmaticus genannt) und einen vierzeitigeñ Spondeus zerlegt p. 55, 7: Ἰωνικὸς ... ἐξ ἁπλοῦ σπονδείου καὶ προκελευσματικοῦ δισήμου. Auch bei der Zerlegung anderer πόδες σύνϑετοι komml nach Aristides der Pyrrhichius vor, z. B. bei dem Prosodiakos p. 59, 9. Martian. Capella p. 193 fand in seinem Exemplare des Aristides ein Scholion, welches auf die Doctrin des Aristoxenus Rücksicht nahm: *proceleusmaticus disemus συνεχής vocatur, quia ipsa assiduitas et frequentia comprehendentis se invicem syllabae nec magnitudinem aliquam nec modum divisae potestatis extendit, ideoque eo raro uti decet, ne assiduitas brevis syllabae carmen ipsum quod cum dignitate aliqua proferri oportet. incidat.* — Hat nun aber Aristoxenus den ποὺς δίσημος ganz und gar aus der Rhythmik ausgeschlossen, oder mit anderen Worten, will er sagen, dass er in der Praxis der Rhythmiker ganz und gar nicht vorkommt? Die oben angeführte Stelle sagt nur, dass er in der συνεχὴς ῥυϑμοποιία nicht gebraucht wird; ob er überhaupt nicht vorkommt, ist eine weiter unten im Kapitel von der Rhythmopöie zu behandelnde Frage.

Aristoxenus lässt an der Stelle, wo er die μεγέϑη behandelt, nur solche Tacte zu, welche einem der drei primären Rhythmengeschlechter angehören[1]), also nur solche Tacte, welche sich dergestalt in zwei Abschnitte sondern lassen, dass sich diese ihrer Grösse nach verhalten wie 1 : 1 oder 1 : 2 oder 2 : 3. Alle, welche diese Gliedernng nicht gestatten, sind als arrhythmisch ausgeschlossen. Zulässig sind das τρίσημον μέγεϑος, denn dies gestattet diplasische oder jambische Gliederung (1 + 2), das τετράσημον (isorrhythmische oder daktylische Gliederung 2 + 2), das πεντάσημον (hemiolische oder päonische Gliederung 2 + 3), das ἑξάσημον (diplasische Gliederung 2 + 4 oder isorrhythmische Gliederung 3 + 3), das ὀκτάσημον (isorrhythmische Gliederung 4 + 4). Ausgeschlossen dagegen aus der Zahl der zulässigen Tacte ist das ἑπτάσημον μέγεϑος, da hier weder eine

---

1) Aristides, hiervon abweichend, zählt bei den μεγέϑη auch die epitritischen Tacte mit auf, deren es zwei gibt, einen ἑπτάσημος (in der Gliederung 3 + 4) und einen τεσσαρεσκαιδεκάσημος (in der Gliederung 6 + 8).

isorrhythmische, noch diplasische, noch hemiolische Gliederung
möglich ist. Hiernach lässt sich für jedes $\mu\epsilon\gamma\epsilon\vartheta o\varsigma$ bestimmen,
ob es rhythmisch ist oder nicht, und die mit dem $\mu\epsilon\gamma\epsilon\vartheta o\varsigma$ $\delta\varkappa\tau\alpha$-
$\sigma\eta\mu o\nu$ abbrechende Darstellung des Aristoxenus ist auf diese
Weise mit Sicherheit zu ergänzen. Rhythmisch ist das $\mu\epsilon\gamma\epsilon$-
$\vartheta o\varsigma$ $\epsilon\nu\nu\epsilon\acute{\alpha}\sigma\eta\mu o\nu$ (3 + 6 diplasisch), das $\delta\epsilon\varkappa\acute{\alpha}\sigma\eta\mu o\nu$ (4 + 6
hemiolisch), das $\delta\omega\delta\epsilon\varkappa\acute{\alpha}\sigma\eta\mu o\nu$ (6 + 6 isorrhythmisch oder 4
+ 8 diplasisch), das $\pi\epsilon\nu\tau\epsilon\varkappa\alpha\iota\delta\epsilon\varkappa\acute{\alpha}\sigma\eta\mu o\nu$ (6 + 9 hemiolisch
oder 5 + 10 diplasisch), das $\epsilon\varkappa\alpha\iota\delta\epsilon\varkappa\acute{\alpha}\sigma\eta\mu o\nu$ (8 + 8 isorrhythmisch), — arrythmisch aber ist das $\mu\epsilon\gamma\epsilon\vartheta o\varsigma$ $\epsilon\nu\delta\epsilon\varkappa\acute{\alpha}\sigma\eta\mu o\nu$,[1])
$\tau\rho\iota\sigma\varkappa\alpha\iota\delta\epsilon\varkappa\acute{\alpha}\sigma\eta\mu o\nu$, $\tau\epsilon\sigma\sigma\alpha\rho\epsilon\sigma\varkappa\alpha\iota\delta\epsilon\varkappa\acute{\alpha}\sigma\eta\mu o\nu$, $\epsilon\pi\tau\alpha\varkappa\alpha\iota$-
$\delta\epsilon\varkappa\acute{\alpha}\sigma\eta\mu o\nu$ u. s. w. Dies ist nicht anders wie in der moder-
nen Rhythmik auch, es gibt einen $^6/_8$-, $^9/_8$-, $^{12}/_8$-, und wenn
man die fünfgliederigen Tacte gelten lassen will, auch einen $^6/_8$-,
$^{10}/_8$-, $^{15}/_8$-Tact, aber keinen $^7/_8$-, $^{11}/_8$-, $^{13}/_8$-, $^{14}/_8$-Tact u. s. w.
Dass diese Erweiterung der Tactgrösse im fragm. Paris. §. 12
$\alpha\gamma\omega\gamma\acute{\eta}$ genannt wird, darüber s. unten.

Aber bis zu welchem Umfange kann sich das $\mu\epsilon\gamma\epsilon\vartheta o\varsigma$ erstrecken? Wie viele $\chi\rho\acute{o}\nu o\iota$ $\pi\rho\widetilde{\omega}\tau o\iota$ lassen sich zu einem Tacte
vereinigen, oder, was dasselbe ist, einem einzigen rythmischen
Hauptictus unterwerfen? Hierüber besitzen wir die genauen Angaben der Rhythmiker. Aristox. ap. Psell. 37, 18 und fragm.
Parisin. p. 79, 20, Aristid. p. 52, 9 und in der Uebersetzung
des Martianus Capella p. 52. Wir bemerken hierbei, dass frgm.
Paris. vollständiger excerpirt hat, als der uns vorliegende Text
des Psellus; wir haben den letzteren nach dem ersteren ergänzt.

Die Ausdehnung der $\mu\epsilon\gamma\epsilon\vartheta\eta$ ist eine verschiedene, je nachdem der Tact ein isorrhythmischer, diplasischer oder hemioli-
scher ist, oder, wie wir sagen, ein gerader oder ein ungerader
drei- oder fünftheiliger Tact ist. Wir lassen die Angaben der
Alten mit eigenen Worten folgen, wobei wir die Stellen des Aristides und die bei Psell. und frgm. Paris. erhaltenen Stellen des
Aristoxenus combiniren.

1) „Der $\mu\epsilon\gamma\iota\sigma\tau o\varsigma$ $\pi o\grave{\upsilon}\varsigma$ des $\gamma\epsilon\nu o\varsigma$ $\check{\iota}\sigma o\nu$ oder $\delta\alpha\varkappa\tau\upsilon$-
„$\lambda\iota\varkappa\grave{o}\nu$ ist der $\epsilon\varkappa\varkappa\alpha\iota\delta\epsilon\varkappa\acute{\alpha}\sigma\eta\mu o\varsigma$, das vierfache $\mu\epsilon\gamma\epsilon$-
„$\vartheta o\varsigma$ des kleinsten (vierzeitigen) isorrhythmischen

---

1) Das verdorbene $\epsilon\nu\delta\epsilon\varkappa\acute{\alpha}\sigma\eta\mu o\varsigma$ Anonym. de mus. p. 73 §. 96 ist
in $\delta\omega\delta\epsilon\varkappa\acute{\alpha}\sigma\eta\mu o\varsigma$ zu verändern.

„Tactes, denn wir sind unfähig, grössere Reihen
„dieser Art zu überschauen.

2) „Ein πούς διπλάσιος oder ίαμβικὸς (ein dreithei-
„liger Tact) umfasst in seiner grössten Ausdehnung
„18 Moren, so dass der grösste Tact dieses Rhyth-
„mengeschlechtes sechsmal so gross ist, wie der
„kleinste (der τρίσημος); denn über diese Moren-
„zahl hinaus lässt sich eine Reihe nicht mehr als
„Einheit fassen.

3) „Der grösste πούς ἡμιόλιος oder παιωνικὸς
„(fünftheiliger Tact) enthält 25 Moren, so dass er
„das fünffache μέγεθος des kleinsten zu diesem
„Rhythmengeschlechte gehörenden Tactes (des πεν-
„τάσημος) beträgt; denn nur bis zu dieser Ausdeh-
„dehnung kann eine derartige Reihe von unserem
„Gefühle überschaut werden."

Dies sind die eigenen Worte der alten Rhythmiker, in aller

Πούς τρίσημ. διπλ.	$\frac{3}{8}$	♪♪♪ ▮
τετράσημος ίσος	$\frac{2}{4}$	♪♪♪♪
πεντάσημος ἡμιόλ.	$\left(\frac{5}{8}\right)$	♪♪♪♪♪
ἑξάσημος ίσος	$\frac{6}{8}$	♪♪♪♪♪♪
ἑξάσημ. διπλάσιος	$\frac{3}{4}$	♪♪♪♪♪♪
ὀκτάσημος ίσος	$\frac{4}{4}$	♪♪♪♪♪♪♪♪
ἐννεάσημος διπλ.	$\frac{9}{8}$	♪♪♪♪♪♪♪♪♪
δεκάσημος ἡμιόλιος	$\left(\frac{5}{4}\right)$	♩♩♩♩♩
δεκάσημος ίσος	$\left(\text{zwei } \frac{5}{8}\right)$	♪♪♪♪♪♪♪♪♪♪
δωδεκάσημος ίσος	$\begin{cases}\frac{12}{8}\\[2pt]\frac{6}{4}\end{cases}$	♪♪♪♪♪♪♪♪♪♪♪♪

Schärfe und Bestimmtheit ausgesprochen; es würde nichts anderes sein als eine gewaltsame Abweisung der uns durch die glückliche Erhaltung der Fragmente dargebotenen Kunde, wenn wir an jenen Sätzen mäkeln wollten. Uns bleibt nichts anderes übrig, als uns dem gebotenen Materiale willig zu fügen.

In der antiken Rhythmik gab es hiernach 17 verschiedene Tacte (2 davon in je zweifacher Form, also im Ganzen 19), von denen ein jeder einmal nach seiner Morenzahl als τρίσημος, τετράσημος u. s. w. und sodann nach seinem Rhythmengeschlechte als ἴσος, διπλάσιος, ἡμιόλιος, oder, was dasselbe ist, als δακτυλός, ἰαμβικός, παιωνικὸς bezeichnet wurde. Wir geben in dem folgenden ein Verzeichniss dieser Tacte, indem wir sie sowohl durch Noten als auch durch die Sylben der λέξις bezeichnen. Für alle diejenigen von diesen Tacten, welchen gebräuchliche analoge Tacte der modernen Musik zur Seite stehen, setzen wir zugleich die übliche moderne Bezeichnung hinzu; für diejenigen, bei denen dies nicht der Fall ist, setzen wir den entsprechenden modernen Ausdruck in einer Klammer hinzu.

ποὺς τρίσημος διπλάσιος	– | ˘ 2 | 1
τετράσημος ἴσος	– | ˘ ˘ 2 | 2
πεντάσημος ἡμιόλιος	˘˘ ˘ | ˘˘ 3 | 2
ἑξάσημος ἴσος	– ˘ | – ˘ 3 | 3
ἑξάσημος διπλάσιος	– – | ˘ ˘ 4 | 2
ὀκτάσημος ἴσος	– ˘ ˘ | – ˘ ˘ 4 | 4
ἐννεάσημος διπλάσιος	– ˘ – ˘ | – ˘ 6 | 3
δεκάσημος ἡμιόλιος	– – | – – – 4 | 6
δεκάσημος ἴσος	– ˘ – | – ˘ – 5 | 5
δωδεκάσημος ἴσος	{ – ˘ – ˘ | – ˘ – ˘ 6 | 6 – – ˘ ˘ | – – ˘ ˘ 6 | 6 }

δωδεκάσημος διπλάσιος	$\frac{3}{2}$	(notation)
πεντεκαιδε- κάσ. διπλάσιος	(drei $\frac{5}{8}$)	(notation)
πεντεκαιδε- κάσ. ἡμιόλιος	(fünf $\frac{3}{8}$)	(notation)
ἑκκαιδεκάση- μος ἴσος	zwei $\frac{4}{4}$	(notation)
ὀκτωκαιδεκάσ. διπλάσιος	(drei $\frac{6}{8}$) ($\frac{9}{4}$)	(notation)
εἰκοσάσημος ἡμιόλιος	fünf $\frac{2}{4}$	(notation)
πεντεκαιεικο- σάσ. ἡμιόλιος	(fünf $\frac{5}{8}$)	(notation)

Andere als diese 17 (resp. 19) Tacte gibt es bei den Alten
nicht, denn jeder andere fügt sich entweder nicht dem Verhältnisse der drei Rhyshmengeschlechter 1 : 1, 1 : 2, 2 : 3, oder,
wenn dies der Fall ist, so übersteigt er das für jedes Rhythmengeschlecht bestehende μέγιστον μέγεθος. So kann es z. B.
nur einen πούς ὀκτωκαιδεκάσημος διπλάσιος geben, wie wir
ihn oben aufgeführt haben, aber keinen πούς ὀκτωκαιδεκάσημος
ἴσος

Denn wir wissen, dass der ἑκκαιδεκάσημος ἴσος der grösste
πούς ἴσος ist; die Griechen selber sagen „wir sind unfähig,
grössere Tacte dieses Geschlechtes zu überschauen‟ und wir
müssen ihnen hierin Glauben schenken. Demnach ist eine Vereinigung von 18 χρόνοι πρῶτοι stets ein ungrader dreigliedriger,
niemals ein grader zweigliedriger Tact. — So gibt es ferner einen
εἰκοσάσημος ἡμιόλιος wie wir oben angegeben haben, denn
die hemiolischen Tacte gehen sogar bis zum πεντεκαιεικοσάσημος, aber ein εἰκοσάσημον μέγεθος ἐν λόγῳ ἴσῳ

ist kein πούς mehr, da der λόγος ἴσος nur bis zum ἑκκαιδεκά-
σημον μέγεθος geht.

Ueberblicken wir die vorliegenden 17 oder 19 griechischen
Tacte, so unterscheiden wir zwei Kategorieen, die unseren einfachen und zusammengesetzten Tacten entsprechen. Einfache
Tacte sind der τρίσημος und ἑξάσημος διπλάσιος, unser $^3/_8$- und
$^3/_4$-Tact, ferner der τετράσημος ἴσος, unser $^2/_4$-Tact und endlich
der πεντάσημος und δεκάσημος ἡμιόλιος, welchem bei uns der $^5/_8$-
und $^5/_4$-Tact entsprechen würden. Die Lehre von der Rhythmopöie wird ausserdem zeigen, dass auch der ὀκτάσημος ἴσος und
der δωδεκάσημος διπλάσιος eine Form zulässt, in welcher er kein
zusammengesetzter, sondern ein einfacher Tact ist, nämlich als
σπονδεῖος διπλοῦς und τροχαῖος σημαντὸς oder ὄρθιος. Ein jeder dieser Tacte, mit Ausnahme des δεκάσημος [2]), kommt nun

---

2) Ebenso auch des τροχαῖος σημαντός, doch brauchen wir hierauf an dieser Stelle keine Rücksicht zu nehmen.

wieder als Bestandtheil eines grösseren Tactes vor, indem er
zweimal oder dreimal oder viermal oder fünfmal hintereinander
gesetzt ist, ähnlich wie in der modernen Rhythmik zwei $^2/_4$- zum
$^4/_4$-, zwei $^3/_8$- zum $^6/_8$-, zwei $^3/_4$- zum $^6/_4$-Tacte werden u. s. w.
Den einfachen Tact können wir den Einzeltact oder Monopodie
nennen, die Combination verschiedener Einzeltacte zu einem einheitlichen πούς nennen wir nach der Zahl der Einzeltacte Dipodie, Tripodie, Tetrapodie, Pentapodie, Hexapodie. Es ist nämlich nicht genug, dass ein jeder der aufeinanderfolgenden Tacte
seinen stärkeren und seinen leichteren Tacttheil hat, sondern es
müssen mehrere aufeinanderfolgende Einzeltacte zu einer höheren rhythmischen Einheit susammentreten. Diese wird dadurch
hervorgebracht, dass der schwere Tacttheil eines dieser Tacte
vor den schweren Tacttheilen der übrigen durch eine stärkere
Intention hervorgehoben wird und dass also diesem Hauptictus
die übrigen Tacte unterworfen werden. Hierüber besitzen wir
nun die näheren Angaben bei den Rhythmikern in der Lehre
von den χρόνοι oder σημεῖα. Diese Lehre ist ziemlich verwickelt,
das Verdienst, sie aufgehellt zu haben, hat sich Weil in seinem Aufsatze über Arsis und Thesis (Neue Jahrbücher für Philologie und Pädagogik Bd. LXXVI, Hft. 6, S. 396) erworben.

Fünftes Kapitel.
Die Semeia oder Chronoi des Tactes.

§. 9. Aristoxenus über die χρόνοι.

Aristoxenus sagt p. 33: „Ein jeder Tact hat mindestens
„zwei χρόνοι, also mindestens einen schweren und einen leich-
„ten Tacttheil, und dem entsprechend wird er durch zwei ση-
„μεῖα, einen Niederschlag und einen Aufschlag, bezeichnet. Aus
„einem einzigen Semeion aber kann kein Tact bestehn, da Ein

„Semeion nicht im Stande ist, eine Gliederung der Zeit hervo zu-
„bringen (οὐ ποιεῖ διαίρεσιν χρόνου). An jenen zwei σημεῖα nun las-
„sen sich die kleinen Tacte genügen, weil diese wegen ihres
„geringen Umfanges leicht überschaut werden können. Von den
„grösseren Tacten aber, weil sie wegen ihres grösseren μέ-
„γεθος nicht so leicht als Einheit zu fassen sind, haben einige
„drei, andere vier σημεῖα nöthig, mehr aber als vier σημεῖα
„bat kein Tact.“ Den Grund für das letztere will er später
bringen, doch ist uns diese Stelle nicht erhalten.

Aristoxenus gibt hier ferner an, dass auf den πούς von zwei
χρόνοι Ein Aufschlag und Ein Niederschlag kommt, auf den Tact
von drei χρόνοι zwei Niederschläge und ein Aufschlag oder zwei
Aufschläge und ein Niederschlag. Von der Percussion des Fusses mit vier χρόνοι wird nichts näheres angegeben; auch der
Auszug des Psellus, der §. 9 diese Stelle des Aristoxenus wieder gibt, enthält nichts davon.

Nun ist aber in einer weiteren Stelle bei Psellus §. 12 noch
einmal von den χρόνοι ποδῶν die Rede. Diese zweite Stelle ist
der ersteren sehr ähnlich; wir stellen beide einander gegenüber.

Aristox. p. 33 = Psell. §. 9.	Aristox. ap. Psell. §. 12. p. 38, 6.
Τῶν δὲ ποδῶν οἱ μὲν ἐκ δύο χρόνων σύγκεινται,	Οἱ μὲν τῶν ποδῶν δύο μόνοις πεφύκασι σημείοις χρῆσθαι,
τοῦ τε ἄνω καὶ τοῦ κάτω, οἱ δὲ ἐκ τριῶν	ἄρσει καὶ βάσει, οἱ δὲ τρισὶν
δύο μὲν τῶν ἄνω, ἑνὸς δὲ τοῦ κάτω	
οἱ δὲ ἐξ [ἢ Ps.] ἑνὸς μὲν τοῦ ἄνω, δύο δὲ τῶν κάτω	ἄρσει καὶ διπλῇ βάσει,
	οἱ δὲ τέτρασι δύο ἄρσεσι καὶ δύο βάσεσι.

Διὰ τί δὲ οὐ γίνεται πλείω
σημεῖα τῶν τεττάρων . . .,
ὕστερον δειχθήσεται

Beide Stellen unterscheiden sich zunächst im Ausdrucke; in
der ersten heisst es χρόνοι, in der zweiten σημεῖα; in der ersten

τὸ ἄνω, τὸ κάτω, in der zweiten ἄρσις, βάσις. Aber auch sonst
wechseln die hier gegenüberstehenden Wörter mit einander; ohnehin sind in der ersten Stelle σημεῖα und χρόνοι neben einander
gleichbedeutend gebraucht. Sodann zeigt sich ein materieller Unterschied. In der ersten Stelle nämlich ist blos gesagt, dass es auch
πόδες mit vier χρόνοι gäbe, in der zweiten sind diese χρόνοι näher
bestimmt, nämlich als δύο ἄρσεις καὶ δύο βάσεις. Es kann kein Zweifel sein, dass die „χρόνοι mit vier σημεῖα‟, die Aristoxenus an der
ersten Stelle im Auge hat, dieselben sind, welche er an der zweiten Stelle mit den angegebenen Worten näher bezeichnet; es
ist möglich, dass er an der ersten Stelle, wo er nur vorläufig
die Frage nach den χρόνοι berührt, ohne sie specieller zu behandeln, der Kürze wegen sich mit der näheren Bestimmung
der aus zwei und drei χρόνοι bestehenden Tacte begnügt und
die πόδες aus vier χρόνοι nicht näher berührt, indem er dies
bis zu der späteren Stelle seines Buches verschiebt, auf die er
mit den Worten διὰ τί δὲ οὐ γίνεται πλεῖα σημεῖα τῶν τεττάρων . . . ., ὕστερον δειχθήσεται ausdrücklich hinweist. Es ist
aber auch möglich, dass sich in der ersten Stelle von den vier
χρόνοι eine Angabe befand, die durch Nachlässigkeit der Abschreiber aus dem Texte herausgekommen ist. Dies letztere ist
die Annahme der meisten Bearbeiter des Aristoxenus seit Feussner, der in der Lesart des vaticanischen und venetianischen Codex οἱ δὲ ἐξ ἑνὸς μὲν noch einen Rest der ursprünglichen Fassung der Stelle zu erblicken glaubt. Οἱ δὲ habe an dieser
Stelle keinen Sinn, es müsse heissen καὶ πάλιν oder καὶ αὖ oder
dergleichen, οἵδε sei an die Stelle jener Verbindungspartikeln
aus der folgenden Zeile gedrungen, in der es geheissen habe οἱ
δὲ ἐκ τεττάρων. Somit habe es in der vollständigen Handschrift
folgendermassen gelautet:

οἱ μὲν ἐκ δύο χρόνων σύγκεινται, τοῦ τε ἄνω καὶ τοῦ κάτω·
οἱ δὲ ἐκ τριῶν, δύο μὲν τῶν ἄνω, ἑνὸς δὲ τοῦ κάτω·
καὶ πάλιν ἐξ ἑνὸς μὲν τοῦ ἄνω, δύο δὲ τῶν κάτω·
οἱ δὲ ἐκ τεττάρων, δύο τε τῶν ἄνω καὶ δύο τῶν κάτω·

Zur Bestätigung dieser Ansicht lässt sich geltend machen,
dass der inzwischen bekannt gewordene Auszug des Psellus vor
ἑνὸς μὲν τοῦ ἄνω in der That nicht οἱ δὲ ἐξ hat, sondern ähnlich, wie Feussner vermuthet, die Partikel ἤ. Auch wir ent-

schliessen uns, die nähere Angabe über die vier χρόνοι in den
Text aufzunehmen unter Beibehaltung der Lesart des Psellus.
Sollte diese Stelle hier nicht gestanden haben, so ist dem sach-
lichen Verständniss dadurch wenigstens nichts geschadet, denn
der Sinn des Aristoxenus bleibt derselbe.

Wichtiger ist die Discrepanz zwischen beiden Stellen in Beziehung auf die τρεῖς χρόνοι. Die erste Stelle gibt zwei Möglichkeiten an: die drei χρόνοι sind entweder zwei ἄρσεις und
eine θέσις, oder eine ἄρσις und zwei θέσεις. Die zweite Stelle
nennt blos diesen zweiten Fall: eine ἄρσις und zwei θέσεις.
Desshalb haben Cäsar in der Zeitschrift für Alterthumswissen-
schaft 1841 S. 23 und Bartels die erste der beiden Angaben δύο
μὲν τῶν ἄνω, ἑνὸς δὲ τοῦ κάτω aus dem Texte des Aristoxenus
entfernt. Aber wir sind nicht berechtigt, aus dem Original des
Aristoxenus einen Satz zu entfernen, weil die verkürzenden προλαμβανόμενα des Psellus an einer anderen Stelle diesen Satz
weglassen. Ohnehin liegt die Möglichkeit viel näher, dass auch
an dieser anderen Stelle im Original beide Auffassungen der τρεῖς
χρόνοι gestanden habe und dass der Epitomator die eine derselben weggelassen hat. Hier darf in keinem Falle ausgeworfen
werden.

Nunmehr fragt sich, was wir unter den zwei,
drei, vier χρόνοι zu verstehen haben? Hierüber sind
bisher sehr verschiedene Ansichten geltend gemacht.

Böckh metr. Pind. p. 22 und ind. lect. Berol. 1825 p. 5
versteht unter den χρόνοι oder σημεῖα des Aristoxenus die χρόνοι πρῶτοι. Demnach würde es keinen grösseren Tact als den
vierzeitigen Dactylus geben. Dies glaubt Böckh nun auch in der
That aus den Worten des Aristoxenus schliessen zu müssen, denn
wenn es, sagt Böckh, im weiteren Fortgange bei Aristoxenus
heisst, es würde durch die Rhythmopöie der Tact auch in mehr
als vier χρόνοι getheilt, in das doppelte und vielfache dieser
Anzahl, so seien damit die den Dactylus an Morenumfang über-
schreitenden Tacte gemeint, der fünfzeitige Päon, der sechszeitige Jonicus, der zwölfzeitige Trochäus semantus, Orthius u. s.
w. Diese grösseren Füsse seien als zusammgesetzte zu betrachten, wie z. B. der Päon aus einem Trochäus und Pyrrhichius
bestände, der Jonicus aus einem Spondeus und Pyrrhichius · u.

9*

s. w. Unter den in zwei, drei, vier χρόνοι zerfallenden Füssen
seien eben nur die *simplices* zu verstehen; die längeren Füsse
von der Fünfzeitigkeit an wären durch die Rhythmopöie gebildete πόδες σύνθετοι. Böckh kann für diese seine Auffassung
geltend machen, dass der Ausdruck σημεῖα nach Longin ad Hephaest. p. 147 von einigen Rhythmikern auch für χρόνοι πρῶτοι
gebraucht wurde, doch lässt sich gerade bei Aristoxenus dieser
Gebrauch nicht nachweisen. Gegen Böckhs Auffassung ist von
Feussner zu Aristox. S. 51 folgender Einwand erhoben: Die
Füsse mit zwei, drei, vier σημεῖα sind bei Böckhs Auffassung der
zweizeitige Pyrrhichius, der dreizeitige Jambus und Trochäus,
der vierzeitige Daktylus und Anapäst. Aristoxenus selber aber
sagt p. 36, 15, dass es einen zweizeitigen Tact, einen Pyrrhichius,
nicht geben könne. Dieser Einwand würde begründet sein, wenn
der πούς δίσημος von Aristoxenus ganz und gar ausgeschlossen wäre; aber Aristoxenus schliesst ihn an jener Stelle bloss
aus der συνεχὴς ῥυθμοποιία aus. — Doch es bleibt noch ein anderes Bedenken gegen Böckhs Auffassung. Wenn Böckh nämlich
sagt: *rhythmicum pedem simplicem non posse ex pluribus quatuor
moris constare*, so ist dies unrichtig, denn auch der zwölfzeitige
semantus und *orthius* gehört unter die Kategorie der einfachen
Tacte; überhaupt hat Böckh die Lehre vom einfachen und zusammengesetzten Fusse verkannt.

G. Hermann de metror. quor. mensura rhythmica p. 5
und de dor. epitrit. p. 7 versteht χρόνοι oder σημεῖα von den
metrischen Sylben: der Trochäus, Jambus habe 2 χρόνοι, der
dreisylbige Dactylus, Anapäst, Creticus habe 3 χρόνοι, der viersylbige Päon, Jonicus, Proceleusmaticus 4 χρόνοι. Hiermit kommt
theilweise die Ansicht von Feussner (zu Aristox. S. 56) überein:
Der πούς mit 2 χρόνοι ist der Daktylus oder Anapäst, aus einer
θέσις und einer ἄρσις bestehend; der πούς mit 3 σημεῖα ist der
Päon, aus einer θέσις und zwei ἄρσεις bestehend; der πούς von
4 χρόνοι ist der Dijambus und Ditrochäus, aus zwei θέσεις und
zwei ἄρσεις bestehend. Von der letzteren Auffassung sprechen
wir zuerst.

Wie vereinigt sie sich, fragen wir, mit der ausdrücklichen
Ueberlieferung, dass der Päon nur aus 2 Semeia besteht (δύο
γὰρ χρῆται σημείοις Aristid. 58) 1 Arsis und 1 Thesis (Mar. Vict.

2485 τρίσημος ἄρσις ad δίσημον θέσιν accipitur ... vel contra)
und dass ferner der Ditrochäus und Dijambus wie jede Dipodie
ebenfalls nur 1 Thesis und nur 1 Arsis hat (Mar. Victor. 2489:
*duorum pedum copulatio βάσις dicitur ... qui si eiusdem generis
fuerint, dipodiam aut ut quidam tautopodiam, sin dispares ...,
syzygiam efficiunt. In qua arsis unum, alterum thesis pedem
obtinebit,* schol. Heph. 164 βάσις δέ ἐστι τὸ ἐκ δύο ποδῶν συνεστηκός, τοῦ μὲν ἄρσει, τοῦ δὲ θέσει παραλαμβανομένου, fragm.
περὶ ποδῶν p. 70 Trich. ed. Furia). „Wenn hiernach der Päon
und der Dijamb je nur 2 Chronoi haben, wie dürfen wir dann
mit Feussner unter dem Fusse, welchem Aristoxenus 3 Chronoi
zuertheilt, den Päon, und unter dem Fusse, welchem er 4 Chronoi zuertheilt, den Dijambus verstehen? Wollen wir diese Ansicht Feussners festhalten (wie es in der ersten Bearbeitung der
griechischen Rhythmik geschehen ist), so bleibt nichts anderes
übrig, als dass wir annehmen, in der Stelle des Aristoxenus sei
θέσις und ἄρσις nicht in dem streng technischen Sinne von den
rhythmischen Theilen des Tactes (dem starken und schwachen
Tacttheile) gebraucht, sondern es bezeichne θέσις die einzelne
zum starken Tacttheile gehörende Sylbe (thetische Sylbe) und
ebenso auch ἄρσις. Dieser Gebrauch der beiden Wörter ist nicht
selten. Nach Aristid. p. 54, 12 besteht der ἀνάπαιστος ἀπὸ μείζονος (d. h. der Daktylus) ἐκ μακρᾶς θέσεως καὶ δύο βραχειῶν ἄρσεων, der ἀνάπαιστος ἀπ' ἐλάσσονος (d. h. Anapäst) ἐκ δύο βραχειῶν ἄρσεων καὶ μακρᾶς θέσεως (dasselbe sagt auch Bacchius p.
68 ἀνάπαιστος ἐκ δύο βραχειῶν ἄρσεων [1] καὶ μακρᾶς θέσεως);
ebenso besteht nach Aristid. p. 59 der irrationale Choreus oder
Tribrachys, wenn er für den irrationalen Jambus steht: ἐκ μακρᾶς ἄρσεως καὶ δύο θέσεων – ∪ ∪, und wenn er für den irrationalen Trochäus steht: ἐκ δύο θέσεων καὶ μακρᾶς ἄρσεως ∪ ∪ –.
Ferner heisst es bei Aristid. p. 58 von dem fünfzeitigen Päon:
ἐκ μακρᾶς θέσεως καὶ βραχείας (sc. θέσεως vgl. S. 149) καὶ μακρᾶς ἄρσεως, obwohl es an derselben Stelle heisst, er hätte nur
2 Semeia, und von dem zehnzeitigen Päon epibatus: ἐκ μακρᾶς
θέσεως καὶ μακρᾶς ἄρσεως καὶ δύο μακρῶν θέσεων καὶ μακρᾶς

---

[1] Der cod. L. hat hier ἄρσεως und man konnte daher auch ver-
muthen, dass die richtige Lesart sei: δύο βραχειῶν ἐπ' ἄρσεως.

ἄρσεως, wo δύο μακρῶν θέσεων für eine aus 2 Längen bestehende θέσις gesetzt ist, denn es heisst an derselben Stelle, der
Päon epibatus hätte 4 Semeia.

Es steht also fest, dass auch die einzelne thetische Sylbe
θέσις und die einzelne zur ἄρσις gehörende Sylbe ἄρσις genannt
worden ist, und diese Terminologie wäre auch für die Stelle des
Aristoxenus festzuhalten, wenn wir mit Feussner annehmen wollten, von den beiden Füssen, welchen Aristoxenus 3 und 4 Chronoi giebt, sei der erste der Päon, der andere der Dijambus oder
Ditrochäus; nur müssten wir freilich darin von Feussner abwei-
chen, dass wir dem Aristides l. l. zufolge auch den Daktylus
und Anapäst zu den Füssen mit 3 Chronoi (1 θέσις, 2 ἄρσεις)
zählten und auf die Erklärung Hermanns zurückkämen, nach
welcher die 2, 3, 4 Chronoi, woraus nach Aristoxenus ein Fuss
besteht, von der Zahl der Sylben zu verstehen seien. Dies war
die in der ersten Bearbeitung der Rhythmik gegebene Auffassung, aber wir können sie jetzt aus zwei gewichtigen Gründen
nicht mehr für richtig halten:

1) Aristoxenus sagt an jener Stelle p. 33: der πούς zerfällt
„καθ' αὑτὸν" nur in 2, 3, 4 Chronoi, aber durch die Rhythmopöie wird er in eine grössere Zahl von Chronoi (in das doppelte
und vielfache jener Anzahl) zerfällt. Diese letzteren sind die
χρόνοι ῥυθμοποιίας ἴδιοι, die einzelnen Sylben, durch welche
der Rhythmopoios den Zeitumfang eines Fusses ausfüllt (s. §.
25). Also Sylben hat nach Aristoxenus der πούς nicht bloss
2 oder 3 oder 4, sondern 6, 8, 12, und demnach kann Aristoxenus unter den 2, 3, 4 Chronoi, über welche nach seiner
Aussage der πούς nicht hinausgeht, unmöglich die Sylben verstanden haben. Wenn es nun, wie wir sahen, zwei verschiedene Bedeutungen von θέσις und ἄρσις gibt, wonach diese Wörter 1) den rhythmischen Abschnitt des Tactes im eigentlich
technischen Sinne und 2) die einzelne zu einem solchen Abschnitte gehörende Sylbe bezeichnet, so kann in der vorliegenden Stelle des Aristoxenus nur die erste Bedeutung angenommen werden.

2) Der Sprachgebrauch, wonach zwei thetische Sylben 2
θέσεις oder zwei zu einer ἄρσις gehörende Sylben 2 ἄρσεις genannt werden, ist nichts als eine Ungenauigkeit, die mit der

streng technischen Bedeutung beider Wörter in einem fortwäh-
renden Widerspruche steht. Im streng technischen Sinne enthält z. B. der Dactylus 2 Chronoi, eine zweizeitige Thesis und
eine gleich grosse Arsis, der Päon epibatus nur 4 Chronoi, 2
ἄρσεις und 2 ϑέσεις u. s. w., und doch redet der laxere Wort-
gebrauch beim Daktylus von 1 ϑέσις und 2 ἄρσεις, beim Päon
epibatus von 2 ἄρσεις und 3 ϑέσεις u. s. w. Das ist eine Inconsequenz, wie sie sich wohl Aristides zu Schulden kommen
lassen kann, wie wir sie aber keineswegs bei Aristoxenus voraussetzen dürfen, und zwar am allerwenigsten in der vorliegenden Aristoxenischen Stelle, welche speciell von den Chronoi handelt und wie man leicht sieht, einen der wichtigsten Cardinalpunkte
der gesammten Rhythmik enthält. Wenn also im streng technischen Sinne der Päon und ebenso auch der Dijambus je nur
2 Chronoi, 1 Arsis und 1 Thesis enthält und wenn im Widerspruche
hiermit die Ansicht aufgestellt worden ist, dass unter den πόδες, welche nach Aristoxenus 3 Chronoi und 4 Chronoi enthalten, der Päon und Dijamb zu verstehen seien, so bleibt uns
weiter nichts übrig, als zuzugeben, dass diese Ansicht, eben
weil sie mit den Lehren der Rhythmik im Widerspruch steht,
falsch ist.

Das richtige Verständnis der wichtigen Stelle eröffnet zu
haben, ist das grosse Verdienst Weils. Weil weist darauf hin,
dass es von dem zehnzeitigen Päon epibatus heisst, er habe 4
μέρη, 2 ἄρσεις und 2 ϑέσεις (Aristid. 58) und dass wir hier also
einen πούς kennen lernen, der aus vier Chronoi besteht.
Ebenso zeigt Weil, dass es von dem zwölfzeitigen Trochäus semantus und Orthius heisst: διπλασιάζων τὰς ϑέσεις (Aristid. p.
58) und dass wir hier einen πούς von 2 ϑέσεις und 1 ἄρσις, also
einen Tact von drei Chronoi haben. Zugleich macht Weil darauf
aufmerksam, dass Aristoxenus an der vorliegenden Stelle sagt:
Die kleinen πόδες begnügten sich mit zwei Chronoi, aber die
grossen Füsse wären es, welche wegen ihres umfangreichen
μέγεϑος auch 3 oder 4 Chronoi hätten. Und in der That gehört der zehnzeitige Päon epibatus mit seinen 4 Semeia und
der zwölfzeitige Trochäus semantus mit seinen 3 Semeia zu den
μεγάλοι πόδες. Hiermit war der eigentliche Schwerpunkt getroffen; es war verfehlt, dass wir Uebrigen Alle uns bei der Stelle

des.Aristoxenus von den χρόνοι ποδός nicht von der gewöhnlichen Vorstellung der Metrik losmachen konnten, wonach der
πούς der zwei-, drei- oder viersylbige Versfuss ist, und dass
wir nicht den technischen Gebrauch der Rhythmiker festhiel-
ten, wonach der πούς sich von dem dreizeitigen Jambus und
Trochäus bis zu dem umfangreichen μέγεθος von 16, 18, 25
Moren erhebt. Halten wir diesen Standpunkt fest, so brauchen
wir den Aristoxenus keiner Inconsequenz zu zeihen, die erhaltenen Fragmente reichen für uns aus, um seine Lehre von den
χρόνοι bis ins Einzelne zu erfassen und in ihr einen der wichtigsten Sätze der antiken Rhythmik zu erkennen.

Nachdem Aristoxenus (ap. Psell. 12) von dem grössten μέγεθος der einzelnen Tactarten gesprochen hat, setzt er hinzu:
„Das jambische und päonische Geschlecht lässt ein
grösseres μέγεθος als das daktylische zu, weil jedes der beiden ersteren (das jambische und päonische)
eine grössere Zahl von σημεῖα hat, als das letztere
(das daktylische). Die eine Klasse von Tacten hat 2 σημεῖα: 1 ἄρσις und 1 βάσις, die andere Klasse hat 3
σημεῖα: 1 ἄρσις und 2 βάσεις, die dritte Klasse hat
4 σημεῖα: 2 ἄρσεις und 2 βάσεις.“

Aristoxenus will hiermit den Grund angeben, warum der
daktylische Tact bloss zu 16 Moren erweitert wird, der jambische dagegen zu 18, der päonische gar zu 25. Er findet diesen Grund in der grösseren oder geringeren Zahl von σημεῖα,
durch welche die Tacte der drei Rhythmengeschlechter unter-
schieden sind. Je mehr σημεῖα ein Rhythmengeschlecht
hat, um so grösser ist auch die grösste Ausdehnung,
welche es zulässt. Hieraus ergibt sich:

Dass die πόδες ἴσοι als diejenigen, welche nur
zum ἐκκαιδεκάσημον μέγεθος gehen, die Tacte sind,
welche die kleinste Anzahl von σημεῖα, nämlich nur
2, enthalten;

dass ferner die πόδες ἡμιόλιοι, welche von allen
das grösste μέγεθος (nämlich 25 Moren) zulassen, auch
die grösste Anzahl der σημεῖα, nämlich 4, enthalten,

und dass endlich das diplasische Tactgeschlecht,
welches in Beziehung auf die Grenze des μέγεθος

zwischen beiden in der Mitte steht, auch in Beziehung auf seine σημεῖα in der Mitte stehen muss, mithin 3 σημεῖα enthält.

Tactarten	Zahl der Semeia	Grösstes Megethos
πόδες ἴσοι	2	16 χρ. πρῶτοι
πόδες διπλάσιοι	3	18 „ „
πόδες ἡμιόλιοι	4	25 „ „

So sehr es auch auf den ersten Anblick befremden mag,
dass die Griechen den hemiolischen, also den fünftheiligen Tacten, nur 4 χρόνοι zuertheilt und beim Tactiren nur durch 4 σημεῖα bezeichnet haben: wir müssen an dem Satze des Aristoxenus festhalten, um so mehr weil das, was uns im Einzelnen überliefert ist, völlig mit diesem Satze stimmt, nämlich dass der Päon
epibatus, ein ποὺς δεκάσημος ἡμιόλιος in 4 μέρη, 2 ἄρσεις und
2 θέσεις zerfällt.

Wir haben aber dies Resultat noch durch den aus Aristoxenus p. 33, 11 zu gewinnenden Satz zu erweitern: οἱ ἐλάττους
τῶν ποδῶν εὐπερίληπτον τῇ αἰσθήσει τὸ μέγεθος ἔχοντες, εὐσύνοπτοί εἰσι καὶ διὰ τῶν δύο σημείων· οἱ δὲ μεγάλοι τοὐναντίον
πεπόνθασι, δυσπερίληπτον γὰρ τῇ αἰσθήσει τὸ μέγεθος ἔχοντες,
πλειόνων δέονται σημείων, ὅπως εἰς πλείω μέρη διαιρεθὲν τὸ τοῦ
ὅλου ποδὸς μέγεθος εὐσυνοπτότερον γίνηται. Dieser Satz erhält
einerseits durch die Stelle des Psellus eine Beschränkung, ande-
rerseits aber bringt er für das aus jener Stelle gezogene Resultat eine weitere Bestimmung hinzu. Wenn es nämlich heisst:
„die grossen Tacte erheischten, weil sie bei ihrem grossen Umfang nicht leicht zu überschauen wären, mehr als 2 σημεῖα,"
so gilt dies nicht von den grossen Tacten aller drei Rhythmengeschlechter, sondern blos von den diplasischen und hemiolischen Tacten; denn von den isorrhythmischen heisst es, sie
werden desshalb nur zu 16 Moren erweitert, weil sie nur 2 σημεῖα haben, also auch der ἐκκαιδεκάσημος ἴσος hat nur 2 σημεῖα.
Ferner aber heisst es: die kleineren unter den Tacten sind bei
ihrem geringen Umfange leicht übersichtlich und bedürfen deshalb nur zweier σημεῖα, also kann sich der Satz, dass die diplasischen Füsse in 3 σημεῖα zerfallen, nur auf die grösseren dipla-

sischen Tacte beziehen, nicht aber auf den $\pi o \dot{v} \varsigma$ $\tau \varrho l \sigma \eta \mu o \varsigma$ $\delta \iota$-
$\pi \lambda \acute{\alpha} \sigma \iota o \varsigma$, der ja von allen Tacten der· kleinste ist und dem desshalb nach Aristoxenus 2 $\sigma \eta \mu \epsilon \tilde{\iota} \alpha$ genügen müssen.   Und es ist
uns ja auch ausdrücklich überliefert, dass der Jambus und Tro-
chäus eine $\mu o \nu \acute{o} \sigma \eta \mu o \varsigma$ $\check{\alpha} \varrho \sigma \iota \varsigma$ und $\delta l \sigma \eta \mu o \varsigma$ $\vartheta \acute{\epsilon} \sigma \iota \varsigma$, also nur 2 $\sigma \eta$-
$\mu \epsilon \tilde{\iota} \alpha$ hat.   Dasselbe gilt auch für die hemiolischen Tacte, auch
hier sind es nur die grösseren, welche 4 $\sigma \eta \mu \epsilon \tilde{\iota} \alpha$ bekommen,
denn von dem $\pi o \dot{v} \varsigma$ $\pi \epsilon \nu \tau \acute{\alpha} \sigma \eta \mu o \varsigma$ $\pi \alpha \iota \omega \nu \iota \varkappa \grave{o} \varsigma$ steht es fest, dass er
nur 2 $\chi \varrho \acute{o} \nu o \iota$ hat.   Aristides p. 39: $\delta \acute{v} o$ $\chi \varrho \tilde{\eta} \tau \alpha \iota$ $\sigma \eta \mu \epsilon \acute{\iota} o \iota \varsigma$, Victorin. 2483: *nunc sublatio longam et brevem occupat, positio longam
vel contra positio longam et brevem, sublatio unam longam;* ibid.
2485: $\tau \varrho l \sigma \eta \mu o \varsigma$ $\check{\alpha} \varrho \sigma \iota \varsigma$ ad $\delta l \sigma \eta \mu o \nu$ $\vartheta \acute{\epsilon} \sigma \iota \nu$ accipitur, i. e. *tres partes in sublatione habent, duas in positione, seu contra.*   So ha-
ben also die drei kleinsten Tacte der drei Rhyth-
mengeschlechter je nur 2 $\sigma \eta \mu \epsilon \tilde{\iota} \alpha$, und ferner haben
sämmtliche Tacte des isorrhythmischen Geschlech-
tes, auch der grösste sechszehnzeitige, nur 2 $\sigma \eta \mu \epsilon \tilde{\iota} \alpha$,
dagegen erhalten die grösseren diplasischen Tacte 3,
die grösseren hemiolischen Tacte 4 $\sigma \eta \mu \epsilon \tilde{\iota} \alpha$.

Hiernach nun wollen wir in den folgenden §§. die Tacte
im Einzelnen nach ihren $\chi \varrho \acute{o} \nu o \iota$ betrachten.

§. 10.   Die Chronoi der isorrhythmischen oder dactylischen (graden) Tacte.

Wir sahen oben S. 122, dass jeder der hierhergehörenden
Tacte in zwei gleiche Hälften getheilt wird.   Von den beiden
Hälften ist die eine die Arsis, die andere die Thesis; auf den
einen kommt bei der Tactbezeichnung als $\sigma \eta \mu \epsilon \tilde{\iota} o \nu$ der Aufschlag,
auf den andern der Niederschlag.   Dies ist sowohl der Fall
bei dem isorrhythmischen Einzeltacte, wie bei dem zusammengesetzten, der· Dipodie und Tetrapodie, Victor. p. 2484: *dipodia,
quia, quantum in sublatione habet, tantundem in positione, aequalis id
est $\iota \sigma \acute{o} \varrho \varrho \upsilon \vartheta \mu o \varsigma$ dicitur.*   Es fragt sich, ob in den letzteren die erste
oder die zweite Hälfte die $\vartheta \acute{\epsilon} \sigma \iota \varsigma$ war.   In den von dem Anonymus de
mus. §. 71 aufgeführten $\pi \acute{o} \delta \epsilon \varsigma$ $\acute{\epsilon} \xi \acute{\alpha} \sigma \eta \mu o \iota$ $\check{\iota} \sigma o \iota$ (dijambischen Dipodien) steht die $\sigma \tau \iota \gamma \mu \acute{\eta}$ auf der letzten Länge, hier ist also der
erste Theil die $\check{\alpha} \varrho \sigma \iota \varsigma$, der zweite die $\vartheta \acute{\epsilon} \sigma \iota \varsigma$.   Doch ist das letz-

tere wohl nicht bei allen Dipodien und Tetrapodien der Fall
und in der Aufzählung der isorrhythmischen Tacte S. 142 ist
daher ein jeder auf beide Weisen bezeichnet.

a. Der πούς ἐλάχιστος.

Der Anonymus de musica p. 71 gibt unter seinen Uebungs-
beispielen zuerst sechs einzelne πόδες τετράσημοι (§. 100), von
denen ein jeder aus einer bestimmten Verbindung der vier ersten Töne der Dmoll-Octave besteht (d e f g — d f e g u. s. w.).
Je über die letzten beiden Töne sind die nach S. 104 den guten Tacttheil bezeichnenden στιγμαί gesetzt.   Es gibt zwar keine
der fünf von Bellermann verglichenen Handschriften diese Punkte
vollständig an, aber die Vergleichung der Handschriften lässt
keinen Zweifel, dass die Urhandschrift folgende Lesart enthielt:

$$\vdash\ulcorner\dot{\llcorner}\dot{\digamma}\quad \vdash\llcorner\dot{\ulcorner}\dot{\digamma}\quad \vdash\dot{\digamma}\dot{\llcorner}\quad \vdash\ulcorner\dot{\digamma}\dot{\ulcorner}\quad \vdash\llcorner\dot{\digamma}\dot{\ulcorner}\quad \vdash\digamma\dot{\llcorner}\dot{\ulcorner}$$

Die einzelnen τετράσημοι sind aufgelöste Anapäste: von den
beiden Zeitmomenten der θέσις hat, wie wir aus den στιγμαί
sehen, ein jedes eine grössere Stärke, als die beiden Zeitmomente
der ἄρσις.   Wir können indess wohl schwerlich umhin, anzunehmen, dass von den beiden Zeitmomenten der θέσις das zweite
dem ersten an Stärke nicht völlig gleichsteht, und ebenso auch
bei der ἄρσις.   Daraus ergibt sich für den aufgelösten Anapäst
folgendes Ictenverhältniss:

$$\overset{\displaystyle\vdots\ \cdot\ \vdots\ \vdots\ \ \vdots\ \cdot\ \vdots\ \vdots}{\underset{\alpha.\qquad\vartheta.\qquad\alpha.\qquad\vartheta.}{\smile\smile\ \ \smile\smile\ \ \smile\smile\ \ \smile\smile}}$$

und analog für den aufgelösten Daktylus:

$$\overset{\displaystyle\vdots\ \vdots\ \ \vdots\ \cdot\ \ \vdots\ \vdots\ \ \vdots\ \cdot}{\underset{\vartheta.\qquad\alpha.\qquad\vartheta.\qquad\alpha.}{\smile\smile\ \ \smile\smile\ \ \smile\smile\ \ \smile\smile}}$$

Das zweitfolgende Beispiel des Anonymus p. 71 § 99 enthält laut der Ueberschrift zwei πόδες δωδεκάσημοι. Nur für den
ersten δωδεκάσημος, dessen Noten die vollständige Dmoll-Octave
mit einer Achtelpause (∧, λεῖμμα) an dritter und vorletzter Stelle
enthalten, lassen sich die rhythmischen Zeichen der Handschriften bestimmen.   Der Cod. Neapolit. steht der ursprünglichen
Lesart am nächsten:

$$\vdash\dot{\digamma}\wedge\llcorner\digamma\ddot{\mathsf{C}}\cup\mathsf{N}\wedge\dot{\digamma}$$

Hier sind στιγμαὶ διπλαῖ (··) und στιγμαὶ ἁπλαῖ (·) angewandt. Dies ist also eine zweite Methode der Tactbezeichnung;
wir dürfen uns nicht wundern, wenn die den Beispielen vorausgehenden Worterläuterungen des Anonymus p. 70, die ja
auch im Uebrigen so kärglich und abgerissen sind, nur der oben
besprochenen ersten Methode gedenken. Ohne Zweifel soll bei
dieser zweiten Methode die διπλῆ einen Hauptictus, die ἁπλῆ
einen Nebenictus bezeichnen. Wie haben wir nun jenen ῥυθμὸς
δωδεκάσημος aufzufassen? Das erste der στιγμὴ gänzlich entbehrende
Zeichen ist ein Auftact, die vier folgenden χρόνοι πρῶτοι, von
denen der erste eine διπλῆ trägt, bilden einen $^4/_8$-Tact, ebenso
verhält es sich mit den weiteren vier χρόνοι πρῶτοι; die letzte
Note endlich, welche sich durch das Längenzeichen als χρόνος
δίσημος ergiebt, bildet den starken Tactheil eines dritten $^4/_8$-
Tactes, der schwache Tactheil muss naturgemäss fehlen, weil
die ganze Reihe mit dem Auftacte begann. Diese Auftactsnote
werden wir aber nunmehr ebenfalls als χρόνος δίσημος anzusehn
und ihr deshalb analog der letzten, mit der sie ohnehin im
Tonwerthe identisch ist, das Längenzeichen zu geben haben. So
wird der ganze ῥυθμὸς in der That, wie es die Ueberschrift
verlangt, zu einem δωδεκάσημος, während er in der handschriftlichen Bezeichnung bloss ein ἑνδεκάσημος ist. Demnach schreiben wir:

Der vorliegende δωδεκάσημος besteht aus drei anapästischen
Tacten in verschiedener metrischer Form, ähnlich wie Av. 330:
περίβαλε περί τε κύκλωσαι ·

1) an dritter Stelle steht der gewöhnliche Anapäst ◡ ◡ –;
die ἄρσις ist ἄστικτος, die θέσις ist ἐστιγμένη mit der ἁπλῆ;

2) in der Mitte steht die proceleusmatische Form des Anapästs ◡ ◡ ◡ ◡; die ἄρσις hat die ἁπλῆ, die θέσις die διπλῆ auf

der ersten Sylbe ⏔ ⏑ ⏔ ⏑. Für den aufgelösten Daktylus als die Umkekrung dieses Fusses folgt hieraus die Beziehung ⏔ ⏑ ⏔ ⏑.

3) an erster Stelle steht die daktylische Form des Anapästs; die aufgelöste *θέσις* hat die *διπλῆ* wie beim Proceleusmaticus, die einsylbige *ἄρσις* dagegen ist *ἄστικτος*.

b. Die *πόδες μεγάλοι*.

Für den unzusammengesetzten graden Tact (den *πούς ἴσος τετράσημος*) haben sich zwei Arten der Betonung ergeben; nach dem einen erhält jeder der zur *θέσις* gehörenden *χρόνοι πρῶτοι* einen stärkeren Ictus als die zur *ἄρσις* gehörenden, nach der andern ist der erste *χρόνος πρῶτος* der *θέσις* der am stärksten betonte und der erste *χρόνος πρῶτος* der *ἄρσις* steht ihm an Gewicht am nächsten, so dass also der *πούς τετράσημος* bei dieser zweiten Art der Betonung mit der Art und Weise, wie in dem modernen Zweivierteltacte die Icten vertheilt werden, völlig übereinkommt.

Wie aber ist es mit den *πόδες ἴσοι μεγάλοι*, welche unseren zusammengesetzten geraden Tacten, dem $^4/_4$, $^6/_8$, $^{12}/_8$ u. s. w. entsprechen? Hier kann von den beiden für den vierzeitigen Tact überlieferten Betonungsarten nur die zweite möglich sein: auf dem Anfange der *θέσις* liegt der Hauptictus, auf dem Anfange der *ἄρσις* der stärkste Nebenictus, welcher stärker ist als alle übrigen in der *θέσις* vorkommenden Icten. Denn jene erste Accentuationsart, wonach ein jedes Zeitmoment der *θέσις* einen stärkeren Ictus hätte, als die zur *ἄρσις* gehörenden Zeitmomente, z. B.

‖ ‖ ‖ ⏑ ⏑
‒ ⏑ ⏑ ‒ ⏑ ⏑

ist bei der Ausdehnung des Tactes nicht möglich.

Die Nachrichten der Alten, welche von den beiden *χρόνοι* der grösseren isorrhythmischen Tacte sprechen, nennen zuerst die *ἄρσις*, dann die *θέσις* (vgl. die weiter unten zu behandelnde Lehre von der dipodischen *βάσις*), aber wir dürfen deshalb nicht annehmen, dass in jedem dieser Tacte die *ἄρσις* der *θέσις* vorangegangen sei, oder mit anderen Worten, dass diese Rhythmen stets mit dem Auftacte begonnen hätten. Einer solchen Annahme steht schon die Stelle des Aristides p. 55, 3 über den achtzeitigen *σπονδεῖος μείζων* entgegen, welcher „*ἐκ τετρασήμου θέσεως*

καὶ τετρασήμου ἄρσεως" besteht, also mit dem schweren Tacttheile anfängt. Wir haben demnach für jeden der zusammengesetzten grossen Tacte eine doppelte Form nach der *διαφορὰ*
κατ' ἀντίθεσιν anzunehmen: bald geht die *θέσις*, bald die *ἄρσις*
voran.

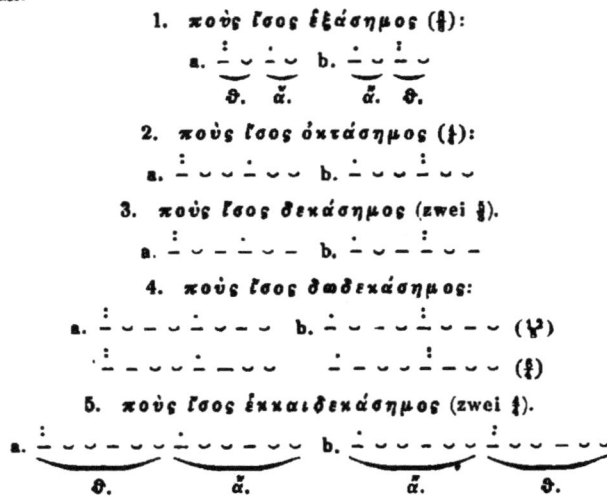

§. 11. Die Chronoi der diplasischen oder iambischen
(dreitheiligen) Tacte.

a. Die *πόδες ἐλάττους*.

Es steht fest, dass dem *τρίσημος* nur zwei *σημεῖα* gegeben
wurden: auf zwei *χρόνοι πρῶτοι* kam der Niederschlag, auf den
dritten der Aufschlag. Die zweisylbige Form (Trochäus, Jambus),
in welcher diese Tacte gewöhnlich in der *λέξις* erscheinen, ist
nach S. 107 der Grund dieser *σημασία*. Im aufgelösten Trochäus und Jambus muss auf jede der beiden *θέσις*-Sylben ein
stärkerer Ictus kommen als auf die *ἄρσις*-Sylbe, also:

Auch der folgende *πούς* dieser Tactart, der *ἑξάσημος ἴσος*,
der sich metrisch als Jonicus darstellt, wird nur in zwei *σημεῖα*
zerfällt, wie uns Marius Victor. p. 2484 überliefert: *eadem et in*

ionicis metris dupli ratio versatur, ... *erit* ... δίσημος ἄρσις *ad* τετράσημον θέσιν, *quia unam partem in sublatione habet, duas in positione, seu contra.* Von den beiden zur θέσις gehörenden Längen hat die zweite einen schwächeren Ictus als die erste, aber einen stärkeren als die erste der zur θέσις gehörenden Kürzen, also:

$$\overset{\cdot\cdot}{-}\ \overset{\cdot\cdot}{-}\ \overset{\cdot}{\smile}\ \smile\ \Big|\ \overset{\cdot\cdot}{-}\ \overset{\cdot\cdot}{-}\ \overset{\cdot}{\smile}\ \smile\quad\text{oder}\quad\smile\ \smile\ \overset{\cdot}{-}\ \overset{\cdot\cdot}{-}\ \overset{\cdot\cdot}{-}\ \smile\ \smile\ \overset{\cdot\cdot}{-}\ \overset{\cdot\cdot}{-}$$

b. Die πόδες μεγάλοι.

Von den beiden ἐλάχιστοι πόδες διπλάσιοι wissen wir also, dass auf sie bei der *percussio* oder σημασία nur je ein Niederschlag und ein Aufschlag fiel. Die grösseren Tacte dieses Rhythmengeschlechts aber haben nach S. 138 drei χρόνοι, welche durch drei σημεῖα bezeichnet werden. Hier tritt ganz dieselbe Auffassung ein, wie sie in der modernen Rhythmik für die entsprechenden dreitheiligen Tacte besteht. Wenn also auch die antike Theorie den dreitheiligen Tact, wie wir S. 122 sahen, in zwei Abschnitte sonderte, von denen der eine das doppelte des andern betrug: für die Praxis hatte dies keine Bedeutung, die Praxis vielmehr zerlegte den grösseren Abschnitt in zwei gleiche Semeia oder Chronoi und der zweite Abschnitt, welcher halb so gross wie jener war, bildete dann das dritte Semeion:

πούς διπλάσιος

8 χρόν. πρῶτοι   4 χρ. πρ.

σημεῖον   σημεῖον   σημεῖον

Was nun die σημεῖα im Einzelnen betrifft, so sagt Aristoxenus, dass diese πόδες entweder zwei ἄρσεις und eine θέσις oder eine ἄρσις und zwei θέσεις hätten, nämlich

erste Art der Semasia: ἄρσις ἄρσις θέσις

zweite Art der Semasia: ἄρσις θέσις θέσις

oder nach der eignen Bezeichnungsweise des Aristoxenus

erste Art der Semasia: ἄνω ἄνω κάτω

zweite Art der Semasia: ἄνω κάτω κάτω.

Beide Arten der Semasia stimmen in Beziehung auf zwei Semeia überein, aber in Beziehung auf das dritte Semeion (hier das mittlere) herrscht Verschiedenheit, es wird das eine Mal als Aufschlag, das andere Mal als Niederschlag bezeichnet. Hieraus folgt:

1) das mittlere Semeion muss stärkeres Gewicht haben, als das erste, durchgängig als $\ddot{\alpha}\varrho\sigma\iota\varsigma$ bezeichnete Semeion; denn sonst würde es nicht zugleich als $\vartheta\acute{\epsilon}\sigma\iota\varsigma$ aufgefasst werden können;

2) es muss schwächeres Gewicht haben, als das dritte, durchgängig als $\vartheta\acute{\epsilon}\sigma\iota\varsigma$ bezeichnete Semeion, denn es würde sonst nicht zugleich als $\ddot{\alpha}\varrho\sigma\iota\varsigma$ aufgefasst werden können.

Mithin ist von den drei $\chi\varrho\acute{o}\nu o\iota$ des $\pi o\grave{\upsilon}\varsigma$ $\delta\iota\pi\lambda\acute{\alpha}\sigma\iota o\varsigma$ der durchgängig als $\ddot{\alpha}\varrho\sigma\iota\varsigma$ aufgefasste Theil der schwächste, der durchgängig als $\vartheta\acute{\epsilon}\sigma\iota\varsigma$ aufgefasste Theil der stärkste, der bald als $\ddot{\alpha}\varrho\sigma\iota\varsigma$, bald als $\vartheta\acute{\epsilon}\sigma\iota\varsigma$ aufgefasste Theil steht zwischen beiden in der Mitte. Insofern der letzte als $\vartheta\acute{\epsilon}\sigma\iota\varsigma$ bezeichnet wird, ist er die schwächere oder leichte $\vartheta\acute{\epsilon}\sigma\iota\varsigma$, während der durchgängig als $\vartheta\acute{\epsilon}\sigma\iota\varsigma$ bezeichnete Theil die stärkere oder schwere $\vartheta\acute{\epsilon}\sigma\iota\varsigma$ ist, — insofern er als $\ddot{\alpha}\varrho\sigma\iota\varsigma$ bezeichnet wird, ist er die stärkere oder schwere $\ddot{\alpha}\varrho\sigma\iota\varsigma$, während der durchgängig als $\ddot{\alpha}\varrho\sigma\iota\varsigma$ bezeichnete Theil die leichte oder schwächere $\ddot{\alpha}\varrho\sigma\iota\varsigma$ ist. Hiernach bestimmen sich die drei Semeia des dreitheiligen Tactes folgendermassen:

schwächere $\ddot{\alpha}\varrho\sigma\iota\varsigma$ — stärkere $\ddot{\alpha}\varrho\sigma\iota\varsigma$ — $\vartheta\acute{\epsilon}\sigma\iota\varsigma$

oder: $\ddot{\alpha}\varrho\sigma\iota\varsigma$ — schwächere $\vartheta\acute{\epsilon}\sigma\iota\varsigma$ — stärkere $\vartheta\acute{\epsilon}\sigma\iota\varsigma$.

Wir wiederholen es: die drei Chronoi des dreitheiligen Tactes haben verschiedenes Gewicht oder verschiedenen Ictus. Der eine ist der stärkste und wird als $\vartheta\acute{\epsilon}\sigma\iota\varsigma$ (durch den Niederschlag) bezeichnet, der andere hat ein mittleres Gewicht und wird entweder als $\vartheta\acute{\epsilon}\sigma\iota\varsigma$ (durch den Niederschlag) oder als $\ddot{\alpha}\varrho\sigma\iota\varsigma$ (durch den Aufschlag) bezeichnet, der dritte ist der schwächste und wird als $\ddot{\alpha}\varrho\sigma\iota\varsigma$ (durch den Aufschlag) bezeichnet. Ob der Tacttheil, welcher das mittlere Gewicht hat, den Aufschlag oder den Niederschlag erhält, das scheint von der individuellen Praxis des $\acute{\eta}\gamma\epsilon\mu\grave{\omega}\nu$ abgehängt zu haben; — es mochte aber auch der Fall sein, dass sich für besondere Tacte dieses Geschlechtes die eine oder die andere Tactirmethode fixirt hatte.

Es liegt uns nun, Dank den Excerpten des Aristides, p. 56,
10; 58, 4; 64, 26, für zwei μεγάλοι πόδες διπλάσιοι die genauere
Angabe über die Chronoi vor, für den sogenannten τροχαῖος σημαντὸς und den ὄρθιος, beides πόδες δωδεκάσημοι, die aus drei
vierzeitigen Längen bestehen und dieselben Ictusverhältnisse haben, wie der dreizeitige Trochäus und Jambus:

Der dreizeitige Trochäus erhält nur zwei σημεῖα und, wo
er mit anderen Trochäen zu einem grösseren Tacte vereinigt
ist, wird er zum blossen χρόνος dieses grösseren Tactes und erhält dann nur ein σημεῖον, einen Auf- oder Niederschlag, je
nachdem er als ἄρσις oder θέσις steht. Der τροχαῖος σημαντὸς
dagegen kann niemals mit einem zweiten Trochäus semantus zu
einem πούς vereinigt werden, weil eine solche Verbindung ein
μέγεθος τεσσαρεσκαιεικοσάσημον ἐν λόγῳ ἴσῳ ausmachen und also
nach S. 124 die für dies Rhythmengeschlecht bestehende grösste
Ausdehnung von 16 Moren um ein Bedeutendes überschreiten
würde; er bildet daher stets für sich einen selbstständigen Tact
und hat im Gegensatz 'zum dreizeitigen Trochäus eine compli-
cirtere σημασία nöthig, und das ist eben der Grund, weshalb
er σημαντὸς „der Tactirte" heisst. Aristides sagt nämlich p.
58, 4: „σημαντὸς wird er genannt, weil seine χρόνοι bei dem
„langsamen Tempo zu künstlichen Mitteln der Tactbezeichnung
„dienen, denn die θέσεις (Niederschläge) werden verdoppelt (näm-
„lich vom tactirenden ἡγεμών), damit der Sänger leichter im
Tacte folgen kann." [1] Also:

Dies stimmt mit dem, was uns sonst im Allgemeinen über
die Semasie der grösseren diplasischen Tacte berichtet ist. Um
so auffallender ist es nun, wenn Aristides in der jener Stelle

---

[1] Diese Erklärung der sich auf die σημασία des Trochäus semantus beziehenden Worte des Aristides hat Weil a. a. O. gegeben und
erst mit ihr ist die Frage nach der Natur der in Rede stehenden gedehnten Rhythmen zu ihrem völligen Abschlusse gelangt.

vorausgehenden Definition der beiden Tacte p. 56, 10 sagt: „ὄρθιος ὁ ἐκ τετρασήμου ἄρσεως καὶ ὀκτασήμου θέσεως, τροχαῖος σημαντὸς ὁ ἐξ ὀκτασήμου θέσεως καὶ τετρασήμου ἄρσεως, während
er zufolge seines Ausdruckes „διπλασιάζων τὰς θέσεις" und zufolge des allgemeinen Gesetzes, dass der grössere ποὺς διπλάσιος 1 ἄρσις und 2 θέσεις hat, sich folgendermassen hätte ausdrücken müssen: τροχαῖος σημαντὸς ὁ ἐκ διπλῆς τετρασήμου θέσεως καὶ τετρασήμου ἄρσεως. Dürfen wir vielleicht annehmen,
dass für diesen gedehnten Fuss auch noch eine zweite Tactirmethode üblich war, wonach auf beide θέσεις nur ein einziger
Niederschlag kam? Wahrscheinlicher ist aber jene Inconsequenz
nichts anderes als eine Ungenauigkeit des Ausdruckes, wie wir
sie auch sonst dem oft nur gedankenlos compilirenden Aristides
hingeben lassen müssen. Das Weitere über diese beiden Tacte
s. in der Lehre von der Rhythmopöie.

Der τροχαῖος σημαντὸς also beginnt mit den beiden θέσεις, der ὄρθιος mit der ἄρσις. Wenn daher Aristoxenus von
den 3 Chronoi der grösseren diplasischen Tacte p. 38, 4 sagt:
δύο μὲν τῶν ἄνω, ἑνὸς δὲ τοῦ κάτω, ἢ ἑνὸς μὲν τοῦ ἄνω, δύο δὲ
τῶν κάτω, oder p. 38, 7 ἄρσει καὶ διπλῇ βάσει, so wissen wir,
dass keineswegs jeder dieser Tacte mit der ἄρσις anfängt. Wir
werden späterhin bei Gelegenheit des daktylischen Hexameters
sehen, dass es auch einen ποὺς δωδεκάσημος διπλάσιος gibt, der
weder wie der Orthios mit der schwachen ἄρσις, noch wie der
Semantos mit der stärkeren θέσις, sondern mit der schwächeren
θέσις (oder was dasselbe ist mit der stärkeren ἄρσις) anlautet.
Hiernach gibt es also in Beziehung auf die Anordnung der drei
Chronoi drei κατ' ἀντίθεσιν verschiedene Formen des dreitheiligen Tactes, in denen jeder Chronos den Anlaut bilden kann:

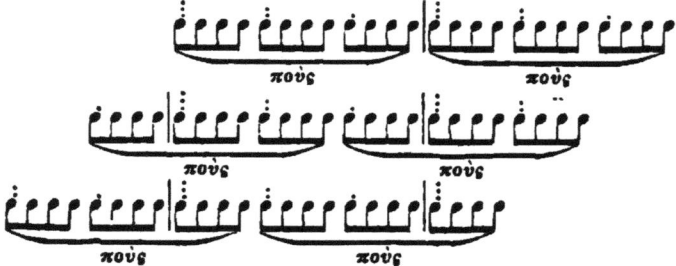

Die erste Tactform beginnt mit dem schwersten Tacttheile, der ϑέσις, die zweite mit dem leichtesten Tacttheile, also dem einfachen Auftacte; die dritte mit einem Auftacte von zwei Tacttheilen oder Chronoi, dem mittleren und dem leichtesten. Wir lassen nunmehr die einzelnen hierher gehörigen diplasischen Tacte folgen und geben für einen jeden die drei möglichen Arten der Ictusvertheilung an, — wir sagen die möglichen Arten, denn wir wollen keineswegs behaupten, dass für jeden Tact auch jede dieser drei Arten auch wirklich vorkomme. Für den ὀκτωκαιδεκάσημος πούς haben wir nur Eine Art angegeben, nämlich diejenige, welche uns als die des jambischen Trimeters von den Alten überliefert ist, wobei wir auf §. 15 verweisen.

πούς ἐννεάσημος
(trochäische und jambische Tripodie).

πούς δωδεκάσημος
(daktylische und anapästische Tripodie).

πούς πεντεκαιδεκάσημος
(päonische Tripodie).

πούς ὀκτωκαιδεκάσημος
(jambischer oder trochäischer Trimeter, vgl. § 15.).

(jonische Tripodie)

u. s. w.

In Beziehung auf die doppelte Bezeichnung des πεντεκαιδεκάσημος verweisen wir auf S. 149.

§. 12.　Die Chronoi der hemiolischen oder päonischen (fünftheiligen) Tacte.

a. Der πούς ἐλάχιστος.

Der kleinste Tact dieses Rhythmengeschlechtes, der fünfzeitige Päon, führt den Beinamen διάγυιος, den Aristides p. 58, 15 erklärt: διάγυιος μὲν οὖν εἴρηται, οἷον δύγυιος. Hiermit ist freilich das räthselhafte Wort nicht erklärt, aber es zeigt, dass die Rhythmiker den Päon als zweigliederig oder zweitheilig, d. h. als aus zwei χρόνοι bestehend auffassten. Dies wird durch den Zusatz des Aristides δύο γὰρ χρῆται σημείοις bestätigt. Ueber die beiden χρόνοι im Einzelnen sagt Mar. Vict. p. 2485 in seinem auf die besten Quellen zurückgehenden Kapitel de rhythmo: *Tertius autem rhythmus qui paeonicus a musicis dicitur, hemiolia subsistit, quae est sescupli ratio. Hemiolium dicunt numerum qui tantundem habeat quantum alius et dimidium amplius, ut si compares tres et duo. Nam in tribus et duo et eorum dimidium continetur, quod cum evenit,* τρίσημος ἄρσις *ad* δίσημον θέσιν *accipitur i. e. tres partes in sublatione habent, duas in positione, seu contra.* Der Ausdruck *seu contra* bezieht sich auf die unmittelbar vorhergehenden Worte und bedeutet: *seu tres partes in positione habent, duas in sublatione,* oder, was hiermit zusammenfällt: *duas partes in sublatione habent, tres in positione.* Das wird durch die vollere Ausdrucksweise bestätigt, die wir an einer anderen Stelle des Mar. Vict. p. 2483 finden, nämlich in dem oben besprochenen Kapitel de arsi et thesi, wo ἄρσις oder *sublatio* den schweren, θέσις oder *positio* den leichten Tacttheil bedeutet. Hier heisst es: *in cretico nunc sublatio longam et brevem occupat, positio longam, vel contra positio longam et brevem, sublatio unam longam,* d. h. der schwere Tacttheil umfasst die Länge und Kürze, der leichte Tacttheil die Länge:

$$\overline{}\,\overline{}\,\overline{}$$

oder umgekehrt: der leichte Tacttheil umfasst die Länge und Kürze, der schwere Tacttheil eine Länge:

$$\overline{}\,\overline{}\,\overline{}$$

Diese Notiz ist ausserordentlich wichtig. Wir erfahren dar-

aus, dass in dem fünfzeitigen Tacte, wenn er in der Form des
Creticus (oder mit Auflösung der Längen in der Form des Päon)
erscheint, der schwere Tacttheil sowohl vorangehen als nachfol-
gen kann und dass hier also derselbe Gegensatz besteht, wie in
den πόδες τρίσημοι zwischen Trochäus und Jambus, wie in den
τετράσημοι zwischen Daktylus und Anapäst. Wie wir sehen werden, ist es auch für den zehnzeitigen hemiolischen Fuss, den
Päon epibatus, überliefert, dass der Hauptictus auf einer inlau-
tenden Sylbe des Fusses lag. Aristid. p. 58, 11 redet bloss von
der mit dem schweren Tacttheile anlautenden Form des Päon,
wenn er sagt: ` παίων διάγυιος ἐκ μακρᾶς θέσεως καὶ βραχείας καὶ
μακρᾶς ἄρσεως.- In Beziehung auf die βραχεῖα findet hier eine
Ungenauigkeit statt, da nicht gesagt ist, ob sie zur θέσις oder
ἄρσις gehört. Aus den bereits besprochenen Stellen ergibt sich,
dass sie zur θέσις gehört und die richtige Gliederung ist mithin:

$$\underbrace{\text{παίων}}$$

$$\underbrace{\text{μακρά, βραχεῖα,}}_{\text{θέσις}} \underbrace{\text{μακρά}}_{\text{ἄρσις}}.$$

Was nun das Ictusverhältniss des Päon im Einzelnen betrifft,
so muss hier dasselbe Gesetz gelten, wie für den dreizeitigen
Trochäus und Jambus, für den sechszeitigen Jonicus *a maiore*
und *a minore*, nämlich es hat jedes Zeitmoment der θέσις eine
grössere Schwere, als die Zeitmomente der ἄρσις. Es ergibt
sich also folgende Betonung:

Bei vorangehender θέσις.   Bei vorangehender ἄρσις.

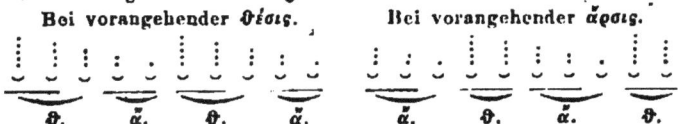

Fällt also der Hauptictus auf den Anfang, so ist die zweite
Länge des Creticus oder Päon in ihrem Gewicht schwächer als
der vorausgehende Trochäus, und mithin auch schwächer als
dessen schliessende Kürze, also:

νῦν δ᾽ ὑπ᾽ ἀν|δρῶν πονη|ρῶν σφόδρα δι|ωκόμεθα

Fällt der Hauptictus auf die zweite Länge oder deren Auflösung, so ist diese stärker als der vorausgehende Trochäus, also:

νῦν δ᾽ ὑπ᾽ | ἀνδρῶν πο|νηρῶν σφό|δρα διωκό|μεθα.

Die vielen Reflexionen, die man seit Hermann darüber gemacht hat, was der Päon für ein Rhythmus, wie er zu scandiren
sei, sind sammt und sonders unnütz, da uns die Alten selber
überliefert haben, wie sie den Päon maassen. Wir wissen nun
freilich bei den einzelnen uns vorliegenden päonischen Versen nicht
mehr, ob sie bei den Alten auf die eine oder die andere Weise, mit
anlautendem schweren Tacttheile oder mit dem Auftacte gelesen
wurden. Mit dem Rhythmus, den wir beim Lesen den päonischen Versen der Alten geben, ist es überhaupt eine eigene
Sache. Wenn Lehrs und Meissner Philologus 1850 S. 95 ff.
den Satz aufstellen, dass der Päon ein Zweivierteltact sei, dessen
erstes Viertel in der metrischen Form eines Trochäus oder Tribrachys erscheine, aber als eine Triole zu lesen sei, ♩♫♩♫♫
so ist das allerdings die Manier, in der wir die Päonen zu lesen
pflegen (es gibt freilich auch Viele, die sie gar nicht lesen können und ihnen eine Art choriambischen Rhythmus geben), und
man muss anerkennen, dass sich Lehrs und Meissner über den
Rhythmus, den wir Moderne dem antiken Päon geben, genaue
Rechenschaft gegeben haben. Aber wenn es uns bequem ist,
einen ungeraden fünftheiligen Tact in einen geraden zu verwan-
deln, so ist das eben unsere Sache. Wir scandiren ihn in
unserer Weise, aber nicht in der Weise der Alten, die da ausdrücklich sagen, dass ihr Päon ein fünfzeitiger sei, dessen einer
Theil anderthalbmal so gross sei als der andere und ohne Zweifel haben sie ihn auf diese Weise scandirt. Die Ohren der
Alten waren scharf genug, um zu hören, in welchem Rhythmus
sie ihre μέλη sangen, und dass sie ein Interesse hatten, darauf
zu achten, viel sorgfältiger als wir auf den Tact unserer Musik,
davon ist ihre umfangreiche rhythmische Litteratur ein hinläng-
liches Zeugniss, während die neuere Zeit kaum ein einziges selbstständiges Werk über den modernen Tact aufzuweisen hat. Sollten wir es in der That für möglich halten können, dass Aristoxenus seine στοιχεῖα ῥυϑμικά geschrieben und auch in anderen
Werken, wie in seinen συμμικτὰ συμποτικά, vielfach vom Rhythmus gehandelt habe und doch nicht einmal bemerkt hätte, welchen Zeitumfang, welche rhythmische Gliederung die Päonen
hatten? Gerade die scharfe Beobachtungsgabe ist es ja, die aus

seinen Schriften ebenso, wie überhaupt in den von der peripa-
tetischen Schule ausgehenden Werken hervorleuchtet. Wie sollte
ferner der Musiker Dionysius dazu kommen, 24 Bücher rhythmische ὑπομνήματα zu schreiben, wenn er nicht einmal die
allerfundamentalsten Begriffe der Rhythmik, nicht einmal die
Zeitdauer der verschiedenen Tacte gekannt hätte? Das fünfzeitige päonische Rhythmengeschlecht lässt sich nun einmal den
Griechen nicht abstreiten. Es ist wahr, ein fünfzeitiger Fuss
ist schwer zu scandiren; es klingt etwas gezwungen, wenn wir
nach diesem Tacte lesen wollen, aber wir müssen bedenken, dass
sämmtliche päonische Gedichte der classischen Zeit nicht recitirt,
sondern gesungen wurden, und für den Gesang kommt ja auch
in der neueren Musik die fünfgliederige Tactart vor. Wir singen die griechischen Päonen nicht, wir lesen sie, und da mag
es immerhin erlaubt sein, sie in einem uns bequemeren Rhythmus zu lesen; lesen wir doch auch gewöhnlich die jambischen
und trochäischen Metra nicht nach dem ungeraden, sondern nach
dem geraden Tacte, und wiederum umgekehrt die Daktylen nicht
nach dem geraden, sondern nach dem ungeraden Tacte, wie ein
Jeder, der hierauf achtet, leicht gewahr werden wird. Aber wer
wollte denn behaupten, dass dies die Scansion der Alten gewesen wäre?

b. Die πόδες μεγάλοι.

1. Der Päon epibatos. Die grösseren Tacte dieses Geschlechtes werden, wie aus Aristoxenus S. 136 gezeigt ist, in 4
σημεῖα zerlegt. Diese διαίρεσις beginnt bereits bei dem zunächst
auf den πεντάσημος folgenden päonischen μέγεθος, dem δεκάσημον, für welches der specielle Name παίων ἐπιβατός vorkommt.
Hier ist uns ausdrücklich überliefert, dass er in 4 μέρη oder
σημεῖα, 2 ἄρσεις und 2 verschiedene θέσεις zerfällt Aristid. 58,
16. Auf diese besondere Art des Tactschlagens oder Tacttre-
tens, im Gegensatze zu dem fünfzeitigen zweigliedrigen Päon,
bezieht sich der Zusatz ἐπιβατός (cf. βαίνεται ὁ ῥυθμὸς), d. h.
„der Päon, der getreten wird, oder bei welchem der Tact getreten wird". Für den fünfzeitigen Päon genügten nämlich 2 σημεῖα, ein Aufschlag und ein Niederschlag, und wenn
mehrere Päonen aufeinander folgten, so wurde ein jeder zum

χρόνος eines zusammengesetzten Tactes und als solcher nur durch
Ein σημεῖον, entweder den Aufschlag oder den Niederschlag bezeichnet, je nachdem er zur ἄρσις oder θέσις geworden war.
Der zehnzeitige Päon epibatus dagegen bildet stets einen selbstständigen Tact (die Verbindung von 2 ἐπιβατοί würde einen wegen seines μέγεθος nach S. 123 unmöglichen πούς εἰκοσάσημος
ἴσος ergeben). Er erfordert desshalb überall die genaue Angabe
der Tactzeichen. Bei dem grossen Umfange des Tactes waren
hier mehr als 2 σημεῖα nothwendig, nämlich vier (2 Aufschläge
und 2 Niederschläge) Aristox. p. 33, 9. Aristid. l. l. Der letztere sagt: ἐπιβατὸς τέτρασι χρώμενος μέρεσιν (== σημείοις, χρόνοις
ποδικοῖς). ἐκ δύο ἄρσεων καὶ δυοῖν διαφόρων θέσεων γίνεται, und
bestimmt diese folgendermassen: ἐκ μακρᾶς θέσεως καὶ μακρᾶς
ἄρσεως καὶ δύο μακρῶν θέσεων καὶ μακρᾶς ἄρσεως. Von den
4 σημεῖα oder μέρη umfasst das erste als θέσις eine Länge, das
zweite als ἄρσις wiederum eine Länge, das dritte als θέσις zwei
Längen, das vierte als ἄρσις eine Länge:

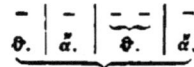

τέσσαρα μέρη od. σημεῖα.

Er hat zwei ἄρσεις und zwei θέσεις, und zwar sind die θέσεις
verschieden (διάφοροι Aristid.); denn die eine besteht aus Einer
Länge, die andere aus zwei Längen, während die beiden ἄρσεις
einander in der Ausdehnung gleich sind. Beiläufig gesagt, tref-
fen wir den Aristides wieder bei einer Inconsequenz des Ausdrucks an, indem er oben das dritte μέρος, welches doch nur
eine einzige θέσις ist, ἐκ δύο μακρῶν θέσεων bestehen lässt, statt
zu sagen: ἐκ δύο μακρῶν ἐπὶ θέσεως. — Wenn nun von den
zwei verschiedenen θέσεις die erste nur aus einer, die zweite
aus zwei Längen besteht, und also auf die zweite ein doppelt
so grosser Niederschlag als auf die erste kommt, so geht hieraus
hervor, dass die zweite θέσις einen stärkeren Ictus hat, als die
erste: wir haben hiernach zu messen:

Der Hauptictus, der die zehn Zeitmomente zu einem einheitlichen ῥυθμός oder πούς vereinigte, lag mithin nicht am Anfange,

sondern im Inlaute des Tactes, ähnlich, wie dies auch beim fünfzeitigen Päon der Fall sein konnte. Wir dürfen deshalb sagen,
der παίων ἐπιβατὸς hat einen spondeischen Auftact oder einen
Auftact von 2 χρόνοι.

Ueber den ethischen Charakter des Epibatus sagt Aristides
p. 64, 20: „Er ist enthusiastisch, wie der fünfzeitige Päon, aber
noch bewegter als dieser, συνταράττων μὲν τῇ διπλῇ θέσει τὴν
ψυχήν, ἐς ὕψος δὲ τῷ μεγέθει τῆς ἄρσεως τὴν διάνοιαν ἐξεγείρων:
„die Seele des Zuhörers wird durch diesen Rhythmus zugleich
erschüttert und zur Erhabenheit emporgehoben: erschüttert
durch die Ungleichheit der beiden Thesen, die bald zweizeitig,
bald vierzeitig sind (τῇ διπλῇ θέσει vgl. ἐκ δυοῖν διαφόρων θέσεων), zur Erhabenheit emporgehoben durch die constanten, von
keiner Kürze unterbrochenen Längen" (Aristides nennt hierbei
blos die μακρὰ ἄρσις und nicht die θέσις, weil er die θέσις als
den χρόνος συνταράττων hingestellt hat). Diesem Charakter entsprechend hatte der epibatische Tact seine Stelle in bewegten
Hymnen. So gebrauchte ihn Olympus, der Hauptvertreter dieser Kunstform, im Anfangstheile des phrygisch componirten
Athene-Nomos, während der übrige Theil dieses Nomos aus
Trochäen bestand Plut. mus. 33. Plutarch, oder vielmehr Aristoxenus (denn dessen σύμμικτα συμποτικά sind es, aus denen diese
ganze Partie der Plutarchischen Schrift entnommen ist) weiss
nicht Worte genug zu finden, um die Grösse des ethischen Con-
trastes, der lediglich durch die Aufeinanderfolge dieser beiden
Tactarten erzeugt wurde, auszudrücken. Auch Archilochos soll
den epibatischen Päon gebraucht haben und zwar in Verbindung
mit Jamben, ja er wird als Erfinder dieser Verbindung genannt,
Plut. mus. 28, doch ist diese Angabe zweifelhaft, da Glaucus ap.
Plut. mus. 29 erklärt, Archilochos habe sich noch nicht des
päonischen Rhythmus bedient, sondern zuerst Olympus. In den
erhaltenen Poesieen ist er nicht mehr nachzuweisen.[1]

---

1) Hermann (epitom. p. 237) nimmt ihn ganz ohne Grund Anti-
gone V. 1121 Δηοῦς ἐγκόλποις an. Bergk glaubte ihn in den Spondeen des Terpander, Rossbach in der zweiten Parabase der Vögel zu
finden, doch haben jetzt beide ihre Ansicht zurückgenommen (Ind.
schol. Hal. aest. 1859 p. VII. Griech. Metr. Bd. III S. 128). Unlängst
hat Bergk in schol. Hal. hib. 1859/60 p. XII eine von der alten Tra-

· Man wird sich mit der von den Alten klar dargelegten Beschaffenheit der παίωνες ἐπιβατοί um so leichter befreunden, als auch

dition völlig abweichende Auffassung des Päon epibatus gegeben.
Bergk sieht in diesem Tacte eine katalektisch-päonische Dipodie, deren „Thesen“ (im vulgären Gebrauche des Worts) anceps, also irra-
tional wären − ∪ − | − ∪, wie Soph. Electr. 512:

πρόρριζος ἐκριφθείς
οὔ τί πω
ἔλιπεν ἐκ τοῦδ' οἴκους.

Die Angabe des Aristides über die langen Thesen und Arsen des
Fusses würde also folgendermassen zu verstehen sein:

Ist aber diese Auffassung möglich? Man erwäge

1) Es darf μακρά ohne weiteren Zusatz nicht von einer ἄλογος
verstanden werden. Auf p. 59, 14 nennt zwar Aristides die irrationale
Sylbe des χορεῖος ἄλογος „μακρὰ ἄρσις“, aber dort ist der χορεῖος
ausdrücklich als ἄλογος bezeichnet. Um so weniger aber ist jene Auffassung zulässig, weil die neben den μακραὶ ἄρσεις genannten μακραὶ
θέσεις keine irrationalen Sylben sind; denn wie darf man ohne weitere Bestimmung das Wort μακραὶ einmal als zweizeitig, das andre-
mal als irrational fassen?

2) Nach Bergks Annahme würden dem ersten Päon der Dipodie
von Aristides 3 χρόνοι gegeben sein, die erste Sylbe würde eine μακρὰ θέσις, die zweite eine ἄρσις, die dritte eine μακρὰ θέσις sein.
Das stimmt wenig mit den an derselben Stelle von Aristides über den
Päon gemachten Angaben. Denn es heisst 1) er bestände ἐκ μακρᾶς
θέσεως καὶ βραχείας καὶ μακρᾶς ἄρσεως: die dritte Sylbe des Päon
ist also nach Aristides nicht eine μακρὰ θέσις, wie Bergk will,
sondern eine μακρὰ ἄρσις. Und 2) ist nach Aristides über den
Päon gesagt: δύο χρῆται σημείοις, er hat also nur 2 χρόνοι, 1 θέσις
und 1 ἄρσις, nicht 2 θέσεις und 1 ἄρσις, wie dies bei Bergks Auffassung nothwendig ist.

3) Die dritte und vierte Länge des Epibatos wird von Aristides
durch den Ausdruck δύο μακρῶν θέσεων als zusammengehörig bezeichnet, es heisst dies soviel als δύο μακρῶν ἐπὶ θέσεως; dies steht fest
durch die weitere Angabe des Aristides: der Epibatos hätte 4 μέρη
oder σημεῖα, 2 ἄρσεις und 2 διάφοροι θέσεις, also die dritte und vierte
Länge sind zwar 2 „thetische“ Sylben, aber es sind 2 Sylben, die
zusammen nur 1 einzige θέσις ausmachen. Wie ist es nun möglich,
dass von einer katalektisch-päonischen Dipodie gesagt werden kann:

die moderne Rhythmik diese Tacte kennt: es entsprechen hier
nämlich den παίωνες ἐπιβατοί diejenigen $^5/_4$-Tacte, welche für
sich eine selbstständige Reihe bilden.   Ein Muster dieses Rhythmus liefert das Volkslied vom Prinz Eugen, dessen Strophen
aus 2 Perioden von je 3 durch drei $^5/_4$-Tacte gebildeten Reihen
bestehen.

die letzte Länge des ersten Fusses und die erste Länge des zweiten
Fusses bilden zusammen einen einheitlichen thetischen Chronos? Oder
mit anderen Worten: wie ist folgende rhythmische Diäresis der päonischen Dipodie gestattet:

$-$	$\smile$	$- \parallel -$	$\smile$
1.	2.	3.	4.
μέρος	μ.	μέρος	μ.

4) Endlich haben wir hier noch geltend zu machen, dass eine
Dipodie, sowohl die akatalektische wie die katalektische, nach dem
Sprachgebrauche der Rhythmiker stets und ständig ein πούς ἴσος oder
δακτυλικός ist, die Einzeltacte mögen sein welche sie wollen.   Auch
ein aus 2 päonischen Einzelfüssen zusammengesetzter πούς ist kein
πούς παιωνικός, sondern er hat dem λόγος ἴσος, ist ein πούς ἴσος oder
δακτυλικός.   Das ist das Fundament der gesammten Rhythmik der
Alten, das von Aristides wie von allen übrigen festgehalten wird.   So
sagt Aristides p. 62, 1: πάλιν (τὸν δεκάσημον μερίζω) εἰς δύο πεντασήμους ... τὸν ἴσον ῥυθμικὸν ἕξουσι λόγον

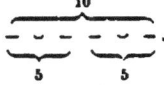

Ein πούς δεκάσημος ist nur dann ein παιωνικός oder ἡμιόλιος, wenn
er die Diäresis 4 + 6 zulässt, wie Aristides an derselben Stelle sagt:

Der Unterschied dieser $^5/_4$-Tacte von den *παίωνες ἐπιβατοί*
bestelt nur in der verschiedenen Art des Auftactes und in der
für den Päon epibatus nicht nachweisbaren Zerfällung der Länge
in 2 Kürzen (des Viertels in 2 Achtel). Man vergleiche:

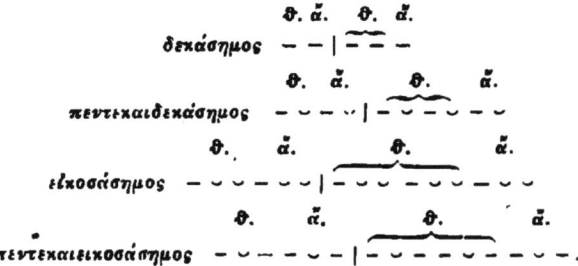

2. Die übrigen *πόδες μεγάλοι* des päonischen
Geschlechts. Aristoxenus lehrt nach S. 136 ff.: „Die grösseren päonischen Tacte zerfallen in 2 *ἄρσεις* und 2 *θέσεις*; aus
den Angaben des Aristides über den hierher gehörenden zehnzeitigen päonischen Tact, den Päon epibatus, haben wir ferner
erkannt, dass die beiden *ἄρσεις* einander gleich, die beiden *θέσεις* ungleich sind. Hiernach können wir nun für alle fünftheiligen Tacte die rhythmische Gliederung angeben.

$$\vartheta.\ \breve{\alpha}.\quad \vartheta.\quad \breve{\alpha}.$$
$$\delta\varepsilon\varkappa\acute{\alpha}\sigma\eta\mu\sigma\varsigma \quad - - \mid \overbrace{- -}\ -$$

$$\vartheta.\quad\ \breve{\alpha}.\qquad \vartheta.\qquad\ \breve{\alpha}.$$
$$\pi\varepsilon\nu\tau\varepsilon\varkappa\alpha\iota\delta\varepsilon\varkappa\acute{\alpha}\sigma\eta\mu\sigma\varsigma \quad - \smile - \smile \mid \overbrace{- \smile - \smile}\ - \smile$$

$$\vartheta.\ \,\quad \breve{\alpha}.\qquad\quad \vartheta.\qquad\qquad \breve{\alpha}.$$
$$\varepsilon\acute{\iota}\varkappa\sigma\sigma\acute{\alpha}\sigma\eta\mu\sigma\varsigma \quad - \smile - \smile \smile \mid \overbrace{- - - \ \ - -}\ - \smile \smile$$

$$\vartheta.\qquad \breve{\alpha}.\qquad\quad \vartheta.\qquad\quad \breve{\alpha}.$$
$$\pi\varepsilon\nu\tau\varepsilon\varkappa\alpha\iota\varepsilon\iota\varkappa\sigma\sigma\acute{\alpha}\sigma\eta\mu\sigma\varsigma \quad - \smile - \smile - \mid \overbrace{- - - - \ \ - - -}\ -.$$

Wir haben S. 122. 123 gesehen, dass ein jeder fünftheili-
ger *πούς* in zwei Abschnitte zerlegt wurde, welche sich in ihrer
Morenzahl wie 2:3 verhielten, oder mit andern Worten in zwei
Abschnitte, wovon der eine das Anderthalbfache des andern war.
Hierdurch zerfiel der Fuss in einen zweitheiligen oder isorrhyth-
mischen und einen dreitheiligen oder diplasischen Abschnitt.

---

*πάλιν ποιῶ τὸν αὐτὸν ἐκ τετρασήμου καὶ ἑξασήμου· συνέστη λόγος
ῥυθμικὸς ἡμιόλιος.* Der hiermit bezeichnete *πούς* ist nun kein anderer, als eben der Päon epibatos nach der von uns gegebenen, aus
Aristides Worten sicher hervorgehenden Erklärung:

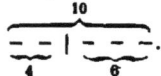

Der zweitheilige hat, wie der selbstständige zweitheilige Tact, 2 χρόνοι: 1 ἄρσις und 1 θέσις; auf den dreitheiligen Abschnitt dagegen kommen nicht, wie bei dem selbstständigen dreitheiligen Tacte, drei σημεῖα, sondern nur zwei: ein Niederschlag und ein Aufschlag, indem der Niederschlag zwei Einzeltacte begreift. Der stärkste Ictus oder der Hauptictus des ganzen πούς kommt (wie beim Päon epibatus) auf die längere 2 Einzeltacte in sich begreifende θέσις; die andere nur einen Einzeltact umfassende θέσις hat den zweitstärksten Ictus. Ueber das weitere Ictusverhältnis ergibt sich folgendes. Die beiden zur längeren θέσις gehörenden Einzeltacte können nicht gleich stark betont sein, so wenig wie die beiden zur θέσις einer Tetrapodie oder zur θέσις des Trimeters gehörenden Einzeltacte. In der Verbindung

(von den beiden vorausgehenden Einzelfüssen der Pentapodie sehen wir ab) muss der erste Einzelfuss den stärksten Ictus haben, der zweite einen schwächern als der erste, aber einen stärkern als der dritte, denn er gehört mit zur θέσις; der dritte aber ist ἄρσις, also:

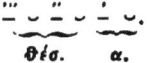

Der letzte als ἄρσις hat ferner einen schwächeren Ictus als der anlautende Einzelfuss der ganzen Pentapodie, denn dieser ist θέσις, daher ist das Ictusverhältnis der ganzen Pentapodie folgendes:

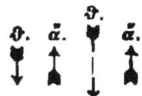

Das sind die 4 χρόνοι der fünftheiligen oder hemiolischen Tacte. Auf zwei von diesen fünf Theilen kommt ein einziges σημεῖον, während die drei übrigen Theile je ihr besonderes σημεῖον haben. Was mochte nun die Alten zu dieser eigenthümlichen Tactirmethode bewegen? Weshalb nicht 5 Bewegungen mit der Hand, sondern nur 4: drei kürzere und eine längere?

Dies liegt in der eigenthümlichen Natur der vorliegenden Tactart. Die Zahlen 2 und 3, welche die Eintheilung der zwei- und
dreitheiligen Tacte bedingen, liegen dem menschlichen Gefühle
viel näher als die Zahl 5, und das ist eben auch der Grund,
weshalb der fünftheilige Tact schon bei den Alten viel seltener
war, als die übrigen, und weshalb er endlich bei den Neueren
so gut wie gar nicht vorkommt. Das ist der Grund, weshalb
es noch jetzt Manche nicht begreifen wollen, dass die Alten einen
fünfzeitigen Päon gehabt haben. Aber die Alten hatten diese
fünftheiligen Tacte, das steht über allem Zweifel fest, und sie
erreichten durch ihre Anwendung die ethische Wirkung, welche
Aristides p. 64, 2. 24 beschreibt. Und gleichwohl kann es
nicht anders sein, dass es auch den Alten schwieriger war, einen
fünftheiligen Tact, als einen zwei- oder dreitheiligen einzuhalten,
sowohl für die Singenden als den $\dot\eta\gamma\epsilon\mu\dot\omega\nu$. Es war eben nur
eine Erleichterung des Tactirens, wenn der $\dot\eta\gamma\epsilon\mu\dot\omega\nu$ die fünf Bewegungen auf vier zurückführte, und an der Stelle der Fünfzahl
die Vierzahl setzte, die, um mit den Alten zu reden, weniger
$\delta\upsilon\sigma\pi\epsilon\rho\acute\iota\lambda\eta\pi\tau\sigma\varsigma$ $\tau\ddot\eta$ $\alpha\dot\iota\sigma\vartheta\dot\eta\sigma\epsilon\iota$ ist. Die 4 Bewegungen waren zwar
ihrer Dauer nach nicht gleich, sondern die eine war doppelt so
lang als jede der drei anderen, aber die Festhaltung dieses Un-
terschiedes war immer noch leichter, als die Anwendung von 5
Semeia, und vor Allem hatten die Singenden nun an dem längeren Niederschlage ein bequemes Zeichen um zu erkennen, auf
welchen Theil des Tactes der Hauptictus zu legen war. Wären
die fünftheiligen Tacte der alten Rhythmik auch in der modernen im Gebrauch, es würde sich ohne Zweifel auch bei uns ein
der alten Praxis ähnliches Tactirverfahren geltend gemacht haben.
  Wir müssen indes darauf aufmerksam machen, dass wir in
Beziehung auf die Reihenfolge der $\chi\rho\acute\sigma\nu\sigma\iota$ in dem Bisherigen
überall von einem ganz bestimmten Falle, dem Päon epibatos,
ausgegangen sind, dessen $\chi\rho\acute\sigma\nu\sigma\iota$ wir auf die übrigen grösseren
hemiolischen Tacte oder Pentapodieen übertragen haben. Aber
wie für den zwei- und dreitheiligen Tact, so muss auch für den
fünftheiligen oder hemiolischen eine $\delta\iota\alpha\varphi\sigma\rho\dot\alpha$ $\varkappa\alpha\tau'$ $\dot\alpha\nu\tau\acute\iota\vartheta\epsilon\sigma\iota\nu$ sta-
tuirt werden, zufolge deren von den 4 $\chi\rho\acute\sigma\nu\sigma\iota$ des Tactes bald
der eine, bald der andere den Anlaut bilden kann. Im Allge-
meinen gibt es für jeden so viel antithetische Formen, als er

χρόνοι enthält; so gab es für den zweitheiligen isorrhythmischen oder geraden Tact 2, für den dreitheiligen diplasischen Tact 3 Formen, und so muss es für den aus 4 χρόνοι bestehenden hemiolischen Tact 4 antithetische Formen geben. Wir gehen hierbei·von der Form des Päon epibatos aus: schwächere ϑέσις, ἄρσις, stärkere ϑέσις, ἄρσις; ohne die hiermit angegebene innere Reihenfolge der χρόνοι zu verändern, setzen wir einen jeden χρόνος als Tactanfang. Um die Ordnung leichter zu übersehen, wollen wir für jede antithetische Form 2 Tacte aufeinander folgen lassen.

Wir sehen, die Form *c.* ist die mit dem stärksten Ictus beginnende Form und somit die Primärform; die drei übrigen beginnen mit dem Auftact, und zwar die Form *b.* mit der ἄρσις, die Form *a.* mit der schwächeren ϑέσις und ἄρσις; in der Form *d.* ist vor die schwächere ϑέσις noch eine weitere ἄρσις getreten — also der Auftact enthält in der Form *b.* 1 Chronos, in der Form *a.* 2, in der Form *d.* 3 Chronoi. Wollen wir die antithetischen Formen, wie wir es bei dem diplasischen Tacte gethan, auch hier durch unsere Noten ausdrücken, so müssen wir einen fünftheiligen Tact annehmen (z. B. einen $^{15}/_8$-Tact, d. h. fünf zu Einem zusammengesetzten Tacte vereinte 3 Achtel) und in demselben demjenigen Tacttheile, welcher die schwächere

---

2) Eine Form, die mit dem zweiten Einzeltacte der stärksten ϑέσις beginnt, kann es nicht geben; hier würden nämlich die Bestandtheile der stärksten ϑέσις von einander getrennt werden, der zweite würde den Anlaut, der erste den Auslaut des Tactes bilden, die ϑέσις würde also in 2 χρόνοι zertheilt werden und mithin der ganze πούς nicht 4, sondern 5 χρόνοι enthalten, was nicht möglich ist.

ϑέσις ist und als solche eine stärkere Intension hat als die vorhergehende ἄρσις, das Marcato-Zeichen geben; damit es aber
nicht den Anschein hat, als ob dieser Tacttheil der stärkste sein
sollte, setzen wir dasselbe Zeichen auch über den als stärkste
ϑέσις stehenden, unmittelbar auf den Tactstrich folgenden
Tacttheil.

Bis zu diesem Grade
von Genauigkeit lässt
sich also aus den An-
gaben der Alten das
Betonungs - Verhältnis
des hemiolischen oder
fünftheiligen Tactes er-
kennen. Wir wissen
freilich nicht, ob diese
vierfache Form für eine
jede Pentapodie wirk-
lich vorkommt, aber
eine dieser vier ver-
schiedenen Betonungs-
formen muss die Pen-
tapodie haben. Mit
Uebergehung des Päon
epibatos, dessen Beto-
nung immer eine ein-
zige feste und be-
stimmte ist (vgl. oben)
geben wir für die ver-
schiedenen Pentapo-
dieen die möglichen
Betonungsformen an:

πούς πεντεκαιδεκάσημος
(trochäische oder jambische Pentapodie).

1.
2.
3.
4.

πούς εἰκοσάσημος
(daktylische oder anapästische Pentapodie).

1.
2.
3.
4.

πούς πεντεκαιεικοσάσημος
(päonische Pentapodie).

1.
2.
3.
4.

Nach welcher Betonungsform nun ein bestimmter uns vorliegender pentapodischer Vers gesprochen oder vielmehr gesungen wurde, ist uns unbekannt. Wir geben den meisten Pentapodieen gewöhnlich die Betonungsform Nr. 2, in welcher Ein Chronos als Auftact steht, wie man leicht merken kann, wenn man genau darauf achtet, wie solche Verse recitirt werden. So z. B. der fünffüssige Sapphische Vers, welcher ebenso wie der fünffüssige Alcäische Vers und der fünffüssige Phaläceus ein einheitliches rhythmisches Ganzes bildet. Ich weiss zwar wohl, dass manche den Vers in eine dipodische und tripodische Reihe zertrennen wollen, und zwar deshalb, weil an zweiter Stelle auch ein Spondeus stehen kann; aber dies ist ebenso willkührlich, als wenn man den jambischen Trimeter oder den trochäischen Tetrameter wegen der hier vorkommenden Spondeen in dipodische Reihen zerfällt, worüber man S. 189 vergleiche. Wir betonen den Sapphischen Vers:

Φαίνεταί μοι κῆνος ἴσος θέοισιν || *ἔμμεν ὤνηρ, ὅστις* |
            ἐναντίος τοι,

den Phaläceus:

Ἐν μύρτου κλαδὶ τὸ ξίφος φορήσω, || *ὥσπερ Ἁρμόδιος*
                κ' Ἀριστογείτων,

den Alcäischen Vers:

Ασυνέτημι τῶν ἀνέμων στάσιν, || *τὸ μὲν γὰρ ἔνθεν κῦμα*
                κυλίνδεται.

Die zweite (leichtere) *θέσις* begreift überall den Schlussfuss; wir legen beim Sapphischen und Phaläceischen Verse auf
diesen Schlussfuss allgemein eine stärkere Intention der Stimme,
als auf den vorhergehenden Fuss (die *ἄρσις*); weniger allgemein
ist dies beim Alcäischen Verse, von dem G. Hermann sogar be-
hauptet, dass die zwei letzten Sylben eine daktylische Thesis
seien, aber gewiss mit Unrecht. Ist nun die genannte Accentuation auch die richtige, das heisst die antike? Ist es namentlich richtig, auf den zweiten Fuss den stärksten Ictus zu legen?
Das scheint so, wenigstens bei dem Sapphischen und Alcäischen
Verse; denn es spricht dafür die Analogie des jambischen Trimeters, von welchem die Alten ausdrücklich überliefern, dass
nicht auf den ersten, sondern auf den zweiten Fuss der Ictus
fällt, also auf die *θέσις* desjenigen Einzelfusses, auf welche eine
lange *ἄρσις* folgt oder folgen kann. Auch im Sapphischen und
Alcäischen Verse betonen wir d i e lange Sylbe am stärksten,
auf welche eine *syllaba anceps* (bei den Römern stets eine Länge)
folgt; die lange *ἄρσις* (des Einzelfusses) ist hier wie überall eben
durch den unmittelbar vorausgehenden stärkeren Ictus bedingt,
sie dient dazu, dass die Stimme auf ihr von der vorausgehenden starken Intention ausruhen kann.

§. 13. Uebersicht der Chronoi nach ihrem Megethos.

Nachdem wir nun die Tacte der drei Rhythmengeschlechter nach ihren Chronoi betrachtet haben, wollen wir noch einmal die sämmtlichen in der antiken Rhythmik vorkommenden
Chronoi oder Tacttheile überblicken. Es sind im Ganzen

neun;· ihr Megethos reicht vom einzeitigen bis zum zehnzeitigen.

$$X\varrho\acute{o}\nu o\iota \ \dot{\varrho}\upsilon\vartheta\mu\iota\varkappa o\grave{\iota} \ \text{oder} \ \pi o\delta\iota\varkappa o\acute{\iota}.$$

Chronoi der Monopodieen	$\mu o\nu\acute{o}\sigma\eta\mu o\varsigma$ $\smile$		
	$\delta\acute{\iota}\sigma\eta\mu o\varsigma$ $\smile\smile$		
Chronoi der Di- u. Tripodieen	$\tau\varrho\acute{\iota}\sigma\eta\mu o\varsigma$ $-\smile$, $\smile-$		
	$\tau\varepsilon\tau\varrho\acute{a}\sigma\eta\mu o\varsigma$ $-\smile\smile$, $\smile\smile-$	leichtere Chronoi der Pentapodieen	
	$\pi\varepsilon\nu\tau\acute{a}\sigma\eta\mu.$ $\smile-\smile-$, $-\smile-\smile$		
	$\dot{\varepsilon}\xi\acute{a}\sigma\eta\mu.$ $\delta\iota\pi\lambda.$ $--\smile\smile$, $\smile\smile--$		
Chronoi der Tetrapodieen	$\dot{\varepsilon}\xi\acute{a}\sigma\eta\mu o\varsigma$ $\check{\iota}\sigma o\varsigma$ $-\smile-\smile$, $\smile---$	Chron.d.Hexap.	
	$\dot{o}\varkappa\tau\acute{a}\sigma\eta\mu o\varsigma$ $-\smile\smile-\smile\smile$, $\smile-----$	schwere Chron.	
	$\delta\varepsilon\varkappa\acute{a}\sigma\eta\mu o\varsigma$ $-\smile---\smile$	d.Pentapodieen.	

Die ersten vier vom $\mu o\nu\acute{o}\sigma\eta\mu o\varsigma$ bis $\tau\varepsilon\tau\varrho\acute{a}\sigma\eta\mu o\varsigma$ kommen als
$\chi\varrho\acute{o}\nu o\iota$ der Monopodieen vor, der $\chi\varrho\acute{o}\nu o\varsigma$ $\mu o\nu\acute{o}\sigma\eta\mu o\varsigma$ als $\ddot{a}\varrho\sigma\iota\varsigma$
des $\pi o\grave{\upsilon}\varsigma$ $\tau\varrho\acute{\iota}\sigma\eta\mu o\varsigma$, der $\chi\varrho\acute{o}\nu o\varsigma$ $\delta\acute{\iota}\sigma\eta\mu o\varsigma$ als $\vartheta\acute{\varepsilon}\sigma\iota\varsigma$ des $\pi o\grave{\upsilon}\varsigma$ $\tau\varrho\acute{\iota}$-
$\sigma\eta\mu o\varsigma$, als $\vartheta\acute{\varepsilon}\sigma\iota\varsigma$ oder $\ddot{a}\varrho\sigma\iota\varsigma$ des $\pi o\grave{\upsilon}\varsigma$ $\tau\varepsilon\tau\varrho\acute{a}\sigma\eta\mu o\varsigma$, als $\vartheta\acute{\varepsilon}\sigma\iota\varsigma$ des
mit dem Auftact anlautenden und als $\ddot{a}\varrho\sigma\iota\varsigma$ des mit dem Nieder-
tact anlautenden $\pi o\grave{\upsilon}\varsigma$ $\pi\varepsilon\nu\tau\acute{a}\sigma\eta\mu o\varsigma$ ($\pi a\acute{\iota}\omega\nu$ $\delta\iota\acute{a}\gamma\upsilon\iota o\varsigma$) und als $\ddot{a}\varrho$-
$\sigma\iota\varsigma$ des $\pi o\grave{\upsilon}\varsigma$ $\dot{\varepsilon}\xi\acute{a}\sigma\eta\mu o\varsigma$ (Jonicus). Der $\chi\varrho\acute{o}\nu o\varsigma$ $\tau\varrho\acute{\iota}\sigma\eta\mu o\varsigma$ als
$\vartheta\acute{\varepsilon}\sigma\iota\varsigma$ des mit dem Niedertact anlautenden und als $\ddot{a}\varrho\sigma\iota\varsigma$ des mit
dem Auftact anlautenden $\pi o\grave{\upsilon}\varsigma$ $\pi\varepsilon\nu\tau\acute{a}\sigma\eta\mu o\varsigma$, der $\chi\varrho\acute{o}\nu o\varsigma$ $\tau\varepsilon\tau\varrho\acute{a}$-
$\sigma\eta\mu o\varsigma$ als $\vartheta\acute{\varepsilon}\sigma\iota\varsigma$ des $\pi o\grave{\upsilon}\varsigma$ $\dot{\varepsilon}\xi\acute{a}\sigma\eta\mu o\varsigma$.

Die vier $\chi\varrho\acute{o}\nu o\iota$ vom $\tau\varrho\acute{\iota}\sigma\eta\mu o\varsigma$ bis zum $\dot{\varepsilon}\xi\acute{a}\sigma\eta\mu o\varsigma$ $\delta\iota$-
$\pi\lambda\acute{a}\sigma\iota o\varsigma$ sind die Chronoi der Dipodieen und Tripodieen und
kommen sowohl als $\ddot{a}\varrho\sigma\varepsilon\iota\varsigma$ wie als $\vartheta\acute{\varepsilon}\sigma\varepsilon\iota\varsigma$ vor.

Der $\chi\varrho\acute{o}\nu o\varsigma$ $\dot{\varepsilon}\xi\acute{a}\sigma\eta\mu o\varsigma$ $\check{\iota}\sigma o\varsigma$ und $\dot{o}\varkappa\tau\acute{a}\sigma\eta\mu o\varsigma$ sind die
Chronoi der (trochäischen, jambischen, daktylischen, anapästi-
schen) Tetrapodieen und der erstere von beiden bildet die Chronoi der (jambischen und trochäischen) Hexapodieen oder Trimeter.

Es bleiben noch übrig die Chronoi der Pentapodieen. Hierbei muss man sich erinnern, dass von den vier
Chronoi, woraus sie bestehen, der schwerste (die grössere $\vartheta\acute{\varepsilon}\sigma\iota\varsigma$)
doppelt so gross ist, als die 3 übrigen leichteren Chronoi. Als
leichtere Chronoi erscheinen der $\tau\varrho\acute{\iota}\sigma\eta\mu o\varsigma$, $\tau\varepsilon\tau\varrho\acute{a}\sigma\eta\mu o\varsigma$ und $\pi\varepsilon\nu$-
$\tau\acute{a}\sigma\eta\mu o\varsigma$, als schwerste Chronoi der $\dot{\varepsilon}\xi\acute{a}\sigma\eta\mu o\varsigma$ $\check{\iota}\sigma o\varsigma$, $\dot{o}\varkappa\tau\acute{a}\sigma\eta\mu o\varsigma$ und

δεκάσημος. Der χρόνος δεκάσημος ist also von allen der seltensten, er kommt bloss vor in der päonischen Pentapodie.

Der Nachweis für die Richtigkeit der von uns aufgestellten Scala der Chronoi ergibt sich aus dem Vorausgehenden von selber. Aristoxenus hatte vom Megethos der Chronoi an der Stelle seiner Stoicheia geredet, wo er den Nachweis gab, dass aus mehr als vier Chronoi kein Tact bestehen konnte. Diese Stelle, auf welche er p. 33, 16 verweist, ist nicht mehr erhalten, aber es finden sich gelegentliche Hindeutungen auf das Megethos der Chronoi. So sagt er in der Schrift περὶ χρόνου πρώτου p. 39, 14: ἄπειροι ἔσονται οἱ πρῶτοι ... τὸ αὐτὸ δὲ συμβήσεται καὶ περὶ τοὺς δισήμους καὶ τρισήμους καὶ τετρασήμους καὶ τοὺς λοιποὺς τῶν ῥυθμικῶν χρόνων. Ebenso heisst es bei Quintil. inst. 9, 4, 51: *Tempora animo metiuntur et pedum et digitorum ictu intervalla signant quibusdam notis (= σημείοις) atque aestimant, quot breves illud spatium habeat: inde* τετράσημοι, πεντάσημοι, *deinceps longiores sunt percussiones (nam* σημεῖον *tempus est unum)*[1]. Also soviel wissen wir aus den Alten, dass die χρόνοι ῥυθμικοί mindestens bis zum ἑξάσημος oder nach Quintilian bis zum ὀκτάσημος gehn (denn *longiores* als der πεντάσημος ist der ἑξάσημος und ὀκτάσημος — einen ἑπτάσημος gibt es nicht).

Wie vereint sich nun hiermit die Stelle des Aristides p. 49, 17 über die Grösse der ῥυθμικοὶ χρόνοι? Hier heisst es nämlich nach Erörterung des nicht weiter zu zertheilenden χρόνος πρῶτος: „Σύνθετος χρόνος ist diejenige Zeitgrösse, welche zertheilt werden kann (nämlich in χρόνοι πρῶτοι). Von den σύνθετοι ist der eine das 2fache, ein anderer das 3fache, ein dritter endlich das 4fache des χρόνος πρῶτος. Denn bis zur Zahl 4 geht der ῥυθμικὸς χρόνος und steht in einer schönen Analogie zu der sich in Intervallen bewegenden Stimme." Man könnte denken, dass vor den Worten μέχρι γὰρ τετράδος προῆλθεν ὁ ῥυθμικὸς χρόνος eine Lücke anzunehmen sei, in der von der Zahl der χρόνοι ποδικοί die Rede gewesen sei: diese Stelle entspräche der Partie Aristoxen. p. 33, 1, die ebenfalls auf das Kapitel von den χρόνοι σύνθετοι folgt und in der es ebenfalls heisst, der Tact könne höchstens 4 χρόνοι ῥυθμικοί enthalten.

---

1) Dieser Zusatz ist eine Worterklärung zu τετράσημοι, πεντάσημοι.

Dann wäre τετράς von den 4 χρόνοι ῥυθμικοί des Tactes zu verstehen: mehr als 4 χρόνοι enthält er nicht, analog dem Ganzton-
Intervalle, welches 4 διέσεις oder Viertelstöne enthält. Nehmen
wir jene Lücke an, so ist Alles in schönster Ordnung, Aristides
sagt nichts Ungehöriges, Alles stimmt mit dem, was wir bereits
aus Aristoxenus wissen. Aber wie, wenn keine Lücke vorhanden wäre? Dann besteht allerdings eine gar grosse Differenz zwischen Aristides Angabe und den Sätzen, die wir aus Aristoxenus und sonst kennen
gelernt haben. Aristoxenus sagt wie Aristides: der χρόνος πρῶτος ist derjenige, welcher nicht weiter zertheilt werden kann;
dann fährt er fort, der χρόνος, welcher 2 πρῶτοι enthält, heisst
δίσημος, der welcher 3 πρῶτοι enthält τρίσημος, der welcher 4
πρῶτοι enthält τετράσημος, und in derselben Weise werden auch
die ü b r i g e n μεγέθη genannt. Die Hinweisung auf das Vorhan-
densein der λοιπῶν μεγεθῶν zeigt, dass es nach seiner Ansicht
m i n d e s t e n s noch z w e i Zeitgrössen jener Art, also etwa einen
χρόνος πεντάσημος und ἑξάσημος geben muss, denn sonst hätte
er nicht von λοιπά sprechen können. Nun sagt zwar Aristoxenus nicht ausdrücklich, dass der nicht zu zerfallende χρόνος
πρῶτος ein ἀσύνθετος und die aus ihm zusammengesetzten χρόνοι σύνθετοι sind, aber dass er sie dafür ansieht und ihnen
diese Namen zugesteht, geht aus dem folgenden Kapitel p. 31, 25
hervor, welches mit den Worten beginnt: λέγομεν δέ τινα καὶ
ἀσύνθετον χρόνον πρὸς τὴν τῆς ῥυθμοποιίας χρῆσιν ἀναφέροντες,
und welches die Bedeutung von ἀσύνθετοι und σύνθετοι χρόνοι
im Sinne der χρῆσις ῥυθμοποιίας bespricht (cf. §. 25). Die Partikel καὶ würde in jener Stelle keinen Sinn haben, wenn Aristoxenus es nicht als selbstverständlich annähme, dass der χρόνος
πρῶτος ein ἀσύνθετος, der δίσημος, τρίσημος u. s. w. ein σύνθετος sei. — Nach Aristoxenus also gibt es ausser dem δίσημος,
τρίσημος, τετράσημος noch grössere σύνθετοι (ἐπὶ τῶν λοιπῶν
μεγεθῶν). Aber Aristides? Er zählt 3 σύνθετοι, den δίσημος,
τρίσημος und τετράσημος auf und setzt hinzu: denn bis zur
τετράς geht der ῥυθμικὸς χρόνος. Das soll doch heissen: weiter
als bis zum τετράσημος geht die Zahl der σύνθετοι nicht. Das
ist eine entschiedene Differenz mit Aristoxenus, der ausdrücklich
noch von grösseren σύνθετοι redet.

Was soll ferner bedeuten μέχρι γὰρ τετράδος προῆλθεν, ὁ ῥυθμικὸς χρόνος? Wir wollen annehmen, dass es von der Zahl 4 zu verstehen sei, als der höchsten Summe der χρόνοι ῥυθμικοί, aus denen nach Aristoxenus der πούς besteht. Aber wie erklärt sich dann das γάρ? Der χρόνος σύνθετος umfasst höchstens 4 χρόνοι πρῶτοι, weil der Tact höchstens 4 χρόνοι ῥυθμικοί enthalten kann? Das ist ja ganz und gar kein Grund. Und so müssen wir uns nach einer andern Erklärung von τετράς umsehen. Auf p. 61 redet Aristides ohne vorhergehende Definition von einer δεκάς, δυάς, ὀκτάς u. s. w. und meint damit eine rhythmische Zeitgrösse von 10, 2, 8 χρόνοι πρῶτοι, wie er denn im folgenden ausdrücklich dafür die Worte δεκάσημος, δίσημος, ὀκτάσημος gebraucht. Hiernach ist auch in der in Frage stehenden Stelle τετράς als eine Zeitgrösse von 4 χρόνοι πρῶτοι zu fassen, und der ganze Satz bedeutet alsdann: „Von den χρόνοι σύνθετοι ist der eine das 2fache, der andere das 3fache, der dritte das 4fache des χρόνος πρῶτος, denn der χρόνος ῥυθμικὸς hat sich bis zu einer Grösse von 4 χρόνοι πρῶτοι entwickelt.“ Hier ist allerdings ein Causalzusammenhang. Aristides fasst den χρόνος πρῶτος sowohl wie die 3 σύνθετοι, den δίσημος, τρίσημος und τετράσημος als χρόνοι ῥυθμικοί: „es geht der σύνθετος bis zum τετράσημος, denn soweit geht der höchste Umfang des χρόνος ῥυθμικός“. Dass Aristides bei dem χρόνος πρῶτος und den χρόνοι σύνθετοι an die χρόνοι ῥυθμικοί denkt, kann grade nicht befremden; ähnlich macht es auch Aristoxenus περὶ χρόνου πρώτου p. 40, 7, wo es heisst: „wegen der ἀγωγὴ (des Tempo) sind die χρόνοι πρῶτοι ihrem Megethos nach unbestimmt, und dasselbe ist der Fall auch bei den δίσημοι, τρίσημοι, τετράσημοι, πεντάσημοι und den übrigen χρόνοι ῥυθμικοί“.

Aber nunmehr ergibt sich eine schwer auszugleichende Differenz. Nach Aristides gibt es 4 dem Megethos nach verschiedene χρόνοι ῥυθμικοί, einen μονόσημος, δίσημος, τρίσημος und τετράσημος, grössere nicht. Aber wir wissen ja, dass es auch πεντάσημοι, ἑξάσημοι, ὀκτάσημοι, δεκάσημοι gibt. Die drei letzteren werden zwar nicht ausdrücklich erwähnt, aber es wird entschieden auf sie hingedeutet. Quintilian instit. 9, 4, 51 sagt, nachdem er die χρόνοι oder *percussiones* πεντάσημοι aufgeführt hat, es gäbe noch längere χρόνοι, muss also mindestens noch 2, die ἑξάσημοι und ὀκτάσημοι im Auge haben. Wir können diesen Widerspruch nur so erklären, dass wir annehmen, Aristides denkt bei seinen bis zur Vierzeitigkeit gehenden 4 χρόνοι ῥυθμικοί bloss an die χρόνοι der πόδες ἐλάχιστοι der 4 von ihm statuirten Rhythmengeschlechter, des γένος ἴσον, διπλάσιον, ἡμιόλιον und ἐπίτριτον (cf. Aristid. p. 52, 3 und oben S. 110). In dem ποὺς ἐλάχιστος ἴσος, dem Pyrrhichius (s. S. 121) ist sowohl die ἄρσις wie die θέσις ein χρόνος ῥυθμικὸς μονόσημος oder πρῶτος, — in dem ποὺς ἐλάχιστος διπλάσιος (Jambus, Trochäus) ist die ἄρσις ein χρόνος μονόσημος, die θέσις ein δίσημος —, in dem ποὺς ἐλάχιστος ἡμιόλιος (Päon) ist die ἄρσις ein δίσημος, die θέσις ein τρίσημος —, in dem ποὺς ἐλάχιστος ἐπίτριτος endlich ist der eine χρόνος ῥυθμικὸς ein τρίσημος, der andere ein τετράσημος (cf. p. 61, 28 μερίζω τὴν ἑπτάδα εἰς τρία καὶ τέσσαρα καὶ σώζεται λόγος ἐπίτριτος). Die Hinweisung auf die Analogie mit der διαστηματικὴ φωνή bezieht sich auf die einfachen harmonischen Intervalle des ὁμόφωνον 1 : 1, des διὰ πασῶν 1 : 2, des διὰ πέντε 2 : 3 und des διὰ τεσσάρων 3 : 4.

So lässt sich die Stelle erklären, aber wir sehen dann allerdings, dass es mit der rhythmischen Kenntnis des Aristides sehr schlecht sieht. Er sagt später ausdrücklich, dass es ausser den πόδες ἐλάχιστοι der vier Rhythmengeschlechter auch noch viel grössere πόδες gäbe, sogar einen ἴσος ἑκκαιδεκάσημος, einen διπλάσιος ὀκτωκαιδεκάσημος, einen ἡμιόλιος πεντεκαιεικοσάσημος, einen ἐπίτριτος τεσσαρεσκαιδεκάσημος. Umfassen auch in diesen ausgedehnten Tacten die χρόνοι nicht mehr als höchstens vier χρόνοι πρῶτοι? Wir sehen, dass Aristides die wichtige Lehre von der Eintheilung der grösseren Tacte in 2, 3, 4 χρόνοι entweder nicht kennt, oder, was nicht viel besser ist, dass ihm bei der vorliegenden Stelle diese Lehre nicht in den Sinn kommt. Aristides ist ein gedankenloser Compilator, der selber nicht viel mehr von der Rhythmik versteht, als sein Uebersetzer Martianus Capella. Auch bei der in Rede stehenden Stelle hat er sein Original leichtsinnig excerpirt. Später vergisst er selber wieder, was er dort gesagt hat, denn während er dort den τετράσημος den grössten χρόνος ῥυθμικὸς nennt, spricht er p. 56, 10 freilich auch hier wieder ungenau genug, von einem χρόνος ῥυθμικὸς ὀκτάσημος (der θέσις des τροχαῖος σημαντὸς und ὄρθιος).

Sechstes Kapitel.
Die Semasie (Percussion) einzelner Metra.

§. 14.

Wir haben in dem Bisherigen einmal die Gliederung derjenigen unter den antiken Tacten kennen gelernt, welche die Modernen als die einfachen, unzusammengesetzten Tacte bezeichnen, oder, was dasselbe ist, die rhythmische Gliederung der πόδες im Sinne der Metriker. Und weiter haben wir gesehen, dass von den aufeinander folgenden unzusammengesetzten Tacten zwei oder drei oder vier oder fünf oder sechs zu einer höheren rhythmischen Einheit verbunden werden, dergestalt, dass zwar der Einzeltact seine rhythmische Gliederung, das Ictusverhältnis seiner einzelnen Zeitmomente zu einander behält, aber dass von den verbundenen Tacten einer den stärksten Ictus hat, und dass das Ictusverhältnis der übrigen Tacte hiernach in bestimmter Weise regulirt ist. Nach der Auffassung der Alten sind die Einzeltacte nun keine πόδες mehr, sondern nur χρόνοι ποδός, die ganze Gruppe ist jetzt ein einheitlicher πούς geworden. Wir fanden ferner, dass die Möglichkeit der Verbindung für die verschiedenen Einzeltacte verschieden ist; es können zwei, drei, vier, fünf, sechs τρίσημοι (Jamben, Trochäen), zwei, drei, vier, fünf (aber nicht sechs) τετράσημοι (Daktylen oder Anapästen), zwei, drei, fünf (aber nicht vier) πεντάσημοι (Päonen), zwei oder drei (aber nicht mehr) ἑξάσημοι (Jonici) zu einem einheitlichen πούς verbunden werden; längere Einzeltacte, wie der Päon epibatus, bildeten stets für sich schon einen selbständigen πούς. Und endlich erkannten wir: alle Verbindungen von zwei oder vier Einzeltacten wurden πόδες ἴσοι genannt und enthielten zwei in der Zeitdauer gleiche χρόνοι, die durch zwei σημεῖα bezeichnet wurden. Alle Verbindungen von drei oder sechs Einzeltacten hiessen πόδες διπλάσιοι; sie enthielten drei gleiche χρόνοι oder 3 σημεῖα. Die Verbindungen von 5 Tacten endlich hiessen πόδες ἡμιόλιοι; man zerlegte sie nicht in 5, sondern in

4 χρόνοι, von denen 3 einander gleich, einer aber doppelt so gross war als die übrigen.

Die σημεῖα, mit welchen die χρόνοι beim Tactiren bezeichnet werden, hiessen bei den Römern *percussiones*. Fab. Quintilian 9, 4, 51 sagt von den Rhythmikern: *Tempora etiam animo metiuntur, et pedum et digitorum ictu intervalla signant quibusdam notis, atque aestimant, quot breves illud spatium habeat. Inde* τετράσημοι, πεντάσημοι, *deinceps longiores fiunt percussiones.* Das heisst: man bezeichnet die Tacttheile (*tempora* = χρόνοι) durch bestimmte Zeichen (*notis* = σημείοις) vermittelst des Ictus der Füsse und Finger (also z. B. durch Auf- und Niederschlag), und zählt, wie viele χρόνοι πρῶτοι ein solcher Tacttheil hat; so entstehen *percussiones* τετράσημοι, πεντάσημοι und noch längere *percussiones* (nämlich noch ἑξάσημοι, ὀκτάσημοι und δεκάσημοι, wie die Tabelle §. 13 zeigt). Mar. Vict. 2486 *in percussione metrica pedis pulsus ponitur tolliturque*. So gebraucht auch Cicero de oratore 3 §. 182 und Orat. §. 198 das Wort *percussio* für das griechische σημεῖον. Aehnlich Mar. Victorinus 2521: *Est autem percussio cuiuslibet metri in pedes divisio* (= σημασία).

Die Metriker haben uns nun über die *percussio* der hauptsächlichsten Metra dankenswerthe Notizen mitgetheilt. Das Zerlegen in die σημεῖα heisst bei ihnen *percutere* Mar. Victor. 2521, *percussionem moderare* Caesius Bassus ap. Rufin. 2707, *ferire* Mar. Victor. 2530, Atil. Fortun. 2691, Juba ap. Priscian. 1321, Asmonius ibid., Caesius Bassus ap. Rufin. 2707, *caedere* Mar. Vict. 2521; schol. Hephaest. 35 τρίσημος . . . ἑξάσημος . . . σημασίαι δὲ οἱ χρόνοι παρὰ τοῖς μετρικοῖς καλοῦνται. Es kommt nämlich auf jedes σημεῖον ein *ictus percussionis* (Asmonius l. l.), das heisst ein Schlag des Fingers oder des Fusses, sowohl auf die ἄρσις wie auf die θέσις, Diomed. 471: *ictibus duobus* ἄρσις *et* θέσις *perquirenda est*, Terent. Maur. v. 1343: *(pes) ictibus fit duobus.* Je nachdem die σημεῖα ποδός aus Einzeltacten oder Dipodieen bestehen, sagt man *metrum* oder *versus percutitur, feritur, caeditur per singulos pedes* oder *per dipodiam, per coniugationem* oder auch *scanditur singulis pedibus* oder *per syzygiam* Mar. Victor. 2521 (vgl. Servius Cent. 1817 *metrum scansionum diversitate caeditur*). Die Griechen sagen βαίνεται κατὰ μονοποδίαν

κατὰ διποδίαν schol. Heph. 47, oder auch transitiv ἡμᾶς βῆναι
κατὰ διποδίαν schol. Heph. l. l.; δοχμιακά, ἐάν τις αὐτὰ ὀκτα-
σήμως βαίνῃ ... βαίνονται δὲ οἱ ῥυθμοὶ schol. vet. Sept. 129;
κατὰ μονοποδίαν βαίνεται ταῦτα τὰ μέτρα schol. Heph. 35. Hiernach wird an Stelle von χρόνος oder σημεῖον auch βάσις gesetzt
schol. Hephaest. 40. Wenn von einem Metrum gesagt wird *ter*
oder *quater feritur*, so heisst dies, es hat 3 oder 4 *percussiones*
oder σημεῖα oder χρόνοι ῥυθμικοί.

Wir untersuchen nunmehr, gestützt auf die Lehren der
Rhythmiker, die bei den Metrikern über die *percussio* einzelner
Verse vorkommenden Angaben.

§. 15. Der jambische Trimeter.

Vom jambischen Trimeter heisst es: `ter feritur` Asmonius
ap. Priscian. 1324, — *tribus percussionibus per dipodias caeditur* Mar. Victor. p. 2524; *iugatis per dipodiam binis pedibus ter
feritur* Mar. Victor. 2570; *feritur combinatis pedibus ter* Diomed.
503; *a numero percussionum trimetrum Graeci dixerunt* Mar. Victor. 2572. Auf die hier verbundenen 6 Jamben kommen also 3
percussiones oder σημεῖα oder χρόνοι ποδικοί. Wir wissen nun aus
den Lehren der Rhythmiker, dass 3 χρόνοι (σημεῖα, percussiones)
zusammen einen πούς διπλάσιος bilden; wir wissen ferner, dass
der πούς διπλάσιος bis zum μέγεθος ὀκτωκαιδεκάσημον geht (also
bis zum Umfange des 18zeitigen Trimeters). Hieraus ergibt sich,
dass der Trimeter einen einzigen πούς ausmacht, einen πούς
ὀκτωκαιδεκάσημος διπλάσιος, und dass alle sechs jambischen Einzeltacte einem einzigen Hauptictus unterworfen sind. Eine jede
der drei Dipodieen des Trimeter ist ein χρόνος ποδός, die eine
eine θέσις mit dem stärksten Ictus, die andere kann sowohl
als θέσις wie als ἄρσις aufgefasst werden, ihr Ictus hat eine
mittlere Stärke, die dritte Dipodie ist ἄρσις, sie hat den
schwächsten Ictus.

3 σημεῖα, *percussiones.*

Nimmt man an, dass von den 3 Dipodieen eine jede ein selbstständiges rhythmisches Ganzes wäre, dann würden die sechs
Füsse drei πόδες ἴσοι bilden; da ein jeder πούς ἴσος zwei σημεῖα oder *percussiones* hat, so müssten unter jener Annahme auf
den ganzen Trimeter sechs *percussiones* kommen:

Es ist uns nun aber ausdrücklich überliefert, der Vers habe
nicht 6, sondern 3 *percussiones*, also bildet er nicht 3 selbstständige Tacte, sondern einen einzigen selbstständigen Tact, den
wir als $^{18}/_8$-Tact zu bezeichnen hätten.

Nun fragt sich weiter, auf welche Sylbe eines jeden der 3
σημεῖα fällt denn der Ictus? Seit Bentley hat man ohne alles
Bedenken den Ictus auf die erste Hälfte einer jeden Dipodie ver-
legt und demgemäss auch in den Ausgaben lateinischer Dichter
an diese Stelle ein Accentzeichen gesetzt. Dies ist ein jahrhun-
dertelanger Irrthum, der endlich ausgerottet werden muss. Der
Ictus ruht nicht auf der ersten, sondern auf der zweiten Hälfte
der Dipodie, das wissen wir von den Alten selber, die da wiederholt ausdrücklich sagen, dass sie so und nicht anders den
Trimeter betonen. Lassen wir die Zeugnisse folgen.

Juba bei Priscian 1321: „Der Trimeter nimmt an der 2ten,
4ten und 6ten Stelle nur solche Füsse an, die mit der Kürze anfangen, *quia in his locis feriuntur per coniugationem pedes trimetro-
rum*", weil an den genannten Stellen, der 2ten, 4ten und 6ten, die
Füsse der Trimeter den Ictus haben. Die Handschriften lesen
quia in his locis feriuntur per coniugationem pedestrium metrorum.
Gegen unsere Emendation wird wohl keine Einsprache erhoben
werden. Bisher also nahm man an, der Trimeter müsste an
erster, dritter und fünfter Stelle betont werden. *Iuba, qui inter
metricos auctoritatem primae eruditionis obtinuit, insistens Helio-
dori vestigiis, qui inter Graecos huiusce artis antistes aut primus
aut solus est* — Juba also lehrt, wie wir sehen, das Gegentheil.
Der Trimeter soll nach ihm an der zweiten, vierten und sechsten Stelle betont werden. So hat Juba, so hat der älteste uns
bekannte Metriker Heliodor betont, der für die auf den Rhyth-

mus bezüglichen Notizen der lateinischen Metriker die Quelle
ist (s. S. 12), so hat man in den Schulen und im Theater den
Trimeter betont.

Caesius Bassus bei Rufin. 2707: „Da der Jambus auch
Füsse des daktylischen Geschlechts annimmt, so hört er auf als
ein jambischer Vers zu erscheinen, wenn man ihn nicht durch
die Percussion in der Weise gliedert, dass man bei der Bezeichnung des Tactes durch den Fusstritt den Ictus auf den Jambus
legt. Demgemäss nehmen jene Percussionsstellen keinen andern
Fuss an, als den Jambus und den ihm gleichen Tribrachys.“
Bisher nahm man an, dass die Stellen, an denen auch der Spondeus stehen kann, den Ictus hätten. Die Alten selber überliefern also das Gegentheil: Die Stellen haben die Percussion, in
denen nur der reine Jambus und der Tribrachys vorkommt.

Asmonius bei Priscian p. 1321: „Da der Trimeter 3 Ictus
hat *(ter feritur)*, so ist es nothwendig, dass er die Verlängerung
durch Irrationalität *(moram temporis adiecti)* an den Stellen zulässt, auf welche kein *ictus percussionis* kommt.“ Auch hier
wird das Gegentheil der bisherigen Ansicht überliefert: die Stellen, an denen der Spondeus stehen kann, bekommen keinen Ictus. Dann setzt Asmonius weiter hinzu: „Im ersten, dritten
und fünften Fuss hebt der Vers an (das heisst hier hat der Einzelfuss des Trimeters seinen καϑηγούμενος χρόνος), im zweiten,
vierten und sechsten hat er den Ictus.“ Deutlicher kann das
nicht gesagt sein.

Terentius Maurus v. 2249: „Weil der Vers bloss an ungerader Stelle den Spondeus annimmt, so müssen wir den Jambus
der zweiten Stelle anweisen (vgl. 2261 *et caeteris qui sunt secundo compares)* und müssen hierher beim Scandiren den ge-
wohnten Ictus verlegen *(adsuetam moram == adsuetum ictum)*,
welchen die *magistri artis* durch den Schall des Fingers oder
durch den Tritt des Fusses zu unterscheiden pflegen.“ Also der
Lehrer, der die Schüler in den Horazischen Metren unterwies
und bis an die Epoden gekommen war

    Ibis Liburnis inter alta navium

sagte seinen Schülern, dass sie die Sylben *bur, al, um* in ·,

    Libúrnis   álta   naviúm

stärker aussprechen sollten und, auf dass sie hierin nicht fehlten, trat er bei diesen Sylben mit dem Fusse oder gab ein Zeichen mit der Hand. Da müssen wir uns doch belehren lassen.

Atilius Fortunatianus p. 2692: „In den anlautenden Stellen oder *sublationes*, welche ungleiche Stellen genannt werden, kommen alle 5 Füsse vor (Jambus, Spondeus u. s. w.), in den auslautenden Stellen oder *depositiones*, welche gleiche Stellen heissen, nur solche Füsse, die mit einer kurzen Sylbe anfangen." *Sublatio* und *depositio* ist hier im alten Sinne, nicht im spätern gebraucht. Die geraden Stellen sind die ϑέσεις, also die Ictusstellen, die ungeraden die ἄρσεις. Also auch die Worte des Atilius Fortunatianus bezeugen wiederum, wohin die Alten im Trimeter den Ictus verlegten. Wir machen indess darauf aufmerksam, dass hier ϑέσις und ἄρσις nicht im streng technischen Sinne, sondern von den Einzelfüssen des ganzen πούς gesagt ist.

Von anderen hierher zu zählenden Stellen ist Anonym, de mus. p. 71 §. 97 auf S. 138 besprochen; die Stellen über die βάσις s. §. 28.

In der That, es gibt in der gesammten Rhythmik und Metrik nicht einen einzigen Punkt, bei dem wir über die Art und Weise, wie die Alten ihre Verse lasen, so sorgfältig und genau unterrichtet sind, wie über die Recitation des Trimeters. Die Zeugnisse sind zahlreich genug. Auch Bentley im schediasma de metris Terentianis geht von Zeugnissen der Alten aus und lehrt ihnen folgend ganz richtig: *ictus percussio dicitur, quia tibicen dum rhythmum et tempus moderabatur, ter in trimetro, quater in tetrametro solum pede feriebat.* Aber um die weiteren Zeugnisse bekümmert sich Bentley nicht, und nachdem er in den auf jenen Satz folgenden Worten die bekannte Definition von ἄρσις und ϑέσις gegeben, fährt er fort: *Hos ictus sive ἄρσεις magno discentium commodo nos primi in hac editione per accentus acutos expressimus, tres in trimetris:*
poéta cum primum ánimum ad scribendum áppulit.
Warum er den Ictus auf den Anfang der Dipodieen setzt, darüber erklärt er sich mit keinem Worte. Doch lässt sich der Grund leicht einsehen. Bentley sucht nach Principien der Metrik, er findet sie in seinem eignen rhythmischen Gefühl, oder mit anderen Worten, in dem modernen Rhythmus oder der modernen Musik. Von diesem Standpunkte aus verlangt er Tact-

gleichheit für den Trimeter und sagt: *horum autem accentuum ductu, si vox in illis syllabis acuatur et par temporis mensura quae ditrochaei vel ἐπιτρίτου δευτέρου spatio semper finitur, inter singulos accentus servetur, versus universos eodem modo lector efferet quo olim ab actore in scena ad tibiam pronuntiabantur.* Von diesem Standpunkte aus wendet er die Theorie des Auftactes auf den jambischen Trimeter an und misst ihn nach trochäischen Dipodieen mit vorausgehendem schwachen Tacttheil. *Quare ego iam ab adolescentia ... aliam mihi scansionis rationem institui, per διποδίαν scilicet τροχαϊκήν, hoc modo:*

> po|éta déderit | quaé sunt adolc|scéntium,

und da in der modernen Musik der auf den Auftact folgende starke Tacttheil den Ictus hat, so trägt er kein Bedenken, den Trimeter in der angegebenen Weise zu accentuiren. Dies letztere war freilich sehr übereilt, und es hat späterhin Apel, wenn er eine dem modernen Rhythmus entnommene Messung den antiken Metren aufzwängt, nicht ärger gefehlt als Bentley, wenn dieser sagt, dass der Leser, der die zwei ihm angegebenen Icten und die Tactgleichheit der Dipodien innehält, den antiken Trimeter grade so vorträgt, wie ehedem der antike Schauspieler auf der Bühne. Bentley hätte die lateinischen Metriker, die er zu Anfang seines Schediasma citirt, nur eingehender zu studiren brauchen und er würde gefunden haben, dass die Alten uns ausdrücklich angeben, sie hätten nicht die erste, sondern die zweite Hälfte der jambischen Dipodie durch den Ictus hervorgehoben. Und wie Bentley haben auch die späteren Metriker diese allerdings beim ersten Durchlesen wohl nicht sogleich zu verstehenden Stellen unbeachtet gelassen. G. Hermann hat sich ganz einfach mit Bentley's Versicherung, vom Trimeter sei die erste Sylbe abzusondern und der Ictus auf die folgende „Arsis" zu setzen, beruhigt, ohne den Gründen hierfür nachzufragen. Und es ist die Macht der süssen Gewohnheit, dass wir uns leider Alle, ohne nachzufragen, in gleicher Weise beruhigten und die wiederholte Hinweisung Gepperts auf die alte überlieferte Messung des Trimeters[1]) unbeachtet liessen und völlig da-

---

1) Zum Beispiel in der zweiten Auflage seiner Bearbeitung des

mit einverstanden waren, wenn diese alte überlieferte Messung als eine funkelnagelneue Theorie abgewiesen wurde. So haben wir denn (noch einmal leider!) auch in den speciellen Theil der Metrik die fehlerhafte Bentleysche Messung mit hinübergenommen, und erst während des Drucks des Buches führte uns die verdorbene Stelle Juba's: *quia in his locis feriuntur per coniugationem pedestrium metrorum* darauf, dem *ferire* des Trimeters nachzuforschen · — freilich zu spät, um diese Unrichtigkeiten abzuändern, was wir von Herzen bedauern.

Die Alten haben ihre Trimeter also folgendermassen gemessen:

$$\smile - \cup \stackrel{'''}{} \smile - \cup \stackrel{''}{} \smile - \cup \stackrel{'}{}$$

es ist, wenn wir modern reden wollen, ein dreitheiliger Tact von 18 Achteln mit einem Auftacte von 4 Achteln:

$$\underbrace{\smile - \cup | \stackrel{'''}{} \smile - \cup \stackrel{''}{} \smile - \cup \stackrel{'}{}}_{\pi o \acute{v} \varsigma} \quad \underbrace{\smile - \cup | \stackrel{'''}{} \smile - \cup \stackrel{''}{} \smile - \cup \stackrel{'}{}}_{\pi o \acute{v} \varsigma}$$

Die Alten bringen in den oben angeführten Stellen die Ictus in Zusammenhang mit den unmittelbar nachfolgenden irrationalen Sylben, in welchen die Einzeitigkeit um ein weniges (eine halbe More) retardirt wird (s. unten §. 23). Um soviel nämlich darf die kurze Sylbe verlängert werden, damit hier die Stimme ausruhen kann, wenn sie sich in der unmittelbar vorausgehenden Ictussylbe zu grösserer Kraft erhoben hat.

§. 16. Der daktylische Hexameter und Pentameter.

Der daktylische Hexameter hat 6 *percussiones* oder *ictus* und wird eben hiervon ἑξάμετρον genannt im Gegensatze zum τρίμετρον. Atil. Fortun. 2691: *hexameter autem dictus, quia sex metris i. e. sex pedibus feritur;* Diomed. 493: *versus heroicus scanditur autem sexies;* Mar. Vict. 2521: *dactylicum singulis pedibus*

Trinummus S. 132, wo in der Anmerkung folgende Stellen der Alten citirt sind: Terent. Maur. p. 2433 *secundo iambum non necesse ... qui docent artem, solent.* Augustin. de mus. 5, 24. Asmon. ap. Priscian. de metr. Terent. §. 6. Juba ibid., und ausserdem auf die erste Ausgabe des Trinummus und die Schrift über den cod. Ambros. p. 87 hingewiesen ist.

scandatur; schol. Hephaest. 40: λέγεται δὲ τὸ ἡρωϊκὸν καὶ ἑξάμετρον ἀπὸ τοῦ ἀριϑμοῦ τῶν βάσεων (cf. ib. p. 47 ζητήσειε δ' ἄν τις, τί δήποτε τὸ μὲν δακτυλικὸν βαίνεται κατὰ πόδα, τὸ δὲ ἀναπαιστικὸν οὐ, und ibid. ἐὰν ὑπερβῇ τὸ ἑξάμετρον κἀκεῖνο βαίνεται κατὰ διποδίαν). — Also jeder Einzelne Fuss des Hexameters ist ein σημεῖον oder χρόνος ποδικός; im Ganzen hat er 6 σημεῖα oder χρόνοι. Hieraus geht hervor:

1) Der Hexameter kann, die sechsmalige Percussion vorausgesetzt, keinen einheitlichen πούς bilden: einen πούς von sechs σημεῖα gibt es nicht, denn die höchste Zahl der σημεῖα ποδὸς ist 4 (s. S. 129). Weil der Hexameter mehr σημεῖα als diese Zahl enthält, so muss er auch aus mehren πόδες bestehen.

2) Es kann aber auch nicht, wie G. Hermann will, der einzelne Daktylus oder Spondeus ein selbstständiger Rhythmus (oder πούς) sein. Beweis: Wäre dies der Fall, so müsste der einzelne Daktylus oder Spondeus wie jeder πούς ἴσος 2 σημεῖα enthalten (s. S. 138), mithin der ganze Vers 12 σημεῖα umfassen. Er enthält aber nur 6 σημεῖα, folglich kann der einzelne Daktylus oder Spondeus kein selbstständiger πούς sein.

3) Der Hexameter kann endlich auch nicht, wie Leutsch will (Philolog. 1857), aus einem tetrapodischen und einem dipodischen Rhythmus bestehen:

$$\text{\_} \cup \cup \text{\_} \cup \cup \text{\_} \cup \cup \text{\_} \cup \cup \mid \text{\_} \cup \cup \text{\_} \text{\_}.$$

Beweis: Wäre dies der Fall, dann würde der Vers aus 2 ῥυϑμοί ἴσοι zusammengesetzt sein, von denen ein jeder 2 σημεῖα oder χρόνοι hat (s. S. 138)

πούς ἴσος   πούς ἴσ.

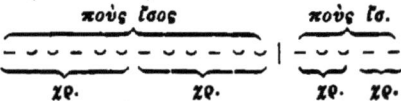

χρ.   χρ.   χρ.   χρ.

und zusammen 4 Ictus oder Percussionen haben. Er hat deren aber 6, also kann er nicht aus einer Tetrapodie und Dipodie bestehen.

Ueber die Percussion des Hexameters haben wir ein sehr werthvolles Zeugnis bei Mar. Victor. p. 2514. Hier heisst es vom Hexameter: *Habet autem sedes sex, quas Aristoxenus musicus* χώρας *vocat (cf. loca percussionis Caesius Bassus ap. Rufin. 2707). Recipit autem pedales figuras tres. Has Graeci dicunt* ποδικὰ σχήματα. *Nam*

aut in sex partes dividitur per monopodiam,
aut in tres per dipodiam et fit trimetrus,
aut in duas per κῶλα *duo, quibus omnis versus constat,*
dirimitur.

Die ganze Stelle ist (freilich nicht unmittelbar) aus Aristoxenus geflossen.   Ueber die ποδικὰ σχήματα hat er in einem uns nicht mehr erhaltenen Theile seiner Stoicheia gesprochen, wie er selbst bezeugt p. 31, 23: ὃν δὲ τρόπον λήψεται τοῦτον (sc. τὸν χρόνον πρῶτον) ἡ αἴσθησις, φανερὸν ἔσται ἐπὶ τῶν ποδικῶν σχημάτων; aber die vorliegende Stelle scheint, wie wir S. 11 bemerkten, nicht aus den rhythmischen Stoicheia, sondern aus einer metrischen Schrift oder Abhandlung zu stammen.

In der vorliegenden Stelle ist *partes*, wofür im griechischen Original μέρη stand, eine allgemeine Bezeichnung für die aus einer rhythmischen Diäresis hervorgehenden Theile. 1) Die Worte *in sex partes dividitur per monopodiam* bedeuten dasselbe wie die oben angeführten: *sex pedibus feritur, singulis pedibus scanditur, scanditur sexies* u. s. w., *partes* ist identisch mit *percussiones*, σημεῖα, χρόνοι, ποδικοί. 2) Der dritte Satz, wonach der Hexameter in 2 Tripodieen zerfällt, *aut in duas per* κῶλα *duo dirimitur*, redet von den die Monopodieen oder Einzeltacte zu höheren rhythmischen Einheiten zusammenfassenden πόδες oder Tacten, in welche der ganze Vers zerfällt. Dieselbe Bedeutung scheint auch der zweite Satz zu haben: *aut in tres per dipodiam et fit trimetrus*, obwohl dies noch zweifelhaft sein kann. Die Art und Weise, in welcher die 6 χρόνοι zu πόδες vereinigt werden, ist alsdann eine doppelte: entweder werden je 2 oder je 3 zu einem πούς vereint, im ersten Falle besteht der Hexameter aus 3, im anderen aus 2 Tacten. Bei der angenommenen Erklärung des zweiten Satzes steht dieser mit dem dritten coordinirt und beide zusammen bilden einen Gegensatz zum ersten Satze. Das dreifache *aut* des lateinischen Epitomators ist eine Ungenauigkeit, der Ausdruck des griechischen Originals muss ein anderer gewesen sein, etwa so: πρῶτον μὲν εἰς ἓξ μέρη διαιρεῖται κατὰ μονοποδίαν, ἔπειτα δὲ ἢ εἰς τρία μέρη κατὰ διποδίαν ἢ εἰς δύο κατὰ κῶλα δύο. Der Zusatz *quibus omnis versus constat* ist unrichtig, denn wenn die im vorigen Satze angegebene Eintheilung zu Grunde gelegt wird, ist dies ja nicht der Fall; bei Aristoxe-

nus kann dies nicht gestanden haben. An einer andern Stelle
sagt Mar. Victorin. richtig (p. 2498): *Omnis autem versus κατὰ
τὸ πλεῖστον in duo cola dividitur.* Soviel steht also fest, dass es
einen zweitheiligen und einen dreitheiligen Hexameter gibt. Wir
wissen aber noch aus zwei anderen Stellen, dass es zwei durch
verschiedene Percussion hervorgebrachte Arten des Hexameters
gibt. Diese finden sich bei Mar. Victor. 2508 und 2515. Die
eine Art wird *heroicum,* die andere *dactylicum* schlechthin genannt. Wir lesen p. 2515: *Differt a dactylico heroum eo quod
et dactylicum est et in duas caeditur partes ... penthemimerem et
hephthemimerem. Dactylicum enim, licet iisdem subsistat pedibus,
non tamen iisdem divisionibus ut herous caeditur versus.* Und p.
2508: *Omnis enim versus in duo cola formandus est, qui herous
hexameter merito nuncupabitur, si competenti divisionum ratione di-
rimatur. Sex enim pedum percussio versum quidem hexametrum,
non tamen heroum, quem epicum (dicimus), si legem incisionis non
tenuerit, faciet.* Aus diesen Stellen ergibt sich:

1) Das *dactylicum* und *heroum* werden als zwei thatsächlich
existirende Gattungen aufgefasst, denn es heisst einmal *differt a
dactylico heroum* und dann wird nicht nur das *heroum* näher bestimmt, sondern auch von dem *dactylicum* wird die Bestimmung
gegeben: *licet iisdem subsistat pedibus, non tamen iisdem divisionibus ut herous caeditur versus.*

2) Beide Arten haben eine *sex pedum percussio.* Das besagt
der Schlusssatz der Stelle p. 2508.

3) Der Unterschied liegt in der Art der *percussio* oder des
caedere. Denn es heisst: *dactylicum non iisdem divisionibus ut
herous caeditur.*

4) Der *herous* besteht aus zwei *cola.* Wir sehen hier also,
dass unter der *divisio* des Schlusssatzes p. 2514 *aut in duas
(partes) per κῶλα duo, quibus omnis versus constat, dirimitur,* die
divisio der mit dem Namen *herous* bezeichneten Art des Hexameter verstanden ist. Auch findet sich ein dem nicht ganz richtigen Zusatze „κῶλα duo, quibus omnis versus constat"
ganz analoger Ausdruck wieder: *omnis enim versus in duo
cola formandus est, qui herous hexameter merito nuncupabitur.*

5) Daraus folgt, dass die andere Art des Hexameter (der

dactylicus schlechthin „ *„qui non iisdem divisionibus ut herous caeditur"*) diejenige ist, deren *divisio* durch den zweiten Satz der
Stelle p. 2514 angegeben ist: *aut in tres per dipodiam et fit
trimetrus.*

6) Die verschiedene *percussio* und *divisio* beider Arten des
Hexameters steht mit der Cäsur oder τομή des Verses in Zusammenhang. Für die eine Art, den *herous*, ist die τομὴ πεν-
θημιμερὴς und ἐφθημιμερὴς eine charakteristische Eigenthümlichkeit, was für die andere Art, den *dactylicus*, nicht der Fall ist.

Resultat: Durch die mit der Verscäsur in Zusammenhang
stehende verschiedene Art des *percutere, ferire, caedere* zerfällt
der Hexameter in zwei Arten, einen zweigliedrigen und einen
dreigliedrigen; jener wird *herous* oder *epicus*, dieser schlechthin
dactylicus genannt.

a. Der zweigliedrige Hexameter.

Durch den Satz Mar. Vict. 2514: *in duas (partes) per* κῶλα
duo quibus omnis versus (κατὰ τὸ πλεῖστον) *dirimitur* lernen wir
in Verbindung mit dem ferneren Satze *sex pedibus feritur* oder
scanditur sexies folgende Gliederung des Hexameters kennen:

$$\overbrace{\text{πούς}}\quad\overbrace{\text{πούς}}$$
$$- \cup \cup - \cup \cup - \cup \cup \;|\; - \cup \cup - \cup \cup - -$$
$$\text{χρ.}\;\;\text{χρ.}\;\;\text{χρ.}\;\;\;\text{χρ.}\;\;\text{χρ.}\;\;\text{χρ.}$$

Drei χρόνοι bilden zusammen einen πούς διπλάσιος oder dreitheiligen Tact (s. S. 138), und zwar drei χρόνοι τετράσημοι (vierzeitige Daktylen oder Spondeen) einen πούς δωδεκάσημος oder
$^3/_2$-Tact, also besteht der Hexameter aus zwei $^3/_2$-Tacten. Findet nach Dionys. de comp. verb. 20 irrationale Messung der θέσις des Einzelfusses statt, so ist der ganze Einzelfuss dreizeitig
(vgl. §. 29) und die beiden πόδες διπλάσιοι des Hexameters
sind ἐννεάσημοι oder $^9/_4$-Tacte.

Wir wissen nun ferner, dass von den 3 χρόνοι des πούς
διπλάσιος einer die stärkste θέσις ist, ein anderer die schwächere
θέσις oder stärkere ἄρσις, ein anderer endlich die schwächere
ἄρσις. Hiernach ist die Stärke der *percussiones*, die auf die Tripodie kommen, eine dreifach verschiedene. Welche χρόνοι der
beiden Tripodieen des Hexameters haben nun den stärkeren, den
mittleren und den schwächsten Ictus? Wie vertheilt sich die

verschiedene Stärke des Ictus auf die 6 Einzelfüsse des Hexameters?

Darüber gibt uns Mar. Vict. 2515 Aufschluss, der von dem zweitheiligen Hexameter oder *herous* sagt: *in duas caeditur partes,* ¹ *penthemimerem et hephthemimerem.* ·Die Worte *in duas caeditur partes* bedeuten hier nicht dasselbe wie *in duas partes per cola duo dirimitur,* denn einmal heisst es *caeditur,* was sich auf die Percussion oder den Ictus bezieht, und sodann ist zu *partes* die' nähere Erklärung *penthemimerem et hephthemimerem* gesetzt. *Pars penthemimeres* ist $\_ \cup \cup \_ \cup \cup \_$, *pars hephthemimeres* ist $\_ \cup \cup \_ \cup \cup \_ \cup \cup \_$, es können also unter *partes* nicht die Bestandtheile verstanden sein, welche zusammen den ganzen Vers bilden, denn sonst müsste es heissen *in duas caeditur partes, aut in penthemimerem et anapaesticum dimetrum catalecticum*

$$\_ \cup \cup \_ \cup \cup \_ \mid \cup \cup \_ \cup \cup \_ \cup \cup \_ \_$$

aut in hephthemimerem et anapaesticum monometron hypercatalecticum

$$\_ \cup \cup \_ \cup \cup \_ \cup \cup \_ \mid \cup \cup \_ \cup \cup \_ \_.$$

Der Satz kann nur bedeuten: *percutitur in' partem penthemimerem et in partem hephthemimerem,* die Percussion fällt auf die πενϑημιμερής und die ἐφϑημιμερής. Nun erhalten auch die anderen Stellen des Verses einen Ictus, aber der Ictus ist in seinem Gewicht ungleich; wenn also die auf 'die beiden genannten Stellen fallende Percussion als besonders characteristisch für den Vers hervorgehoben wird, so folgt daraus, dass an ihnen der Ictus durch besondere Intention sich kenntlich macht. Wir lernen also, dass der dritte und vierte Einzelfuss die *loca* der stärkeren *percussio* sind. Jedenfalls kann keine dieser Stellen eine leichte ἄρσις sein, mithin ist folgende (von E. Preuss de senarii Graeci caesuris p. 7 aufgestellte) Percussion des Hexameters abzuweisen:

$$\overset{'''}{\_} \cup \cup \overset{''}{\_} \cup \cup \_ \cup \cup \mid \overset{''}{\_} \cup \cup \overset{''}{\_} \cup \cup \_ \overset{'}{\_} \_.$$

Der Penthemimeres-Fuss und ebenso auch der Hephthemimeres-Fuss muss jedenfalls eine ϑέσις sein, sei es nun leichtere oder schwerere ϑέσις. Die richtige Percussion ist:

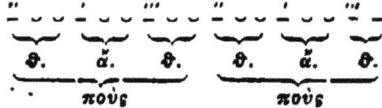

Hier ist die dritte wie die vierte Stelle eine ϑέσις, aber die dritte
ist die stärkere, die vierte die schwächere, wie die Cäsur des
dritten Fusses die Hauptcäsur, die des vierten Fusses die Neben-
cäsur ist; die Anordnung der Chronoi ist in der ersten Tripodie
des Hexameters dieselbe wie in der zweiten.

Wie also im Trimeter der Ictus nicht an den Anfang, sondern an das Ende der Dipodie fällt, so hat auch jede Tripodie
des zweigliedrigen Hexameter ihren Hauptictus am Ende, oder
um uns anders auszudrücken: der Hexameter enthält zwei $^3/_2$-
Tacte mit 2 Zweiteln (2 χρόνοι) als Auftact.

Dieselbe Percussion besteht auch für den Pentameter, der weiter nichts ist, als ein aus zwei katalektischen Tripodicen bestehender Hexameter.

Die hier dargelegte Percussion des Hexameters wird durch
die Melodie bestätigt, welche uns zu den Hexametern des Hymnus auf die Muse enthalten ist. Vgl. Neue Jahrb. f. Philol. u.
Päd. 1860 S. 200 ff.

κaί σοφὶ μυ-στο-δό - τα Λα-τοῦς γό-ρε Δά-λι-ε Παι-άν,

Wollen wir einige Sorgsamkeit anwenden um zu hören,
wie wir die Hexameter betonen, so werden wir finden, dass
unsere Percussion völlig dieselbe ist, wie in der oben angeführten Melodie.

b. Der dreigliedrige Hexameter.

Bei Mar. Victorin. 2515 heisst er, wie wir hier nach der
längeren Erörterung des zweigliedrigen Hexameters wiederholen
müssen, *dactylicus* schlechthin im Gegensatze zu dem zweigliedrigen *herous* oder *epicus*. *Dactylicus enim licet iisdem subsistat
pedibus, non tamen iisdem divisionibus ut herous caeditur versus*,
also es gilt insbesondere nicht von ihm, was als das Characte-
ristische des *herous* angegeben wurde: *in duas caeditur partes,
penthemimerem et hephthemimerem*. So findet denn die *divisio
per dipodiam* statt Mar. Vict. 2514: *in tres per dipodiam (partes
dividitur) et fit trimetrus*.

$$\text{πούς} \qquad \text{πούς} \qquad \text{πούς}$$

ρε.   ρε.   ρε.   ρε.   ρε.   ρε.

Er besteht aus 3 *πόδες ἴσοι*, wovon ein jeder zwei Einzelfüsse
als Chronoi enthält, den einen als *ἄρσις*, den andern als *θέσις*.
Wenn wir die *ἄρσις* vorangestellt, die *θέσις* nachgesetzt haben,

ἄ.   θ.

so fehlt es nun allerdings an einem Zeugnisse, dass dies im
Hexameter der Fall sei. Wir werden dazu nur bewogen einmal
durch die Stelle des Aristoxenus p. 33, 3 und ap. Psell. §. 12,
wo es von den *πόδες ἴσοι* heisst: *ἐκ δύο χρόνων σύγκεινται, τοῦ
τε ἄνω καὶ τοῦ κάτω* und *δύο πεφύκασι σημείοις χρῆσθαι, ἄρσει*

und βάσει, sodann durch den Zusatz „*et fit trimetrus*", denn wie
im jambischen Trimeter die ungeraden Stellen den Ictus haben
(s. S. 175), so müssen wir auch, eben weil die Percussion des
dreigliedrigen Hexameters der des Trimeters analog gesetzt wird,
den ungraden Stellen des Hexameters die stärkere Intension der
Stimme geben.

Jetzt erhebt sich die Frage, ob der Satz *in tres per dipodiam (partes dividitur) et fit trimetrus* nicht so zu verstehen ist,
dass der dreigliedrige, dipodisch gemessene Hexameter aufhört
ein ἑξάμετρον von 6 *percussiones* zu sein und zum τρίμετρον von
3 *percussiones* wird? Dann enthält er nicht 6 χρόνοι, sondern
nur 3, jede der 3 Dipodieen ist kein selbstständiger πούς, sondern vielmehr ein dipodischer χρόνος:

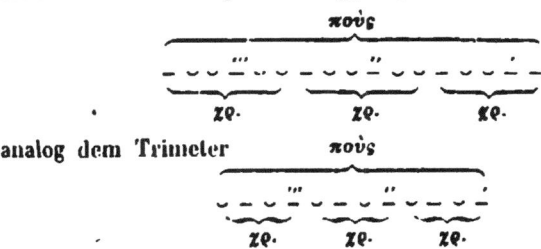

analog dem Trimeter

Für diese Messung nach drei Percussionen spricht allerdings
der Zusatz „*et fit trimetrus*" cf. Mar. Vict. 2572 *a numero percussionum trimetrum dixerunt* im Gegensatz zu schol. Hephaest.
10 λέγεται ἑξάμετρον ἀπὸ τοῦ ἀριθμοῦ τῶν βάσεων (= percussionum) u. Atil. Fortunat. 2691 *hexameter dictus quia sex metris, id
est sex pedibus feritur*. Gegen dieselbe könnte zu sprechen
scheinen die Lehre vom Megethos, denn der Hexameter als μέγεθος τεσσαρεσκαιδεκάσημον kann keinen πούς bilden (s. S. 123).
Aber wir wissen, dass es auch eine sogenannte cyclische Messung
der Daktylen gibt, in welcher sie vermittelst Sylbenverkürzung
den Trochäen gleichstehen. Bei dieser Messung wäre der Hexameter nur ein μέγεθος ὀκτωκαιδεκάσημον, also gerade so gross
wie der Trimeter. Aber ganz entschieden spricht g e g e n die
Messung nach 3 Percussionen die allgemeine Angabe, dass der
Hexameter *sex pedibus feritur* u. s. w., ja die Stelle des Mar.
Victor. 2508: „*Sex enim pedum percussio versum quidem hexametrum, non tamen heroum quem epicum dicimus, si legem incisio-*

nis non tenuerit, faciet" sagt ziemlich ausdrücklich, dass auch derjenige Hexameter, welcher kein *herous* oder *epicus* sei (also der in Rede stehende, schlechthin *dactylicus* genannte dreigliedrige) *sex percussiones* habe. Bei 6 *percussiones* oder χρόνοι kann aber der Vers kein einheitlicher πούς gleich dem jambischen Trimeter sein, sondern muss, wenn er dipodisch gegliedert ist, in drei πόδες ἴσοι zerfallen. Gegen dies Argument lässt sich wenig sagen. Oder dürfen wir eine Ungenauigkeit im Ausdruck des Mar. Victor. voraussetzen? Dürfen wir annehmen, dass sich die Stellen des Atil. Fortunatianus, Diomed, schol. Hephaest. über die 6fache Percussion des Hexameters nur auf den heroischen beziehen? Unmöglich wäre es nicht. Dann würden auch die (aus Aristoxenus fliessenden) Angaben Mar. Victor. 2514 über die ποδικὰ σχήματα des Hexameters anders zu verstehen sein

  aut in sex partes dividitur per monopodiam

$$ - \cup \cup \mid - \cup \cup \mid - \cup \cup \mid - \cup \cup \mid - \cup \cup \mid - - $$
  χϱ.   χϱ.   χϱ.   χϱ.   χϱ.   χϱ.

  aut in tres per dipodiam et fit trimetrus

$$ - \cup \cup - \cup \cup \mid - \cup \cup - \cup \cup \mid - \cup \cup - - $$
          χϱ.   χϱ.   χϱ.

Diese beiden *divisiones* ständen sich also coordinirt, *partes* bedeutet in beiden Sätzen soviel als χρόνοι ποδικοί oder σημεῖα, *percussiones*. Dazu tritt dann ein dritter Satz

  aut in duas per κῶλα *duo, quibus omnis versus (*κατὰ τὸ πλεῖστον*) constat, dirimitur.*

wonach der Hexameter in 2 Tripodieen zerfällt. Diese können keine χρόνοι sein, denn ein χρόνος kann höchstens nur eine Dipodie, aber nie eine Tripodie umfassen (s. S. 163), es können nur πόδες, rhythmische Reihen sein, welchen der beigefügte Ausdruck κῶλα entspricht. Also ist in diesem dritten Satze von der höhern rhythmischen Einheit des πούς die Rede, dessen Bestandtheile die χρόνοι sind. Nun passt diese Eintheilung in 2 πόδες aber nur auf den in 6 monopodische χρόνοι, nicht auf den in 3 dipodische χρόνοι eingetheilten Hexameter, die Partikel *aut*, womit dieser dritte Satz anfängt, ist also ungenauer Ausdruck. Es müsste die Stelle bei Aristoxenus ungefähr gelautet haben: τῶν δὲ ἑξαμέτρων τὸ μὲν εἰς ἓξ μέρη κατὰ μονοποδίαν διαιρεῖται, τὸ δὲ εἰς τρία κατὰ διποδίαν· αὖθις δὲ τὸ εἰς ἓξ μέρη διαιρούμενον εἰς δύο μέρη κατὰ κῶλα δύο διαιρεῖται.

Also es ist möglich, dass der dreigliedrige Hexameter aus 3 πόδες von je 2 χρόνοι besteht, es ist aber auch möglich, dass er (bei cyclischer Messung) ein einziger aus 3 χρόνοι bestehender πούς ist. Diese Möglichkeiten müssen wir offen lassen. Auf die Frage, wann die dreitheilige Messung des Hexameters eintritt, können wir hier nicht eingehen; so viel steht fest, dass die zweigliedrige Messung als die für den heroischen oder epischen Hexameter stattfindende Percussion bei weitem die häuflgere und ältere ist.

§. 17. Die Tetrameter und Dimeter.

Nach der Ueberlieferung der Alten hat der jambische, anapästische, trochäische Tetrameter 4 dipodische Percussionen. Vom jambischen Tetrameter heisst es: Diomed. 503: *Sane metro (iambico) ternario si accesserit quarta dipodia, fit versus quadratus, qui per combinationem quater feritur.* Mar. Vict. 2572: *(Octonarius iambicus) feritur dipodiis quatuor, sicut trimeter tribus, quem a numero pedum ut diximus nostri senarium, a numero vero percussionum trimetrum Graeci dixerunt.* Mar. Vict. 2574: *Si per dipodiam percutiatur, post tertiam incisionem antibacchio claudente, erit tetrameter (iambicus) catalecticus.* Vom anapästischen Tetrameter: Mar. Vict. 2581: *Anapaesticus tetrameter catalecticus scanditur per dipodiam,* vgl. Mar. Vict. 2521: *percutitur vero versus anapaesticus praecipue per dipodiam ... Est autem percussio cuiuslibet metri in pedes divisio.* Vom trochäischen Tetrameter: Mar. Vict. 2530: *feritur per dipodiam* (dies ist vom Tetrameter σκάζων gesagt, passt also auch auf den regelmässigen Tetrameter). Wir haben nun noch eine werthvolle Stelle, woraus hervorgeht, dass auch die mit dem anapästischen Tetrameter gleich grosse daktylische Octapodie (gewöhnlich daktylischer Octameter genannt) „κατὰ διποδίαν βαίνεται" schol. Hephaest. p. 47 ἐὰν ὑπερβῇ τὸ δακτυλικὸν τὸ ἑξάμετρον κἀκεῖνο βαίνεται κατὰ διποδίαν. Wir wissen, dass wir unter *quater per combinationem (per dipodiam) feritur, percutitur, scanditur,* κατὰ διποδίαν βαίνεται die eine Dipodie in sich begreifende rhythmische σημασία oder *percussio* zu verstehen haben; die genannten ·Tetrameter zerfallen also in 4 dipodische σημεῖα oder χρόνοι. Also:

$$\underbrace{δέξαι\ με\ κω|μάζοντα}_{\text{χρ·}}\ \underbrace{δέ|ξαι,}_{\text{χρ·}}\ \underbrace{λίσσομαί}_{\text{χρ·}}\ |\ \underbrace{σε,\ λίσσομαι}_{\text{χρ·}}$$

$$\underbrace{εἴ\ μοι\ γένοι|το\ παρθένος}_{\text{χρ·}}\ |\ \underbrace{καλή\ τε\ καί}_{\text{χρ·}}\ |\ \underbrace{τέρεινα}_{\text{χρ·}}$$

$$\underbrace{ὦ\ βαθυζώ|νων\ ἄνασσα}_{\text{χρ·}}\ |\ \underbrace{Περσίδων\ ὑ|περτάτη}_{\text{χρ·}}$$

$$\underbrace{ἄγετ'\ ὦ\ Σπάρτας|}_{\text{χρ·}}\underbrace{ἔνοπλοι\ κοῦροι,|}_{\text{χρ·}}\underbrace{ποτὶ\ τὰν\ "Αρεως}_{\text{χρ·}}|\underbrace{κίνασιν}_{\text{χρ·}}$$

$$\underbrace{σασαμίδας\ χόν|δρον\ τε\ καὶ\ ἐγκρίδας}_{\text{χρ·}}\ |\ \underbrace{ἄλλα\ τε\ πέμματα}_{\text{χρ·}}\ |$$

$$\underbrace{καὶ\ μέλι\ χλωρόν.}_{\text{χρ·}}\ [1]$$

Wie sind nun die 4 χρόνοι dieser Verse zu πόδες zu vereinigen? Es gibt zwar einen πούς von 4 χρόνοι, aber das ist ein fünftheiliger, hemiolischer Fuss und davon kann hier nicht die Rede sein. Deshalb können die 4 χρόνοι nicht Einen Fuss bilden, sondern müssen die Bestandtheile mehrerer πόδες sein. Welche διαίρεσις ist nun möglich? Wollte man 3 χρόνοι zu einem πούς διπλάσιος zusammenfassen, so würde ein einziger χρόνος übrig bleiben und dieser Eine χρόνος kann keinen πούς bilden (s. S. 128). So bleibt also nur die διαίρεσις übrig, nach welcher wir je 2 χρόνοι zu einem πούς ἴσος zu verbinden haben — mithin besteht jede der vorstehenden Octapodieen aus 2 πόδες ἴσοι von je 2 dipodischen χρόνοι, also aus tetrapodischen Tacten, z. B.

$$\overbrace{\underbrace{δέξαι\ με\ κω|μάζοντα}_{\text{χρ·}}\ \underbrace{δέ|ξαι,}_{\text{χρ·}}}^{πούς}\ \overbrace{\underbrace{λίσσομαί}_{\text{χρ·}}\ |\ \underbrace{σε\ λίσσομαι.}_{\text{χρ·}}}^{πούς}$$

Und so auch die übrigen.

Es ist also unrichtig, wenn man annimmt, es

---

1) Stesich. fr. 2 Bergk. cf. fragm. de versib. Endlicher analecta: *Octametrum catalecticum quo usus est Stesichorus in Sicilia.* *Audiat haec nostri mela carminis et tunc pervia rura volubit.*

beständen die Tetrameter aus 4 dipodischen Reihen oder Rhythmen, sie bestehen vielmehr aus 2
tetrapodischen ῥυϑμοί oder πόδες, welche je 2 Dipodieen zu χρόνοι haben, die eine zur ἄρσις, die
andere zur ϑέσις, und zwar
    der jambische und trochäische Tetrameter aus je
      2 πόδες δωδεκάσημοι ἴσοι,
    der anapästische Tetrameter und die daktylische
      Octapodie aus je 2 πόδες ἑκκαιδεκάσημοι ἴσοι.
Die angegebene Morenzahl scheint zwar durch die Irrationalität
(Syllabae ancipites) und die Catalexis sich anders zu gestalten,
doch vgl. darüber §. 23 und §. 28.

Wir können hierfür noch ein anderes Zeugnis beibringen.
In den griechischen Hymnen nämlich, zu welchen die Noten erhalten sind, finden sich Angaben über den Rhythmus und das
Metrum einzelner Verse. Der Hymnus εἰς Μοῦσαν besteht aus
folgenden Versen: 2 jambischen Tetrametern, 2 daktylischen
Hexametern und einer trochäischen katalektischen Tetrapodie.
Der erste jambische Vers
    ἄειδε μοῦσά μοι φίλη, μολπῆς δ' ἐμῆς κατάρχου
hat die Ueberschrift[2]) ἴαμβος βαχχεῖος (das letztere bezieht sich
auf κατάρχου), sodann steht über μολπῆς in dem Cod. Neapol.
1 und Paris. 1 noch das Wort σπονδεῖος. Zu der trochäischen
Tetrapodie εὐμενεῖς πάρεστέ μοι gehört die Bemerkung:
    συζυγία κατὰ ἀντίθεσιν ὁ πούς _ ◡
κατὰ ἀντίθεσιν bezieht sich auf den jambischen Vers, denn der
Trochäus ist die ἀντίθεσις des Jambus (s. §. 24). Endlich
findet sich noch die Zuschrift:
    ◡ _ γένος διπλάσιον· ὁ ῥυθμὸς δωδεκάσημος.
Die Reihenfolge der Verse ist in den libb. sehr in Unordnung
gerathen (s. Bellermann, die Hymnen des Dionysius und Mesomedes S. 24). und so ist auch die vorstehende Tactangabe in
den libb. aus ihrer ursprünglichen Stelle gekommen. Aber es
kann keine Frage sein, wohin sie gehört; das Zeichen ◡ _ lässt
keinen Zweifel darüber, dass sie zu einem jambischen Verse gesetzt war. Die einzigen jambischen Verse in allen drei Hymnen

---

2) In einigen libb. steht dies an der Seite.

sind aber eben die beiden jambischen Tetrameter, womit das
Lied *εἰς Μοῦσαν* beginnt, und wir können hiernach die alte
rhythmische Bezeichnung folgendermassen wieder herstellen:

ἴαμβος   σπονδεῖος   βακχεῖος

ἄειδε μοῦσά μοι φίλη, μολπῆς δ' ἐμῆς κατάρχου ·

αὔρη δὲ σῶν ἀπ' ἀλσέων ἐμὰς φρένας δονείτω ·

Καλλιόπεια σοφά, μουσῶν προκαθαγέτι τερπνῶν

καὶ σοφὲ μυστοδότα, Λατοῦς γόνε Δάλιε παιάν,

εὐμενεῖς πάρεστέ μοι.

⏑ – γένος δι-
πλάσιον· ὁ
ῥυθμὸς δω-
δεκάσημος.

συζυγία κατὰ ἀντί-
θεσιν. ὁ πούς – ⏑.

Also hiernach hat der jambische Tetrameter einen *ῥυθμὸς
δωδεκάσημος*, einen ¹²/₈-Tact, eine entschiedene Bestätigung dessen, was sich bereits · oben über die Angabe der Percussion ergeben hat.

Es ist nicht ohne Interesse für die Kenntnis der griechischen
Rhythmik, wenn wir die Melodie der genannten jambischen Tetrameter herbeiziehen.

Ein moderner Musiker würde für diese Melodie nicht den
¹²/₈-, sondern den ⁶/₈- oder ³/₈-Tact ansetzen. Warum haben

die Alten so umfangreiche Tacte gewählt? Die Frage ist nicht schwer zu beantworten. Was die Modernen den Vorder- und den Nachsatz einer musikalischen Periode nennen, das wird von den Alten je als ein einziger πούς oder Tact gefasst. Die Modernen sagen: vier ³/₈-Tacte bilden einen viertheiligen Satz, die Alten sagen: der Satz ist ein einheitlicher tetrapodischer Tact. Deshalb sind die Tacte der Alten, wie wir S. 126 sahen, grösser als die der Modernen, sie haben z. B. einen aus 3 ⁶/₈-Tacten zusammengesetzten Tact (den jambischen Trimeter), während ein ¹⁵/₈-Tact bei den Modernen nicht vorkommt. Die Modernen geben dem schweren Tacttheile eines der zu einem Vorder- oder Nachsatze verbundenen Tacten einen über die übrigen schweren Tacttheile hervorragenden Ictus; bei den Alten ist dies der Hauptictus eines einheitlichen Tactes; was bei den Modernen selbstständige Tacte mit verschiedenartigen Icten sind, das sind bei den Alten die verschiedenen χρόνοι, die θέσεις und ἄρσεις eines dipodischen, tripodischen, tetrapodischen, pentapodischen πούς.

Indem wir auf unser abgebrochenes Thema zurückgehen, weisen wir noch einmal auf das auch hier gefundene Ergebnis hin: Der Spondeus an den geraden Stellen der Trochäen und an den ungeraden Stellen der Jamben ist mit nichten ein Zeichen, dass hier die Grenze eines rhythmischen Ganzen sei. Dasselbe Ergebnis hat sich schon bei Gelegenheit des jambischen Trimeter gezeigt. Der jambische und trochäische Dimeter besteht nicht aus 2 dipodischen Rhythmen, sondern bildet einen einheitlichen tetrapodischen ῥυθμός oder πούς.

Von dem jambischen, trochäischen, anapästischen Tetrameter aus lässt sich nun auch der Rhythmus der in diesen Metren gehaltenen sogenannten Systeme bestimmen. Ein jedes dieser Systeme ist nichts anders als ein Tetrameter, dessen erster Theil beliebig oft wiederholt wird. Deshalb muss auch der Rhythmus des Systems dem des Tetrameters analog sein, der einzelne Dimeter muss auch hier einen selbstständigen πούς ἴσος von einer dipodischen ἄρσις und einer dipodischen θέσις bilden. Die eingemischten Monometer scheinen πόδες ἴσοι, in welchen jede der beiden χρόνοι, die ἄρσις und die θέσις, nur aus Einem Einzeltacte besteht, also dipodische Rhythmen.

Die Angaben über die Percussion solcher Metra, die aus verschiedenen Füssen zusammengesetzt sind, können erst im Folgenden herbeigezogen werden.

§. 18. Ueber die dipodische und monopodische Messung der verschiedenen Metra.

Wir haben durch das Vorhergehende nun auch Aufschluss über die Eigenthümlichkeit der alten Metriker erhalten, dass sie das trochäische, anapästische Metrum dipodisch , das daktylische monopodisch messen. Mar. Victor. 2497: *Metra autem quaedam singulis pedibus, quam monopodiam, quaedam binis, quam dipodiam vocaverunt, scandi moris est. Hanc nos coniugationem appellamus. Et per monopodiam quidem sola dactylica, per dipodiam vero caetera.* Der Ausdruck *scanditur per monopodiam, dipodiam,* βαίνεται κατὰ μονοποδίαν, διποδίαν bezieht sich, wie wir sahen, auf die rhythmische Semasie oder Percussion (eigentlich auf das Tacttreten) und soll bedeuten: bei Trochäen, Anapästen und Jamben bildet die Dipodie, bei Daktylen die Monopodie ein rhythmisches Semeion. Die Metriker setzen aber hinzu: die genannten Messungen seien zwar die gewöhnlichen, aber keineswegs die einzigen. So heisst es von den Anapästen, sie hätten auch monopodische Percussion, Mar. Victor. 2521: *percutitur vero versus anapaesticus praecipue per dipodiam, interdum et per singulos pedes;* ebenso von den Trochäen und Jamben schol. Hephaest. 35: εἰ μὲν κατὰ μονοποδίαν βαίνεται ταῦτα τὰ μέτρα, τρεῖς χρόνους (= χρόνους πρώτους) ἔχει, εἰ δὲ κατὰ διποδίαν ἕξ. Umgekehrt heisst es von den Daktylen, sie würden auch κατὰ διποδίαν scandirt, schol. Hephaest. 47: ἐὰν ὑπερβῇ τὸ δακτυλικὸν τὸ ἑξάμετρον κἀκεῖνο βαίνεται κατὰ διποδίαν. Die angeführten Stellen sind sehr wichtig, in ihnen verräth sich noch ein Rest besserer Kenntnis in den Fundamentalsätzen der Metrik. Den meisten Metrikern ist indes diese Kenntnis abhanden gekommen. Hephästion misst ohne Ausnahme alle Daktylen monopodisch, alle Anapäste, Trochäen und Jamben dipodisch. Für die vulgären Verse der genannten vier Metra besteht diese Percussion in vollem Rechte. Die vulgären daktylischen Verse sind der Hexameter und Pentameter, hier ist jeder Einzelfuss ein σημεῖον und erhält bei der Semasie oder Percussion den rhythmischen Ictus. Die vulgären anapästischen, trochäischen und jambischen Metra sind die Tetrameter und Dimeter, hier ist jede Dipodie ein Semeion und erhält den rhythmischen Ictus. Aber mit Unrecht wird die in diesen vulgären Versen übliche Messung auch auf die selteneren Verse derselben Metra übertragen. Monopodische Percussion kommt bei Anapästen, Trochäen, Jamben in den seltenen Tripodicen vor, z. B. Aristoph. Av. 329:

$$\Phi o\nu i\alpha\nu, \mid \pi\tau\acute{\epsilon}\varrho\upsilon\gamma\acute{\alpha}\ \tau\varepsilon \mid \pi\alpha\nu\tau\bar{\alpha}$$
$$\pi\varepsilon\varrho i\beta\alpha\lambda\varepsilon \mid \pi\varepsilon\varrho i\ \tau\varepsilon\ \varkappa\acute{\upsilon}\mid\varkappa\lambda\omega\sigma\alpha\iota,$$

ferner in den Dipodicen, welche selbstständige πόδες bilden, also namentlich in den eingemischten Monometris der Systeme. Endlich haben die freilich sehr seltenen Pentapodicen dieser Metra, wie Acharn. 285:

$$\sigma\grave{\varepsilon}\ \mu\grave{\varepsilon}\nu\ o\grave{\upsilon}\nu\ \varkappa\alpha\tau\alpha\lambda\varepsilon\acute{\upsilon}\sigma o\mu\varepsilon\nu,\ \mathring{\omega}\ \mu\iota\alpha\varrho\grave{\alpha}\ \varkappa\varepsilon\varphi\alpha\lambda\acute{\eta}$$

drei monopodische und ein dipodisches Semeion (s. S. 159). Diese Fälle sind es, welche zu den von Mar. Victor. 2521 und schol. Hephaest. 35 angedeuteten Ausnahmen von der gewöhnlichen Messung der Anapäste, Trochäen und Jamben gehören.

Häufiger ist es der Fall, dass im daktylischen Metrum dipodische Percussion vorkommt. Sie findet nämlich statt überall da, wo vier Daktylen eine rhythmische Einheit bilden, also in der daktylischen Tetrapodie, welche häufig zu Systemen vereinigt wird. Alcman. 36:

$$M\tilde{\omega}\sigma'\ \mathring{\alpha}\gamma\varepsilon,\ K\alpha\lambda\lambda\iota\acute{o}\pi\alpha,\ \vartheta\acute{\upsilon}\gamma\alpha\tau\varepsilon\varrho\ \varDelta\iota\acute{o}\varsigma,$$
$$\mathring{\alpha}\varrho\chi'\ \grave{\varepsilon}\varrho\alpha\tau\tilde{\omega}\nu\ \grave{\varepsilon}\pi\acute{\varepsilon}\omega\nu,\ \grave{\varepsilon}\pi\grave{\iota}\ \delta'\ \mathring{\iota}\mu\varepsilon\varrho o\nu$$
$$\mathring{\upsilon}\mu\nu\omega\ \varkappa\alpha\grave{\iota}\ \chi\alpha\varrho\acute{\iota}\varepsilon\nu\tau\alpha\ \tau\acute{\iota}\vartheta\varepsilon\iota\ \chi o\varrho\acute{o}\nu.$$

Dann in der daktylischen Octapodie dem sogenannten *versus Stesichoreus* (cf. fragm. de versib. Endlicher analect.) Stesichorus fragm. 2:

$$\sigma\alpha\sigma\alpha\mu\acute{\iota}\delta\alpha\varsigma\ \chi\acute{o}\nu\delta\varrho o\nu\ \tau\varepsilon\ \varkappa\alpha\grave{\iota}\ \grave{\varepsilon}\gamma'.\varrho\acute{\iota}\delta\alpha\varsigma \mid \mathring{\alpha}\lambda\lambda\alpha\ \tau\varepsilon\ \pi\acute{\varepsilon}\mu\mu\alpha\tau\alpha\ \varkappa\alpha\grave{\iota}$$
$$\mu\acute{\varepsilon}\lambda\iota\ \chi\lambda\omega\varrho\acute{o}\nu,$$

ferner in der katalektischen daktylischen Octapodie, dem sogenannten Ibycius, Serv. p. 1821:

versiculos tibi dactylicos ceci|ni, puer optime, quos facias.

Die Terminologie der alten Metriker, welche diese daktylischen Metra Tetrameter und Octameter nennen, die entsprechenden anapästischen, jambischen und trochäischen Metra dagegen Dimeter und Tetrameter, ist im höchsten Grade störend und inconsequent; denn auch in den genannten daktylischen Versen findet dipodische Percussion statt. Die richtige Messung der daktylischen Octapodieen kennt noch das oben angeführte schol. Hephaest. 47. Der Satz von der monopodischen Percussion des Daktylus ist richtig für Hexameter, Pentameter, für die akatalektische und katalektische Tripodie, Alcman. 34 ἀμπελίνων ὀλετῆρα, arboribusque comae, aber für alle tetrapodischen Verbindungen ist er unrichtig.

Päonen (Cretici), Jonici, Choriamben werden, wie die Metriker sagen, monopodisch gemessen, das heisst jeder Fuss ist ein σημεῖον. Dies ist völlig richtig; denn von diesen Tacten können immer nur 2 oder 3, niemals aber 4 zu einem grösseren rhythmischen Fusse vereinigt werden, und sowohl im Dimeter wie im Trimeter ist jeder einzelne Päon oder Jonicus ein σημεῖον. Bloss ein einziger Fall ist es, wo für die Päonen auch ein dipodisches σημεῖον erscheint. Die Päonen werden nämlich auch zu einem pentapodischen Fusse verbunden, dem πού; πεντεκαιεικοσάσημος (S. 126. 161), Acharn. 298:

σοῦ γ' ἀκούσωμεν; ἀπολεῖ · κατά σε χώσομεν τοῖς λίθοις.

Die Lehre der Rhythmiker über dipodische und monopodische Messung ist also im Allgemeinen richtig; die Ungenauigkeit besteht darin, dass sie die Messung der gewöhnlichen Verse auch auf die selteneren Verse desselben Metrums übertragen. So bestehen auch die Ausdrücke: δίμετρον, τρίμετρον, τετράμετρον, ἑξάμετρον unter den angedeuteten Beschränkungen zu Recht. Sie bedeuten, dass hier eine zweimalige, dreimalige, viermalige, sechsmalige Percussion stattfindet, oder dass der Vers 2, 3, 4, 6 rhythmische σημεῖα oder χρόνοι hat. Diese Bedeutung haben die alten Metriker freilich vergessen und deshalb ihre Inconsequenz. Die Grundbedeutung hat sich noch in dem terminus technicus βαίνεται κατὰ μονοποδίαν, κατὰ διπυδίαν erhalten.   •

Siebentes Kapitel.

Die gleichförmig und ungleichförmig zusammen-gesetzten Tacte.

Διαφοραὶ κατὰ σύνϑεσιν, κατὰ διαίρεσιν, κατὰ σχῆμα.

---

§. 19. Erste Definition der πόδες ἁπλοῖ und σύνϑετοι.
Die äussere Form. Das Ethos.

Ausser dem Rhythmengeschlecht und dem Megethos unter-scheiden sich die Tacte durch ihre Zusammensetzung: die einen nennen sich ἀσύνϑετοι oder ἁπλοῖ, die anderen σύνϑετοι. Die-ser Unterschied fällt nicht zusammen mit dem, was wir einfache und zusammengesetzte Tacte nennen. Die Alten haben zwei De-finitionen überliefert, von denen sich die eine auf die äussere Form, die andere auf die rhythmische Gliederung bezieht.

Die erste Definition der ἁπλοῖ und σύνϑετοι findet sich bei Aristides p. 35. 36: τῶν ῥυϑμῶν τοίνυν οἱ μέν εἰσι σύνϑετοι, οἱ δὲ ἀσύνϑετοι, οἱ δὲ μικτοί. σύνϑετοι μὲν οἱ ἐκ δύο γενῶν ἢ καὶ πλειόνων συνεστῶτες, ὡς οἱ δωδεκάσημοι ‿ – | ‿ – | ‿ – | ‿ – ἀσύνϑετοι δὲ οἱ ἑνὶ γένει ποδικῷ χρώμενοι ὡς οἱ τετράσημοι – ‿ ‿ – μικτοὶ δὲ οἱ ποτὲ μὲν εἰς χρόνους ποτὲ δὲ εἰς ῥυϑμοὺς ἀναλυόμενοι ὡς οἱ ἑξάσημοι ‿ – | – ‿. τῶν δὲ συνϑέτων οἱ μέν εἰσι κατὰ συζυ-γίαν, οἱ δὲ κατὰ περίοδον. καὶ συζυγία μὲν οὖν ἐστι δύο ποδῶν ἁπλῶν καὶ ἀνομοίων σύνϑεσις ‿ – | ‿ –, περίοδος δὲ πλειόνων ‿ – | ‿ – | – ‿. Es ist also für den Begriff des πού ς σ ύ ν ϑ ε τ ο ς nicht genug, dass er aus m e h r e r e n Einzelfüssen besteht, son-dern er muss zugleich aus v e r s c h i e d e n e n Füssen bestehen. Das sagt der Ausdruck ἀνομοίων σύνϑεσις; das sagt ferner die Defi-nition: οἱ ἐκ δύο γενῶν ἢ καὶ πλειόνων συνεστῶτες im Gegensatz zur Definition der ἀσύνϑετοι: οἱ ἑνὶ γένει ποδικῷ χρώμενοι, das zeigen endlich die als Beispiele hinzugesetzten metrischen Sche-mata. Man nennt einen πούς σύνϑετος, der aus 2 Einzelfüssen besteht, eine συζυγία und als solche führt Aristides p. 37 fol-gende auf:

Griech. Rhythmiker. 13

$$\beta\alpha\chi\varepsilon\bar{\iota}o\varsigma\ \grave{\alpha}\pi\grave{o}\ \acute{\iota}\acute{\alpha}\mu\beta o\upsilon\quad \smile -, -\smile$$
$$\beta\alpha\chi\varepsilon\bar{\iota}o\varsigma\ \grave{\alpha}\pi\grave{o}\ \tau\varrho o\chi\alpha\acute{\iota}o\upsilon\quad -\smile, \smile -.$$

Besteht er aus mehreren Einzelfüssen, so heisst er περίοδος.
Dazu gibt Aristides p. 37 die Beispiele:

a) *ἐξ ἑνὸς ἰάμβου καὶ τριῶν τροχαίων*:

τροχαῖος ἀπὸ ἰάμβου $\smile - - - \smile - \smile -$
τροχαῖος ἀπὸ βακχείου $- \smile - - - \smile - \smile$
βακχεῖος ἀπὸ τροχαίου $- - \smile - \smile - - \smile$
ἴαμβος ἐπίτριτος $- \smile - \smile - \smile -$

b) *ἕνα τροχαῖον, τοὺς δὲ λοιποὺς ἰάμβους ἔχοντες*:

ἴαμβος ἀπὸ τροχαίου $- \smile \smile - \smile - - \smile$
ἴαμβος ἀπὸ βακχείου $\smile - - - \smile - \smile - \mu\acute{\varepsilon}\sigma o\varsigma\,\beta\alpha\chi\varepsilon\bar{\iota}o\varsigma$
βακχεῖος ἀπὸ ἰάμβου $\smile - - \smile - - \smile \smile$
τροχαῖος ἐπίτριτος $\smile - \smile - \smile - \smile$

c) *δύο τροχαίους, ἴσους δὲ ἰάμβους*:

ἁπλοῦς βακχ. ἀπὸ ἰάμβ. $\smile - - \smile - - - \smile \smile$
ἁπλ. βακχ. ἀπὸ τροχ. $- \smile \smile - \smile - \smile -$
μέσος ἴαμβος $- \smile \smile - \smile - \smile -$
μέσος τροχαῖος $\smile - - \smile - \smile - \smile$

Diese letzteren sind die πόδες δωδεκάσημοι, auf welche Aristides
bei der allgemeinen Definition p. 36 und p. 34 τοὺς δὲ συνθέτους ὡς τοὺς δωδεκασήμους verweist. Ferner sind σύνθετοι die
προσοδιακοί p. 39:

προσοδιακὸς διὰ τριῶν $\smile -, \smile \smile, -\smile$
προσοδιακὸς διὰ τεσσάρων $\smile -, \smile \smile, -\smile, \smile -$
προσοδιακὸς διὰ συζυγιῶν $- -\smile\smile, -\smile\smile -.$

Endlich die δοχμιακοί, aus Jamben und Päonen zusammengesetzt.
Auch der Jonicus a minore und a maiore ist von Aristides p. 36
unter die σύνθετοι gerechnet, indem beide Füsse in einen 2zei-
tigen Pyrrhichius und einen 4zeitigen Spondeus zerlegt werden.
Also überall sehen wir, dass der πούς σύνθετος eine Verschiedenheit der Füsse, welche seine Bestandtheile bilden, voraussetzt. Die Verschiedenheit ist eine dreifache. Martian. Capella
p. 36: *Dissimilitudinum sane differentiae tres erunt, per magnitudinem, per genus, per oppositionem. Per magnitudinem, cum
e disemo vel tetrasemo componitur numerus. Per genus, cum*

diplasium aut hemiolium simul iungimus vel quod ex pluribus ae-
qualiter copulatur.   Per oppositionem i. e. per antithesin, cum
aut primos disemos ponimus insequentibus longioribus (so ist für
longe potioribus zu lesen), *aut tetrasemos disemis sequentibus ap-*
plicamus.   Verum notum esse conveniet, unum etiam pedem posse
sufficere ad complendam periodum, si solus ceteris inaequalis in-
seritur.   Das Original des Aristides zu dieser Stelle ist in den
uns erhaltenen Handschriften verloren gegangen, und Martianus
Capella hat, wie auch sonst, sehr gedankenlos und leichtsinnig
übersetzt, was namentlich bei der *differentia per antithesin* der
Fall ist.   Doch ist uns der Sinn völlig klar.   Die zu einem einheitlichen πούς σύνθετος vereinigten πόδες ἁπλοῖ sind ἀνόμοιοι:
1) κατὰ μέγεθος, wie die beiden Einzelfüsse, worin Aristides
den Jonicus zerlegt; 2) κατὰ γένος ποδικόν, wie im Dochmius, der aus einem diplasischen und hemiolischen Fusse besteht
⏑ – – ⏑ –; 3) κατ' ἀντίθεσιν, hier gehören die verbundenen Füsse demselben Rhythmengeschlecht an, aber in dem einen
geht die Thesis, in dem andern die Arsis voraus, wie – ⏑ | ⏑ –
oder – ⏑ | – ⏑ | ⏑ – | ⏑ –.

Was sind nun aber πόδες ἁπλοῖ und ἀσύνθετοι?
Das sind einmal die Einzelfüsse, woraus der σύνθετος zusammengesetzt ist, wie der Trochäus, Jambus, Daktylus, Päon, wobei es
sehr auffallend ist, dass Aristides den Jonicus aus der Reihe der
ἁπλοῖ ausschliesst.   Aristides schöpft hier aus den Technikern,
welche die Metrik mit der Rhythmik verbanden; diese zählten
auch den zweizeitigen Pyrrhichius unter die πόδες, und somit
musste sich der Jonicus als ein πούς σύνθετος ergeben.

Aber das Gebiet der ἀσύνθετοι geht noch weiter; es umfasst nämlich auch alle πόδες μεγάλοι, welche aus gleichen Einzelfüssen zusammengesetzt sind, wie z. B. die daktylische Tripodie, die anapästische Tetrapodie, die päonische Dipodie u. s. w.
Wir können sagen: die πόδες ἁπλοῖ dieser Art sind gleichförmig
zusammengesetzte Tacte, die σύνθετοι ungleichförmig zusammengesetzte.   Der Unterschied der πόδες ἀσύνθετοι und σύνθετοι
entspricht also der bei den Alten vorkommenden Eintheilung der
Metra in ἀσύνθετα und σύνθετα, worüber Mar. Victor. 2562:

ἀσύνϑετα (metra) quae eiusdem sunt generis, σύνϑετα vero quae
ex diverso copulantur, oder auch der Eintheilung in καϑαρά
(πρωτότυπα, μονοειδῆ, uniformia) und μικτά, worüber Griechische Metrik Bd. III p. 335 ff. Bei den Metrikern hebt Auflösung und Zusammenziehung den Begriff des μέτρον καϑαρὸν
nicht auf, ebensowenig wie die irrationale Thesis in Jamben und
Trochäen, Mar. Victor. p. 2549. Ebenso ist anzunehmen, dass
auch nach der Theorie der Rhythmik ein daktylischer Vers, welcher Spondeen enthielt, oder eine jambische Reihe mit Auflö-
sungen, unter die ἀσύνϑετοι gerechnet wurde; ebenso auch
die Jamben und Trochäen mit irrationalen Sylben, für welche
die Rhythmiker die Kategorie der πόδες ἄλογοι aufstellen (s.
Kapitel VIII).

Wir besitzen nun auch noch in dem zweiten Buche des Aristides, wo von dem ethischen Character der Rhythmen die Rede ist,
eine Stelle über die σύνϑετοι. p. 98. Hier heisst es: οἵγε μὲν
σύνϑετοι παϑητικώτεροί τέ εἰσι τῷ κατὰ τὸ πλεῖστον τοὺς ἐξ ὧν
σύγκεινται ῥυθμοὺς ἐν ἀνισότητι ϑεωρεῖσϑαι. καὶ πολὺ τὸ ταραχῶδες ἐπιφαίνοντες. τῷ μηδὲ τὸν ἀριθμόν, ἐξ οὗ συνεστᾶσι, τὰς αὐτὰς
ἑκάστοτε διατηρεῖν τάξεις, ἀλλ᾽ ὁτὲ μὲν ἀπὸ μακρᾶς ἄρχεσϑαι, λήγειν δ᾽ εἰς βραχεῖαν, ἢ ἐναντίως, καὶ ὁτὲ μὲν ἀπὸ ϑέσεως, ὁτὲ δὲ
[ὡς] ἑτέρως τὴν ἐπιβολὴν τῆς περιόδου ποιεῖσϑαι. πεπόνϑασι δὲ
μᾶλλον οἱ διὰ πλειόνων ἤδη συνεστῶτες ῥυθμῶν, πλείων γὰρ ἐν
αὐτοῖς ἡ ἀνωμαλία· διὸ καὶ τὰς τοῦ σώματος κινήσεις ποικίλας
ἐπιφέροντες οὐκ ἐς ὀλίγην ταραχὴν τὴν διάνοιαν ἐξάγουσιν. Zur
Erklärung des Einzelnen Folgendes. Der Comparativ παϑητικώ-
τεροι ist mit Beziehung auf die vorausgehenden ῥυθμοὶ ἀσύνϑετοι oder ἁπλοῖ gebraucht, von denen bereits die ἡμιόλιοι als
κεκινημένοι und ἐνϑουσιαστικώτεροι (sc. τῶν ῥυϑμῶν ἴσων), die
διπλάσιοι als ϑερμοὶ u. s. w. characterisirt waren. — Mit den
Worten τὸ πλεῖστον τοὺς ἐξ ὧν σύγκεινται ῥυϑμοὺς ἐν ἀνισότητι
ϑεωρεῖσϑαι haben wir zu vergleichen die unserer Stelle vorausgehenden Ausdrücke: τοὺς ἐν ἡμιολίῳ λόγῳ ϑεωρουμένους und
οἱ ἐν τῷ διπλασίονι ἀνωμαλίας μὲν διὰ τὴν ἀνισότητα μετειληφότες, der Sinn ist also: die ῥυϑμοὶ oder Einzeltacte, woraus die
σύνϑετοι zusammengesetzt sind, stehen meist im λόγος ἄνισος,
das heisst ἄρσις und ϑέσις sind ungleich, wie das in der That
bei allen von Aristides angeführten Beispielen der ῥυϑμοὶ σύν-

ϑετοι der Fall ist, vgl. S. 194. — Τῷ μηδὲ τὸν ἀριϑμὸν ἐξ οὗ συνεστᾶσι, τὰς αὐτὰς ἑκάστοτε διατηρεῖν τάξεις] Die Handschriften
haben hier ἄῤῥυϑμον; es ist aber ἀριϑμὸν zu schreiben und
von dem μέγεϑος, das heisst der Morenzahl zu verstehen, vgl.
p. 41: σύμπαντα τὸν ἀριϑμὸν συντίϑενται καὶ μεγίζουσι τοῦτον εἰς
σχήματα ῥυϑμικά, wo gleich darauf als Beispiel des ἀριϑμὸς die δεκὰς
oder der ποὺς δεκάσημος angeführt wird. Der Sinn der Worte
μηδὲ τὸν ἀριϑμὸν (= τὸ μέγεϑος), ἐξ οὗ συνεστᾶσι u. s. w. erklärt sich aus der unten S. 204 besprochenen Stelle des Aristoxenus p. 288: σχήματι δὲ διαφέρουσιν ἀλλήλων, ὅταν τὰ αὐτὰ
μέρη τοῦ αὐτοῦ μεγέϑους μὴ ὡσαύτως ᾖ τεταγμένα.

Ὁτὲ μὲν ἀπὸ ϑέσεως, ὁτὲ δὲ ὡς ἑτέρως τὴν ἐπιβολὴν τῆς
περιόδου ποιεῖσϑαι] Das Wort περίοδος haben wir bereits als die
Bezeichnung eines aus 3 oder mehr Einzelacten bestehenden
ποὺς σύνϑετος kennen gelernt; ἐπιβολή ist ein den Rhetoren
entlehnter Ausdruck für Structur oder Anordnung des Satzes.
Das handschriftliche ὡς vor ἑτέρως ist zu tilgen; man könnte
mit Meiboom daran denken, es als den Rest von ἀπ᾽ ἄρσεως zu
fassen, aber dann wäre das folgende ἑτέρως eine Tautologie.

Οἱ διὰ πλειόνων ἤδη συνεστῶτες ῥυϑμῶν (sc. πόδες σύνϑετοι) erklärt sich aus p. 36 σύνϑετοι μὲν οἱ ἐκ δύο γενῶν ἢ καὶ
πλειόνων συνεστῶτες; hier sind also die aus mehr als zwei Arten von Einzelacten bestehenden πόδες σύνϑετοι gemeint; sie
haben eine leidenschaftlichere Stimmung (πεπόνϑασι μᾶλλον) als
die bloss aus 2 Arten von Einzelacten bestehenden σύνϑετοι. —
Hiernach übersetzen wir die ganze Stelle:

„Die πόδες σύνϑετοι sind leidenschaftlicher als die ἁπλοῖ,
„indem die Einzelacte, woraus sie zusammengesetzt sind, ge-
„wöhnlich ungleiche Chronoi haben, und sie zeigen vielfach den
„Character der Unruhe: denn nicht einmal bei Bewahrung der-
„selben Morenzahl, woraus sie bestehen, halten sie immer die-
„selbe Anordnung inne (vgl. die 12 σύνϑετοι δωδεκάσημοι S. 194),
„sondern beginnen bald mit einer Länge und schliessen mit ei-
„ner Kürze, bald umgekehrt, und die Structur der Periode wird
„bald mit anlautender ϑέσις, bald auf die entgegengesetzte Weise
„(mit anlautender ἄρσις) gebildet. Noch grösser ist die leiden-
„schaftliche Stimmung bei denen, welche mehr als 2 Arten von
„Einzelrhythmen enthalten; denn hier ist die Anomalie noch

„grösser; deshalb bringen sie auch, indem sie mannigfache Be-
„wegungen des Körpers herbeiführen, unser Gefühl in nicht ge-
„ringe Unruhe."

Diese Characterisirung des Ethos lässt gar keinen Zweifel
mehr darüber, dass wir unter den σύνθετοι nur die aus ungleichen Einzelfüssen zusammengesetzten Tacte zu versteben haben.
Eine Verbindung

‒ ∪ ∪ ‒ ‒ ∪ ∪ ‒ ∪ ∪ oder ‒ ∪ ‒ ∪ ‒ ∪ ∪ ‒ oder ‒ ∪ ‒ ‒ ∪ ‒ ‒ ∪

kann kein πούς σύνθετος sein; denn diese Rhythmen sind bereits in der vorausgehenden Schilderung der Daktylen, Trochäen, Päone als ῥυθμοὶ ἁπλοῖ ihrem Ethos nach characterisirt.

§. 20. Zweite Definition der ἁπλοῖ und σύνθετοι. Die Semasie. Der Unterschied von πούς und ῥυθμός.

Aristides sagt p. 34: ἁπλοῖ μὲν γάρ εἰσιν οἱ εἰς χρόνους διαιρούμενοι, σύνθετοι δὲ οἱ καὶ εἰς πόδας ἀναλυόμενοι. Damit stimmt
es, dass er von den πόδες μικτοί, welche bald ἁπλοῖ, bald σύνθετοι
sind, die Definition giebt p. 36: οἱ ποτὲ μὲν εἰς χρόνους, ποτὲ δὲ
εἰς ῥυθμοὺς ἀναλυόμενοι ὡς οἱ ἑξάσημοι ∪ ‒ | ‒ ∪. Diese auf
die διαίρεσις sich beziehende Definition stammt von Aristoxenus,
welcher p. 298 in der allgemeinen Aufzählung der διαφοραὶ ποδῶν folgendes sagt: οἱ δὲ ἀσύνθετοι τῶν συνθέτων διαφέρουσι
τῷ μὴ διαιρεῖσθαι εἰς πόδας, τῶν συνθέτων διαιρουμένων.

Diese zweite Definition bezieht sich auf die σημασία, auf die
Percussio: der πούς σύνθετος, der aus gleichen Einzelfüssen zusammengesetzte Tact, wird bloss in χρόνοι zerlegt; der πούς
σύνθετος dagegen, der aus ungleichen Einzelfüssen zusammengesetzte Tact, auch in πόδες. Aber die einzelnen πόδες, in die
der πούς σύνθετος zerfällt wird, sind nicht selbstständige Tacte,
sondern immer nur die Bestandtheile eines grösseren Tactes,
ein χρόνος ποδικός. Hierher ist Aristoxenus ap. Psellum zu ziehen: ποδικὸς μὲν οὖν ἐστι χρόνος ὁ κατέχων σημεῖου ποδικοῦ μέγεθος, οἷον ἄρσεως ἢ βάσεως ἢ ὅλου ποδός, und bald nachher:
καὶ ἔστι ῥυθμὸς μὲν ὥσπερ εἴρηται σύστημά τι συγκείμενον ἐκ
τῶν ποδικῶν χρόνων, ὧν ὁ μὲν ἄρσεως, ὁ δὲ βάσεως, ὁ δὲ ὅλου
ποδός. Das σημεῖον ποδικὸν oder der χρόνος ποδικός ist entweder eine ἄρσις oder βάσις oder ein ganzer πούς, der zugleich

eine ἄρσις und βάσις enthält. Ist nämlich der ganze Tact ein
ἀσύνϑετος, so sind seine σημεῖα ποδικὰ blosse ἄρσεις oder βάσεις. Ist er ein ποὺς σύνϑετος, so sind seine σημεῖα ποδικὰ
ὅλοι πόδες, bei denen wiederum die Gliederung nach ἄρσις und
βάσις durch die σημασία bezeichnet werden muss. Wir wollen
dies durch ein Beispiel klar machen.

ist ein ποὺς ἑξάσημος ἴσος; er besteht aus 2 Einzelfüssen, von
denen jeder 2 χρόνοι hat, aber bei der σημασία bleiben diese
χρόνοι des Einzelfusses unberücksichtigt, es kommen auf den
ganzen 6zeitigen Tact nur 2 σημεῖα, indem der eine Einzelfuss
als ἄρσις, der andere als βάσις angesehen wird. Sind aber die
verbundenen Füsse ungleich

so enthält dieser Tact, als Ganzes betrachtet, zwar auch 2 σημεῖα oder χρόνοι ποδικοί, aber diese sind jetzt keine blosse ἄρσις oder βάσις mehr, sondern ὅλοι πόδες, die auch als solche in
der σημασία bezeichnet werden müssen. Es wird also ausser
den beiden Bewegungen der Hand, welche die χρόνοι ῥυϑμικοί
bezeichnen, zugleich noch die Gliederung jedes einzelnen χρόνος
ποδικὸς bezeichnet, indem dieser als ὅλος ποὺς wiederum in seine
beiden χρόνοι ποδικοί zerlegt wird.

ποὺς ἁπλοῦς		ποὺς σύνϑετος	
σημεῖον	σημεῖον	σημεῖον	σημεῖον
ἄρσις	ϑέσις	ὅλος ποὺς	ὅλος ποὺς
		ϑ. ἄ.	ἄ. ϑ.

Der ποὺς ἁπλοῦς zerfällt hiernach in eine geringere, der
σύνϑετος in eine grössere Zahl rhythmischer μέρη. Hierauf ist
die Stelle Aristox. ap. Psell. §. 10) zu beziehen: πᾶς δὲ ὁ διαιρούμενος εἰς πλείω ἀριϑμόν, καὶ εἰς ἐλάττω διαιρεῖται, „jeder in
eine grössere Zahl zerfällte Tact (also der σύνϑετος) wird zugleich auch in eine kleinere Zahl (wie der ἁπλοῦς) zerfällt.
Dies ist dasselbe wie wenn Aristides p. 34 sagt: ἁπλοῖ μὲν γάρ
εἰσιν οἱ εἰς χρόνους διαιρούμενοι, σύνϑετοι δὲ οἱ καὶ εἰς πόδες
ἀναλυόμενοι. Der σύνϑετος wird wie der ἁπλοῦς in 2, 3, 4 χρόνοι zerlegt (εἰς ἐλάττω ἀριϑμὸν διαιρεῖται), aber er zerfällt ausserdem auch in πόδες, die χρόνοι sind nämlich ὅλοι πόδες, die

als solche wiederum ihre χρόνοι haben, und somit ist der σύνθετος zugleich ein διαιρούμενος εἰς πλείω ἀριθμόν.

$$
\begin{array}{ll}
& \pi o \grave{\upsilon} \varsigma \ \sigma \acute{\upsilon} \nu \vartheta \varepsilon \tau o \varsigma \\[2pt]
\left.\begin{array}{l}\delta \iota \alpha \iota \varrho o \acute{\upsilon} \mu \varepsilon \nu o \varsigma \ \varepsilon \grave{\iota} \varsigma \ \pi \lambda \varepsilon \acute{\iota} \omega \ \acute{\alpha} \varrho \iota \vartheta \mu \grave{o} \nu \\ (4 \ \sigma \eta \mu \varepsilon \tilde{\iota} \alpha)\end{array}\right\} & \overline{\ \quad \ } \ \overset{\smile}{\ \ } \quad \overset{\smile}{\ \ } \ \overline{\ \quad \ } \\
& \vartheta \acute{\varepsilon} \sigma. \quad \breve{\alpha} \varrho \sigma. \qquad \breve{\alpha} \varrho \sigma. \quad \vartheta \acute{\varepsilon} \sigma. \\[2pt]
\left.\begin{array}{l}\varkappa \alpha \grave{\iota} \ \varepsilon \grave{\iota} \varsigma \ \grave{\varepsilon} \lambda \acute{\alpha} \tau \tau \omega \ \delta \iota \alpha \iota \varrho \varepsilon \tilde{\iota} \tau \alpha \iota \\ (2 \ \sigma \eta \mu \varepsilon \tilde{\iota} \alpha)\end{array}\right\} & \begin{array}{c}\H{o} \lambda o \varsigma \ \pi o \acute{\upsilon} \varsigma \\ \text{als} \\ \sigma \eta \mu \varepsilon \tilde{\iota} o \nu \ \alpha'\end{array} \quad \begin{array}{c}\H{o} \lambda o \varsigma \ \pi o \acute{\upsilon} \varsigma \\ \text{als} \\ \sigma \eta \mu \varepsilon \tilde{\iota} o \nu \ \beta'\end{array}
\end{array}
$$

Es müssen also bei der σημασία ausser den kleineren Tacttheilen,
den θέσεις und ἄρσεις der ὅλοι πόδες (der Einzeltacte), zugleich
noch die grösseren Hauptabschnitte des Tactes, die gewöhnlichen
χρόνοι ποδικοί, von denen jeder mehrere jener kleinen Tacttheile
in sich begreift, bezeichnet werden.

Die σημασία bei πόδες σύνθετοι war demnach viel complicirter
als bei πόδες ἁπλοῖ. Hierdurch bekommen wir Aufschluss über
eine bisher unerklärte Stelle im Anfange des Aristoxenischen
Kapitels von den χρόνοι p. 288: ᾧ δὲ σημαινόμεθα τὸν ῥυθμὸν
καὶ γνώριμον ποιοῦμεν τῇ αἰσθήσει, πούς ἐστιν εἰς ἢ πλείους ἑνός:
„wodurch wir den Rhythmus bezeichnen und fasslich machen,
ist Ein πούς oder mehrere πόδες". Ein πούς ist es bei ῥυθμοὶ
ἁπλοῖ, mehrere πόδες sind es bei ῥυθμοὶ σύνθετοι. Mit einem
Worte: besteht der ganze Tact aus gleichen Einzelfüssen, so werden diese vom ἡγεμὼν nicht als πόδες bezeichnet, es wird nicht
ihre Gliederung nach Arsis und Thesis bemerklich gemacht, sondern der Einzelfuss erhält nur ein einziges σημεῖον, ja es kann
wie im Dimeter und Trimeter sogar auf eine Dipodie nur ein
einziges σημεῖον kommen. Ist dagegen der ganze Tact aus mehreren ungleichen Einzelfüssen zusammengesetzt, so müssen ausser
den χρόνοι des ganzen Tactes auch noch diese Einzelfüsse als
πόδες, das heisst in ihrer Gliederung nach Arsis und Thesis bemerklich gemacht werden.

Jetzt wird es uns möglich, den Unterschied zu fassen, welcher zwischen ῥυθμὸς und πούς besteht. Beide Wörter bedeuten Tact und können in den meisten Fällen willkürlich für einander gebraucht werden. Für πούς ἴσος, διπλάσιος, ἡμιόλιος
oder δακτυλικός, ἰαμβικός, παιωνικός wird eben so häufig ῥυθμὸς gesagt. Quintil. inst. 9, 4, 47 ῥυθμὸς aut est par ut dacty-

lus ... aut *sexuplex ut paeon* ... *aut duplex ut iambus.* Mar. Victorin. de rhythmo 2484; Aristid. 36 ἐν δακτυλικῷ γένει ῥυθμοὶ ἓξ (Daktylus, Anapäst u. s. w.), 37 ἐν τῷ ἰαμβικῷ γένει οἱ
δὲ ῥυθμοὶ (Jambus, Trochäus u. s. w.), während es p. 38 heisst:
ἐν τῷ παιωνικῷ πόδες δύο (Päon und Päon epibatus). Ebenso
sagt auch Aristoxenus περὶ τοῦ πρώτου χρόνου Porphyr. p. 255
ὃς ἂν ληφθῇ τῶν ῥυθμῶν, οἷον εἰπεῖν ὁ τροχαῖος; für πόδες
ἁπλοῖ, σύνθετοι, μικτοί heisst es Aristid. 35 τῶν ῥυθμῶν οἱ μέν
εἰσι σύνθετοι, οἱ δὲ ἀσύνθετοι, οἱ δὲ μικτοί. Die ἁπλοῖ und σύνθετοι heissen in der näheren Ausführung Aristid. 36. 37 durch-
weg ῥυθμοί, ebenso p. 40 μέχρι τῶν συνθέτων ῥυθμῶν. In dem
Kapitel vom ethischen Character Aristid. 97 ist durchgängig
ῥυθμοὶ gesagt. Hiermit stimmt es nun, dass man sowohl sagen
kann λόγος ῥυθμικὸς wie ποδικὸς Aristid. 41. 42, γένος ῥυθμικὸν und ποδικὸν Aristid. 35. 36, σχήματα ῥυθμικὰ und ποδικὰ
Aristid. 42. Bacchius 24 nennt die πόδες nur ῥυθμοί.

Aber sowohl Aristides wie Aristoxenus statuiren einen Unterschied zwischen πούς und ῥυθμός, indem der πούς ein Theil
des ῥυθμός ist. Aristoxenus ap. Porphyr. 255 πάντες οἱ ῥυθμοὶ
ἐκ ποδῶν τινων σύγκεινται, Aristides 34 πούς μὲν οὖν ἐστι μέρος τοῦ παντὸς ῥυθμοῦ, δι' οὗ τὸ ὅλον (sc. ῥυθμὸν) καταλαμβάνομεν, τούτου (sc. τοῦ ποδὸς) δὲ μέρη δύο, ἄρσις καὶ θέσις. Man
hat angenommen, dass in der zweiten Stelle ῥυθμὸς den Tact im
Allgemeinen bezeichnen soll, wie wir sagen, ein Stück hat $^3/_4$-Tact.
Aber dass ὁ πᾶς oder ὅλος ῥυθμὸς hier von einem bestimmten
rhythmischen Abschnitt des Ganzen zu verstehen sei, geht aus Aristox. 288 hervor: ᾧ δὲ σημαινόμεθα τὸν ῥυθμὸν καὶ γνώριμον ποιοῦμεν τῇ αἰσθήσει, πούς ἐστιν εἷς ἢ πλείους ἑνός ,,womit wir den
ῥυθμὸς bezeichnen und für unsere αἴσθησις fasslich machen, ist
entweder ein πούς oder mehrere πόδες". Sollte hier ῥυθμὸς den
Tact des Stückes im Allgemeinen bezeichnen, und πούς der einzelne Tact sein, so könnte es nicht heissen πούς εἷς, denn das
Ganze besteht immer mehr als aus einem einzigen Tacte; es
kann aber auch πούς εἷς ἢ πλείους ἑνὸς nicht so gefasst werden
als ob es heissen sollte, das Ganze hat entweder denselben Tact
oder verschiedene Tacte. Vielmehr ist ῥυθμὸς ein bestimmter
Abschnitt des Ganzen, der entweder einen oder mehrere πόδες
enthält. Wie ist nun das Verhältnis von πούς zu ῥυθμὸς auf-

zufassen? Dies geht aus den bereits oben angeführten Stellen Aristox. p. 298 und ap. Psel- lum 8 hervor. Stellen wir sie mit der vorausgehenden zusammen.

Der ῥυϑμός wird bezeichnet und für die αἴσϑησις kenntlich gemacht

entweder durch einen πούς | oder durch mehrere πόδες.

Der ῥυϑμός ist eine Vereinigung von ποδικοὶ χρόνοι. Diese sind

entweder Arsen oder Thesen | oder ganze πόδες.

Der πούς besteht aus 2—4 χρόνοι (Arsen und Thesen).

Der πούς ἀσύνϑετος wird nicht in πόδες, sondern blos in χρόνοι (Arsen und Thesen) getheilt.	Der πούς σύνϑετος wird in mehrere πόδες (von denen jeder seine χρόνοι, Arsen und Thesen hat) getheilt.
ῥυϑμὸς ἀσύνϑετος (Aristid.)	ῥυϑμὸς σύνϑετος (Aristid.)

Der ῥυϑμός kann also auch πούς genannt werden, aber nicht umgekehrt ein jeder πούς auch ῥυϑμός. Der Tact, den die Alten einen σύνϑετος nennen, heisst sowohl ῥυϑμὸς wie πούς, aber die Einzeltacte, in die er getheilt wird, heissen nur πόδες, nicht ῥυϑμοί. Eben weil der σύνϑετος aus mehreren πόδες besteht, sagt Aristoxenus, dass der ῥυϑμός durch πλείους ἑνὸς πόδες bezeichnet würde; der andere Fall, dass nämlich der ῥυϑμός auch aus Einem πούς bestehen kann, bezieht sich auf den ἀσύνϑετος, der nur in χρόνοι, aber nicht in mehrere πόδες getheilt wird. Die Stelle aus der Aristoxenischen Schrift περὶ χρόνου πρώτου: πάντες οἱ ῥυϑμοὶ ἐκ ποδῶν τινῶν σύγκεινται steht hiermit in keinem Widerspruche. Aristoxenus polemisirt hier gegen diejenigen, welche behaupten, das Princip der Rhythmik sei ein ἄπειρον, ein unbestimmtes, weil der Ausgangspunkt der Rhythmik, der χρόνος πρῶτος, ein ἄπειρος sei. Gegen diesen Vorwurf macht Aristoxenus geltend, der χρόνος πρῶτος habe zwar an sich kein bestimmtes Zeitmaass, aber er erhalte ein solches in jedem speciellen Falle durch das Tempo; er sei also somit ein bestimmter. Daher seien nun auch die χρόνοι δίσημοι, τρίσημοι u. s. w. keine unbestimmten, mithin auch die aus diesen χρόνοι bestehenden πόδες nicht und schliesslich auch die ῥυϑμοί nicht, ἐπειδὴ πάντες οἱ ῥυϑμοὶ ἐκ ποδῶν τινῶν σύγκεινται. [Ari-

stoxenus spricht hier nur kurz und allgemein; es kommt ihm
bloss darauf an, den πούς als Bestandtheil des ῥυθμός hinzustellen, um zu zeigen, dass das Ganze bestimmt sein muss, wenn
die Theile bestimmt sind: dass der ῥυθμός nur als σύνθετος aus
mehreren πόδες, als ἀσύνθετος aber nur aus Einem πούς besteht, ist hier gleichgültig.

Wird also ein Tact als ein selbstständiges rhythmisches
Ganze gefasst, dann heisst er ῥυθμός, kann aber auch πούς genannt werden. Auch der einzelne Trochäus u. s. w. kann bei
dieser Auffassung ῥυθμός heissen. Aber wie die neuere Rhythmik kennt auch die antike einen zusammengesetzten Tact, der
aus der Vereinigung mehrer einzelner Tacte besteht, die jetzt
in der Vereinigung zu einem grösseren Ganzen ihre Selbststän-
digkeit verlieren und aus Tacten zu blossen Tactabschnitten werden. Sind nun diese letzteren in ihrer äusseren Form einander
gleich, so heisst die ganze Gruppe ein ῥυθμός oder πούς σύνθετος, sie selber aber behalten den Namen πόδες, ohne jedoch
ῥυθμοί genannt zu werden, und werden als πόδες beim Tactiren
durch Angabe ihrer Arsis und Thesis bezeichnet. Sind sie aber
einander in der Form gleich, so heisst die ganze Gruppe ῥυθμός oder πούς ἀσύνθετος, sie selber führen nicht den Namen
πόδες und ihre Arsis und Thesis bleibt unbezeichnet, sie werden nur als Tactabschnitte, als χρόνοι ποδικοί angesehen.

§. 21. Die Diäresis und das Schema der σύνθετοι.

Die σημασία der ἀσύνθετοι spielt in der Praxis der alten
Rhythmiker eine grosse Rolle. Die Theorie knüpfte an sie zwei
andere διαφοραὶ ποδῶν, κατὰ διαίρεσιν und κατὰ τὸ σχῆμα.
Hierüber lesen wir bei Aristides p. 34: πέμπτη δέ ἐστιν (sc.
διαφορὰ) ἡ κατὰ διαίρεσιν ποιάν, ὅταν ποικίλως διαιρουμένων τῶν
συνθέτων, ποικίλους τοὺς ἁπλοῦς γίνεσθαι συμβαίνῃ. Ἕκτη ἡ
κατὰ τὸ σχῆμα τὸ ἐκ τῆς διαιρέσεως ἀποτελούμενον. Dasselbe μέγεθος, wenn es nicht aus gleichförmigen Einzeltacten zusammengesetzt ist, kann auf verschiedene Weise zusammengesetzt sein,
kann mithin durch verschiedene Diäresen zerfällt werden, und
hiernach ergeben sich für dasselbe μέγεθος einmal diese, das
anderemal jene Einzelfüsse (πόδες ἁπλοῖ) als Bestandtheile. Die

verschiedenen Diäresen desselben μέγεϑος ergeben verschiedene
äussere Formen des Tactes und diese Formen heissen σχήματα.

Aristoxenus bezeichnet die beiden διαφοραί folgendermassen
p. 288: διαιρέσει δὲ διαφέρουσιν ἀλλήλων, ὅταν τὸ αὐτὸ μέγεϑος εἰς ἄνισα μέρη διαιρεϑῇ, ἤτοι κατὰ ἀμφότερα, κατά τε τὸν
ἀριϑμὸν καὶ κατὰ τὰ μεγέϑη, ἢ κατὰ ϑάτερα. σχήματι δὲ διαφέρουσιν ἀλλήλων, ὅταν τὰ αὐτὰ μέρη τοῦ αὐτοῦ μεγέϑους μὴ ὡς-
αύτως ᾖ τεταγμένα. Dies ist zwar nur eine vorläufige Inhalts-
anzeige dessen, was späterhin genauer über die διαίρεσις und
das σχῆμα gesagt werden soll, aber es enthält viel mehr Specielles, als die Worte des Aristides. Aristoxenus sagt zwar
nicht, dass sich die beiden διαφοραί auf die πόδες σύνϑετοι beziehen, aber von den näheren Bestimmungen, die er in jenen
Worten gibt, finden wenigstens einige nur auf die σύνϑετοι Anwendung. Im Ganzen sind hier 3 Bestimmungen gegeben, 2
über die διαίρεσις und 1 über das σχῆμα. Sie alle beziehen
sich auf die μέρη ποδός. Es heisst: „Dasselbe μέγεϑος zerfällt
durch verschiedene διαίρεσις in verschiedene Formen, und zwar
verschieden in zwei Beziehungen, in Beziehung auf die Zahl
und auf das μέγεϑος der μέρη.“

1) Die Theile sind ungleich in beiderlei Beziehung, ihrer Zahl und ihrer Grösse nach, μέρη ἄνισα
κατά τε τὸν ἀριϑμὸν καὶ κατὰ τὸ μέγεϑος. Dasselbe μέγεϑος
eines ganzen πούς bietet sich durch verschiedene διαίρεσις in
verschiedenen Formen dar. In einer jeden sind die μέρη der
Zahl nach und dem μέγεϑος nach verschieden, also z. B. das
eine Mal zerfällt der πούς in 2 μέρη von grösserem μέγεϑος,
das andere Mal in 4 μέρη von kleinerem μέγεϑος.

2) Die Theile sind ungleich, aber nicht κατὰ
ἀμφότερα, nicht zugleich nach der Zahl und dem μέγεϑος,
sondern nur κατὰ ϑάτερα, nach einem von beiden Momen-
ten, während sie nach dem andern gleich sind. Hier lässt der
Ausdruck eine doppelte Möglichkeit zu: die Zahl der μέρη ist
gleich, ihr μέγεϑος ist ungleich, oder: die Zahl ist ungleich, das
μέγεϑος der einzelnen μέρη ist gleich; also:

a) μέρη ἴσα μὲν κατὰ τὸν ἀριϑμὸν, ἄνισα δὲ κατὰ τὸ μέγεϑος.

b) μέρη ἄνισα μὲν κατὰ τὸν ἀριϑμόν, ἴσα δὲ κατὰ τὸ μέγεϑος.

Aber wenden wir uns von den Worten zum Inhalte. Da
sehen wir, dass der Fall b) unmöglich ist. Ein und dieselbe
Grösse (τὸ αὐτὸν μέγεθος) soll durch zwei Diäresen zerlegt werden. Sie zerfällt bei der einen Diärese in die Theile a, a, a ...
und möge hier A genannt werden, bei der andern Diärese in
die Theile b, b, b ... und möge hier B genannt werden.

$$A = a + a + a + \dots \} \text{Die Zahl der Theile ist zunächst}$$
$$B = b + b + b + \dots \} \text{unbestimmt.}$$

Wenn nun a = b ist (ἴσα τὰ μέρη κατὰ τὸ μέγεθος), so muss
bei der Gleichheit von A und B das ganze Megethos A dieselbe
Zahl von μέρη oder Summanden enthalten, wie das ganze Megethos B. (Wenn A = B, a = b, A = m a ist, dann ist B = m b.)
Sind also die μέρη ἴσα κατὰ τὸ μέγεθος, so können sie nicht
ἄνισα κατὰ τὸν ἀριθμόν sein.

So bleibt nur der Fall a) übrig: „μέρη ἴσα μὲν κατὰ τὸν
ἀριθμόν, ἄνισα δὲ κατὰ τὸ μέγεθος, das heisst die μέρη, in welche
ein und dasselbe μέγεθος ποδός durch zwei verschiedene Diäresen zerfällt, sind in beiden Diäresen der Anzahl nach gleich
(z. B. der ganze Tact zerfällt jedesmal in zwei μέρη), oder die
μέρη der einen Diärese sind in ihrer Grösse den μέρη der andern Diärese ungleich. Ein πούς δωδεκάσημος z. B. zerfällt das
einemal in 2 μέρη ἑξάσημα, das anderemal in 1 μέρος ἑπτάσημον und 1 μέρος πεντάσημον (12 = 6 + 6 = 7 + 5). Diese Verschiedenheit der Theile findet nur statt, wenn von zwei gleich
grossen Füssen der eine ein πούς ἁπλοῦς, der andere ein σύνθετος ist, oder wenn sie beide πόδες σύνθετοι sind, niemals aber,
wenn sie beide πόδες ἁπλοῖ sind.

3) Die Theile sind gleich gross, sowohl der Zahl
wie dem μέγεθος nach, aber sie sind auf verschiedene Weise geordnet. Es zerfällt z. B. derselbe πούς bei
zwei verschiedenen Diäresen jedesmal in 4 μέρη, die wir a, b,
c, d nennen wollen, aber das einemal ist die Reihenfolge derselben a b c d, das anderemal b c d a oder c d a b u. s. w. Die
hierdurch entstehende verschiedene Form des πούς nennt man
das σχῆμα. Es ist das derselbe Gebrauch des Wortes, wie wir
ihn bei den Metrikern in πολυσχημάτισα μέτρα (z. B. ‒ ◡ ‒ ◡ ‒ ◡ ‒
und ‒ ◡ ◡ ‒ ◡ ◡ ‒) antreffen. Diese Verschiedenheit findet wiederum nur zwischen zwei gleich grossen πόδες σύνθετοι statt,

denn die Einzeltacte, in welche zwei gleiche πόδες ἁπλοῖ zerfallen, sind unter einander fortwährend gleich und eine Veränderung der Ordnung bringt keine Verschiedenheit der Form
hervor: zwei Tacte z. B. von der Form ‿ ‒ ‿ ‿ ‒ ‒ ‿ ‿ werden,
auch wenn man den zweiten Einzelfuss zum ersten macht, einander fortwährend gleich sein.

Die hier dargelegte διαφορὰ ποδῶν κατὰ σχῆμα bezieht sich
also nur auf πόδες σύνθετοι. Es kommen aber auch Stellen
vor, nach denen auch zwei dem Megethos nach gleiche πόδες
ἁπλοῖ bei verschiedener διαίρεσις verschiedene σχήματα ergeben.
Wenn z. B. ein ποὺς δωδεκάσημος das einemal als ποὺς ἴσος in
2 χρόνοι ἑξάσημοι (‒ ‿ ‿ ‿, ‒ ‿ ‿ ‿), das anderemal als ποὺς διπλάσιος in 3 χρόνοι τετράσημοι (‒ ‿ ‿, ‒ ‿ ‿, ‒ ‿ ‿) zerfällt, so
scheint man die durch diese verschiedene Diäresis entstehenden verschiedenen Formen des 12zeitigen Tactes „σχήματα ποδικὰ oder ῥυθμικὰ“ genannt zu haben. Man vergleiche die S.
176 erörterte Stelle des Mar. Victor. p. 2514: *dactylicum hexametrum ... recipit figuras tres; has Graeci dicunt* ποδικὰ σχήματα
(das Megethos des *dactylicum hexametrum* ist freilich kein einheitlicher ποὺς).

Von der Diäresis in σχήματα ῥυθμικὰ dieser Art gibt Aristides p. 61, 12 bis 62, 4 ein längeres Beispiel an dem ῥυθμὸς
δεκάσημος. Dieser wird zuerst eingetheilt in 2 + 3 + 3 + 2, wo
die einzelnen μέρη zu einander im λόγος ἡμιόλιος stehen, —
dann in 3 + 3 + 4, wo die beiden letzten μέρη einen ποὺς ἐπίτριτος bilden, — dann in 4 + 6, das rhythmische Verhältnis
des παίων ἐπιβατός, — endlich in 5 + 5, die päonische Dipodie.
Die letzte Diäresis kommt im Wesentlichen mit der ersteren
überein, bei welcher nur dies unklar ist, weshalb Aristides in
2 + 3 + 3 + 2 und nicht in 3 + 2 + 3 + 2 getheilt hat. Ich
bemerke, dass in dieser Partie die Lesarten des Cod. M. und B.
μερίζω, ποιῶ u. s. w., anstatt μερίζων und ποιῶν des Cod. Ley-
densis aufzunehmen sind.

Aristoxenus verweist p. 31, 23 bei Gelegenheit des χρόνος
πρῶτος auf seinen Abschnitt, welcher von den ποδικὰ σχήματα
handelte. Vermuthlich sind diese ποδικὰ σχήματα in derselben
Bedeutung, wie die *figurae pedales* des Hexameters und die ῥυθμικὰ σχήματα des Aristides zu fassen.

Die ῥυϑμοὶ ἁπλοῖ und σύνϑετοι oder συμπεπλεγμένοι des
Dionysius und Bacchius.

Ausser dem streng technischen Sinne der Rhythmiker kommen die Ausdrücke ῥυϑμοὶ ἁπλοῖ und σύνϑετοι bei Dionysius comp. verb. XVII p. 288 Sch. als Bezeichnung des Fusses im Sinne der Metrik vor: die 2- und 3sylbigen Füsse heissen hier ῥυϑμοὶ ἁπλοῖ, die mehrsylbigen σύνϑετοι. Die Stelle lautet: Οὗτοι δώδεκα ῥυϑμοί τε καὶ πόδες εἰσὶν οἱ πρῶτοι καταμετροῦντες ἅπασαν ἔμμετρόν τε καὶ ἄμμετρον λέξω, ἐξ ὧν γίνονται στίχοι τε καὶ κῶλα. Οἱ γὰρ ἄλλοι ῥυϑμοί τε καὶ πόδες πάντες ἐκ τούτων εἰσὶ σύνϑετοι. Ἁπλοῦς δὲ ῥυϑμὸς ἢ πούς οὔτ᾽ ἐλάττων ἐστὶ δυοῖν συλλαβῶν οὔτε μείζων τριῶν.

Hiermit stimmt im Wesentlichen Bacchius p. 76, 19 — 68, 10 überein, der sich auf die Frage: πόσοι οὖν εἰσι ῥυϑμοί? die Antwort geben lässt: δέκα. Von diesen zehn Rhythmen sind die ersten sechs ῥυϑμοὶ ἁπλοῖ: der ἡγεμὼν ‿ ‿, der ἴαμβος ‿ –, der χορεῖος – ‿, der ἀνάπαιστος ‿ ‿ –, der ὄρϑιος – – mit irrationaler Arsis und langer Thesis, der σπονδεῖος – –, die vier letzten sind᾽ ῥυϑμοὶ συμπεπλεγμένοι; der παιάν – ‿ ‿ ‿, der βακχεῖος ‿ ‿ – –, der δόχμιος ἐξ ἰάμβου καὶ ἀναπαίστου καὶ παιᾶνος τοῦ κατὰ βάσιν (unklar), der ἐνόπλιος ‿ – ‿ ‿ – ‿ ‿ –. Die Unvollständigkeit in der Aufzählung der Rhythmen ist hier wohl nur Folge eines flüchtigen Excerpirens: es fehlt der Daktylus, es fehlt der antithetische Fuss des Orthius (bei Aristoxenus χορεῖος ἄλογος) u. a. Die Darstellung bei Aristides hat Manches mit der des Bacchius gemein, denn auch bei Aristides wird der Dochmius, der Enoplius (unter dem Namen προσοδιακός) und der βακχεῖος (unter dem gewöhnlichen Namen ἰωνικὸς ἀπ᾽ ἐλάσσονος) unter den σύνϑετοι aufgeführt, der παίων dagegen, nach Bacchius σύνϑετος ἐκ χορείου καὶ ἡγεμόνος ist bei Aristides ῥυϑμὸς ἁπλοῦς. Im Uebrigen aber hat diese Terminologie des Bacchius und Dionysius mit den ἁπλοῖ und σύνϑετοι des Aristides und Aristoxenus nichts zu thun.

Achtes Kapitel.

Die Irrationalität.

(*Πόδες ἄλογοι.*)

§. 22. Aristoxenus' Vergleich der irrationalen Intervalle und Zeitgrössen.

Die irrationalen Intervalle.

Zu den am meisten befremdenden Eigenthümlichkeiten der alten musischen Kunst gehören die irrationalen Grössen, die sowohl in der Harmonik wie in der Rhythmik vorkamen. Da Aristoxenus die rhythmische Irrationalität in dem hierüber handelnden Kapitel (p. 34, 6; vgl. S. 95) durch Verweisung auf harmonische Irrationalität erläutert, so müssen wir hier zunächst auf die letztere eingehen.

Die Griechen hatten eine diatonische und eine chromatische Scala; in der ersteren enthält das Tetrachord (die Quarte) 1 Halbtonintervall und 2 Ganztöne, in der zweiten 2 Halbtöne und 1 kleine Terz, z. B. für die dorische Tonart:

$$
\begin{array}{lcccccccc}
 & \multicolumn{3}{c}{\overbrace{\tau\epsilon\tau\rho\acute{\alpha}\chi o\rho\delta.}} & & \multicolumn{3}{c}{\overbrace{\tau\epsilon\tau\rho\acute{\alpha}\chi o\rho\delta.}} \\
\delta\iota\acute{\alpha}\tau o\nu o\nu: & e & f & g & a & h & c & d & e \\
\chi\rho\tilde{\omega}\mu\alpha: & e & f & \textit{fis} & a & h & c & \textit{cis} & e
\end{array}
$$

Die Stimmung dieser Töne, welche Aristoxenus als die gewöhnliche voraussetzt, entspricht genau unserer sogenannten gleichschwebenden Temperatur (wie sie z. B. auf unseren Klavieren vorkommt: alle Halbtonintervalle und ebenso auch alle Haupttonintervalle haben untereinander dieselbe Grösse, *cis* und *des*, *dis* und *es*, *eis* und *f* haben dieselbe Tonhöhe, die ganze Octave enthält 12 gleiche Halbton- oder 6 gleiche Ganztonintervalle. Dies hat Bellermann „die Tonleitern und Musiknoten der Griechen" S. 22 aus Aristox. harm. p. 56 nachgewiesen.

Die gleichschwebende Stimmung war aber nach Aristoxenus nicht die einzige. Der tiefste und der höchste Ton des Tetrachords war zwar immer derselbe (ἑστώς, ἀμετάβολος), aber die

beiden mittleren Töne wurden häufig etwas tiefer gestimmt (κι-
νητοί, κινούμενοι, μεταβολικοί). Dies nannte man μαλάττειν
(Plut. mus. 39) und die auf diese Weise entstehenden Stimmungsarten hiessen χρόαι oder χροιαί Aristox. harm. p. 24. 50.
Ptolem. harm. 1, 12. Euclid. p. 10. Gaudent. p. 5. Aristid. p.
19. Anonym. de mus. §. 52—57. Plutarch. de mus. 38. Im
diatonischen Geschlechte wurde der dritte Ton des Tetrachords (g) etwas nachgelassen, so dass er zwischen *fis* und
dem gewöhnlichen g in der Mitte stand. Diese Stimmung nannte
man γένος διάτονον μαλακόν, während die gleichschwebende diatonische Stimmung διάτονον σύντονον hiess. Das Intervall von
f bis zum nachgelassenen g war ein verminderter Ganzton, das
Intervall vom nachgelassenen g bis a ein übermässiger Ganzton,
jenes nannte man ἔκλυσις und σπονδειασμός, dieses ἐκβολή Aristid. p. 28. Bacchius p. 11 Meib. Schon vor der Zeit des Po-
lymnastus, welcher zwischen Thaletas und Alkman lebte, waren
diese Intervalle bekannt Plut. de mus. 29. Wir wollen den
tiefer gestimmten Ton durch ein vorgesetztes Sternchen bezeichnen:

διάτονον σύντονον	e	f	g	a
διάτονον μαλακὸν	e	f	*g	a

Im Chroma wurde jeder der beiden mittleren Töne des Tetrachords tiefer gestimmt, und zwar waren hier zwei verschiedene
Grade des μαλάττειν im Gebrauch, indem jeder der beiden genannten Töne bald mehr, bald weniger nachgelassen wurde; im
ersteren Falle nannte man die Stimmung χρῶμα μαλακὸν oder
βαρύτατον, im zweiten Falle χρῶμα ἡμιόλιον; in der gewöhnlichen gleichschwebenden Temperatur dagegen hatte das χρῶμα
den Namen σύντονον oder τονιαῖον.

χρῶμα σύντονον	e	f	fis	a
χρῶμα ἡμιόλιον	e	*f	*fis	a
χρῶμα μαλακὸν	e	⁑f	⁑fis	a

Die Bezeichnung der Noten *f* und *fis* mit 1 oder 2 Sternchen
soll die verschiedenen Grade des Tieferstimmens bezeichnen.

Die bisherigen Bearbeiter der griechischen Musik haben den
Gebrauch der nachgelassenen Intervalle ableugnen wollen. Die
ausführlichen Nachrichten der Alten aber sagen vielmehr, dass

die Griechen diese Intervalle sogar mit grösster Vorliebe gebrauchten. Denn was bei Plut. de mus. 38. 39 über ihre Anwendung berichtet wird (μαλάττουσι γὰρ ἀεὶ τάς τε λιχανοὺς καὶ
τὰς παρυπάτας) wird durch die ins Einzelne gehende, bisher
freilich noch niemals berücksichtigte Darstellung des Ptolemäus
bestätigt Harm. 1, 16; 2, 1; 2, 16, wo aufs Genaueste dargelegt wird, in welchen Tonarten, in welchen Tetrachorden der
Scala und für welche besonderen Compositionsweisen von den
Kitharoden und Lyroden jene verschiedenen Stimmungen des
diatonischen und chromatischen Tongeschlechts angewendet
werden. Schon die besonderen Namen für die durch die Anwendung bestimmter Stimmungsarten characterisirten Compositionsweisen: κατὰ τὰς τριτῶν ἀρμογὰς — κατὰ τὰς ὑπερτρόπων
ἀρμογὰς — τροπικὰ — ἰαστιαιόλια — στερεά u. s. w., weisen
schon für sich allein mit der grössten Bestimmtheit darauf hin,
dass wir es hier nicht etwa mit Abstractionen der Theoretiker,
sondern mit Thatsachen der Praxis zu thun haben. Dabei kann
es denn freilich nicht befremden, dass Ptolemäus nicht überall
mit Aristoxenus in den Angaben über die Stimmungsverhältnisse
übereinstimmt; im Laufe der Jahrhunderte hatte sich die Praxis
in manchen Stücken verändert, ganz abgesehen davon, dass die
theoretische Auffassung beider Musiker in der Grössenbestimmung jener Intervalle eine verschiedene ist. Doch ist hier nicht
der Ort, auf die Verschiedenheit zwischen Aristoxenus und Ptolemäus einzugehen; wir haben uns bloss an die Darlegung des
Aristoxenus zu halten.

Die Intervalle der gewöhnlichen Stimmung heissen διαστήματα ῥητά, die der nachgelassenen Stimmung διαστήματα ἄλογα
Aristox. harm. p. 17. Man ging von dem natürlichen Halbton
aus als dem kleinsten in der diatonischen und chromatischen
Scala vorkommenden Intervalle; da sich die durch Nachlassen
entstandenen Intervalle nicht auf jene Masseinheit zurückführen
liessen, so nannte man sie mit Recht irrational im Gegensatz zu
den nach dem reinen Halbton zu messenden (rationalen) Intervallen. Dessenungeachtet aber macht Aristoxenus den Versuch,
die Grösse der irrationalen Intervalle näher zu bestimmen. Hierbei legt er als Masseinheit ein Intervall zu Grunde, welches
zwar weder in dem diatonischen, noch dem chromatischen, wohl

aber in einem dritten der antiken Tongeschlechter, dem enharmonischen, vorkommt. Dies ist das den Griechen eigenthümliche Viertelstonintervall, die sogenannte enharmonische Diesis
(das τεταρτημόριον τόνου). Im enharmonischen Geschlecht kam
nämlich ein Ton vor, welcher zwischen zwei um 1 Halbtonintervall verschiedenen Tönen in der Mitte lag, ein Ton, der nach
Aristoxenus schwer zu singen war (Aristox. harm. p. 19) und
gegen dessen Anwendung schon zu seiner Zeit die Musiker vielfach ankämpften (Aristoxen. ap. Plut. de mus. 38). Aristoxenus
konnte also sagen, der Halbton (ἡμιτόνιον) enthielte 2 Viertelstöne (τεταρτημόρια τόνου), der Ganzton (τόνος) 4, die kleine Terz
(τριημιτόνιον) 6, die grosse Terz (δίτονος) 8, die Quarte 10 Viertelstöne. In ähnlicher Weise werden nun auch die durch tie-
fere Stimmung hervorgebrachten irrationalen Intervalle: der verminderte Ganzton, der übermässige Ganzton, die dem letzteren
gleichkommende verminderte kleine Terz und die übermässige
kleine Terz bestimmt, indem diese als Intervalle von 3, 5, 7
Viertelstönen angesetzt werden. Bloss für die zweite der nachgelassenen chromatischen Stimmungen reicht Aristoxenus hiermit nicht aus und muss als Masseinheit ein τριτημόριον τόνου,
einen Drittteltonintervall, annehmen.. Um das, was Aristoxenus
bei seinem Vergleiche des rhythmisch Irrationalen mit dem har-
monisch Irrationalen rhyth. p. 34 sagt, genau zu verstehen, ist
es nöthig, auch hierauf näher einzugehen. Wir wollen zu dem
Ende die Aristoxenischen Grössenangaben der durch die verschiedene Stimmung der diatonischen und chromatischen Scala
hervorgebrachten Intervalle nebst denen der enharmonischen
Scala für den Umfang eines Tetrachords in einer Tabelle vorführen; doch wird es genügen, von den 2 mittleren Tönen des
Tetrachords nur den zweiten (die λιχανός) zu berücksichtigen.
Das einfache und das doppelte Sternchen haben hierbei die bereits oben angegebene Bedeutung.

Für das χρῶμα μαλακόν reicht, wie gesagt, der Viertelston
als Masseinheit nicht aus. Denn bereits im χρῶμα ἡμιόλιον ist
das verminderte Ganzstonintervall von e bis zum nachgelassenen
fis ein ³/₄-Ton, im χρῶμα μαλακόν ist aber der Ton fis noch tiefer gestimmt als im ἡμιόλιον, mithin ist das zwischen diesem fis
des μαλακόν und dem Grundton e gelegene verminderte Ganz-

tonintervall noch kleiner als das verminderte Tonintervall des *χρῶμα ἡμιόλιον*, es liegt das letztere also zwischen dem $^3/_4$-Tonintervalle und dem $^2/_4$- oder Halbtonintervalle in der Mitte, und somit gibt ihm Aristoxenus wenigstens eine annähernde Grössenbestimmung, wenn er sagt, dass es 2 *τριτημόρια τόνου*, ein $^2/_3$-Ton sei.

Genus	Art			
Διάτονον	*τονιαῖον* oder *σύντονον*	(e) $\frac{6}{4}$-Ton, kleine Terz.	(g)	$\frac{4}{4}$-Ton, Ganzton. (a)
	μαλακόν	(e) $\frac{5}{4}$-Ton, verminderte kleine Terz.	(*g)	$\frac{5}{4}$-Ton, übermässiger Ganzton. (a)
Χρῶμα	*τονιαῖον*	(e) $\frac{4}{4}$-Ton, Ganzton.	(fis)	$\frac{6}{4}$-Ton, kleine Terz. (a)
	ἡμιόλιον	(e) $\frac{3}{4}$-Ton, verminderter Ganzton.	(*fis)	$\frac{7}{4}$-Ton, übermässige kleine Terz. (a)
	μαλακὸν βαρύτατον	(e) $\frac{2}{3}$-Ton, noch mehr verm. Ganzton.	(**fis)	$\frac{1}{3}+\frac{6}{4}$-Ton $=\frac{22}{12}$-Ton, noch übermässigere kleine Terz. (a)
Ἐναρμόνιον		(e) $\frac{2}{4}$-Ton, Halbton.	(f)	$\frac{8}{4}$-Ton, grosse Terz. (a)

Das zwischen diesem sehr verminderten *fis* des *χρῶμα μαλακὸν* und dem höchsten Tone des Tetrachords (*a*) gelegene Intervall ergibt sich hiernach, wenn man von der Grösse des Quartenintervalls (*e* bis $f = {}^{10}/_4$) die Grösse des Intervalls vom *e* bis zum sehr verminderten *fis* ($= {}^2/_3$) subtrahirt: $^{10}/_4 - {}^2/_3 = {}^{22}/_{12}$. Die kleinste Einheit also, nach welcher sich alle irrationalen Intervalle bestimmen lassen, ist der zwölfte Theil des Ganztons, das *δωδεκατημόριον τόνου* — eine Bestimmung, der natürlich nichts anderes als die angegebene Berechnung zu Grunde liegt, wie denn auch Aristoxenus weit davon entfernt ist, zu behaupten, dass ein δωδεκατημόριον τόνου in der griechischen Musik vorkommt.

Ihr Vergleich mit den irrationalen Zeitgrössen.

Wir gehen nunmehr zu dem Kapitel der Aristoxenischen Rhythmik über, welches von den irrationalen Zeitgrössen der Rhythmik handelt p. 34, 6 bis 35, 9. Es ist, wie wir S. 95 bemerkten, keine vollständige Darstellung dieses Gegenstandes, welcher der uns nicht mehr erhaltenen Tactlehre des Aristoxenus vorbehalten war, sondern nur ein vorläufiger Versuch, den Begriff des rhythmisch Irrationalen klar zu machen. Das Kapitel zerfällt in zwei Abschnitte; wir beginnen mit dem zweiten, der in einem genauen Parallelismus das rhythmisch Rationale und Irrationale den entsprechenden Intervallen der Harmonik gegenüberstellt. Der leichteren Uebersicht wegen wollen wir diesen Parallelismus in einer Tabelle darstellen.

ὥσπερ οὖν ἐν τοῖς διαστηματικοῖς στοιχείοις

τὸ μὲν κατὰ μέλος ῥητὸν ἐλήφθη, ὃ πρῶτον μέν ἐστι μελῳδούμενον, ἔπειτα γνώριμον κατὰ μέγεθος ἤτοι ὡς τά τε σύμφωνα καὶ ὁ τόνος, ἢ ὡς τὰ τούτοις σύμμετρα·	τὸ δὲ κατὰ τοὺς τῶν ἀριθμῶν μόνον λόγους ῥητόν, ᾧ συνέβαινε ἀμελῳδήτῳ εἶναι·

οὕτω καὶ ἐν τοῖς ῥυθμοῖς

ὑποληπτέον ἔχειν τό τε ῥητὸν καὶ τὸ ἄλογον.	
τὸ μὲν γὰρ κατὰ τὴν τοῦ ῥυθμοῦ φύσιν λαμβάνεται ῥητόν,	τὸ δὲ κατὰ τοὺς τῶν ἀριθμῶν μόνον λόγους (sc. λαμβ. ῥητόν).
τὸ μὲν οὖν ἐν ῥυθμῷ λαμβανόμενον ῥητὸν χρόνου μέγεθος πρῶτον μὲν δεῖ τῶν πιπτόντων εἰς τὴν ῥυθμοποιΐαν εἶναι, ἔπειτα τοῦ ποδὸς ἐν ᾧ τέτακται μέρος εἶναι ῥητόν·	τὸ δὲ κατὰ τοὺς τῶν ἀριθμῶν λόγους λαμβανόμενον ῥητὸν τοιοῦτόν τι δεῖ νοεῖν οἷον ἐν τοῖς διαστηματικοῖς τὸ δωδεκατημόριον τοῦ τόνου καὶ εἴ τι τοιοῦτον ἄλλο ἐν ταῖς τῶν διαστημάτων παραλλαγαῖς λαμβάνεται.

Von dem rationalen Intervalle der Melodie heisst es hier: κατὰ μέλος ῥητὸν ἐλήφθη, von der rationalen Rhythmengrösse: κατὰ τὴν τοῦ ῥυθμοῦ φύσιν λαμβάνεται ῥητὸν und ἐν ῥυθμῷ λαμβανόμενον ῥητὸν χρόνου μέγεθος;

von dem irrationalen Intervalle der Melodie: κατὰ τοὺς τῶν ἀριθμῶν μόνον λόγους ῥητόν, von der irrationalen Rhythmengrösse: κατὰ τοὺς τῶν ἀριθμῶν μόνον λόγους (sc. λαμβάνεται ῥητόν) und κατὰ τοὺς ἀριθμῶν λόγους λαμβανόμενον ῥητόν.

Aus dem Parallelismus dieser Gegensätze zeigt sich, dass wir nothwendig κατὰ μέλος ῥητὸν zu lesen haben, und nicht wie in den Handschriften steht: κατὰ μέρος ῥητόν. Der Gegensatz ist κατὰ μέλος und κατὰ τὴν τοῦ ῥυθμοῦ φύσιν; κατὰ μέλος ist so viel wie κατὰ τὴν τοῦ μέλους φύσιν, wie es auch nachher schlechthin ἐν ῥυθμῷ λαμβανόμενον ῥητὸν heisst. Es sind gegenübergestellt: das dem Melos nach und das der Natur des Rhythmus nach, oder schlechthin das dem Rhythmus nach Rationale.

Das irrationale Intervall sowohl wie der irrationale Tacttheil oder Zeitgrösse (χρόνου μέγεθος) ist dahin bestimmt, dass es κατὰ τοὺς τῶν ἀριθμῶν μόνον λόγους ῥητὸν sei. Der Zusatz μόνον schliesst in sich, dass auch das rationale Intervall wie die rationale Zeitgrösse κατὰ τοὺς τῶν ἀριθμῶν λόγους ῥητὸν ist, jedoch nicht ausschliesslich. Was darunter zu verstehen ist, erklärt sich aus den S. 212 zusammengestellten Angaben des Aristoxenus, wonach sowohl die rationalen wie die irrationalen Intervallgrössen in bestimmten Zahlen ausgedrückt sind. [1]) Der Unterschied ist der, dass sich die rationalen Intervallgrössen auf eine in der betreffenden Scala wirklich vorkommende kleinste Masseinheit zurückführen lassen, die irrationalen dagegen nicht, denn es musste ja für die letzteren entweder ein nur der harmonischen Scala angehöriger Viertelston oder gar ein überhaupt nicht vorkommender Zwölftelton als Masseinheit angenommen werden. Ebenso ist es mit den rationalen und irrationalen Rhythmengrössen: die ersteren sind messbar durch eine in der

---

1) Feussner zu Aristox. S. 65 will hier dem Worte ἀριθμοὶ die Bedeutung χρόνοι ποδικοί geben. Unmöglich, denn „κατὰ τοὺς τῶν ἀριθμῶν μόνον λόγους" muss „ἐν τοῖς ῥυθμοῖς" dieselbe Bedeutung haben, welche „κατὰ τοὺς τῶν ἀριθμῶν μόνον λόγους" in „ἐν τοῖς διαστηματικοῖς στοιχείοις" hat.

Natur, des Rhythmus gegebene Zeiteinheit (den χρόνος πρῶτος), die letzteren dagegen nicht. Dies ist der Grund, weshalb es nur von den rationalen Grössen heisst, sie seien κατὰ μέλος ῥητὰ und κατὰ τὴν τοῦ ῥυθμοῦ φύσιν ῥητά, von den irrationalen dagegen, sie seien bloss κατὰ τοὺς τῶν ἀριθμῶν λόγους ῥητά.

┌ Als besondere Eigenthümlichkeit des rationalen Intervalles wird dann zuerst (πρῶτον) angegeben, es wäre μελφδούμενον, während das irrationale als ἀμελῴδητον hingestellt wird. Unter Beziehung auf diese Bestimmung sagt Aristoxenus von der rationalen Zeitgrösse, sie müsste zu denjenigen χρόνου μεγέθη gehören, welche πίπτουσι εἰς τὴν ῥυθμοποιίαν, woraus für die irrationale Zeitgrösse folgt, dass sie nicht zu den χρόνου μεγέθη dieser Art gehört. Das πίπτειν εἰς ῥυθμοποιίαν entspricht dem μελφδούμενον εἶναι, das μὴ πίπτειν εἰς ῥυθμοποιίαν dem ἀμελῴδητον εἶναι. Nun wird mancher denken, es wäre hiermit sowohl dem irrationalen Intervalle die Anwendung in der Melopöie, wie der irrationalen Zeitgrösse die Anwendung in der Rhythmopöie abgesprochen. Aber dies kann nicht der Sinn der Stelle sein. Denn ganz abgesehen davon, dass die practische Anwendung der irrationalen Intervalle feststeht; das Wort ἀμελῴδητον ist ein Terminus technicus, dessen Bedeutung Aristoxenus harm. p. 25 festgestellt hat: ἀμελῴδητον γὰρ λέγομεν ὃ μὴ τάττεται καθ᾽ ἑαυτὸ ἐν συστήματι, es ist also ein Intervall, welches sich nicht von selber in die Tonleiter einordnet oder nicht von selber unter den Tönen der Scala eine Stelle findet, eben weil es von den Intervallen der sich in einem jeden von selber darbietenden natürlichen, das heisst gewöhnlichen Scala abweicht. Das Gegentheil davon ist μελῴδούμενον. Demgemäss ist die rationale Zeitgrösse als „πίπτον εἰς ῥυθμοποιίαν χρόνου μέγεθος" eine solche, welche sich ihrer natürlichen Beschaffenheit nach von selber dem Rhythmopoios aufdrängt und gleichsam ungesucht in der Rhythmopöie eine Stelle findet, wie denn überhaupt der Ausdruck πίπτειν εἴς τι von dem unbemerkten und unbeabsichtigten Hineingerathen gebraucht wird. Die irrationale Zeitgrösse sollte also ihrer Natur nach eigentlich keine Anwendung in der Rhythmopöie finden, obwohl sie hier freilich, wie in der Melopöie das irrationale Intervall, zugelassen wird.

Zweitens (ἔπειτα) wird als besondere Eigenthümlichkeit des

rationalen Intervalls angegeben, es sei γνώριμον κατὰ μέγεθος, und als eine dem analoge Eigenthümlichkeit der irrationalen Zeitgrösse, sie sei ein μέρος ῥητὸν τοῦ ποδὸς ἐν ᾧ τέτακται. Man vergleiche hiermit eine Stelle in Aristot. probl. 19, 38: Ῥυθμῷ δὲ χαίρομεν διὰ τὸ γνώριμον καὶ τεταγμένον ἀριθμὸν ἔχειν, wobei Aristoteles an die von einem jeden leicht aufzufassende Grösse der rhythmischen χρόνοι denkt. Eben so leicht fassen wir die Grösse der reinen Intervalle der gewöhnlichen Scala, indem wir sie ohne Schwierigkeit auf das reine Halbtonintervall zurückführen. Mit Rücksicht hierauf sagt Aristoxenus: die rationale Zeitgrösse sei ein μέρος ῥητὸν τοῦ ποδὸς ἐν ᾧ τέτακται. Das μέτρον γνώριμον des πούς ist nämlich der χρόνος πρῶτος; jede Zeitgrösse, die sich hierauf zurückführen lässt, ist ein μέρος ῥητὸν τοῦ ποδὸς ἐν ᾧ τέτακται.

Das schliessliche Ergebnis ist also folgendes:

Rational sind diejenigen Zeitgrössen (χρόνου μεγέθη), deren Umfang sich zurückführen lässt auf die der Rhythmik zu Grunde liegende kleinste Masseinheit, auf das μέτρον ῥυθμοῦ, wovon Aristoxenus p. 27 gesprochen, nämlich den χρόνος πρῶτος. Vgl. S. 90—93. Jede Zeitgrösse, welche sich hiernach bestimmen lässt, ist γνώριμος τῇ αἰσθήσει, denn das uns immanente rhythmische Gesetz, oder wenn wir wollen unser rhythmisches Gefühl, bringt uns den Umfang einer solchen Zeitgrösse zum sofortigen unmittelbaren Bewusstsein. · In der Musik entsprechen diesen Zeitgrössen die rationalen Intervalle der diatonischen und chromatischen Scala, deren Umfang sich auf die hier vorkommende kleinste Intervalleinheit, den natürlichen Halbton (oder wie Aristoxenus will, den Halbton der gleichschwebenden Temperatur) zurückführen lässt.

Es gibt nun aber in der griechischen Rhythmik auch Zeitgrössen, deren Umfang sich nicht als ein Vielfaches des χρόνος πρῶτος bestimmen lässt. Dies sind die irrationalen Zeitgrössen, χρόνοι ἄλογοι. Ihr Umfang lässt sich zwar durch Zahlenangaben ausdrücken, aber nur durch Bruchtheile des χρόνος ἄλογος oder der auf ihn zurückzuführenden rationalen Grössen. Unserm rhythmischen Gefühle liegen diese irrationalen Zeiten weiter ab; sie sind nicht γνώριμοι an sich, weil ihre Ausdehnung nicht in der Natur des Rhythmus begründet ist. In der Musik entsprechen ihnen die irrationalen Intervalle, welche durch ein die gewöhnliche Intervallengrösse überschreitendes Nachlassen der Töne hervorgebracht werden und zu deren Grössenbestimmung mithin nicht der gewöhnliche Halbton ausreicht, sondern der Viertels- oder gar der Zwölftelton zu Hilfe genommen werden muss.] Aristoxenus sagt daher p. 53, 3, man müsse das rhythmisch Irrationale in derselben Weise auffassen, οἷον ἐν τοῖς διαστηματικοῖς τὸ δωδεκατημόριον τοῦ τόνου καὶ εἴ τι τοιοῦτον ἄλλο ἐν ταῖς τῶν διαστημάτων παραλλαγαῖς λαμβάνεται.

§. 23.   Die irrationalen Zeitgrössen im Einzelnen.

Wir gehen nunmehr zum ersten Theile unsers Kapitels über p. 34, 6—16. „Ein jeder Tact ist seinem Masse nach entwe-
„der durch Rationalität (λόγῳ) oder durch eine solche Irratio-
„nalität (ἀλογίᾳ) bestimmt, welche in der Mitte liegen wird zwi-
„schen zwei unserm Gefühle fasslichen rationalen Verhältnissen.
„Der Daktylus hat eine δίσημος θέσις und eine δίσημος ἄρσις;
„der Trochäus eine δίσημος θέσις und μονόσημος ἄρσις: Beides
„sind λόγοι γνώριμοι τῇ αἰσθήσει, nämlich der λόγος ἴσος und
„διπλάσιος. Nimmt man nun einen dritten Tact, dessen θέσις
„ebenfalls δίσημος ist, dessen ἄρσις aber zwischen der zweizei-
„tigen ἄρσις des Daktylus und der einzeitigen ἄρσις des Trochäus
„(also zwischen dem χρόνος πρῶτος und δίσημος) in der Mitte
„liegt, so hat man einen Tact, dessen ἄρσις ein irrationales Ver-
„hältnis zur θέσις hat." Aristoxenus setzt hinzu, dass dieser Tact χορεῖος ἄλογος genannt wird. Dann folgt die bereits oben ausführlich erklärte Vergleichung der irrationalen rhythmischen Grösse mit dem irrationalen Intervalle, worauf Aristoxenus mit den Worten schliesst: Φανερὸν δὲ διὰ τῶν εἰρημένων, ὅτι ἡ μέση ληφθεῖσα τῶν ἄρσεων οὐκ ἔσται σύμμετρος τῇ βάσει· οὐδὲν γὰρ αὐτῶν μέτρον ἐστὶ κοινὸν ἔρρυθμον, das heisst die ἄρσις des χορεῖος ἄλογος, welche ihrem Zeitumfange nach zwischen der zweizeitigen ἄρσις des Daktylus und der einzeitigen ἄρσις des Tro-

chäus in der Mitte steht, kann nicht gemessen werden mit dem der zweizeitigen θέσις dieses Fusses zu Grunde liegenden errhythmischen Masse des χρόνος πρῶτος. Aus dem Ausdrucke καλεῖται ergibt sich, dass der hiermit beschriebene χορεῖος ἄλογος nicht etwa erst einer theoretischen Abstraction des Aristoxenus seinen Ursprung verdankt, sondern dass er ein in der Rhythmik practisch vorkommender Fuss ist: es ist ein Trochäus, der in seiner θέσις mit dem gewöhnlichen dreizeitigen Trochäus übereinkommt, aber sich von ihm durch eine etwas längere ἄρσις unterscheidet. Er heisst hier χορεῖος ἄλογος, nicht τροχαῖος ἄλογος, wohl aus keinem andern Grunde, als weil man sich auch sonst für den Trochäus häufig des Namens χορεῖος bediente und sicherlich würde auch die Benennung τροχαῖος ἄλογος gestattet sein.

Wie es neben dem rationalen Trochäus eine antithetische Form, den Jambus, gibt, so gibt es auch eine Antithesis des irrationalen Trochäus. Ihre Kenntnis verdanken wir dem Rhythmenverzeichnisse des Bacchius p. 68, 1: Ὄρθιος ἐξ ἀλόγου ἄρσεως καὶ μακρᾶς θέσεως οἷον ὀργή. Der Name ὄρθιος scheint auch sonst für den Jambus gebraucht gewesen zu sein, wenigstens kommt er vor als Bezeichnung der antithetischen Form des τροχαῖος σημαντός; wir werden auch hier in unserm Rechte sein, wenn wir, um einer Verwechselung vorzubeugen, für den genannten irrationalen Fuss den Namen ἴαμβος ἄλογος gebrauchen wollten. Besonders wichtig wird die Notiz des Bacchius durch das hinzugefügte Beispiel ὀργή, aus welchem wir sehen, dass die irrationale ἄρσις metrisch durch eine Länge ausgedrückt wurde. [1])

Neben dem rationalen Trochäus steht als aufgelöste Form der Tribrachys ⏓⏑⏑, neben dem rationalen Jambus als aufgelöste Form der Tribrachys ⏑⏓⏑. Auch diesen beiden aufgelösten Formen stehen irrationale Füsse zur Seite. Wir lernen sie kennen aus Aristides p. 59, 13. Der dem aufgelösten rationalen Jambus zur Seite stehende irrationale Fuss heisst hier

---

1) Wir sind nicht berechtigt, in der Wahl des Beispiels ὀργή, in welchem die irrationale Länge nicht durch eine von Natur lange Sylbe, sondern durch eine positionslange Sylbe ausgedrückt ist, etwas Beabsichtigtes zu finden.

ἄλογος χορεῖος ἰαμβοειδὴς und seiner metrischen Sylbenbeschaffenheit nach besteht er ἐκ μακρᾶς ἄρσεως καὶ δύο θέσεων [2]), also
seine metrische Form ist _ ⌣ ⌣. Der dem aufgelösten rationalen Trochäus zur Seite stehende irrationale Fuss heisst ἄλογος
χορεῖος τροχαιοειδὴς (so ist statt des τροχοειδὴς der Handschriften zu schreiben) und wird seiner metrischen Sylbenbeschaffenheit nach folgendermassen beschrieben: ἐκ δύο θέσεων καὶ μακρᾶς ἄρσεως κατ᾽ ἀντιστροφὴν τοῦ προτέρου, also ⌣ ⌣ _; die
Handschriften haben hier zwar ἐκ δύο ἄρσεων καὶ μακρᾶς θέσεως; aber der Zusatz κατ᾽ ἀντιστροφὴν τοῦ προτέρου lässt keinen
Zweifel über die Richtigkeit jener von Burette und Böckh herstammenden Emendationen.   Doch können wir Böckh nicht bei-
stimmen, wenn er das in beiden Füssen zur Bestimmung der
ἄρσις angewandte Wort μακρᾶς in ἀλόγου umwandeln will. Dass
nämlich die ἄρσις eine ἄλογος ist, geht aus dem Namen des ganzen Fusses ἄλογος χορεῖος ἰαμβοειδὴς und τροχαιοειδὴς hervor:
Aristides will bei der näheren Beschreibung der Zeittheile nicht
das Mass des Zeitumfanges, sondern die metrische Sylbenbeschaffenheit angeben.   Hierauf bezieht sich der von ihm zur Definition des ἰαμβοειδὴς gemachte Zusatz: καὶ τὸν μὲν ῥυθμὸν ἔοικεν
ἰάμβῳ, τὰ δὲ τῆς λέξεως μέρη δακτύλῳ, das heisst er hat den
Rhythmus des Jambus, aber die Sylbenbeschaffenheit des Daktylus; denn λέξεως μέρη sind die Sylben der Sprache.   Auch
diese Stelle indessen ist in den Handschriften verdorben; sie
lautet hier:

  καὶ τὸν μὲν ῥυθμὸν ἔοικε δακτύλῳ
  τὰ δὲ λέξεως μέρη κατὰ τὸν ἀριθμὸν ἰάμβῳ.

Der Fehler ist ein doppelter: zuerst haben die Schlusswörter
beider Sätze ihre Stelle vertauscht, wie Böckh ebenfalls gesehen.
Sodann kann κατὰ τὸν ἀριθμὸν nicht recht sein; denn warum
sollte Aristoxenus sagen, dass der ἰαμβοειδὴς in der Beschaffenheit der metrischen Sylben dem Daktylus gleichkäme „in Beziehung auf die Zahl“? Er gleicht freilich dem Daktylus auch in
der Zahl der Sylben, aber doch nicht bloss in der Zahl der
Sylben, sondern, was noch mehr ist, ganz und gar in der Beschaffenheit der Sylben.   Wenn also nicht etwas ausgefallen ist,

---

2) Ueber δύο θέσεων vgl. S. 133.

wie etwa τὰ δὲ τῆς λέξεως μέρη κατὰ τὸν ἀριθμὸν καὶ τὴν ποιότητα τῶν συλλαβῶν ἰάμβῳ, so ist κατὰ τὸν ἀριθμὸν als eine fehlerhafte Wiederholung der Anfangsworte καὶ τὸν μὲν ῥυθμὸν auszuwerfen. — Auf die unrichtige Erklärung, welche Feussner an dieser Stelle gegeben hat zu Aristox. S. 67, brauchen wir nicht einzugehen. — Caesar Z. f. A. W. 1841. will die ganze Stelle des Aristides über die ἄλογοι χορεῖοι als Glossem auswerfen. Aber es muss Aristides nothwendig von diesen Füssen gesprochen haben, weil er p. 60, 10 unter seinen ἓξ ῥυθμοὶ μικτοὶ bei dem δάκτυλος κατὰ χορεῖον τὸν ἰαμβοειδῆ und dem δάκτυλος κατὰ χορεῖον τὸν τροχαιοειδῆ auf jene πόδες ἄλογοι als die Elemente dieser ῥυθμοὶ μικτοὶ recurrirt. Wenn indessen die Aufzählung der χορεῖοι ἄλογοι bei Aristides nicht fehlen darf, so steht sie doch in dem Zusammenhange, wo wir sie finden (zwischen den πόδες σύνθετοι und μικτοὶ) nicht an ihrem Platze. Sie gehört zu dem Abschnitte 53, 10—13, wo nach der uns hier vorliegenden Definition der γένη ἄλογα ebenso, wie dies bei den übrigen γένη geschehn ist, die Aufzählung der hierher gehörigen Füsse folgen musste, nämlich zuerst der von Aristides und Bacchius angeführten zweisylbigen irrationalen Füsse und dann der mit den Worten p. 59, 13 εἰσὶ δὲ καὶ ἄλογοι χορεῖοι β΄ κ. τ. λ. beschriebenen dreisylbigen. Wir haben aber wohl kaum an eine Lückenhaftigkeit und Umstellung des Aristidischen Textes zu denken, sondern müssen die Ungenauigkeit auf Rechnung der Sorglosigkeit setzen, mit der Aristides auch sonst sein Original excerpirt.

Man kann fragen: Woher denn die doppelte Bedeutung des Wortes χορεῖος ἄλογος bei Aristoxenus und Aristides? Aristoxenus bezeichnet damit den irrationalen Trochäus, Aristides den irrationalen Tribrachys. Die Antwort fällt nicht schwer. Aristoxenus gebraucht das Wort χορεῖος mit Trochäus identisch, wie Bacchius p. 67, 31 χορεῖος συνέστηκεν ἐκ μακροῦ καὶ βραχέος χρόνου, οἷον πῶλος; Mar. Victor. p. 2487 trochaeus ... idem et chorius ἀπὸ τῆς χορείας; Aristides dagegen gebraucht das Wort im gewöhnlichen Sinne der Metriker als Bezeichnung des Tribrachys. Wer den irrationalen Tribrachys χορεῖος ἄλογος ἰαμβοειδὴς und τροχαιοειδὴς nennt, kann den irrationalen Trochäus nicht mit Aristoxenus χορεῖος ἄλογος, sondern nur τροχαῖος ἄλογος nennen.

Die Bezeichnung des Aristides kann also wenigstens nicht unmittelbar aus Aristoxenus stammen.

$\smile$ $\underline{\alpha}$ τροχαῖος ἄλογος (Aristox.: χορεῖος ἄλογο:).

$\underline{\alpha}$ $\smile$ ἴαμβος ἄλογος (Bacchius: ὄρθιος).

$\smile\smile$ $\underline{\alpha}$ χορεῖος (d. i. Tribrachys) ἄλογος τροχαιοειδής.

$\underline{\alpha}$ $\smile\smile$ χορεῖος ἄλογος ἰαμβοειδής.

Das in diesen Füssen über die Länge gesetzte α soll χρόνος
ἄλογος bedeuten. Aber wie lang ist denn nun der χρόνος ἄλογος? Bacchius p. 66, 26 sagt: Ἄλογος δὲ ποῖος; ὁ
τοῦ μὲν βραχέος μακρότερος, τοῦ δὲ μακροῦ ἐλάσσων ὑπάρχων.
ὁπόσῳ δὲ ἐστιν ἐλάσσων ἢ μεῖζων διὰ τὸ λόγῳ εἶναι δυσαπόδοτον,
ἐξ αὐτοῦ τούτου συμβεβηκότος ἄλογος ἐκλήθη; — Dionys. comp.
verb. in der aus ungenannten Rhythmikern geschöpften Stelle
p. 42, 4: οἱ μέντοι ῥυθμικοὶ τούτου τοῦ ποδὸς τὴν μακρὰν βραχυτέραν εἶναί φασι τῆς τελείας, οὐκ ἔχοντες δὲ εἰπεῖν ποσῷ καλοῦσιν αὐτὴν ἄλογον; — Aristides p. 51, 11: τετάρτη (διαφορὰ)
ἡ τῶν ῥητῶν ὧν ἔχομεν (lib. μέλλομεν) λόγον εἰπεῖν τῆς ἄρσεως
πρὸς τὴν θέσιν, καὶ ἀλόγων, ὧν οὐκ ἔχομεν διόλου τὸν λόγον
τὸν αὐτὸν (?) τῶν χρονικῶν μερῶν εἰπεῖν πρὸς ἄλληλα. Wenn
es in diesen Stellen heisst, man könnte nicht sagen, wie gross
die irrationale Zeitgrösse wäre, und eben deswegen wäre sie
ἄλογος genannt, so ist dies nicht ganz richtig. Denn diese dem
Worte ἄλογος zugeschriebene Bedeutung ist eine falsche Etymo-
logie; ῥητὸς und ἄλογος ist im Sinne der Mathematiker für unser rational und irrational gesagt, worüber die ausführliche Stelle
des Aristoxenus keinen Zweifel lässt. Ferner aber widerspricht
die hier gemachte Angabe, dass sich die wahre Zeitdauer der
irrationalen Zeit nicht angeben liesse, ganz und gar der bei Aristoxenus mehrfach vorkommenden Angabe, das ἄλογον sei κατὰ
τοὺς τῶν ἀριθμῶν μόνον λόγους ῥητόν, wie denn Aristoxenus in
der That die irrationalen Intervalle genau durch Zahlen ausgedrückt hat, als einen ³/₄-, ⁵/₄-, ⁷/₄-Ton. Auch Aristides selber
sagt an einer andern Stelle p. 53, 10 das Nämliche: ἔστι δὲ καὶ
ἄλλα γένη, ἅπερ ἄλογα καλεῖται. οὐχὶ τῷ μηδένα λόγον ἔχειν, ἀλλὰ
τῷ μηδενὶ τῶν προειρημένων λόγων οἰκείως ἔχειν, κατὰ ἀριθμοὺς
δὲ μᾶλλον ἢ κατὰ τὰ εἴδη ῥυθμικὰ σώζειν τὰς ἀναλογίας. Die
Ansicht des Aristoxenus ist also die, dass sich die Werthgrösse
der irrationalen Zeit ebensogut durch eine Zahl bestimmen lässt,

wie die auf $^3/_4$, $^5/_4$, $^7/_4$ angesetzten irrationalen Intervalle. Wenn
er nun gesagt hat, die irrationale ἄρσις des τροχαῖος ἄλογος sei
die mittlere Grösse zwischen einer zweizeitigen und einer einzeitigen ἄρσις, so bestimmt sich damit ihr Werth auf anderthalb
Moren und wir könnten hiermit die irrationale Zeitgrösse als ein
μέγεθος von 1$^1/_2$ χρόνοι πρῶτοι definiren.   Damit ist freilich
nicht gesagt, dass dieselbe in der practischen Ausführung ganz
genau die genannte Zeitdauer hatte: es war genug, wenn sie
mehr als Eine und weniger als zwei Moren enthielt.

Sowohl das Beispiel, welches Bacchius für den irrationalen
Jambus anführt, wie auch die Beschreibung der beiden irrationalen Tribrachen bei Aristides zeigt, dass die irrationale θέσις
eine Länge war.   Hiernach dürfen wir wohl annehmen, dass im
trochäischen und jambischen Metrum die dort an gerader, hier
an ungerader Stelle zugelassenen Spondeen und deren Auflösun-
gen als diejenigen Füsse zu fassen sind, deren rhythmische Messung die irrationale ist.   Hierfür spricht die metrische Ancipität
dieser Stellen, durch welche die betreffenden Füsse auch metrisch
zwischen Trochäen oder Jamben und Spondeen in der Mitte stehen.
Es liegt nahe, wenigstens beim jambischen Trimeter die irrationalen Sylben mit den Icten des Verses in Zusammenhang zu
bringen, da sich gezeigt hat, dass der irrationalen Sylbe eine
Ictussylbe vorangeht.

Die weiteren Angaben der Alten über die χρόνοι ἄλογοι sind
folgende.   Einen Uebergang aus einem Rhythmengeschlecht in das andere brachten die eingemischten
πόδες ἄλογοι hervor; die Alten rechnen den hier stattfin-
denden Wechsel zwar zu den μεταβολαὶ ῥυθμικαί; aber es ist
keine μεταβολὴ κατὰ γένος, sondern eine μεταβολὴ κατ᾽ ἀλογίαν,
welche Aristides p. 62, 18. 19 unter den Worten ἐκ ῥρτικοῦ
εἰς ἄλογον und ἐξ ἀλόγου εἰς ἄλογον begreift.   Diese Uebergänge
werden p. 65, 6 den κινήσεις τῶν ἀρτηριῶν verglichen, αἵ τὸ
μὲν εἶδος ταὐτὸ τηροῦσαι (das heisst dasselbe Rhythmengeschlecht),
περὶ δὲ τοὺς χρόνους μικρὰν ποιούμενοι διαφοράν: sie bringen
innerhalb desselben Rhythmengeschlechts „eine kleine Verschie-
„denheit der Zeit hervor, indem sie den dreizeitigen Fuss um
„eine halbe More retardiren; in ihrer ethischen Wirkung sind
„sie ταραχώδεις, aber nicht, wie die das γένος verändernden

„Rhythmen, κινδυνώδεις, sondern bloss ταραχώδεις." Was nun, um auf die eben angeführten Worte des Aristides zurückzukommen, die μεταβολὴ ἐκ κριτικοῦ εἰς ἄλογον bezeichnet, ist klar: es ist der Uebergang von einem τροχαῖος κριτικός (ῥητός) zum τροχαῖος ἄλογος. Aber was ist die μεταβολὴ ἐξ ἀλόγου εἰς ἄλογον? Gibt es vielleicht noch andere πόδες ἄλογοι, welche etwa das μέσον μέγεθος zwischen dem λόγος δακτυλικός und παιωνικὸς einnehmen? Davon ist nichts überliefert und die Worte des Aristides p. 53, 10 ἔστι δὲ καὶ ἄλλα γένη, ἄπερ ἄλογα καλεῖται können hierfür nicht geltend gemacht werden; denn γένος ist keineswegs bei Aristides consequent für γένος ῥυθμικὸν gebraucht, sondern auch der τροχαῖος und ἴαμβος werden von einander verschiedene γένη genannt. So in der Definition der ἀσύνθετοι p. 53, 15: σύνθετοι μὲν οἱ ἐκ δύο γενῶν ἢ καὶ πλειόνων συνεστῶτες, ὡς οἱ δωδεκάσημοι ‿ – – ‿ – ‿ –. Da wir also von verschiedenen irrationalen Rhythmengeschlechtern nichts wissen, so verstehen wir unter der μεταβολὴ ἐξ ἀλόγου εἰς ἄλογον eine Verbindung wie in

– ‿ – ‿ – ‿ ‿ –.

Das Verhältnis der beiden χρόνοι des ποὺς ἄλογος ist dasselbe, wie das epitritische 4 : 3, aber die Alten haben beide Tacte scharf von einander geschieden. Denn die Worte des Aristides: „ἔστι δὲ καὶ ἄλλα γένη, ἄπερ ἄλογα καλεῖται" folgen unmittelbar auf die Stelle, wo von dem isorrhythmischen, diplasischen, hemiolischen und epitritischen Rhythmengeschlechte gesprochen worden ist; die ἀλογία wird also auch dem λόγος ἐπίτριτος entgegengesetzt. Dasselbe geht aus Aristoxenus hervor, der den λόγος ἐπίτριτος zu den λόγοι ῥυθμικοί rechnet, während er mit Entschiedenheit den Satz ausspricht, dass die ἀλογία sich keinem der Rhythmengeschlechter fügt.

Weiter ist uns aus den Rhythmikern bei Dionys. de comp. verb. noch eine Nachricht über einen Daktylus und Anapäst mit irrationaler Länge erhalten p. 43 fr. I. II. Wir können dieselbe erst weiter unten besprechen.

Errhythmische, arrhythmische und rhythmusähnliche Zeiten. In der Einleitung zur Rhythmik gibt Aristides eine Eintheilung der χρόνοι in ἔῤῥυθμοι, ἄῤῥυθμοι und ὑυϑμοειδεῖς. Eine Parallelstelle dazu findet sich Fragment. Parisinum p. 79 §. 7. In dem uns erhaltenen Theile der Aristoxenischen Stoicheia lesen wir von einer solchen Eintheilung nichts; aber wie für die übrigen Paragraphen des Fragmentum Parisinum, so muss auch für die genannte Stelle ein Aristoxenischer Ursprung angenommen werden. Aristoxenus hatte die in Rede stehende Eintheilung der χρόνοι wahrscheinlich im ersten Buche behandelt, wo ja, wie er selber sagt, von den χρόνοι die Rede war. Wir stellen die erhaltenen Angaben übersichtlich zusammen.

Aristid. p. 50.

Τούτων δὴ τῶν χρόνων οἱ μὲν ἔρρυϑμοι λέγονται, οἱ δὲ ἄρρυϑμοι, οἱ δὲ ὑυϑμοειδεῖς.

Ἔρρυϑμοι μὲν οἱ ἔν τινι λόγῳ πρὸς ἀλλήλους σώζοντες τάξιν οἷον διπλασίονι, ἡμιολίῳ καὶ τοῖς τοιούτοις.

Ἄρρυϑμοι δὲ οἱ παντελῶς ἄτακτοι καὶ ἀλογίας συνειρόμενοι.

Ῥυϑμοειδεῖς δὲ οἱ μεταξὺ τούτων καί πη μὲν τάξεως τῶν ἐρρύϑμων, πῇ δὲ τῆς τραχῆς τῶν ἐρρύϑμων μετειληφότες.

Fragm. Paris. p. 79.

Τῶν δὲ χρόνων οἱ μὲν εὔρυϑμοι, οἱ δὲ ὑυϑμοειδεῖς, οἱ δὲ ἄρρυϑμοι.

α) Εὔρυϑμοι μὲν οἱ διαφυλάττοντες ἀκριβῶς · τὴν πρὸς ἀλλήλους εὔρυϑμον τάξιν.

γ) Ἄρρυϑμοι δὲ οἱ πάντη καὶ πάντως ἄγνωστον ἔχοντες πρὸς ἀλλήλους σύνϑεσιν.

β) Ῥυϑμοειδεῖς δὲ οἱ τὴν μὲν εἰρημένην ἀκρίβειαν μὴ σφόδρα ἔχοντες, φαίνοντες δὲ ὅμως ὑυϑμοῦ τινος εἶδος.

Was unter χρόνοι ἔῤῥυϑμοι zu verstehen ist, darüber kann kein Zweifel walten. Es sind die χρόνοι ὑυϑμικοί oder ποδικοί der Rhythmengeschlechter, die auch von Aristoxenus p. 35, 21 ἔῤῥυϑμοι χρόνοι genannt werden. Die πόδες, welche aus χρόνοι dieser Art bestehen, z. B. der isorrhythmische, der diplasische, der hemiolische, stehen im λόγῳ ποδικός oder ὑυϑμικός und so kommen denn diese πόδες mit denjenigen überein, welche nach Aristoxenus p. 34, 6 „λόγῳ ὡρισμένοι εἰσίν."

Die χρόνοι ὑυϑμοειδεῖς fallen mit den in der Rhythmopöie zugelassenen, irrationalen Tacten zusammen. Dies ergibt sich 1) aus der vom Fragm. Parisin. gegebenen Beschreibung; 2) aus den von Aristides für die *πόδες ἄλογοι* gebrauchten Namen *τροχαιοειδής* und *ἰαμβοειδής*, Namen, die sich als einzelne Species der *ῥυθμοειδεῖς* darstellen; 3) aus dem ihnen von Aristides p. 50, 13 beigelegten Charakter der *ταραχή*, denn gerade die *ἄλογοι* sind nach ihm *ταραχώδεις*, vgl. S. 222.

Die *χρόνοι ἄῤῥυθμοι* endlich kommen in der Rhythmik nicht vor; sie sind nur möglich an sich. Vgl. Aristoxenus p. 30, 16: *τὸ δὲ ῥυθμιζόμενόν ἐστι μὲν κοινὸν πῶς ἀῤῥυθμίας τε καὶ ῥυθμοῦ· ἀμφότερα γὰρ πέφυκεν ἐπιδέχεσθαι τὸ ῥυθμιζόμενον τὰ συστήματα, τό τε εὔρυθμον* [3]*) καὶ τὸ ἄῤῥυθμον.* Während die irrationalen Zeiten, obwohl sie nicht *γνώριμοι τῇ αἰσθήσει* sind, in der Rhythmopöie zugelassen werden, heisst es von den *ἄῤῥυθμοι* „*πάντως ἄγνωστον ἔχοντες σύνθεσιν*" und sie sind daher aus der Rhythmik ein für allemal ausgeschlossen. Man darf daher, um irgend eine rhythmische oder metrische Erscheinung zu erklären, niemals zur Arrhythmie seine Zuflucht nehmen und diese als ein, wenn auch beschränktes Princip der Rhythmik gelten lassen wollen. Unrichtig ist es auch, wenn man die arrhythmischen Verhältnisse, um ihnen eine Stelle in der Rhythmik zu sichern, mit den Dissonanzen der Harmonik vergleicht; denn die Dissonanzen sind in den den gebräuchlichen Intervallen zu Grunde liegenden Zahlenverhältnissen begründet, gehören also zu den rationalen Grössen.

Nun bleibt aber eine grosse Schwierigkeit für die eben gegebene Erklärung der *ῥυθμοειδεῖς* als irrationaler Zeiten. Es folgt nämlich auf die von Aristides gegebene Definition der *ῥυθμοειδεῖς* p. 50, 14 *τούτων δὲ οἱ μὲν στρογγύλοι καλοῦνται . . . οἱ δὲ περίπλεω*, und das können unmöglich irrationale Zeiten sein, wie theils aus dem weitern Fortgange dieser Stelle, theils aus Aristox. p. 65, 27 hervorgeht. Wir werden diese Schwierigkeit unten zu heben suchen. Hier sei noch bemerkt, dass in unserer Stelle des Aristides *τούτων δὴ τῶν χρόνων οἱ μὲν Ἐῤῥυθμοι κτλ.* das Wort *τούτων* nicht richtig ist, durch welches diese drei Klassen von *χρόνοι* den unmittelbar voraus besprochenen *σύνθετοι* untergeordnet würden. Es könnte nur heissen wie im Fragm. Parisin. „*τῶν δὲ χρόνων* oder *τῶν δὴ χρόνων*".

---

3) Muss wohl heissen *ἐῤῥυθμον* nach Dionys. comp. verb. 11.

Wir sehen hier wieder eine Ungenauigkeit des Aristides, wenn
sie auch minder bedeutend ist, als die in den unmittelbar vorhergehenden Zeilen, über welche wir S. 164 gesprochen.

Zum Schlusse müssen wir hier auf die Erklärung eingehen, welche Böckh metr. Pind. p. 105. 208 vom irrationalen Trochäus und Jambus gegeben hat. Böckh
hält hier als oberstes Princip der griechischen Rhythmik fest,
dass die aufeinander folgenden Tacte einer rhythmischen Composition einander dem Umfange nach gleich sind. Deshalb müssen nach ihm auch die von den Alten als irrationale Trochäen
und Jamben bezeichneten Spondeen, welche in trochäischen und
jambischen Reihen eingemischt sind, in ihrer rhythmischen
Tactgrösse den dreizeitigen Trochäen und Jamben gleichstehen.
Wenn nun nach der Angabe des Aristoxenus die $\vartheta\acute{\epsilon}\sigma\iota\varsigma$ dieser
Füsse 2, die $\ddot{\alpha}\varrho\sigma\iota\varsigma$ des $\mu\acute{\epsilon}\sigma o\nu$ $\mu\acute{\epsilon}\gamma\epsilon\vartheta o\varsigma$ zwischen 2 und 1, also
$1\frac{1}{2}$ Moren beträgt, so sind wir — dies ist Böckhs Ansicht —
nach jenem Grundsatz von der Tactgleichheit genöthigt, dies so
zu verstehen, dass sich die $\vartheta\acute{\epsilon}\sigma\iota\varsigma$ und $\ddot{\alpha}\varrho\sigma\iota\varsigma$ des irrationalen
Fusses in der That wie $2 : 1\frac{1}{2}$ verhält, dass aber der Zeitum-
fang des ganzen Tactes genau 3 Moren beträgt. In bestimmten
Zahlen ausgedrückt, wird also auf die $\vartheta\acute{\epsilon}\sigma\iota\varsigma$ $^{12}/_{7}$, auf die $\ddot{\alpha}\varrho\sigma\iota\varsigma$
$^{9}/_{7}$ $\chi\varrho\acute{o}\nu o\iota$ $\pi\varrho\tilde{\omega}\tau o\iota$ kommen, denn einerseits verhält sich $^{12}/_{7} : ^{9}/_{7}$
wie $2 : 1\frac{1}{2}$, und andrerseits bilden $^{12}/_{7}$ und $^{9}/_{7}$ zusammen 3
$\chi\varrho\acute{o}\nu o\iota$ $\pi\varrho\tilde{\omega}\tau o\iota$. Bereits in der ersten Bearbeitung der Rhythmik
S. 120 ist auf den Widerspruch derselben mit der Angabe des
Aristoxenus hingewiesen. Nach Böckh ist, wie es Aristoxenus
verlangt, die $\ddot{\alpha}\varrho\sigma\iota\varsigma$ grösser als ein $\chi\varrho\acute{o}\nu o\varsigma$ $\pi\varrho\tilde{\omega}\tau o\varsigma$, aber zugleich
ist nach ihm die $\vartheta\acute{\epsilon}\sigma\iota\varsigma$ oder $\beta\acute{\alpha}\sigma\iota\varsigma$ kleiner als ein $\chi\varrho\acute{o}\nu o\varsigma$ $\delta\acute{\iota}\sigma\eta$-
$\mu o\varsigma$, während doch Aristoxenus ausdrücklich sagt, dass der χo-
$\varrho\epsilon\tilde{\iota} o\varsigma$ $\ddot{\alpha}\lambda o\gamma o\varsigma$ ein $\pi o\acute{v}\varsigma$ $\tau\dot{\eta}\nu$ $\mu\grave{\epsilon}\nu$ $\beta\acute{\alpha}\sigma\iota\nu$ $\ddot{\iota}\sigma\eta\nu$ $\alpha\grave{v}\tau o\tilde{\iota}\varsigma$ $\dot{\alpha}\mu\varphi o\tau\acute{\epsilon}\varrho o\iota\varsigma$ $\ddot{\epsilon}\chi\omega\nu$
ist, das heisst ein Tact, dessen $\vartheta\acute{\epsilon}\sigma\iota\varsigma$ gleich ist der ausdrücklich
als $\delta\acute{\iota}\sigma\eta\mu o\varsigma$ bezeichneten $\vartheta\acute{\epsilon}\sigma\iota\varsigma$ der beiden vorausgenannten Füsse,
des vierzeitigen Daktylus und des dreizeitigen Trochäus. Die-
sen unsern Einwand sucht Casimir Richter in der Abhandlung
aliquot de musica Graecorum arte quaestiones, Monasterii 1856,
zu entkräften. Er sagt: „Wird die Tactgleichheit verletzt, so
ist das Arrhythmie, Arrhythmie aber hat in der griechischen
Rhythmik nicht stattgefunden. Da die von Aristoxenus für die

ϑέσις des irrationalen Trochäus angegebene Grössenbestimmung
die Tactgleichheit verletzt, so kann sie nicht *tanti momenti esse
ut quis huius unici loci auctoritate nisus inexplicabilem
Graecorum musicae intrudere possit arrhythmiam.*" Aber wo, fragen wir, haben wir denn noch andere Stellen über die Grössenbestimmung des irrationalen Trochäus? Die vorliegende Stelle
des Aristoxenus ist ja die einzige, aus der wir überhaupt etwas
vom irrationalen Trochäus erfahren. Und diese einzige Stelle
sagt ganz genau und ausführlich, dass die ϑέσις dieses Fusses
eine δίσημος sei. Zudem ist es Aristoxenus, der dies lehrt, die
höchste aller rhythmischen Auctoritäten. Herr Richter denkt
also folgendermassen: „Die Griechen müssen Tactgleichheit
gehabt haben. Findet sich bei Aristoxenus eine Stelle, in welcher
es heisst, dass der irrationale Trochäus eine zweizeitige
ϑέσις und eine zwischen der Einzeitigkeit und Zweizeitigkeit in
der Mitte stehende ἄρσις hatte, so lasse ich diese Stelle unbeachtet, weil sie meiner Annahme von der Tactgleichheit widerspricht." Auf diese Weise konnte das Studium, das Hr. Richter
den alten Rhythmikern zuwandte, allerdings keine erfolgreichen
Früchte liefern. Woher wissen wir denn, dass die Alten Tactgleichheit hatten? Hr. Richter macht dafür zwei schon von Andern angeführte Stellen des Aristoxenus als *evidentissima testimo-
nia* geltend. Diese Stellen sind gründlich misverstanden: sie
reden von Tactgleichheit ganz und gar nicht, worüber er §. 9 ff.
dieses Buches keinen Zweifel lassen wird. Die ebenfalls schon
von Andern angeführte Stelle aus Quint. inst. 9, 4 — die einzige, welche direct von der Tactgleichheit der Alten spricht —
lässt Hr. Richter unberücksichtigt. Hier heisst es: *Rhythmi qua
coeperunt sublatione et positione, ad finem usque decurrunt,* zugleich aber heisst es an derselben Stelle: *Rhythmi quomodo coeperunt, currunt usque ad* μεταβολὴν *i. e. transitum in aliud genus rhythmi.* Die Tactgleichheit ist allerdings die Grundform
der griechischen Rhythmik, aber sie hat ihre bestimmte Grenze
in der μεταβολή, im Tactwechsel, und dieser trat bei den Alten
viel häufiger ein als bei uns. Ein solcher Tactwechsel findet
nun nach der ausdrücklichen Angabe der Alten statt, wenn auf
einen rationalen Fuss ein irrationaler folgt, nämlich eine μεταβολὴ κατὰ λόγον ποδικόν, ὅταν μεταβαίνῃ ἐκ κριτικοῦ εἰς ἄλογον

Aristid. p. 62. Das Wesen dieser μεταβολὴ gibt Aristid. p. 65, 6 ff. durch Vergleich der ῥυθμοὶ μεταβάλλοντες mit den ἀρτη ριῶν κινήσεις an. Die Uebergänge aus rationalen in irrationale Tacte sind nicht μεταβολαὶ λίαν παραλλάττουσαι τοῖς χρό νοις ἢ καὶ τὰ γένη μεταβάλλουσαι, sondern κινήσεις τὸ μὲν εἶδος ταὐτὸ τηροῦσαι, περὶ δὲ τοὺς χρόνους μικρὰν ποιούμε ναι διαφοράν. Es findet kein Uebergang aus Einer Tactart in die andere statt, sondern die Tactart bleibt, es entsteht nur eine μικρὰ διαφορὰ περὶ τοὺς χρόνους — also gerade wie Ari stoxenus von dem χορεῖος ἄλογος sagt, dass seine ϑέσις eine zweizeitige sei, die ἄρσις aber die einzeitige ἄρσις des rationa len Trochäus etwa um ¹/₂ More übertreffe. Wollen wir für diese μικρὰ διαφορὰ von ¹/₂ More einen modernen Ausdruck ge brauchen, so können wir sagen, es sei ein Ritardiren des leich ten Tacttheils, ohne dass damit das Wesen des modernen Ritar tando und der antiken ἀλογία identificirt ist.

- - - - - - -

Neuntes Kapitel.
Die Antithesis.

--

§. 24.

. Die moderne Rhythmik lässt den Tact, sowohl den einfa chen wie den zusammengesetzten, immer mit dem schweren Tacttheile beginnen und nimmt als sein Ende das letzte leichte Zeitmoment an, welches dem nächstfolgenden schweren Tact theile vorhergeht. Die äussere Bezeichnung des Tactes geschieht durch den Tactstrich, der eigentlich nichts anderes ist, als ein Zeichen, welches den schwersten Tacttheil kenntlich machen soll. Alle leichten Tacttheile, welche dem ersten schweren Tacttheile voraufgehen, werden in der modernen Rhythmik als Auftact ge fasst. Bei den Alten bestand eine andere Praxis; sie lassen gleich mit den ersten Sylben oder Tönen den Tact beginnen; sind diese ein schwerer Tacttheil, so ist der erste χρόνος des πούς, der χρόνος καθηγούμενος oder πρότερος, eine θέσις, und der χρόνος ἑπόμενος oder ὕστερος ist eine ἄρσις. Beginnt dagegen das Ganze mit einem leichten Tacttheile als Auftact, so ist die ἄρσις der χρόνος ἡγούμενος, die θέσις der ἑπόμενος. Nach diesem Unterschiede gibt es für einen jeden Tact eine διαφορὰ κατ' ἀντίθεσιν, welche Aristides folgendermassen definirt p. 51, 20: ὅταν δύο ποδῶν λαμβανομένων ὁ μὲν ἔχῃ τὸν μείζονα χρόνον καθηγούμενον, ἑπόμενον δὲ τὸν ἐλάττονα, ὁ δὲ ἐναντίως. — Χρόνος μείζων ist hier die θέσις, der gewichtvollere Tacttheil, ἐλάττων die ἄρσις, der leichtere. Die Definition des Aristoxenus p. 36, 5, wie sie in den Handschriften überliefert wird, ist im Schlusse verdorben. Hier heisst es nämlich: ἀντιθέσει δὲ διαφέρουσιν ἀλλήλων οἱ τὸν ἄνω χρόνον πρὸς τὸν κάτω ἀντικείμενον ἔχοντες. ἔσται δὲ ἡ διαφορὰ αὐτὴ ἐν τοῖς ἴσοις μέν, ἄνισον δὲ ἔχουσι τῷ ἄνω χρόνῳ τὸν κάτω. Der Schlusssatz würde heissen: „Es wird dieser Unterschied stattfinden in solchen Rhythmen, welche einander gleich sind, aber ungleiche χρόνοι haben," also in zwei dem Umfang nach gleichen päonischen oder diplasischen Tacten (denn nur in diesen sind die χρόνοι einander ungleich), aber nicht in Tacten des daktylischen Rhythmengeschlechts (denn von diesen kann man nicht sagen ἄνισον ἔχουσι τῷ ἄνω χρόνῳ τὸν κάτω). Warum sollten die isorrhythmischen Füsse ausgeschlossen sein? Der Unterschied zwischen Daktylus und Anapäst ist doch ebensogut eine διαφορὰ κατ' ἀντίθεσιν, wie der Unterschied zwischen Trochäus und Jambus. Es ist zu schreiben: ἐν τοῖς ἴσοις μέν, ἀνίσως δὲ ἔχουσι τὸν ἄνω χρόνον καὶ τὸν κάτω τεταγμένους. Das schliessende τεταγμένους ist ausgefallen, ebenso wie das schliessende τεταγμένα in dem vorausgehenden Satze „σχήματι δὲ διαφέρουσι κτλ."

Von der Aristoxenischen Darstellung der Lehre von der Antithesis ist uns nichts erhalten. Auch bei Aristides findet sich kein Kapitel dieser Art; es lässt sich nicht mehr sagen, ob hier eine Lücke vorhanden ist, oder ob die Lehre von der Antithesis überhaupt bei ihm nicht ausgeführt war. Wir haben indes aus den in den früheren Paragraphen erörterten Sätzen des Aristoxenus und Aristides höchst wichtige Nachrichten über die Antithesis erhalten, die wir hier in Kürze zusammenstellen wollen.

1) Die Antithesis innerhalb der πόδες ἐλάχιστοι. Sie haben sämmtlich zwei antithetische Formen, sowohl der dreizeitige, vierzeitige, sechszeitige, wie auch der fünfzeitige. Von den drei ersten ist dies längst bekannt: der vierzeitige erscheint als Daktylus und Anapäst, auch ἀνάπαιστος ἀπὸ μείζονος und ἐλάσσονος genannt, der dreizeitige als Jambus und Trochäus, der sechszeitige] als Jonicus a maiore und a minore. Etwas Neues dagegen, was wir aus den Angaben der Rhythmiker lernen, betrifft den fünfzeitigen Fuss. Man nahm zwar auch hier eine antithetische Form an im Gegensatze des Bacchius und Palimbacchius; aber in dem eigentlichen Päon oder Creticus glaubte man stets eine mit dem schweren Tacttheil anlautende Form zu besitzen. Aus den S. 148 besprochenen Stellen des Marius Victorinus, die, wenn auch mittelbar, aus rhythmischen Schriftstellern geschöpft sind (S. 12), wissen wir nunmehr, dass von den fünf χρόνοι πρῶτοι des Päon der Hauptictus bald auf den beiden ersten, bald auf den beiden letzten lag, und dass also in letzterem Falle der Päon mit einem Auftacte von drei Moren begann. — Hierzu kommt, zwar nicht aus den Berichten der Rhythmiker, aber doch aus den uns vorliegenden Metren der Dichter, noch eine dritte antithetische Form hinzu. Wir sehen nämlich, dass dem Päon bisweilen eine einzelne Sylbe vorausgeht, welche wie die jambische Anakrusis willkürlich lang und kurz sein kann, z. B.   ◡ – – ◡ – – ◡ – – ◡ – .

Die antike Rhythmik kann eine solche Reihe nur als einen πούς σύνθετος ansehen; denn da sie die Anakrusis nicht von dem folgenden schweren Tacttheile absondert, so muss sie hier, obwohl die Reihe aus ganz gleichmässigen Päonen besteht, einen Dijambus und Päone als deren Bestandtheile annehmen.

Der letztgenannten anakrusischen Form des Päon stehen die Bacchien analog. Es leidet wohl keinen Zweifel, dass im Bacchius ◡ – – die zweite Sylbe den Hauptictus trägt. Wie haben nun die alten Rhythmiker einen solchen Tact gemessen? Wäre bei den Alten die Anakrusis abgesondert, so hätten sie die Semasie einfach durch eine θέσις δίσημος und eine ἄρσις τρίσημος andeuten können:

$$\smile \mid \overset{\frown}{-} \overset{\frown}{-} \smile \mid \overset{\frown}{-} \overset{\frown}{-} \smile \mid \overset{\frown}{-} \overset{\frown}{-}$$

Da dies nicht geschieht, so bleibt ihnen zweierlei übrig: 1) Sie können für jene Reihe einen λόγος τετραπλάσιος annehmen:

$$\smile \overset{\frown}{-} \overset{\frown}{-} \mid \smile \overset{\frown}{-} \overset{\frown}{-}.$$
$$\acute{\alpha}. \quad \vartheta. \quad \acute{\alpha}. \quad \vartheta.$$

Aber der λόγος τετραπλάσιος wird von Aristoxenus für die συνεχής ῥυθμοποιΐα als arrhythmisch abgewiesen p. 37, 4: ἐν πεντασήμῳ μεγέθει ... ὁ μὲν τοῦ τετραπλασίου οὐκ ἔῤῥυθμός ἐστι, vgl. Mar. Victor. 2483: *ne in quadruplum ratio temporum protendatur, si duae longae adversus unam brevem copulentur.* Daher müssen sie 2) die bacchische Reihe als einen ῥυθμὸς σύνθετος ansehen und ihn in einen Jambus und Päon zerlegen:

$$\underbrace{\smile \overset{\prime}{-} \mid - \smile \overset{\prime}{-} \mid}_{} \underbrace{- \smile \overset{\prime}{-} \mid - \smile \overset{\prime}{-} \mid}_{} -$$

Ueberliefert ist uns diese Diäresis für den Dochmius (die katalektisch-bacchische Dipodie) Aristid. p. 59, 3: συντίθεται ἐξ ἰάμβου καὶ παίωνος διαγυίου. Schol. Hephaest. p. 60. Quintil. 9, 4, 97. — Ungenau scheint die Angabe des Mar. Vict. p. 2483: *Bacchius a brevi incipiens in sublatione* (das heisst in der θέσις) *semper brevem et longam retinet, in positione* (das heisst in der ἄρσις) *longam*, denn bei dieser Semasie würde ja auf die kurze Sylbe der Ictus fallen.

Päone also mit einfacher anakrusischer Sylbe und Bacchien sind der Theorie der alten Rhythmiker unbekannt; in jenen sehen sie einen Dijambus mit Päonen, in diesen einen Jambus mit Päonen. Dies ist also eine Mangelhaftigkeit der antiken rhythmischen Theorie, die hinter der Praxis zurückbleibt. Wir werden weiter unten sehen, dass auch die Diäresis in πόδες ἐπίτριτοι und τριπλάσιοι auf demselben Grunde beruht.

2) **Die Antithesis innerhalb der πόδες μείζονες.** Unter πόδες μείζονες verstehen die Alten das, was wir rhythmische Reihe nennen. Vgl. S. 123. Die Neueren nahmen bisher an, dass der Hauptictus der rhythmischen Reihe auf den schweren Tacttheilen ihres ersten Einzelfusses läge. Wie man auf diesen Gedanken gekommen ist, lässt sich schwerlich sagen: Gründe dafür hatte man ganz und gar nicht, nicht einmal die

Analogie der neuern Musik, denn in der letztern ruht ja keineswegs der Hauptictus der Reihe immer am Anfang. Es ist sicherlich nicht eins der geringsten Resultate, die wir aus dem genauern Eingehen auf die rhythmische Tradition der Alten gefunden haben, dass wir jetzt wissen, jene Annahme, die den Hauptictus der Reihe immer auf den ersten Einzelfuss der Reihe verlegte, ist ganz und gar unrichtig. Vielmehr besteht für die ganze Reihe die διαφορὰ κατ' ἀντίθεσιν ebensogut, wie für den Einzelfuss, nur dass die hierdurch entstehende Mannigfaltigkeit der ganzen Reihe noch eine grössere wird als dort. So hat sich für die Tripodie ergeben, dass der Hauptictus entweder auf dem ersten oder auf dem zweiten oder auf dem dritten Einzelfusse ruht, dass mithin die Tripodie bald mit dem schweren Tacttheile beginnt:

$$\overset{\prime\prime\prime}{-} \smile \smile \overset{\prime\prime}{-} \smile \smile \overset{\prime}{-} \smile \smile \;\Big|\; \overset{\prime\prime\prime}{-} \smile \smile \overset{\prime\prime}{-} \smile \smile \overset{\prime}{-} \smile \smile$$

bald mit einer monopodischen Anakrusis:

$$\overset{\prime}{-} \smile \smile \;\Big|\; \overset{\prime\prime\prime}{-} \smile \smile \overset{\prime\prime}{-} \smile \smile \overset{\prime}{-} \smile \smile \;\Big|\; \overset{\prime\prime\prime}{-} \smile \smile \overset{\prime\prime}{-} \smile \smile$$

bald mit einer dipodischen Anakrusis:

$$\overset{\prime\prime}{-} \smile \smile \overset{\prime}{-} \smile \smile \;\Big|\; \overset{\prime\prime\prime}{-} \smile \smile \overset{\prime\prime}{-} \smile \smile \overset{\prime}{-} \smile \smile \;\Big|\; \overset{\prime\prime\prime}{-} \smile \smile$$

Von diesen drei antithetischen Formen der Tripodie ist die dritte die häufigste, da dies z. B. die σημασία des epischen Hexameters und des Distichons ist. Wir wollen hier indessen nicht wiederholen, was sich im Einzelnen über die antithetischen Formen der Reihen ergeben hat.

Wir wissen nun zwar, dass wir hinfort den Hauptictus keineswegs auf den Anfang der Reihe verlegen dürfen; aber über dieses negative Resultat können wir in den meisten Fällen nicht hinaus: auf welchen Fuss der Reihe die Alten den Hauptictus verlegten, würden wir nur dann genau wissen können, wenn uns die Musik der alten Cantica erhalten wäre, denn aus der Melodie würde sich die rhythmische Accentuation leicht ergeben. Indessen werden wir wohl die metrische Eigenthümlichkeit mancher Reihen benutzen dürfen, um aus ihr die Stellung des Hauptictus zu beurtheilen. Wir fanden beim jambischen Trimeter einen Zusammenhang zwischen Anwendung der *syllaba anceps*

und den *loca percussionis*. In ähnlicher Weise lässt sich die
inlautende Ancipität auch bei anderen Reihen zur Bestimmung
der Ictusverhältnisse benutzen. Doch wie dies geschehn ist, gehört nicht an diesen Ort, sondern muss der allgemeinen Metrik
vorbehalten bleiben.

Zehntes Kapitel.
Die Rhythmopöie.

§. 25. Begriff der ῥυϑμοποιία und der χρόνοι ῥυϑμο-
ποιίας ἴδιοι.

Aristides lässt auf die Lehre von den Tacten die Abschnitte
περὶ ἀγωγῆς ῥυϑμικῆς, περὶ μεταβολῶν, περὶ ῥυϑμοποιίας folgen,
p. 49, 1; 62, 5. Und dies war sicher auch die Ordnung bei
Aristoxenus und den übrigen Rhythmikern. Wir beschränken
uns für das folgende auf die sicher wiederzugewinnenden Sätze
der Rhythmopöie.

Die bisher erörterten Punkte der Rhythmik bezogen sich
ausschliesslich auf den „abstracten" Rhythmus, ohne dass es
sich darum handelte, wie derselbe im ῥυϑμιζόμενον zur concre-
ten Erscheinung kommt. Dies letztere behandelt die Rhythmopöie. Der Rhythmus καϑ' αὑτὸν (Aristox. p. 33, 23), das heisst
die Gliederung der Zeit nach bestimmten sich bedingenden Abschnitten ist ein dem Geiste immanentes Gesetz; lasse ich dies
Gesetz in einem den Sinnen wahrnehmbaren Substrate, in den
Sylben der λέξις, in den Tönen der Melodie, in den Bewegungen der Orchestik zur Erscheinung kommen, so bin ich ein
ῥυϑμοποιός, und der schöpferische Act, wodurch ich den Rhythmus dem Stoffe einpräge, ist die Rhythmopöie.

Die Rhythmopöie setzt die rhythmischen Gesetze voraus, sie
ist eine χρῆσις derselben. Aristoxenus kommt bereits im An-

fange des zweiten Buches pag. 33, 25 bei Gelegenheit der χρόνοι ἀσύνθετοι und σύνθετοι auf die Rhythmopöie zu sprechen·
und versucht hier den späterhin genau zu behandelnden Unterschied von Rhythmus und Rhythmopöie durch eine aus der Harmonik herbeigezogene Analogie zu veranschaulichen: „Es ist
„jetzt noch schwierig klar zu machen, dass Rhythmopöie und
„Rhythmus nicht dasselbe ist, doch möge man sich hiervon durch
„eine Analogie, die ich geben will, eine Vorstellung machen.
„Wie wir nämlich in der Harmonik gesehen haben, dass Ton-
„system, Tonart und Tongeschlecht von der Melopöie (der Melo-
„dieenbildung und Harmonisirung) verschieden ist, in derselben
„Weise muss man auch die Rhythmen und die Rhythmopöie
„auseinander halten; wir fanden dort, dass die Melopöie eine
„practische Anwendung (χρῆσίν τινα) des μέλος sei, und sagen
„hier in der Rhythmik, dass die Rhythmopöie in gleicher Weise
„eine practische Anwendung sei." Die Aristoxenische Definition
von der Melopöie, auf die hier verwiesen wird, ist uns bloss in
der Inhaltsangabe der harmonischen Stoicheia erhalten p. 38
Meib.: ἐπεὶ ἐν τοῖς αὐτοῖς φθόγγοις οὖσι τὸ καθ' αὐτοὺς πολλαί
τε καὶ παντοδαπαὶ μορφαὶ μελῶν γίνονται, δῆλον ὅτι παρὰ τὴν
χρῆσιν τοῦτο γένοιτ' ἄν. καλοῦμεν δὲ τοῦτο μελοποιίαν. Aehnlich der Pseudo-Euklid p. 22: μελοποιία ἐστὶ χρῆσις τῶν προειρημένων μερῶν τῆς ἁρμονικῆς καὶ ὑποκειμένων δύναμιν ἐχόντων.
Aristides, welcher p. 28 Meib. die μελοποιία als δύναμις κατα-
σκευαστικὴ μέλους definirt hat, gibt demgemäs folgende Erklärung der Rhythmopöie p. 62, 22: ῥυθμοποιία δέ ἐστι δύναμις
ποιητικὴ ῥυθμοῦ.

Eine inhaltreichere Definition der ῥυθμοποιία gibt das Aristoxenische Fragment Psell. §. 12 p. 37, 19 = p. 76, 1, welches vermuthlich aus dem speciell von der Rhythmopöie handelnden Abschnitte der rhythmischen Stoicheia stammt. Auch
hier sind ῥυθμὸς und ῥυθμοποιία einander gegenübergestellt, die
letztere auch hier wiederum als rhythmische Composition, jedoch
nicht im Sinne von „der Thätigkeit des Rhythmopoios", sondern
„des von ihm geschaffenen rhythmischen Werkes". Der ῥυθμός, heisst es, ist ein σύστημα von blossen χρόνοι
ποδικοί, die ῥυθμοποιία ein σύστημα von χρόνοι ποδικοί und χρόνοι ῥυθμοποιίας ἴδιοι. Χρόνοι ποδικοὶ

sind die starken und schwachen Tacttheile, die ϑέσεις und ἄρσεις im technischen Sinne, deren auf die Pentapodie 4, auf die
Tripodie und Hexapodie 3, auf die Tetrapodie und Dipodie 2,
auf die Monopodie 2 kommen, wie dies §. 9 ausführlich dargestellt ist. Eine Verbindung von ϑέσεις und ἄρσεις ist also
Rhythmus. Die ῥυϑμοποιία oder rhythmische Composition ist
die Anwendung des Rhythmus auf einen rhythmusfähigen Stoff.
An ihm muss das, was den Rhythmus ausmacht, also die ϑέσεις
und ἄρσεις, zur Erscheinung kommen; die rhythmische Composition ist also einerseits gleich dem abstracten Rhythmus ein
System von χρόνοι ποδικοί. Aber es ist hier noch ein zweites
vorhanden: nämlich die Theile, in welche der rhythmusfähige
Stoff seiner Natur nach zerfällt, die längeren und kürzeren Töne
des μέλος, die längeren und kürzeren Sylben der Sprache, die
an sich mit dem Rhythmus nichts zu thun haben, sondern erst
insofern aus ihnen eine rhythmische Composition oder eine ῥυϑμοποιία geschaffen werden soll, dem Rhythmus unterworfen und
zu seinen χρόνοι ποδικοί in Beziehung gesetzt werden. Dies sind
die χρόνοι ῥυϑμοποιίας ἴδιοι. Aristoxenus kann also sagen, die
rhythmische Composition sei ein System von χρόνοι ποδικοί und
von χρόνοι ῥυϑμοποιίας ἴδιοι.]

Schon in der Einleitung des zweiten Buches, in dem Kapitel, welches von der Zahl der χρόνοι handelt, in welche der
Tact zerfällt, macht Aristoxenus auf die χρόνοι ῥυϑμοποιίας ἴδιοι
aufmerksam p. 33, 19: „Ich habe aber nicht gesagt, dass der
„Tact überhaupt nicht in mehr als vier Theile zerfällt; denn
„einige Füsse können auch in das Doppelte und Vielfache der
„genannten Zahl getheilt werden, also in 8, in 12 μέρη u. s. w.
„Aber es zerfällt nicht der Tact an sich (οὐ καϑ’ αὐτὸν) in diese
„grössere Zahl von Theilen, sondern durch die ῥυϑμοποιία. Man
„muss nämlich scheiden zwischen den σημεῖα τὴν τοῦ ποδὸς δύ-
„ναμιν φυλάσσοντα und den durch die ῥυϑμοποιία hervorgebrach-
„ten διαιρέσεις. Jene sind für einen jeden Fuss immer diesel-
„ben, sowohl der Zahl wie dem μέγεϑος nach (jeder πούς
„δωδεκάσημος ἴσος hat in allen Fällen immer nur 2 sechszeitige
„σημεῖα oder χρόνοι ποδικοί, jeder πούς δωδεκάσημος διπλάσιος
„hat 3 vierzeitige σημεῖα oder χρόνοι ποδικοί); die διαιρέσεις
„der Rhythmopöie dagegen verstatten eine grosse Mannigfaltig-

„keit: ἔσται δὲ τοῦτο καὶ ἐν τοῖς ἔπειτα φανερόν." Dasselbe
sagt Aristoxenus auch Harmonik p. 34 Meib.: καθ' ὅλου δὲ
εἰπεῖν ἡ μὲν ῥυθμοποιία πολλὰς καὶ παντοδαπὰς κινήσεις κινεῖται,
οἱ δὲ πόδες, οἷς σημαινόμεθα τοὺς ῥυθμούς, ἁπλᾶς (das heisst
nicht παντοδαπὰς) τε καὶ τὰς αὐτὰς ἀεί.

Die Bestandtheile (μέρη), in welche ein Tact sich sondert,
sind also doppelter Art. Einmal die rhythmischen σημεῖα, sodann die einzelnen Zeitgrössen des ῥυθμιζόμενον, wodurch der
ῥυθμοποιός den Umfang des ganzen Tactes ausfüllt. Drückt der
ῥυθμοποιός einen dreizeitigen Fuss in der λέξις durch einen
Jambus oder Trochäus aus, so zerfällt derselbe in zwei χρόνοι
ῥυθμοποιίας ἴδιοι, ebenso wenn er einen vierzeitigen Tact durch
den Spondeus ausdrückt. In diesen beiden Fällen ist also die
Zahl der χρόνοι ῥυθμοποιίας ἴδιοι und die Zahl der χρόνοι ποδικοί identisch. Auch bei den πόδες μείζονες ist dies möglich,
z. B. bei den durch 3 vierzeitige Längen ausgedrückten zwölfzeitigen Trochäus semantus und Orthius, der als πούς μείζων
διπλάσιος in 3 χρόνοι ποδικοί zerfällt. Gewöhnlich aber über-
trifft die Zahl der χρόνοι ῥυθμοποιίας, in welche ein Tact zerfällt, die Zahl seiner χρόνοι ποδικοί, so z. B. wenn der dreizeitige Tact durch einen Tribrachys, der vierzeitige durch einen
Daktylus oder Anapäst ausgedrückt ist. Aristoxenus kann deshalb sagen, dass bei einigen Tacten die Zahl der durch die
ῥυθμοποιία hervorgebrachten χρόνοι das Doppelte und Vielfache
sei von der Zahl ihrer χρόνοι ποδικοί. So enthält der πούς δωδεκάσημος ἴσος nur zwei χρόνοι ποδικοί, aber die χρόνοι, in
welche er durch die Rhythmopöie zerfällt, können bis zur Zwölf-
zahl gesteigert werden, z. B.:

ταῖσι συνθή-	καισι καὶ τᾶν	8	
ἄγε με, καὶ τότ'	ἐπενάριξον	10	
τίς ὅδε τίς πό-	θεν ὅδ' ὁ κέλαδος	11	
πρόσαγε χορὸν ἔπ-	αγέ τε χάριτας	12	
σημεῖον	σημεῖον		

2 χρόνοι ῥυθμικοί

Der πούς ὀκτωκαιδεκάσημος zerfällt in drei stets gleiche χρόνοι
ῥυθμικοί; die χρόνοι ῥυθμοποιίας ῥυθμικοί können hier fast das
Sechsfache dieser Anzahl betragen:

ἰὼ ἰὼ	ϑήραμα βαρ-	βάρου πλάτας	12	
τίς ἔμολεν ἐμο-	λε δάκρυα δάκρυ-	σί μοι φέρων	16	
ἀδικίομες, ἀλλ'	ὁ πρῶτος ἄφα-	τος ὡς καλός.	15	χρόνοι ῥυϑμοποιίας
ἀλεκτρύονα	κατὰ ταὐτὸ καὶ	τὸν ἄῤῥενα	14	
σημεῖον	σημεῖον	σημεῖον		

3 χρόνοι ῥυϑμικοί.

Weil uns bei der ersten Bearbeitung der Rhythmik nicht klar war, was unter der Zerfällung des Tactes in 2, 3, 4 χρόνοι zu verstehen sei, so ist dort S. 63 auch die Bedeutung der χρόνοι ῥυϑμοποιίας unrichtig angegeben. — Feussner zu Aristoxenus S. 29 unterscheidet drei Arten von χρόνοι: die χρόνοι ποδικοί, die χρόνοι ῥυϑμοποιίας und die χρόνοι der Sprachsylben. Dagegen ist zu sagen, dass zwar die χρόνοι ῥυϑμοποιίας nicht überall Sprachsylben sind, denn in der Musik bestehen sie in den längeren oder kürzeren Tönen, aber wo das ῥυϑμιζόμενον in der λέξις besteht, da fallen die χρόνοι ῥυϑμοποιίας und die χρόνοι der Sylben zusammen.

Gehen wir nun auf die bei Psellus §. 8 erhaltene Definition der ῥυϑμοποιία zurück: ῥυϑμοποιία δὲ ἂν εἴη τὸ συγκείμενον ἔκ τε τῶν ποδικῶν χρόνων καὶ ἐκ τῶν αὐτῆς τῆς ῥυϑμοποιίας ἰδίων. Hier wird eine Erklärung von ῥυϑμὸς ποδικός und von ῥυϑμὸς ἴδιος ῥυϑμοποιίας gegeben. Die Erklärung: ποδικὸς μὲν οὖν ἐστι χρόνος ὁ κατέχων σημείου ποδικοῦ μέγεϑος οἷον ἄρσεως ἢ βάσεως ἢ ὅλου ποδὸς ist §. 20 ausführlich erläutert. Bei einem ῥυϑμὸς ἁπλοῦς, so zeigten wir dort, ist der χρόνος ποδικὸς eine blosse ἄρσις oder ϑέσις, bei einem ῥυϑμὸς σύνϑετος besteht er in einem wiederum in eine ἄρσις und ϑέσις zerfallenden ὅλος πούς. Als Erklärung des χρόνος ἴδιος ῥυϑμοποιίας lesen wir die Worte: ἴδιος ῥυϑμοποιίας ὁ παραλλάσσων ταῦτα τὰ μεγέϑη εἴτ' ἐπὶ τὸ μικρὸν εἴτ' ἐπὶ τὸ μέγα. Von dieser schwierigen Stelle sagt Weil Neue Jahrb. f. Phil. u. Päd. LXXI, 6, S. 402: „Die Worte lassen keinen andern Sinn „zu als den, dass diese Zeiten sich von jenen entweder durch „kürzere oder durch längere Dauer unterscheiden. Die concre„ten Zeiten sind nämlich kürzer als die Tactzeiten, wenn ein „Tacttheil aus mehreren Tönen, Sylben u. s. w. besteht; sie „sind länger, wenn, um uns diesen Ausdruck anzueignen, Syn-

„kope eintritt." Unter ταῦτα τὰ μεγέθη sind die vorhergenann-
ten μεγέθη χρόνων ποδικῶν gemeint: der ῥυθμὸς ἁπλοῦς ἑξάσημος zerfällt in zwei χρόνοι ποδικοί, deren jeder ein μέγεθος τρίσημον hat, der ποὺς δωδεκάσημος ἴσος zerfällt in zwei χρόνοι
ποδικοὶ ἑξάσημοι, der δωδεκάσημος διπλάσιος in drei χρόνοι ποδικοὶ τετράσημοι. Aus der von Aristoxenus p. 33 gegebenen
Definition der χρόνοι ῥυθμοποιίας ἴδιοι ergibt sich, dass die Zahl
derselben gewöhnlich grösser ist, als die Zahl der zu demselben
Tacte gehörenden χρόνοι ποδικοί, dass mithin das μέγεθος des
χρόνος ῥυθμοποιίας gewöhnlich kleiner ist, als das μέγεθος des
χρόνος ποδικός. Dieser Sinn scheint es nun zu sein, der in den
Worten ἴδιος δὲ ῥυθμοποιίας ὁ παραλλάσσων ταῦτα τὰ μεγέθη·
ἐπὶ τό μικρὸν enthalten ist. Es steht aber noch daneben εἴτ'
ἐπὶ τὸ μέγα und dies müsste dann den umgekehrten Fall bedeuten, dass nämlich ein Tact in der Weise durch ein Rhythmizomenon ausgedrückt ist, dass das μέγεθος des einzelnen χρόνος
ῥυθμοποιίας grösser ist als das μέγεθος des χρόνος ποδικός. Man
kann sich das so vorstellen, dass ein ganzer Tact, auf den z. B.
zwei χρόνοι ποδικοί, ein Auf- und Niederschlag, kommt, durch
einen einzigen Ton eingenommen wird. Schwerlich aber kann
man diesen Fall auf die Sprachsylben beziehen. Es kann zwar
in einem ῥυθμὸς σύνθετος vorkommen, dass eine lange Sylbe in
der Weise durch die Rhythmopöie gedehnt wird, dass sie den
Umfang eines ganzen Einzeltactes einnimmt, und dass sie mithin
dem μέγεθος des χρόνος ποδικός, der ja hier in einem ὅλος ποὺς
besteht, gleichkommt. Aber damit ist noch immer nicht erklärt,
dass das μέγεθος einer Sylbe den einen ὅλος ποὺς umfassenden
χρόνος ποδικός übertreffen könnte; denn sollte dies letztere der
Fall sein, so müsste die einzelne Sprachsylbe noch über den
Umfang eines ganzen einzelnen Tactes hinaus gedehnt werden
können, eine Annahme, zu der uns alle Berechtigung fehlt. —
Indes wollen wir uns nicht verhehlen, dass, wenn auch die Bedeutung des χρόνος ἴδιος ῥυθμοποιίας aus Aristoxenus p. 33 feststeht, doch der Sinn der Stelle bei Psellus §. 8 ἴδιος δὲ ῥυθμοποιίας ὁ παραλλάσσων ταῦτα τὰ μεγέθη εἴτ' ἐπὶ τὸ μικρὸν εἴτ'
ἐπὶ τὸ μέγα nicht hinlänglich klar ist.

Auch das Fragmentum Parisinum §. 78 und 79 enthält die
besprochenen Definitionen von ῥυθμός und ῥυθμοποιία, χρόνοι

ποδικοί und ῥυθμοποιίας ἴδιοι, freilich in einer zum Theil durch Textverstümmelungen kaum kenntlichen Form. Wir lesen hier:

§. 2. Ἔστιν ὁ ῥυθμὸς

§. 3. Ὁ δὲ αὐτὸς ῥυθμὸς οὔτε περὶ γραμμάτων περὶ συλλαβῶν ποιεῖται τὸν λόγον, ἀλλὰ περὶ τῶν χρόνων, τοὺς μὲν ἐκτείνειν κελεύων, τοὺς δὲ ἴσους ποιεῖν ἀλλήλοις· καὶ τοῦτο ποιοῦμεν ὄντων τῶν συλλαβῶν καὶ τῶν γραμμάτων.

§. 8. Γνώριμος δὲ γένεται πούς

§. 9. ἐξ ἄρσεως καὶ θέσεως συγκείμενον σύστημα. ἄρσις δέ ἐστιν ὁ μείζων ὅλως τῆς ἰδίας ἄρσεως.

Die Worte des §. 8 können unmöglich mit denen des §. 9 continuirlich verbunden sein, wie dies in den Handschriften der Fall ist. Es enthalten nämlich die Worte ἐξ ἄρσεως καὶ θέσεως συγκείμενον σύστημα eine Definition des Ausdrucks ῥυθμὸς und kommen mit Psellus §. 8 καί ἐστι ῥυθμὸς μὲν ὥσπερ εἴρηται σύστημά τι συγκείμενον ἐκ τῶν ποδικῶν χρόνων ὧν ὁ μὲν ἄρσεως. ὁ δὲ βάσεως ... überein. Sie müssen daher mit den Worten des §. 2 Ἔστιν ὁ ῥυθμὸς verbunden werden, von denen sie durch ein Versehen des Abschreibers entfernt sind. Die übrigen Worte des §. 9 geben ganz und gar keinen Sinn. Wie aber die vorausgehenden aus derselben Quelle stammen, wie der angeführte Satz des Psellus §. 8, so sind auch jene jetzt unverständlichen Worte ein durch die Lücken der Handschrift sehr defect gewordener Auszug aus demselben Originale. Es scheinen sich nämlich nur die Anfangsworte der Zeilen erhalten zu haben; in der Anmerkung zu S. 79 haben wir mit Hülfe des Psellus einen Restitutionsversuch gemacht.

Die Worte des §. 3 leiden ebenfalls an Corruptelen. Hier heisst es, dass der ῥυθμὸς seinen λόγος (sc. ποδικὸς) nicht mit Rücksicht auf Buchstaben und Sylben bildet (also nicht mit Rücksicht auf die μέρη λέξεως), sondern mit Rücksicht auf die Zeiten, indem er verlangt, dass man bald die χρόνοι ausdehnt, bald kürzer macht, bald einander gleich macht. Man könnte geneigt sein, hierin einen ähnlichen Sinn zu finden, wie in den p. 43 angeführten Stellen über die Zeitdauer der Sylben in der Rhythmik, namentlich wie in der Stelle p. 43, 17: ὁ δὲ ῥυθμὸς ὡς βούλεται ἕλκει τοὺς χρόνους, πολλάκις γοῦν καὶ τὸν βραχὺν χρόνον ποιεῖ μακρόν. Aber in unserer Stelle ist χρόνοι ja gerade im Gegensatz zu γράμματα und συλλαβαί gebraucht, kann mithin nicht von den Sylbenzeiten oder den χρόνοι ῥυθμοποιίας ἴδιοι, sondern nur von den χρόνοι ποδικοί verstanden werden und das ἐκτείνειν, συνάγειν, ἴσους ποιεῖν der χρόνοι bezieht sich auf das durch den verschiedenen λόγος ποδικός bedingte verschiedene μέγεθος der χρόνοι ποδικοί. Der Rhythmus verlangt „ἴσους ποιεῖν ἀλλήλοις" beim λόγος ἴσος (im isorrhythmischen Geschlechte) wo die χρόνοι einander gleich sind, er verlangt „ἐκτείνειν" und „συνάγειν" beim λόγος διπλάσιος und ἡμιόλιος, wo der eine χρόνος länger oder kürzer ist als der andere.

Soweit ist die Stelle unverdorben. Aber corrupt sind die Anfangsworte: ὁ δὲ αὐτὸς ῥυθμός. Es ist umzustellen ὁ δὲ ῥυθμὸς αὐτός, wie aus Aristoxenus p. 33, 23 hervorgeht: οὐ καθ' αὑτὸν ὁ πούς ... μερίζεται, ἀλλ' ὑπὸ τῆς ῥυθμοποιίας διαιρεῖται τὰς τοιαύτας διαιρέσεις. Der ῥυθμὸς αὐτός ist der Rhythmus an sich = ὁ πούς ο καθ' αὑτὸν im Gegensatze zur ῥυθμοποιία, der abstracte Rhythmus, der es bloss mit dem μέγεθος der χρόνοι ποδικοί zu thun hat, nicht aber mit den „γράμματα und συλλαβαί", durch welche die ῥυθμοποιία die abstracten rhythmischen Zeitgrössen ausfüllt. Die verdorbenen Schlussworte des §. 3: καὶ τοῦτο ποιοῦμεν ὄντων τῶν συλλαβῶν καὶ τῶν γραμμάτων sind ein Theil eines von der ῥυθμοποιία als dem Gegensatze des „ὁ ῥυθμὸς αὐτός" handelnden Satzes.

Χρόνοι ἁπλοῖ und πολλαπλοῖ.

Der Unterschied zwischen χρόνοι ποδικοί und ῥυθμοποιίας ἴδιοι findet sich auch bei Aristides p. 50, 17. Hier heisst es: ἔτι τῶν χρόνων οἱ μὲν ἁπλοῖ, οἱ δὲ πολλαπλοῖ, οἳ καὶ ποδικοὶ καλοῦνται. Dies versteht G. Hermann, Jahn N. J. 1837, Bd. XIX, 4 S. 573 folgendermassen: „Wenn ein Fuss aus gleichen Sylben besteht (entweder aus lauter langen oder aus lauter kurzen) wie der Spondeus, Proceleusmaticus, so ist er ein ἁπλοῦς; besteht er aus ungleichen Sylben (aus langen und kurzen), wie Jambus, Trochäus, Daktylus, so ist er ein πολλαπλοῦς." Aber wie kommt hier der Zusatz οἳ καὶ ποδικοὶ καλοῦνται zu seiner Berechtigung? Feussner zu Aristoxenus S. 48 sagt: „Wenn ein ⁴/₄-Tact aus 2 halben Noten besteht, so sind dies 2 ἁπλοῖ; wenn er aus ¹⁶/₁₆ besteht, so sind dies 2 πολλαπλοῖ, je ⁸/₁₆ zu einem χρόνος vereint." Dem ist zu erwidern: ein Tact, der aus 16 gleichen Noten besteht (also Feussners $^{16}/_{16}$-Tact) ist ein πούς ἴσος ἐκκαιδεκάσημος und die 2 χρόνοι, in die er als πούς ἴσος zerfällt, sind χρόνοι ποδικοί, der eine die ἄρσις, der andere die ϑέσις. Wäre nun jede der beiden Hälften dieses Fusses, wie Feussner es will, durch eine einzige Note ausgedrückt, so würden die beiden Hälften dennoch immerhin χρόνοι ποδικοί sein, der eine die ἄρσις, der andere die ϑέσις. Mithin kann man auch nicht sagen,- im ersten Falle seien die χρόνοι „ἁπλοῖ“, im zweiten „πολλαπλοῖ oder ποδικοί“; von den zwei Arten von χρόνοι, wovon Aristides spricht, sind ja nur die einen ποδικοί, die anderen aber nicht. Aufschluss gibt Aristoxenus harm. p. 34 Meib.: καϑ' ὅλου δὲ εἰπεῖν ἡ μὲν ῥυϑμοποιία πολλὰς καὶ παντο-δαπὰς κινήσεις κινεῖται, οἱ δὲ πόδες οἷς σημαινόμεϑα τοὺς ῥυϑ-μοὺς ἁπλᾶς τε καὶ τὰς αὐτὰς ἀεί. Durch die Diäresis der ῥυϑμο-ποιία zerfallen also die πόδες in χρόνοι παντοδαποί oder πολλαπλοῖ; die πόδες οἷς σημαινόμεϑα τοὺς ῥυϑμοὺς aber zerfallen in χρό-νοι ἁπλοῖ τε καὶ οἱ αὐτοὶ ἀεὶ ὄντες. Vgl. Aristoxenus p. 33, 19. Jenes sind die χρόνοι ῥυϑμοποιίας ἴδιοι, dieses die ποδικοί. Hieraus ergibt sich, dass die χρόνοι ἁπλοῖ identisch sind mit den ποδικοί, die πολλαπλοῖ mit den ῥυϑμοποιίας ἴδιοι. Man ver-gleiche:

ἡ μὲν ῥυϑμοποιία πολλὰς καὶ παντοδαπὰς κινήσεις κινεῖ-ται.	οἱ δὲ πόδες οἷς σημαινόμεϑα τοὺς ῥυϑμούς, ἁπλᾶς τε καὶ τὰς αὐτὰς ἀεί.
αἱ δ' ὑπὸ τῆς ῥυϑμοποιίας γινόμεναι διαιρέσεις πολ-λὴν λαμβάνουσι ποικιλίαν.	τὰ μὲν ἑκάστου ποδὸς σημεῖα διαμένει ἴσα ὄντα καὶ τῷ ἀριϑμῷ καὶ τῷ μεγέϑει.
χρόνοι ῥυϑμοποιίας ἴδιοι.	χρόνοι ποδικοί.
χρόνοι πολλαπλοῖ.	χρόνοι ἁπλοῖ.

Demnach ist bei Aristides umzustellen: ἔτι τῶν χρόνων οἱ μὲν ἁπλοῖ, οἳ καὶ ποδικοὶ καλοῦνται, οἱ δὲ πολλαπλοῖ. Ein Rest der richtigen Lesart zeigt sich noch in der Uebersetzung des Martianus: *sed temporum alia simplicia sunt, quae podica etiam perhibentur.*

§. 26. Die einzelnen χρόνοι ῥυϑμοποιίας ἴδιοι.

Die χρόνοι ἀσύνϑετοι und σύνϑετοι κατὰ ῥυϑμοποιίας χρῆσιν.

Bei dem Verluste des Aristoxenischen Abschnitts über die Rhythmopöie wird uns die Art und Weise, wie der alte ῥυϑμοποιὸς die μέρη des Rhythmizomenons verwandte, welche Zeitdauer er den Tönen und Sylben gab, wohl niemals bis in alle Einzelheiten klar werden. Doch hat sich hierüber eine nicht unbedeutende Anzahl werthvoller Nachrichten erhalten, die wir in diesem und den folgenden Paragraphen zu betrachten haben.

Voran haben wir eine Angabe des Aristoxenus über die χρόνοι ἀσύνϑετοι und σύνϑετοι κατὰ ῥυϑμοποιίας χρῆσιν zu stellen, die sich in der Einleitung seines zweiten Buches p. 31, 25 findet. Nachdem er hier von dem nicht weiter theilbaren χρόνος πρῶτος und den aus mehreren χρόνοι πρῶτοι zusammengesetzten χρόνοι δίσημοι, τρίσημοι, τετράσημοι u. s. w. gesprochen hat, unter denen wir nach p. 39, 14—17 χρόνοι ῥυϑμικοί oder ποδικοί von dem Umfange mehrerer χρόνοι πρῶτοι zu verstehen haben (s. S. 163) fährt er fort: λέγομεν δέ τινα καὶ ἀσύνϑετον χρόνον πρὸς τὴν τῆς ῥυϑμοποιίας χρῆσιν ἀναφέροντες, ein Satz, der nach einer längeren Parenthese über den Begriff ῥυϑμοποιία (s. S. 235) mit folgenden Worten wieder aufgenommen wird: ἀσύνϑετον δὴ (καὶ σύνϑετον) χρόνον πρὸς τὴν τῆς ῥυϑμοποιίας χρῆσιν βλέποντες ἐροῦμεν οἷον τόδε τι· (ὅταν τι) χρόνου μέγεθος ὑπὸ μιᾶς ξυλλαβῆς ἢ ὑπὸ φϑόγγου ἑνὸς ἢ σημείου καταλήφϑῃ, (ἀσύνϑετον) τοῦτον ἐροῦμεν τὸν χρόνον· ἐὰν δὲ αὐτὸ τοῦτο μέγεϑος ὑπὸ πλειόνων φϑόγγων ἢ ξυλλαβῶν ἢ σημείων καταλήφϑῃ, σύνϑετος ὁ χρόνος οὗτος ῥηϑήσεται. Die eingeklammerten Worte stehen nicht in der Handschrift. G. Hermann verändert ohne Einschiebung καταλήφϑῃ in καταληφϑέν, Feussner ebenfalls ohne Einschiebung οἷον τόδε τι χρόνου μέγεθος in οἷον ὅταν τι χρόνου μέγεϑος zugleich mit Auswerfung von τοῦτον ἐροῦμεν τὸν χρόνον. Ich halte die Annahme Bartels für richtig, welcher vor diesen letzten Worten ἀσύνϑετον eingeschoben hat. Doch möchte ich τόδε τι nicht in „τοιόν δε· ὅταν τι“ verändern, sondern mit Beibehaltung von οἷον τόδε τι: „οἷον τόδε τι· ὅταν τι“ schreiben.

Ausserdem sind die beiden Sätze ἀσύνθετον δὴ χρόνον πρὸς τὴν τῆς ῥυθμοποιίας χρῆσιν ἀναφέροντες ἐροῦμεν οἷον τόδε τι · ὅταν τι χρόνου μέγεθος ὑπὸ μιᾶς ξυλλαβῆς ... καταλήφθῃ, ἀσύνθετον τοῦτον ἐροῦμεν eine ganz unnöthige Tautologie, daher ist anzunehmen, dass zu dem ersten ἐροῦμεν ein umfassender Objectbegriff gehörte, welcher durch das folgende ἐροῦμεν seiner Einen Species nach als ἀσύνθετος, und durch das weiterhin kommende ῥηθήσεται seiner zweiten Species nach als σύνθετος näher bestimmt wird. Deshalb haben wir im Anfange „καὶ σύνθετον" eingefügt.

Doch für das richtige Verständnis des Inhaltes haben diese Bedenken keine Schwierigkeit. Als ein Multiplum des χρόνος πρῶτος, so heisst es, ist ein jeder χρόνος δίσημος, τρίσημος, τετράσημος u. s. w. ein χρόνος σύνθετος. Nehmen wir aber Rücksicht auf die Art und Weise, wie der Rhythmopoios einen solchen χρόνος durch die μέρη des ῥυθμιζόμενον ausfüllt, so nennen wir ihn einen χρόνος σύνθετος nur dann, wenn er durch mehrere einzelne Töne oder Sylben ausgefüllt wird; wird er aber nur durch Eine Sylbe oder Einen Ton ausgefüllt, so heisst er ἀσύνθετος. Mit Rücksicht auf die χρῆσις ῥυθμοποιίας ist also der χρόνος πρῶτος stets ein ἀσύνθετος, denn er kann nie in mehrere kleinere Sylben oder Töne zerfällt werden, der δίσημος aber und die grösseren χρόνοι sind bald ἀσύνθετοι, bald σύνθετοι, z. B.:

χρόνος	ἀσύνθετος	σύνθετος
πρῶτος	♪	—
δίσημος	♩	♫
τρίσημος	♩.	♫♪
τετράσημος	♩	♫♫
πεντάσημος	♩. ♩	♫♫♪

Wird also der vierzeitige Tact im Metrum durch den Proceleusmaticus ausgedrückt, so ist jeder seiner beiden χρόνοι ποδικοί, sowohl die ἄρσις wie die θέσις, ein σύνθετος, wird er
durch den Daktylus oder Anapäst ausgedrückt, so ist der eine
(zweisylbige) χρόνος ein σύνθετος, der andere (einsylbige) ein
ἀσύνθετος; wird er durch den Spondeus ausgedrückt, so ist jeder χρόνος ein ἀσύνθετος.

Aus dem weiteren Fortgange der Aristoxenischen Stelle erfahren wir, dass es in der alten Musik eben so üblich war wie
in der unsrigen, mehrere aufeinander folgende Sylben mit einem
einzigen längern Tone der χρούσις zu begleiten, und umgekehrt
auf Eine Sylbe mehrere Töne des Gesanges oder der Begleitung
kommen zu lassen. Auf diese Weise ergeben sich χρόνοι, die
weil die μέρη der verschiedenen ῥυθμιζόμενα verschieden sind,
zugleich σύνθετοι und ἀσύνθετοι sind und deshalb mit Rücksicht
auf die Rhythmopöie „μικτοί“ genannt werden (ᾧ συμβέβηκεν
ὑπὸ φθόγγου μὲν ἑνός, ὑπὸ ξυλλαβῶν δὲ πλειόνων καταληφθῆναι,
ἢ ἀνάπαλιν ὑπὸ ξυλλαβῆς μὲν μιᾶς, ὑπὸ φθόγγων δὲ πλειόνων).
Beispiele dieser Art kommen in dem Liede des Mesomedes auf
Phöbus vor (Bellermann, Die Hymnen des Dionysius S. 74).

λευ - κῶν ὑ - πὸ σύρ-μα-σι μόσ - χων,

γάνυ - ται δέ τέ οἱ νό-ος εὐ - με - νής,

πολυ - εί - μο - να κόσ-μον ἑ - λίσ - σων.

Kommt auf einen χρόνος nur eine Sylbe und nur ein Ton,
so heisst er im Gegensatze zum μικτὸς ein ἁπλῶς ἀσύνθετος;
kommen auf ihn mehrere Sylben und mehrere Töne, so heisst

er ἁπλῶς σύνϑετος. Der χρόνος πρῶτος kann stets nur ein ἁπλῶς ἀσύνϑετος sein.

Die ein- und zweizeitige, die verlängerte und verkürzte Sylbe.

Das Maass der als χρόνοι ῥυϑμοποιίας gebrauchten Sylben war von der natürlichen Sylbenlänge und Sylbenkürze der πεζὴ λέξις (der gewöhnlichen Umgangssprache und der Rhetorik), verschieden. Dionys. comp. verb. 11: ἡ μὲν οὖν πεζὴ λέξις οὐδενὸς οὔτ' ὀνόματος οὔτε ῥήματος βιάζεται τοὺς χρόνους οὐδὲ μετατίϑησιν, ἀλλ' οἵας παρείληφε τῇ φύσει τὰς συλλαβὰς τάς τε μακρὰς καὶ τὰς βραχείας, τοιαύτας φυλάττει. ἡ δὲ ῥυϑμικὴ καὶ μουσικὴ μεταβάλλουσιν αὐτὰς μειοῦσαι καὶ αὔξουσαι, ὥστε πολλάκις εἰς τὰ ἐναντία μεταχωρεῖν. οὐ γὰρ ταῖς συλλαβαῖς ἀπευϑύνουσι τοὺς χρόνους, ἀλλὰ τοῖς χρόνοις τὰς συλλαβάς. In der Prosa wird die durch die Sprache selber gegebene Länge und Kürze der Sylben festgehalten', der natürlichen Prosodie wird kein Zwang angethan, sie bleibt unverändert. So wie aber die Sprache als Träger des Rhythmus erscheint, sei es mit oder ohne Gesang (dies letztere ist durch ῥυϑμικὴ καὶ μουσικὴ ausgedrückt), so wird die Zeit nicht durch die natürliche Beschaffenheit der Sylben bestimmt, sondern die durch den Rhythmus geforderten Zeitgrössen bestimmen die Sylbendauer, und zwar wird die natürliche Zeitdauer sowohl der Längen wie der Kürzen bald verlängert, bald verkürzt, so dass die natürliche Länge in der Rhythmopöie oft zu einer Kürze und umgekehrt die natürliche Kürze zu einer Länge wird.

Man kann nun zwar nicht sagen, dass in der πεζὴ λέξις die lange Sylbe genau so viel Zeitdauer einnimmt wie zwei Kürzen, vielmehr ist es erst die ῥυϑμικὴ λέξις, in welcher der Doppelkürze genau der Umfang einer Länge angewiesen wird, aber die Alten wie die Neueren sind nun einmal gewohnt, die natürliche Länge doppelt so lang anzunehmen, als die natürliche Kürze. Die Rhythmik indes, obwohl ihr die ein- und zweizeitige Sylbenmessung die primäre ist, geht doch über dies bloss zweifache Maass hinaus, indem sie einerseits die Länge über die zweizeitige, die Kürze über die einzeitige Dauer hinaus verlängern und' andrerseits unter dies Maass verkürzen kann.

Diese Nachricht des Dionysius über die rhythmischen Sylben stimmt mit den Angaben, welche uns aus ungenannten Rhythmikern bei lateinischen und griechischen Metrikern erhalten sind
p. 42—45. Die Metrik ist zwar nichts anderes, als der Ausdruck
des Rhythmus durch das Rhythmizomenon der Sprache, und so
müssten die Metriker überall bei den einzelnen Metren die rhythmische Geltung derselben im Auge haben. Aber auf diesem
Standpuncte stehen die uns erhaltenen Metriker nicht: sie sind
Grammatiker, welche sich um den Zusammenhang der Poesie
mit den musischen Künsten nicht kümmern und bei der Betrachtung der metrischen Formen, in welchen die Dichterwerke
vorliegen, nur die Folge von langen und kurzen Sylben im Auge
haben, ohne darauf einzugehen, dass diese Längen und Kürzen
als χρόνοι ἴδιοι ῥυθμοποιίας oft eine andere Geltung haben, als
die Längen und Kürzen der Prosa. Indes gab es Metriker, welche den Zusammenhang der Metra mit dem Rhythmus nicht völlig unberücksichtigt liessen. Ein solcher war Heliodor, der an
vielen Stellen die Rhythmiker herbeizog; aus seiner Metrik sind
diese Stellen zum Theil in die mittelbar oder unmittelbar daraus
schöpfenden Metriker der spätern Zeit übergegangen.

Zu diesen Stellen gehört das Kapitel des Mar. Victorin. de
rhythmo p. 2484, in welchem wir ausser vielen anderen aus
Rhythmikern (am Schlusse ist Aristoxenus citirt) herstammenden
Sätzen auch eine Angabe über die Sylbendauer der Rhythmik
finden. Dieselbe Stelle liegt uns auch griechisch vor, bei Longin. ad Hephaest. 144, — ein hinlänglicher Beweis, dass die
Urquelle des Mar. Victorin. eine griechische war. Wir stellen
die beiden Sätze des Longinus und Mar. Victorinus mit Uebergehung des Vorausgehenden (s. p. 43 fr. V und VI) zur Vergleichung untereinander:

Longin. ὁ δὲ ῥυθμός, ὡς βούλεται, ἕλκει τοὺς χρόνους,
Mar. V. *Rhythmus autem ..., ut volet, protrahit tempora,*

πολλάκις γοῦν καὶ τὸν βραχὺν χρόνον ποιεῖ μακρὸν . . . . .
ita ut breve tempus plerumque longum efficiat, longum contrahat.

Von den beiden Arten, durch welche nach der obigen Stelle
des Dionysius der Rhythmus die natürliche Sylbenbeschaffenheit

verändert, dem αὐξάνειν und μειοῦν, wird in der vorliegenden
Stelle das αὐξάνειν besprochen. Der Rhythmus verlängert wie
er will die Sylbenzeiten, und zwar verlängert er nicht bloss die
Länge, sondern oft auch die Kürze. Das *plerumque* des Mar.
Victorinus ist ungenaue Uebersetzung des πολλάκις, dasselbe
Wort, welches auch in der Stelle des Dionysius vorkam. Die
Schlussworte des Mar. Victorinus: *longum contrahat* können im
Originale nicht in diesem Zusammenhange gestanden haben, denn
eine Folge des *tempora protrahere* ist zwar das *breve tempus
longam efficere*, aber nicht das *longum contrahere*. In der That
fehlen jene Worte in der Stelle des Longin.

Umfangreicher ist eine zweite Stelle des Mar. Victor. 2481
(s. p. 44 fr. IX), wo das Verfahren der *musici* (d. i. der *rhythmi*)
gegenüber den *metrici* näher dargestellt wird. Zuerst der Satz
der *musici*: „*non omnes inter se longas aut breves pari mensura
consistere*", *si quidem ex brevi breviorem et longa longiorem dicunt posse syllabam fieri.* Dann die Angabe, dass die Praxis der
musici diesem ihrem Satze gemäss ist: *ad haec musici qui temporum arbitrio syllabas committunt in rhythmicis modulationibus
aut lyricis cantionibus per circuitum longius extentae pronuntiationis tam longis longiores, quam rursus per correptionem breviores
brevibus proferunt.* Schliesslich berichtet Mar. Victorinus, dass
die *musici* die Berechtigung, der Länge und ebenso auch der
Kürze eine verschiedene Zeitdauer zu geben, aus der Natur der
Sprachsylben nachzuweisen suchen; sie sagen nämlich, auch die
natürliche Sylbenlänge und Sylbenkürze sei nicht immer dieselbe: ein langer Vocal mit einem oder mehreren folgenden
Consonanten sei länger als ein langer Vocal ohne folgenden Consonant, und ein kurzer Vocal mit zwei folgenden Consonanten
länger als ein kurzer Vocal mit einem Consonanten oder ohne
Consonant. Aehnliche Angaben bei Juba fr. 2, schol. Hephaest.
p. 150, schol. Dion. Thrax p. 821 == schol. Heph. p. 2, Priscian 572, Dionys. de comp. verb. 15. 25.

Das positive Resultat nun, welches sich aus der vorliegenden Stelle ergibt, ist dies, dass in den *lyricae cantiones* sowohl
syllabae longis longiores als *brevibus breviores* vorkommen, und
zwar werden die letzteren durch *correptio*, die ersteren *per circuitum longius extentae pronuntiationis* hervorgebracht. Die *longa*

longior gehört dem αὐξάνειν, die *brevi brevior* dem μειοῦν des Dionysius an.

Indem wir noch kürzlich auf Diomed. 464 (p. 43 fr. VII) verwiesen, wo von einem *nunc brevius arctari, nunc longius provehi* oder Sylben im Gegensatze zu ihrem *legitimum spatium* die Rede ist, stellen wir als Ergebnis dieser Stellen des Dionysius und der Metriker folgende Hauptkategorieen auf, durch die das Maass der Sylben als χρόνοι ῥυϑμοποιίας ἴδιοι bestimmt wird.

A. *Legitimum spatium:*
   1. Zweizeitige Länge, *longa.*
   2. Einzeitige Kürze, *brevis.*

B. *Longius extenta pronuntiatio, longius provehere, protrahere,* ἕλκειν, αὐξάνειν:
   3. Verlängerte Länge, *longa longior.*
   4. Verlängerte Kürze, *brevis protracta.*

C. *Correptio, brevius arctare, contrahere,* μειοῦν:
   5. Verkürzte Länge, *longa contracta.*
   6. Verkürzte Kürze, *brevi brevior.*

Wie lässt sich nun das durch αὐξάνειν und μειοῦν hervorgebrachte Sylbenmaass näher bestimmen?

Die verlängerten Längen heissen bei Aristides p. 64, 12 παρεκτεταμένοι, ein Ausdruck, der mit dem *per circuitum longius extentae pronuntionis* des Mar. Victorinus übereinkommt. In der Melopöie nannte man die Verlängerung des Tones τονή, Euclid. harm. p. 22: τονὴ δὲ ἡ ἐπὶ πλείονα χρόνον μονὴ κατὰ μίαν γινομένη προφορὰν τῆς φωνῆς. Ein Verzeichnis der verlängerten Längen gibt der Anonymus de mus. an zwei Stellen: p. 68, 9 und p. 68, 16, zugleich mit ihrer bei den Alten gebräuchlichen Bezeichnung. Im Ganzen werden hier vier irrationale Längen aufgeführt, nämlich ausser der zweizeitigen noch die drei-, vier- und fünfzeitige:

$$\mu\alpha\kappa\rho\grave{\alpha}\ \delta\acute{\iota}\chi\rho o\nu o\varsigma\ \_,$$
$$\mu\alpha\kappa\rho\grave{\alpha}\ \tau\rho\acute{\iota}\chi\rho o\nu o\varsigma\ \llcorner,$$
$$\mu\alpha\kappa\rho\grave{\alpha}\ \tau\epsilon\tau\rho\acute{\alpha}\chi\rho o\nu o\varsigma\ \sqcup,$$
$$\mu\alpha\kappa\rho\grave{\alpha}\ \pi\epsilon\nu\tau\acute{\alpha}\chi\rho o\nu o\varsigma\ \omega.$$

Zu μακρά ist συλλαβή zu ergänzen. — Der Anonymus bemerkt ausdrücklich, dass diese Zeichen sowohl in den ᾠδαί (der gesungenen λέξις) wie in der Instrumentalmusik (κρούματα) zur Bezeichnung des Rhythmus angewandt worden, in Uebereinstimmung mit Marius Victorinus p. 2481, welcher sagt, die *longis longiores* hätten in *rhythmicis modulationibus et lyricis cantionibus* ihre Stelle; nur bei den ᾠδαί κεχυμέναι, bei denen es überhaupt auf den Rhythmus nicht ankam, seien blosse Notenzeichen ohne die rhythmischen Zeichen geschrieben. Wie also Aristoxenus seine ἀσύνθετοι χρόνοι ausdrücklich zugleich von den Silben und den Tönen gelten lässt, so steht durch die Stelle des Anonymus der Gebrauch der verschiedenen μακραί nicht bloss für die Instrumentalmusik, sondern auch für die ᾠδαί fest. — Aber, kann man sagen, ist denn der Gebrauch der drei-, vier- und fünfzeiligen ein alter? Gehört er der klassischen Zeit an? Es ist zwar ein späterer Schriftsteller, dem wir jene Nachrichten verdanken, aber er ist streng genommen nicht der Verfasser, sondern bloss der Librarius der Schrift. Ein grosser Theil derselben ist nachweislich Wort für Wort aus der Harmonik des Aristoxenus abgeschrieben (vgl. S. 18), und dass auch das Uebrige alter Quelle entstammt, beweist z. B. die einzig hier uns überkommene Nachricht über den Gebrauch der τόνοι in der Orchestik, Kitharodik und Harmonik (s. §. 28). Und insbesondere ist für das hier in Frage stehende Capitel geltend zu machen, dass Aristophanes von Byzanz ebenso wie die Accentzeichen, so auch die prosodischen Zeichen für die Silbenlänge, die er zuerst in die Grammatik einführte, der Praxis der Musiker entlehnte. Also damals schon müssen die rhythmischen Quantitätszeichen bestanden haben.

Grössere Dehnungen als den τρίσημος, τετράσημος und πεντάσημος sind wir nicht berechtigt, anzunehmen. Man könnte das Aristophanische

εἰειειειειλίσσετε und εἰειειλίσσουσα

Ran. 1314 und 1348, welches von dem schol. ad h. l. und von Suidas s. v. εἰειει als eine ἐπίτασις bezeichnet wird, für den Gebrauch längerer Dehnungen geltend machen wollen. Aber 1) soll dies nach der Ansicht des Aristophanes eine ganz abnorm gebildete, utrirte Form sein, welche die Euripideische

Lizenz *εἱειλίσσομενος* Electr. 437 verspotten soll und kann daher keineswegs beweisen, dass auch sonst in der griechischen Poesie solche Dehnungen statt fanden. Und 2) haben wir hier in Wahrheit nicht einmal eine gedehnte Silbe, sondern eine sechs- oder vierfache Wiederholung derselben Silbe, also keinen *Χρόνος κατὰ ῥυθμοποιίας χρῆσιν ἀσύνθετος*, sondern vielmehr einen *σύνθετος*. — Nach der Analogie der neueren Musik könnte man leicht zu der Annahme geführt werden, dass in der begleitenden Instrumentalmusik (wenigstens in der Aulodik) ein einziger Ton mehrere Takte hindurch ausgehalten wurde. Ist dies der Fall gewesen, so hat man sich zur Bezeichnung einer solchen *τονή* nur der zwei- bis fünfzeiligen Längenzeichen bedient, von denen man zwei oder mehrere wie in der modernen Musik durch ein *ὑφὲν* mit einander verband.   .

Durch Verkürzung der Länge (*longam contrahere* Mar. Vict. 2484) entsteht die irrationale Länge von 1½ *χρόνοι πρῶτοι* (vgl. §. 23), welche einerseits als retardirende *ἄρσις* des irrationalen Trochäus und Jambus, andrerseits nach den §. 29 zu besprechenden Stellen als *θέσις* des kyklischen Daktylus und Anapästos gebraucht wird. — Im Ganzen hat also die lange Silbe in der griechischen Rhythmopöie einen fünffachen Zeitwerth:

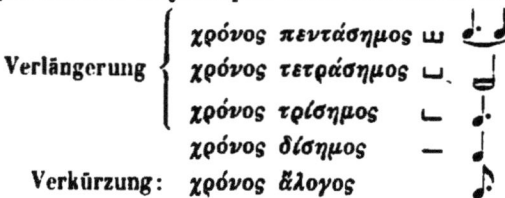

Verlängerung { *χρόνος πεντάσημος* ⊔⊔
               χρόνος τετράσημος ⊔
               χρόνος τρίσημος ⌐
               χρόνος δίσημος —

Verkürzung: *χρόνος ἄλογος*

Ueber den Zeitwerth der verlängerten Kürze und der verkürzten Kürze fehlen uns ausser den oben angeführten Stellen directe Angaben.

Die *χρόνοι στρογγύλοι* und *περίπλεω* des Aristides.

In der Einleitung der Rhythmik , nennt Aristides unter den verschiedenartigen Eintheilungen der *χρόνοι* p. 50, 4 die Eintheilung in *χρόνοι ἔρρυθμοι*, *ἄρρυθμοι* und *ῥυθμοειδεῖς*: Die *χρόνοι ἔρρυθμοι* sind die im eigentlichen Wesen der rhythmischen Verhältnisse begründeten Zeitgrössen, die *ἄρρυθμοι* sind

die aus der Rhythmik völlig ausgeschlossenen; die ῥυθμοειδεῖς
endlich die irrationalen Zeitgrössen, die zwar nicht im Wesen
der rhythmischen Verhältnisse begründet sind, aber dennoch in
der Rhythmik eine Stelle gefunden haben. Vgl. S. 225. Dann
fährt Aristides fort: Τούτων δὲ οἱ μὲν στρογγύλοι καλοῦνται . . .,
οἱ δὲ περίπλεω . . . Dem Wortlaute nach sind die στρογγύλοι
und περίπλεω die verschiedenen εἴδη der ῥυθμοειδεῖς und in dieser Weise auch in der Bearbeitung der Rhythmik aufgefasst.
Aber dass dies sachlich nicht möglich ist, ergiebt sich aus der
nähern Definition dieser Chronoi, welche Aristides an der genannten Stelle und im zweiten Buche p. 65 gegeben hat.

<table>
<tr><td>Aristid. p. 50, 14.</td><td>Aristid. p. 65, 27.</td></tr>
</table>

Τούτων οἱ μὲν στρογγύ-
λοι καλοῦνται οἱ μᾶλλον
τοῦ δέοντος ἐπιτρέχοντις.

οἱ δε περίπλεω οἱ πλέον
ἤδη τὴν βραδυτῆτα διὰ συνθέτων φθόγγων ποιούμε-
νοι

Ἔτι δὲ οἱ μὲν στρογγύλοι
καὶ ἐπίτροχοι σφοδροί τε
καὶ συνεστραμμένοι καὶ εἰς
τὰς πράξεις παραπλητικοί.

οἱ δὲ περίπλεω τῶν φθόγ-
γων τὴν σύνθεσιν ἔχοντες
ὕπτιοί τέ εἰσι καὶ πλαδαρώτεροι

οἱ δὲ μέσοι κεκραμένοι τε
ἐξ ἀμφοῖν καὶ σύμμετροι
τὴν κατάστασιν.

„Στρογγύλοι heissen die Χρόνοι, welche schneller sind als
das legitime Maass." — „Die στρογγύλοι und ἐπίτροχοι sind hef-
tig und abgerundet und fordern zur Energie auf."

„Περίπλεω heissen diejenigen, welche vermittels der σύνθετοι φόθγγοι eine grössere Langsamkeit bewirken." — „Die
Rhythmen, welche περίπλεω τῶν φθόγγων τὴν σύνθεσιν haben,
sind schlaff und weicher."

Die περίπλεω sind hiernach characterisirt διὰ συνθέτων
φθόγγων, wie auch die Stelle aus dem zweiten Buche mit den
Worten „περίπλεω τῶν φθόγγων τὴν σύνθεσιν" ausdrücklich bemerkt. Was bedeutet σύνθετος φθόγγος? Der Ausdruck σύνθετος kann sich nur auf den rhythmischen Werth beziehen, φθόγγος σύνθετος ist ein Ton, der seiner Dauer nach aus einem

χρόνος σύνθετος, also einem χρόνος δίσημος, τρίσημος, τετράσημος u. s. w. besteht (s. S. 243). Es ist hiernach klar, dass der
περίπλεως kein χρόνος ῥυθμοειδής oder ἄλογος sein kann, sondern
er ist ein χρόνος σύνθετος (cf. Aristid. 49, 17 σύνθετος δέ ἐστι
χρόνος ὁ διαιρεῖσθαι δυνάμενος· τούτων δὲ ὁ μὲν διπλασίων τοῦ
πρώτου, ὁ δὲ τριπλασίων, ὁ δὲ τετραπλασίων). Aber wiederum
kann unter dem περίπλεως nicht der gewöhnliche σύνθετος δίσημος verstanden sein, sondern ein längerer σύνθετος, etwa ein
τρίσημος oder] τετράσημος, denn nur so kann ihm der Name
περίπλεως zukommen und die βραδυτής als seine besondere Eigen-
schaft genannt werden. Wir haben demnach unter den χρόνοι
περίπλεω die über das Maass der Zweizeitigkeit hinaus gedehnten
Längen zu verstehen.

Die στρογγύλοι bestimmen sich hierdurch von selber als die
über das gewöhnliche Maass hinaus verkürzten Silben, als die
longa contracta und die *brevis brevi brevior*; der Name kommt
überein mit dem Worte κύκλιοι, womit die aus diesen Silben
bestehenden verkürzten Dactylen und Anapäste bezeichnet werden. S. 42. Da die πόδες κύκλιοι wesentlich auf dem χρόνος
ἄλογος beruhen, so könnte man wohl sagen, die χρόνοι ῥυθμοειδεῖς oder ἄλογοι begriffen in sich die στρογγύλοι, aber man kann
nicht sagen, dass sie auch die περίπλεω, d. h. die gedehnten
Längen in sich begriffen. Mithin ist es unrichtig, wenn bei
Aristides auf die Definition der χρόνοι ῥυθμοειδεῖς oder ἄλογοι
der Satz folgt: τούτων δὲ οἱ μὲν στρογγύλοι καλοῦνται . . . οἱ δὲ
περίπλεω. Dagegen wäre alles in Ordnung, wenn mit Umstellung
dieses Satzes geschrieben wäre:

Ἔτι τῶν χρόνων οἱ μὲν ἁπλοῖ οἱ καὶ ποδικοὶ καλοῦνται·
οἱ δὲ πολλαπλοῖ· τούτων δὲ οἱ μὲν στρογγύλοι καλοῦνται οἱ
μᾶλλον τοῦ δέοντος ἐπιτρέχοντες, οἱ δὲ περίπλεω οἱ πλέον ἤδη τὴν
βραδυτῆτα διὰ συνθέτων φθόγγων ποιούμενοι. Die χρόνοι ἁπλοῖ
sind dieselben, welche auch ποδικοὶ genannt werden, die πολλαπλοῖ sind wie wir S. 240 gesehen haben, die χρόνοι ῥυθμοποιίας ἴδιοι, d. h. die in der Rhythmopöie gebrauchten Silben
und Töne. Von diesen heissen „στρογγύλοι“ die über das legitime Maass hinaus verkürzten, „περίπλεω“ die über das gewöhnliche Maass hinaus verlängerten; die μέσοι endlich, welche Aristides
p.65 als dritte Klasse hinzufügt, sind die χρόνοι des *legitimum spatium*.

§. 27. Die κενοὶ χρόνοι.

Nachdem Aristides p. 52, 3 von den Rhythmengeschlechtern und dem Megethos der Rhythmen gesprochen, gibt er von
p. 53, 14 an eine an metrischen Beispielen reiche Darstellung
der ῥυθμοὶ σύνθετοι und ἀσύνθετοι nach einer andern Quelle
als das Vorausgehende; er bezeichnet diese Quelle p. 60, 16
mit den Worten: οἱ συμπλέκοντες τῇ μετρικῇ θεωρίᾳ τὴν περὶ
ῥυθμῶν. Von da an verlässt er die συμπλέκοντες und geht zu
den χωρίζοντες über, deren Verfahren er folgendermassen an-
deutet: Sie führen die verschiedenen ἀριθμοί im Einzelnen auf,
indem sie mit den ποὺς δίσημος anfangen, d. h. die verschiedenen μεγέθη ῥυθμῶν vom δίσημον bis zum πεντεκαιεικοσάσημον,
und geben zugleich die Diairesis dieser μεγέθη nach dem λόγος
ποδικὸς der verschiedenen Rhythmengeschlecter (dem λόγος ἴσος,
διπλάσιος, ἡμιόλιος und ἐπίτριτος) an, in der Weise, wie es
S. 124 geschehen ist. Bei den einzelnen Rhythmen berücksichtigen die χωρίζοντες, wie Aristides weiter erzählt, dreierlei:
1) es kann der Rhythmus durch lange oder durch kurze Silben
in verschiedener Weise ausgedrückt werden, 2) es kann bald
die θέσις, bald die ἄρσις vorangehen. 3) es kann der Rhythmus
bald ein ὁλόκληρος sein, bald einen κενὸς χρόνος ἄνευ φθόγγου
πρὸς ἀναπλήρωσιν τοῦ ῥυθμοῦ enthalten.

Es kann also das ganze Megethos (die ganze Tactgrösse)
entweder von Silben und Tönen völlig ausgefüllt sein und dann
heisst der Rhythmus ὁλόκληρος, oder es können in ihm neben
den Silben und Tönen auch Pausen, κενοὶ χρόνοι, vorhanden
sein, ohne deren Hinzukommen die blossen Silben das rhythmische Megethos des Tactes nicht erreichen würden. An derselben Stelle redet Aristides von Pausen verschiedener Dauer;
der χρόνος κενὸς ἐλάχιστος heisst λεῖμμα, der χρόνος κενὸς μακρός, der in seinem Umfange das Doppelte des λεῖμμα beträgt,
heisst πρόσθεσις.

Nach den genannten drei Kategorieen verändert sich das
Ethos desselben Rhythmus, denn sein Eindruck ist verschieden,
je nachdem er 1) mit der θέσις oder ἄρσις beginnt, 2) ein ὁλόκληρος ist oder Pausen annimmt 3) aus langen, kurzen oder ge-
mischten Silben besteht. Dies sagt Aristid. 63, 16, wobei je-

doch die dritte Kategorie den einzelnen Rhythmengeschlechtern
untergeordnet wird.   In der Stelle dieses Kapitels, welche sich
auf die ὁλόκληροι und die Pausen bezieht p. 63, 19, fehlt ein
Wort, im Uebrigen ist sie unverdorben: καὶ οἱ μὲν ὁλοκλήρους
τοὺς πόδας, ἐν ταῖς περιόδοις ἔχοντες εὐφυέστεροι καὶ . . .
οἱ δὲ βραχεῖς τοὺς κενοὺς ἔχοντες ἀφελέστεροι καὶ μικροπρεπεῖς,
οἱ δὲ ἐπιμήκεις μεγελοπρεπέστεροι.   In dem einen der guten Cod.
Leid. ist οἱ μὲν βραχεῖς statt οἱ δὲ βραχεῖς geschrieben, doch
ist δέ, die Lesart aller übrigen Handschriften, am Rande an-
gemerkt.   Meibom, welcher μὲν aufgenommen, nimmt nicht hinter καὶ, sondern vor καὶ eine Lücke an, die er ausfüllt mit den
Worten οἱ δὲ καταληκτικοὶ τοὐναντίον, wofür Böckh metr. Pind.
p. 76 οἱ δὲ κενοὺς παραλαμβάνοντες χρόνους τοὐναντίον vorschlägt.
Aber δὲ ist jedenfalls die bessere Lesart, das ausgefallene Wort
war ein zweites zu εὐφυέστεροι hinzukommendes Adjectiv, ebenso
wie auch das folgende Subject zwei Adjective ἀφελέστεροι καὶ
μικροπρεπεῖς hat.   Der Sinn der Stelle ist: Rhythmen mit langen Pausen machen einen bedeutsameren Eindruck, Rhythmen
mit kurzen Pausen sind schlichter und einfacher.   Das Wort
περίοδος muss an dieser Stelle einen andern Sinn haben als
Aristid. p. 54, 2, wo es die ungleichförmig zusammengesetzte
rhythmische Reihe bedeutet, vgl. S. 194.   Wahrscheinlich ist es
hier dasselbe, wie bei Mar. Victor. p. 2498 und schol. Pind.
Ol. 11, nämlich das, was wir Vers oder System nennen.

So viel sagt Aristides über den κενὸς χρόνος. Die Metriker
und Rhetoren gebrauchen dafür die Bezeichnung ἀνάπαυσις·
Heliodor. ap. schol. Hephaest. p. 77 und Hermogenes de ideis.
der bei jeder der von ihm besprochenen rhethorischen Ausdrucks-
weisen auch der in ihr zu gebrauchenden ἀνάπαυσις gedenkt.
Vgl. auch S. 258.   Ein anderer Ausdruck ist σιώπησις,
fragm. Paris. p. 78, 17: Ἀλλὰ καὶ ὅτε (τὴν) μὲν προτέραν συλλαβὴν μηκέτι (ἔξεστι) φθέγγεσθαι, τὴν (δὲ) δευτέραν μηδέπω,
τοῦτον τὸν χρόνον σιωπήσει (δεῖ) ἀντέχεσθαι.   Die hier eingeklammerten Worte fehlen in der Inschrift, die ausserdem φθέγγεται
und σιωπήσῃ für φθέγγεσθαι und σιωπήσει liesst.   Hier ist von
zwei Silben die Rede, von denen die erste nicht mehr und die
zweite noch nicht gesungen oder gesprochen werden darf: die
Zeit zwischen beiden Silben muss durch eine σιώπησις eingehal-

ten werden. — Quintil. inst. 9, 4, 51 bezeichnet die Pause durch *inane tempus* (= κενὸς χρόνος), Augustin. mus. 4, 2, 13 durch *silentium* (= σιώπησις).

Aristides führt nur zwei verschiedene Pausen auf, das λεῖμμα und die πρόσθεσις; es ist dieses möglich, dass unter den in seiner zweiten Stelle vorkommenden χρόνοι κενοὶ ἐπι- μήκεις noch längere Pausen als die πρόσθεσις gemeint sind. Ein vollständiges Verzeichniss der Pausen gibt der Anonym. de mus. p. 68. Er sagt: „Der Rhythmus besteht aus der ἄρσις, der θέσις und den von einigen sogenannten χρόνος κενός (er denkt dabei an die vulgären Ausdrücke ἀνάπαυσις und σιωπησις). Die Verschiedenheiten desselben (αὐτοῦ) sind folgende". Das Wort αὐτοῦ kann sich nur auf χρόνος κενός beziehen, man sollte demnach im folgenden die διαφοραὶ τοῦ κενοῦ χρόνου erwarten. Sie setzen in den Handschriften erst nach §. 101 und zwar in Form und Tabelle, aber mit Rücksicht auf die zahlreichen Um- stellungen, welche die Abschreiber in diesem letzten Theile der Schrift vorgenommen haben, werden wir wohl kein Bedenken zu tragen brauchen, jener Tabelle nach den Worten Διαφοραὶ δὲ αὐτοῦ αἵδε ihre Stelle anzuweisen.

In der Handschrift ist für die drei- und vierzeilige Pause das Wort μακρός durch das compendiarische Zeichen ε, das Repe- titionszeichen des μακρός der vorhergehenden Zeile, ausgedrückt. Das Wort τρισ der dritten Zeile in den Handschriften ist eine Abkürzung für τρίσημος. Hiernach ist κενὸς μακρὸς τέσσαρες der vierten Zeile in τετράσημος zu verändern. Das ∧ der dritten Zeile ist durch einen Fehler des Abschreibers in die vierte, un- mittelbar über das Zeichen der Vierzeitigkeit geschrieben. Ver- fehlt ist Bellermanns Restitution der Pausenzeichen Anonymus p. 17

$$\varkappa\varepsilon\nu\grave{o}\varsigma \ \beta\varrho\alpha\chi\grave{v}\varsigma \dots \dots \wedge$$

$$\varkappa\varepsilon\nu\grave{o}\varsigma \ \mu\alpha\varkappa\varrho\grave{o}\varsigma \dots \dots \underline{\wedge}$$

$$\varkappa\varepsilon\nu\grave{o}\varsigma \ \mu\alpha\varkappa\varrho\grave{o}\varsigma \ \tau\varrho\acute{\iota}\varsigma \dots \underline{\wedge}$$

$$\varkappa\varepsilon\nu\grave{o}\varsigma \ \mu\alpha\varkappa\varrho\grave{o}\varsigma \ \tau\acute{\varepsilon}\sigma\sigma\alpha\varrho\varepsilon\varsigma \ \underline{\wedge}$$

$$\varkappa\varepsilon\nu\grave{o}\varsigma \ \mu\alpha\varkappa\varrho\grave{o}\varsigma \ \pi\acute{\varepsilon}\nu\tau\varepsilon \dots \underline{\wedge}$$

Das Zeichen Λ für den κενὸς βραχὺς ist eine Lambda, die Abkürzung des Wortes Λεῖμμα. Die längeren Pausen werden dadurch bezeichnet, dass das zwei-, drei- und vierzeitige Längenzeichen über Λ gesetzt wird. Von einem fünfzeitigen Pausenzeichen wissen wir nichts; kamen längere Pausen in der Musik vor, so wurden zwei oder mehrere Pausenzeichen neben einander gesetzt.

Die folgenden mit Instrumentalnoten geschriebenen Uebungsbeispiele des Anonymus geben uns einen Begriff von der Anwendung der Pausen in der Instrumentalmusik. Sie kommen nicht bloss am Ende der rhythmischen Reihe, sondern auch an jeder Stelle des Einzeltactes vor. So ist in dem δωδεκάσημος §. 99 von den vier χρόνοι πρῶτοι eines vierzeitigen Tactes einmal der zweite und das andre mal der vierte durch ein λεῖμμα ausgedrückt; schon oben war von diesem δωδεκάσημος die Rede; hier fügen wir noch weiter hinzu, dass die Schlussnote der ersten und die Anfangsnote der zweiten Scala nicht das tiefe, sondern das hohe *d* sein muss (in den Handschriften zu ι und ϫ corrumpirt), die erste Scala ist die aufsteigende, die zweite die absteigende Octav. — Die vier Beispiele §. 101 führen die Ueberschrift ὀκτάσημος; damit stimmt der Notenwerth nicht überein, der überall den ὀκτάσημος überschreitet. — Jedes Beispiel enthält zwei päonische Tacte, der erste von fünf einzeitigen Zeichen mit einem λεῖμμα an zweiter Stelle, der zweite in Form eines Creticus oder (im vierten Beispiele) eines vierten Päon. Demnach ist die Ueberschrift in πεντάσημος oder δεκάσημος zu verändern. — Die vier Beispiele § 98 sind für die Anwendung der Pause am interessantesten. Die Ueberschrift ἑνδεκάσημος entspricht zwar den 11 einzeitigen Zeichen der Handschriften, aber sie ist nichtsdestoweniger unrichtig. Jedes Beispiel zerlegt sich in vier Drei-Achtel-Tacte, am Schlusse mit einer Pause, deren zweimal vorkommende Bezeichnung $\bar{\wedge}$ die Andeutung enthält, dass hier ursprünglich ein $\bar{\wedge}$ gestanden haben soll. Demnach ist δωδεκάσημος zu schreiben. Auch der erste und dritte Einzeltact enthält eine Pause, und zwar der dritte an erster Stelle: es konnte also bei den Griechen auch der stärkste Tacttheil durch eine Pause ausgedrückt werden (deshalb hat das $\wedge$ an dieser Stelle in den Handschriften die einfache oder doppelte στιγμή.

Die Pausen sind aber nicht, wie man wohl früher glaubte, auf die Instrumentalmusik beschränkt. Der Anonymus p. 69, 15—19 spricht ausdrücklich von ihrem Vorkommen in den ῴδαί, ferner redet das fragm. Paris. 78, 17 von einer σιώπησις zwischen zwei συλλαβαί, Quintil. und Augustin. l. l. von einer Pause in der Mitte und am Ende des Verses, von einem *inane tempus in metris*, Heliodor l. l. von einer ἀνάπαυσις zwischen zwei catalectischen Dipodien.

Die vollständige und die unvollständige Basis.
Die Catalexis.

Das Wort βάσις hat in der Rhythmik und Metrik eine dreifache Bedeutung — doch niemals diejenige, welche ihm G. Hefmann und die folgenden Metriker gegeben haben. 1) Es wird gleichbedeutend mit ῥυθμός gebraucht Plato rep. 3, 400 b Ἀλλὰ ταῦτα μὲν, ἦν δ' ἐγώ, καὶ μετὰ Δάμωνος βουλευσόμεθα, τίνες τε ἐλευθερίας καὶ ὕβρεως ἢ μανίας καὶ ἄλλης κακίας πρέπουσαι βάσεις καὶ τίνας τοῖς ἐναντίας λειπτέον ῥυθμούς. — 2) Aristoxenus bezeichnet mit dem Worte den schweren Tacttheil, die θέσις s. S. 99. — 3) Endlich bezeichnet es den χρόνος ποδικός oder das σημεῖον eines πούς μείζων oder einer rhythmischen Reihe, und das ist die Bedeutung, auf welche es hier ankommt. Die σημεῖα der rhythmischen Reihe sind entweder Monopodieen oder Dipodieen (s. S. 163), daher sagt man βαίνεται κατὰ μονοποδίαν oder κατὰ διποδίαν (= *feritur, scanditur singulis pedibus* oder *per syzygiam* (s. S. 169. 170) und je nach der Beschaffenheit der Reihe ist die βάσις entweder eine Monopodie oder Dipodie: eine Monopodie z. B. in dem aus zwei tripodischen Reihen bestehenden Hexameter schol. Hephaest. p. 40: λέγεται δὲ τὸ ἡρωϊκὸν καὶ ἐξάμετρον ἀπὸ τοῦ ἀριθμοῦ τῶν βάσεων, eine Dipodie im jambischen Trimeter, im trochäischen, anapästischen,

jambischen Dimeter und Tetrameter. Weil die dipodische Percussio viel häufiger ist als die monopodische (s. §. 18), so wird
βάσις vorzugsweise von der Dipodie gebraucht, bei den Metrikern sogar von der unter die anapästischen Systeme eingemischten anapästischen Dipodie, welche kein χρόνος ποδός, sondern
ein selbstständiger πούς ist. Man vergl. die metrischen Scholien
zu den anapästischen Partieen des Orest, der Hekuba und der
Phönissen.

Von der als Semeion gebrauchten dipodischen Basis wird
uns zweierlei überliefert. 1) Von den beiden Einzelfüssen, woraus
sie besteht, ist der eine ἄρσει, der andre θέσει παραλαμβα-
νόμενος, der eine hat einen stärkeren, der andre einen schwächeren Accent. Das findet seine Erläuterung durch die von den
Alten näher bestimmte Percussion des iambischen Trimeters, von
dessen drei Dipodieen oder βάσεις immer der zweite Einzelfuss
das stärkere Gewicht hat, vergl. §. 15. 2) Die Basis ist entweder vollständig oder unvollständig; im ersten Falle besteht sie
aus zwei ganzen Einzelfüssen, im zweiten aus einem Einzelfusse
und einer dem ganzen Einzelfusse gleichstehenden Sylbe, der
κατάληξις. Die hierauf bezüglichen Stellen sind folgende: schol.
Hephaest. p. 163 βάσις δέ ἐστι τὸ ἐκ δύο ποδῶν συνεστηκός, τοῦ
μὲν ἄρσει, τοῦ δὲ θέσει παραλαμβανομένου ἢ ἡ ἐκ ποδὸς καὶ καταλήξεως, τουτέστι μίας συλλαβῆς ποδὶ ἰσουμένης. Dasselbe lesen wir Fragm. περὶ ποδῶν in Furia's Trichn. p. 70.

Bacchius p. 66. S Βάσις δέ τί ἐστι; Σύνταξις δύο ποδῶν ἢ ποδὸς καὶ καταλήξεως (so ist zu schreiben für ἢ πόδες καταλήξεων).
Κατάληξις δὲ τί ἐστιν; Ἡ παντὸς ἐλλείποντος μέτρου τελευταία
συλλαβή.

Mar. Victor. 2489 Graecorum sermone duorum pedum copulatio βάσις dicitur veluti quidam gressus pedum . . . in qua ἄρσις unum, alterum θέσις pedem obtinebit. Quamquam in his non-
nunquam syllaba pro integro pede, in ultima dumtaxat versus
parte accepta propriam impleat θέσιν.

Andere bei Rhetoren erhaltene Stellen reden von der unvollständigen βάσις, doch ungenau Rhet. Gr. V, 454 Walz: βάσις καλεῖται ἡ κατάληξις τῶν κώλων ἢ καὶ ἀνάπαυσις καλεῖται,
ib. VI; 83 βάσις ἐστὶν ἡ τοῦ κώλου συμπλήρωσις ἢ τοῦ κόμμα-

τος καθ᾽ ἣν βαίνει καὶ ἵσταται τῆς μετρικῆς φωνῆς ὁ ῥυθμός.
ib. VII, 893.

Nach der Stelle des Mar. Victor. kommt die unvollständige
Basis, deren letzte Silbe einen ebenso grossen Tactabschnitt bezeichnet wie der vorhergehende Einzelfuss am Ende des Verses, in *ultima versus parte* vor. Mit dieser Angabe haben wir
Quintil. instit. 9, 4, 50 zu verbinden: *Rhythmis libera spatia,
metris finita sunt, et his certae clausulae, illi quomodo coeperunt
currunt usque ad* μεταβολήν i. e. *transitum in aliud genus rhythmi*,
was dem Hauptinhalte nach 9, 4, 55 wiederholt wird: *Rhythmi
ut dixi, neque finem habent certum, nec ullam in textu varieta-
tem, sed qua coeperunt sublatione et positione, ad finem usque
decurrunt.* Unter *finitum spatium, certus finis, clausula metrorum* ist Versende und Catalexis zu verstehn nach Mar. Vict. *de
metrorum fine seu clausula* p. 2503. Die Catalexis also — dies
ist der Sinn von Quintilians Worten — ist bloss etwas Metrisches, nicht etwas Rhythmisches; fehlt hier dem Metrum eine
Silbe, so geht der Rhythmus nichts destoweniger mit Einhaltung
derselben Tactgliederung, mit der er angefangen hat, weiter fort,
so lange, bis ein Tactwechsel stattfindet. In der Terminologie
der Rhythmiker würden wir also sagen müssen: Die Catalexis
ist bloss eine Eigenthümlichkeit der Rhythmopoie, für den Rhythmus existirt sie nicht, denn sie bedingt keine Veränderung der
Tactgrösse und der Tactgliederung (die *sublatio* und *positio* bleibt
dieselbe), sondern nur eine Veränderung in der äusseren, durch
das Rhythmizomenon gegebenen Form des Tactes. Steht also
in der Catalexis nur Eine Silbe, wo wir zwei Silben oder einen
ganzen Einzelfuss erwarten sollten, so wird hier im Rhythmus
nichts desto weniger der Umfang eines ganzen Einzelfusses ge-
wahrt.

Aber Marius Victorinus hat an jener Stelle den Begriff der
unvollständigen Basis zu eng gefasst, wenn er sagt *in altima dumtaxat versus parte;* denn nicht bloss am Ende des Verses, sondern auch im Inlaut der Reihe kommt sie vor. Und zwar
wissen wir das aus einer in der vor einiger Zeit bekannt ge-
wordenen Scholia Saibantiena zu Hephästion enthaltenen Stelle
des Heliodors, also der Originalquelle, aus welcher die rhythmischen Notizen des Mar. Victor. stammen. Hier heisst es p. 77:

Ἡλιόδωρος δέ φησι, κοσμίαν εἶναι τῶν παιωνικῶν τὴν κατὰ πόδα τομὴν ὅπως ἡ ἀνάκαυσις διδοῦσα χρόνον ἐξασήμους τὰς βάσεις ποιῇ καὶ ἰσομερεῖς ὡς τὰς ἄλλας, οἷον οὐδὲ τῷ κνωδάλῳ . . . Der hier von Heliodor beigebrachte arg entstellte Vers enthält vier Päonen oder Cretici, aber diese Päonen sind wie wir aus seinen Worten sehen, nicht fünfzeitig, sondern sechszeitig (ἐξάσημοι), ebenso wie der Schluss des trochäischen Tetrameters, der seiner metrischen Form nach ein Päon oder Creticus ist, seinem rhythmischen Werthe nach dem Detrahäus gleichsteht

$$\_ \cup \_ \cup \_ \_ \cup \,|\, \_ \cup \_ \cup \_ \_ \cup \_$$
$$\_ \cup \_ \quad \_ \cup \_ \,|\, .. \cup \_ \quad \_ \cup \_$$

Heliodor sagt nicht bloss, dass die βάσεις sechzeitig sind, sondern auch ἰσομερεῖς ὥσπερ αἱ ἄλλαι sc. βάσεις. Die sechszeitigen Päone sind unvollständige Basen, sie sind in gleicher Weise gegliedert wie die andern d. h. die vollständigen Basen, die Ditrochäen, von denen ein jeder Einzelfuss drei Moren umfasst. Ist die unvollständige Basis in gleicher Weise gegliedert, so umfasst ihr erster Trochäus ebenfalls drei Zeiten und die auslautende lange Silbe steht ihr an Umfange gleich. Sie ist ebenfalls ein dreizeitiger Tacttheil und erhält diese ihre Ausdauer in den vorliegenden Versen durch die ἀνάπαυσις d. h. die einzeitige Base oder das λεῖμμα. Die Anwendung derselben ist, wie wir weiter aus Heliodors Worten sehen, durch die Cäsur bedingt.

Es ist in der That ein höchst glücklicher Zufall, der uns diese Stelle des Heliodor erhalten hat. Wir erfahren hier aus einem Fragmente des ältesten uns bekannten Metrikers, dass dieselbe Erscheinung, die wir am Ende des Verses Catalexis nennen, auch im Inlaute der Reihe stattfindet, dass also im Inlaute des ῥυθμοποιός die rhythmische Arsis des Einzelfusses nicht immer durch ein eignes μέρος λέξεως ausdrückt, sondern dass der Zeitumfang jenes Tactabschnittes durch einen χρόνος κενός ausgedrückt wird.

Ist der Rhythmus kein dreizeitiger, sondern ein vierzeitiger, so muss die den leichten Tacttheil des dactylischen Einzelfusses ausdrückende Pause eine zweizeitige oder eine πρόσθεσις sein, so im dactylischen Pentameter: jede der beiden katalektischen Tripodien, woraus er besteht, wird durch eine hinzukommende zweizeitige Pause der katalektischen Tripodie im Umfange gleichgestellt, die nicht bloss am Ende, sondern auch in der Mitte des Verses zur Anwendung kommt. Im Allgemeinen redet von der inlautenden Pause des Pentameters Quint. IX, 4, 98: *est enim quoddam in ipsa divisione verborum latens tempus, ut in pentametri medio spondeo, qui nisi alterius verbi fine, alterius initio constat versum non efficit;* genauer ist die Nachricht Augustius *de musica* 4, 14, der von den Verse

gentiles nostros inter oberrat equos

sagt: *sensisti, ut opinor, me post quinque syllabas longas moram duorum temporum siluisse et tantundem in fine silentium est.*

In der Lehre von den μεγέθη ist nach Aristoxenus dargestellt, dass nur Reihen von einem bestimmten Morenumfange und einer bestimmten Gliederung arrhythmisch sind. Fast alle katalektischen Reihen haben bei bloss ein- und zweizeitiger Messung der Silben keines dieser arrhythmischen Megethe und der ῥυθμοποιός würde also hier arrhythmische πόδες gebrauchen, wenn die blosse metrische Gesammtzeitdauer der Silben das Megethos der Reihen bestimmte und nicht vielmehr eine Pause als ἀναπλήρωσις ῥυθμοῦ hinzukäme. Nun gibt es aber Beispiele genug, in welchen zwei oder mehrere katalektische Reihen aufeinanderfolgen, ohne dass sie durch Cäsur von einander getrennt sind. So Agam. 451

Ψῆγμα δυςδάκρυτον αν — τήνορος σποδοῦ γεμὶ — ζων λέβητας
εὐθέτους.

Jede dieser drei trochäischen katalektischen Tetrapodien muss, um nicht arrhythmisch zu sein, aus einem μέγεθος ἑνδεκάσημον (soviel beträgt sie bei bloss ein- und zweizeitiger Messung der Silben), zu einem μέγεθος δωδεκάσημον erweitert werden. Bei der dritten Reihe, welche mit einem vollen Worte endet, kann dies durch eine Pause geschehen, aber wie ist dies bei der ersten und zweiten möglich? Hier kann doch nicht das Wort ἀν — τήνορος, γεμί — ζων durch eine im Inlaute eintretende Pause zerstückelt werden. Ohnehin wissen wir aus der Stelle des Heliodor, dass das Zulassen einer Pause auch τομή, durch Cäsur bedingt ist. Der alten Rhythmopöie steht ausser der Pause auch noch die Dehnung einer langen Silbe zur μακρά τρίσημος u. s. w. zu Gebote, und gerade solche Stellen, wo die Wortbrechung der Annahme einer Pause widerstrebt, sind es, in wel-

chen die gedehnten Längen Anwendung finden: denn enthielte
die Reihe bloss einzeitige Kürzen und zweizeitige Längen, so
wäre sie arrhythmisch. Jener Vers aus Aeschylus wird demnach
seinem Rhythmus nach folgendermassen zu bezeichnen sein:

$$- \cup - \cup - \cup - | - \cup - \cup - \cup - | - \cup - \cup - \cup - \wedge |$$

Wir können hiernach folgenden Satz aufstellen: Sowohl im
Inlaute, wie im Auslaute der Reihe kommt es vor, dass die ἄρσις oder der leichte Tacttheil eines Einzelfusses nicht durch eine
eigne Silbe dargestellt ist. Im Auslaute nennt man dies Catalexis
für den Inlaut haben wir hierfür das der Grammatik entlehnte
Wort Synkope übertragen. Der Zeitumfang jenes Tacttheiles wird
entweder durch eine Pause oder durch Dehnung der vorausgehenden θέσις-Silbe ausgedrückt, die in diesem Falle den Umfang eines ganzen Einzelfusses erhält. Und zwar kann die Pause
nur da stattfinden, wo die θέσις-Silbe ein Wortende bildet (bei
einer τομή oder im Versende; bei einer Wortbrechung tritt
Dehnung ein.

In **B. G. Teubner's** Verlag in Leipzig ist erschienen und
in allen Buchhandlungen zu haben:

Metrik

der

Griechischen Dramatiker und Lyriker

nebst

den begleitenden musischen Künsten

von

A. Rossbach und R. Westphal.

———————

Erster Theil: Griechische Rhythmik von *August Rossbach*.
gr. 8. geh. Preis 1¼ Thlr.

Dritter Theil: Griechische Metrik nach den einzelnen Strophengattungen und metrischen Stilarten. Von *A.
Rossbach u. R. Westphal*. gr. 8. geh. Preis 2½ Thlr.

Das vorstehend angezeigte Werk soll dem Lehrenden und Lernen-
den ein praktisches Hülfsbuch an die Hand geben, wodurch er sich
namentlich bei der Lectüre der griechischen Dramatiker über alle
ihm zweifelhaften metrischen Fragen wie über die Composition jeder
einzelnen Strophe schnell orientiren kann.

Dem ersten Theile, welcher nach dem Beispiele der griechischen
Theoretiker die Rhythmik getrennt von der Metrik behandelt, haben
die Herren Verfasser zunächst den dritten Theil folgen lassen, welcher eine vollständige Metrik der griechischen Dramatiker und Lyriker
enthält und jedem Lehrer, welcher einen dramatischen oder lyrischen
Schriftsteller zu erklären hat, unentbehrlich sein wird.

Ein vollständiges alphabetisches Register über das ganze Werk
und ein auf dasselbe verweisendes Verzeichnis der Metra sämtlicher
Dramen nach den Verszahlen wird dem zweiten Theile beigegeben
werden, welcher demnächst erscheinen wird.

Dieser zweite Theil enthält:

. **Geschichte der Fundamentaltheorie der musischen und metrischen Kunst der Griechen.**
von *R. Westphal*,

in folgenden Abschnitten:

I. Die musischen Künste, ihre Stellung im Leben des
griechischen Volkes und ihre Bearbeitung bei den Alten
und Neueren. II. Fundamentallehre der griechischen Metrik
nebst der Prosodie. III. Fundamentallehre der griechischen
Musik. IV. Die musische und metrische Kunst bei den
Lyrikern. V. Die musische und metrische Kunst bei den
Dramatikern mit der Oeconomie des Drama's und den
scenischen Alterthümern.

Dieses bedeutende, für die Wissenschaft und den Unterricht
gleich wichtige Werk ist in allen bis jetzt erschienenen Recensionen
ausserordentlich günstig beurtheilt worden, so z. B. in

Münchner gelehrte Anzeigen 1855 H. 12 u. 13. Neue Jahrbücher
f. Philologie LXXI Bd. Seite 396—402, Zeitschrift f. Gymnasial-

wesen 1855 S. 465 ff., Correspondenzblatt f. Würtemb. Sch
1856, Katholische Literaturzeitung 1856, Literarisches Cent
blatt 1856 u. a. m.

DEMOSTHENES
UND SEINE ZEIT.
VON
ARNOLD SCHAEFER, D. PH.,
PROFESSOR AN DER UNIVERSITÄT GREIFSWALD.

Drei Bände.

gr. 8. geh. Preis 10⅓ Thlr.

GRUNDZÜGE
DER
GRIECHISCHEN ETYMOLOGIE
VON
GEORG CURTIUS.

Erster Theil. gr. 8. Preis geh. 2⅔ Thlr.

Der zweite Theil von ungefähr gleichem Umfange wird in mög
lichster Kürze erscheinen.

P. VERGILI MARONIS
OPERA
RECENSUIT
OTTO RIBBECK.

VOL. I. BUCOLICA ET GEORGICA.
gr. 8. geh. Preis 1 Thlr. 18 Ngr.
VOL. II. AENEIDOS LIB. I—VI.
gr. 8. geh. Preis 2 Thlr. 20 Ngr.

Mercklin, Ludwig, die Citiermethode und Quellenbenutzung des A. Gellius in den Noctes Atticae. (Separatabdruck aus den Supplementen der Jahrbücher für classische Philologie.) gr. 8. Geh. n. 16 Ngr.

Ostermann, Dr. **Chr.,** Gymnasiallehrer in Fulda, lateinisches Vocabularium für Anfänger, grammatisch, sachlich und etymologisch geordnet in Verbindung mit entsprechenden Uebungsbüchern zum Uebersetzen aus dem Lateinischen ins Deutsche und aus dem Deutschen ins Lateinische. (Erste Abtheilung: Für Serta. 8. Cartonnirt Preis 3 Ngr.

———— Zweite Abtheilung: Für Quinta. 8. Cart. 3 Ngr.

———— Uebungsbuch zum Uebersetzen aus dem Lateinischen ins Deutsche und aus dem Deutschen ins Lateinische im Anschluß an ein grammatisch, sachlich und etymologisch geordnetes Vocabularium. (Erste Abtheilung: Für Serta. (Geb. Preis 7½ Ngr.

———— Zweite Abtheilung: Für Quinta. 8. (Geb. 9 Ngr.

Peter, Hermannus. Historia critica scriptorum historiae Augustae. Commentatio philologica. gr. 8. Geh. n. 12 Ngr.

Piderit. K. W., zur Kritik und Exegese von Ciceros Brutus. 4. Geh. n. 8 Ngr.

Reallexikon des classischen Alterthums für Gymnasien. Im Vereine mit mehreren Schulmännern herausgegeben von Dr. Friedrich Lübker, Director des Gymnasiums in Parchim. Zweite durchgängig verbesserte Aufl. Mit zahlreichen Abbildungen. gr. Ler.-8. (Geh. 3 Thlr. 10 Ngr.

———— Ausgabe in 10 Lieferungen. 1. und 2. Lieferung. à 10 Ngr.

Stoll, H. W., Professor am Gymnasium zu Weilburg. Handbuch der Religion und Mythologie der Griechen und Römer. Für Gymnasien bearbeitet. Mit 32 Abbildungen. Vierte verbesserte Auflage. 8. Geh. 1 Thlr.

Suetoni, C., Tranquilli praeter Caesarum libros reliquiae edidit Augustus Reifferscheid. Inest vita Terenti a Friderico Ritschelio emendata atque enarrata. gr. 8. Geh. n. 4 Thlr. 20 Ngr.

Susemihl, Dr. **Franz.** die genetische Entwickelung der Platonischen Philosophie, einleitend dargestellt. Zweiten Theiles zweite Hälfte (Schluss). gr. 8. Geh. 2 Thlr.

Das nun vollständige Werk kostet 7 Thlr.

Testamentum novum graece ad fidem potissimum codicis Vaticani B recensuit, varias lectiones codicis B, textus recepti, editionum Griesbachii Lachmanni Tischendorfii integras adiecit Philippus Buttmann. Editio altera emendata. 8. Geh. 18 Ngr.; Velinpapier 1 Thlr.

Titi Bostreni contra Manichaeos libri quatuor syriace Paulus Antonius de Lagarde edidit. gr. 8. Geh. n. 6 Thlr.

Vahleni. Ioannis, analectorum Nonianorum libri duo. gr. 8. Geh. n. 12 Ngr.

Vergili, P., Maronis opera recensuit Otto Ribbeck. Vol. II. Et s. t.: P. Vergili Maronis Aeneidos libri I—VI. n. 2 Thlr. 20 Ngr.

Wachsmuth, Curtius, de Cratete Mallota disputavit adiectis eius reliquiis. gr. 8. Geh. 6 Ngr.

Bibliotheca scriptorum Graecorum et Romanorum Teubneriana.

Aeschinis orationes. Iterum edidit Fridericus Franke. 8. Geh. 7½ Ngr.; Velinpapier 12 Ngr.

Catulli, Valerii, Veronensis liber. Recognovit Augustus Rossbach. Editio secunda. 8. 4½ Ngr.; Velinpapier 7½ Ngr.

Dionysi Halicarnasensis antiquitatum Romanarum quae supersunt recensuit Adolphus Kiessling. Vol. I. 24 Ngr.; Velinpapier 1 Thlr. 6 Ngr.

Isaei orationes cum aliquot deperditarum fragmentis. Edidit Carolus Scheibe. 8. Geh. 12 Ngr.; Velinpapier 15 Ngr.

Livi, Titi, ab urbe condita libri. Iterum recognovit Wilh. Weissenborn. Pars I. Lib. I—VI. 8. Geh. 9 Ngr.; Velinpapier 15 Ngr.

Dieser neuen Bearbeitung des Livius ist eine 9 Bogen starke Einleitung de vita et scriptis ohne Preiserhöhung beigefügt. Der zweite Band (Lib. VII—XXIII) erscheint demnächst.

Onosandri de imperatoria officio liber. Recensuit et commentario critico instruxit Arminius Köchly. 8. Geh. 12 Ngr.; Velinpapier 15 Ngr.

Plini, C. Secundi, naturalis historiae libri XXXVII. Recognovit atque indicibus instruxit Ludovicus Janus. Vol. V. Libb. XXXIII—XXXVII. 8. 18 Ngr.; Velinpapier 1 Thlr.

Plutarchi vitae. Iterum recognovit Carolus Sintenis. Vol. V. 8. Geh. 12 Ngr.; Velinpapier 18 Ngr.

Polyaeni strategicon libri octo. Recensuit, auctiores edidit, indicibus instruxit Eduardus Wölfflin. 8. Geh. 1 Thlr. 15 Ngr.; Velinpapier 2 Thlr.

Porphyrii philosophi Platonici opuscula tria recognovit Augustus Nauck. 8. Geh. 18 Ngr.; Velinpapier 1 Thlr.

Sallusti, C. Crispi, libri de Catilinae coniuratione et de bello Iugurthino. Accedunt orationes et epistolae ex historiis excerptae. Edidit Rudolfus Dietsch. Editio tertia emendatior 8. Geh. 3½ Ngr.

Stobaei, Ioannis, eclogarum physicarum et ethicarum libri duo. Recensuit Augustus Meineke. Tom. I. 8. Geh. 1 Thlr.; Velinpapier 1 Thlr. 15 Ngr.

Schulausgaben griechischer und lateinischer Classiker

mit deutschen Anmerkungen.

Demosthenes ausgewählte Reden. Für den Schulgebrauch erklärt von C. Rehdantz. Erster Band: Die zwölf Philippischen Reden. gr. 8. Geh. 22½ Ngr.

Auch in drei einzelnen Heften:

I. Heft: Einleitung und Olynthische Reden. 7½ Ngr.
II. „ I—III. Philippische Rede. Ueber den Frieden. Ueber Halonnes. Ueber die Angelegenheiten im Chersonnes. 9 Ngr.
III. „ IV. Philippische Rede. Gegen Philipps Brief. Der Brief Philipps. Kritische Anmerkungen. Indices. 7½ Ngr.

Homers Odyssee. Für den Schulgebrauch erklärt von Dr. K. F. Ameis. Zweiter Band. Zweites Heft. Gesang XIX—XXIV. 8. Geh. 10 Ngr.

Des Q. Horatius Flaccus sämmtliche Werke. Für den Schulgebrauch erklärt von Dr. C. W. Nauck, Director des Friedrich-Wilhelm-Gymnasiums zu Königsberg, und Dr. G. T. A. Krüger, Professor und Director des Obergymnasiums zu Braunschweig. 2 Bände. Dritte Auflage. gr. 8. Geh. 1 Thlr. 10 Ngr.
I. Theil: Oden und Epoden von C. W. Nauck. III. Auflage. 18 Ngr.
II. „ Satiron und Episteln von G. T. A. Krüger. III. Auflage. 22 Ngr.

Isocrates ausgewählte Reden. Für den Schulgebrauch erklärt von Dr. O. Schneider. II. Bändchen: Panegyricus und Philippus. gr. 8. Geh. 12 Ngr.

Phaedri fabulae. Für Schüler mit erläuternden und eine richtige Uebersetzung fördernden Anmerkungen versehen von Dr. Joh. Siebelis. Zweite verbesserte Auflage. gr. 8. Geh. 7½ Ngr.

Platons ausgewählte Schriften. Für den Schulgebrauch erklärt von Dr. Chr. Cron und Dr. Julius Deuschle. Dritter Theil: Laches. Von Chr. Cron. gr. 8. Geh. 6 Ngr.

Xenophons griechische Geschichte. Für den Schulgebrauch erklärt von Dr. B. Büchsenschütz.
I. Heft: Buch I—IV. gr. 8. Geh. 12 Ngr.
II. „ Buch V—VIII. gr. 8. Geh. 12 Ngr.

Druck von B. G. Teubner in Leipzig.